21세기의 한반도 구상

백낙청 외 지음

21세기의 한반도 구상

| 책머리에 |

　계간 『창작과비평』 2003년 여름호부터 겨울호까지 3회 연속으로 기획된 특집 '21세기의 한반도 구상'을 뼈대로 삼고 관련된 글들을 추가하여 꾸민 이 책은 한반도의 대안적 발전모델 모색의 중간보고이다. 종합적·비판적 지성을 위한 소통의 공간으로서 1970, 80년대 민족민중문화운동의 산실이었고, 90년대 이래 변화하는 나라 안팎의 현실에 대응해 '한결같은 새로움(法古創新)'의 자세로 실천적 담론 개발에 앞장서온 창비는 새로운 세기의 시작과 겹쳐 '참여정부'가 출범한 것을 계기로 한반도 발전전략의 큰 그림을 그려보았다. 정책과제 설정에 비판세력이 직접 개입할 수 있는 틈이 넓어진 상황을 적극 활용하여, 대안사회를 찾는 구체적인 작업을 확산시키는 계기를 만들기 위해서였다.
　따지고 보면 우리 근현대사에서 독자적인 장기 발전방안을 세우고 실천한 경험은 별로 없었던 것 같다. 19세기와 20세기의 교체기에 새로운 나라 만들기의 큰 그림이 이 땅에서 토론되면서 중국 관리가 지은 『조선책략(朝鮮策略)』이 비상한 관심을 끈 적이 있었지만, 곧바로 일본제국의 식민지로 전락해버려 논의 자체로 그치고 말았다. 해방 이후 분단된 한반도의 절반인 남쪽에서 그나마 장기 발전전략에 가까운 것이 있었다면 박정희의 전시개발독재 모델일 것이다. 그렇지만 우리는 그것이 제국주의 일본이 시행한 초국가주의적 모델을 냉전시대 한국에 응용한 것으로서 분단상황을 이용하여 국민을 동원하고 독재권력을 유지·강화했다는 역사적 사실을 익히 알고 있다. 이제 분단체제가 동요하고 있는 상황에 대응하여 우리 사회의 민주화의 성과를 심화시키면서 새로운 과제들을 담아낼 수 있는 독자적 발전모델을 구상하고 실천하는 역사적 과업을 우리가 감당해야 한다.

물론 정부 산하 정책연구소나 기업의 경제연구소가 왕성하게 활동하는 것은 물론이고 시민운동단체의 정책지식 산출력도 증가하고 있는 편이지만, 사회발전의 중·장기적 과제에 대해 고민하는 주체의 결여, 공론(公論)의 부재가 부쩍 거론되는 요즈음이다. 그만큼 격동하는 국내외 정세 속에서 우리 사회가 나아갈 길을 제시할 대안적 발전방략의 큰 그림이 절실하다는 뜻이겠다. 이 책 『21세기의 한반도 구상』은 바로 이같은 요구에 부응하려는 창비 편집진의 작은 시도이다. 민간의 독립적인 싱크탱크(think tank)도 대학의 연구소도 아닌 계간지의 몫으로는 벅찬 과제일지 모르나, 현실변화를 이끄는 지식생산의 일상화에 뜻을 둔 창비로서는 피할 수 없는 일감이기에 나선 것이다.

이 책에서는 기본적으로 단기적 현실대응력이 한반도의 중·장기적 발전전망과 연결되어야 온전히 작동할 수 있다는 문제의식에 입각하여, 우리 사회의 발전전망을 다양한 시간대와 공간대에서 검토하되 각각의 전략이 차별적이면서도 일관되게 구사되어야 한다는 입장을 견지하는 글들을 모으고자 애썼다.

제1부에는 기획의도를 비교적 선명하게 보여주는 네 편의 글이 실려 있다. 먼저 백낙청은 장기적인 목표로서 ('지속가능한 발전' 대신에) '생명지속적 발전'이란 개념을 제시함과 동시에 이를 현실 속에서 추구해나갈 중·단기 전략을 갖출 것을 요구한다. 생명의 원리에 부합

한 이런 발전의 길이 동아시아 또는 동북아 지역과 한반도/한국에서 가능한 근거는 이 지역이 세계체제의 정상적 작동이 힘들 만큼 혼란스러운 단계에 진입하여 기존의 정치적·경제적 지배양식이 흔들리고 있기 때문이다. 이로써 벌어진 틈새는 집단적 대안작업이 가능한 조건들을 제공한다. 박명규는 소국주의와 대국주의가 교차해온 한국의 역사적 경험을 반추하면서 양자를 지양한 새로운 전망을 모색한다. 명시적으로 표현하지는 않지만, '중국(中位國家)주의'라고 이름붙일 만한 이 노선은 백낙청이 대안작업이 가능한 조건으로 거론한 일정정도의 '방어적 경쟁력'을 갖추어야 한다는 입장과도 통한다. 이필렬은 지속가능한 발전 개념 자체와 한국사회의 환경문제의 심각성을 세밀히 검토하고 나서 친환경적인 대안과제들을 생태적 전환이라는 구도 속에서 제시하고 있다. 김종엽은 4·15총선을 맞아 반부패운동에 경사되고 있는 시민운동의 흐름과 탄핵정국 이후 격동하는 정치상황을 비판적으로 검토하면서 대표성의 위기를 극복할 수 있는 정당개혁에 시민사회의 동력이 좀더 집중되어야 하고, 새로운 발전전략에 기초한 국민적 기획이 필요하다고 역설한다.

한반도 발전구상이 생활세계의 실감으로 이어지려면 대안적 삶의 양식이 제시되고, 더 나아가 문화운동으로 진전되어야 한다. 제2부에서는 대안적 삶의 양식을 구성하는 핵심적 가치인 평화와 평등, 그리고 인권이 어떻게 서로 연관되어 있는지를 살펴보는 글 네 편을 거두었다. 한기욱은 세계체제가 위기국면에 처한 현싯점에서 대두되는 반지구화운동과 반전평화운동의 의미를 중시하면서, 특히 한반도의 반전평화운동이 중장기적 변화 속에서 체득한 지혜와 창의력이 우리 삶의 전영역으로 확산될 수 있도록 연대와 운동의 방식이 좀더 유연해지고 창의적으로 변해야 한다고 강조한다. 김왕배는 불평등의 심화와 빈곤의 확대로 표상되는 한국사회의 계급계층문제를 되짚어보면서 제3섹터와 지역공동체에서 대안적 사회모델의 단초를 찾는다. 그밖에 자신에 대한 반성적 성찰과 똘레랑스 철학에 의해 기본인권을 보장하고 사회적 소수자의 인권을 개선하는 일이야말로 사회적 발전과 진보에서 가장 중요한 일임을 말하는 홍세화, 한국 인권단체들의 "북한 눈감아주기"와 "북한 때리기" 전략 모두를 비판하면서 앞으로의 동북아 정세에서 북한 인권문제가 핵문제와 더불어 지역내 평화문제에 상당한 파급력을 갖게 될 것이라고 예상하는 이성훈의 글이 있다.

제3부는 노무현정부가 '동북아경제중심' 구상을 국정과제로 제시한 것을 계기로 그것의 가능성과 문제점을 짚어보는 네 편의 글로 이뤄졌다. 국가정책에 대한 비판적 개입을 넘어서 한국의 발전전략을 한반도, 더 나아가 동북아의 문맥으로 넓혀서 다시 보는 지적 훈련이 될 것이다. 우정은은 한국의 '거점경제'로의 발전가능성을 전지구적·지역적·민족적 층위에서 점검하면서 동북아경제 거점의 구상이 한반도의 분단을 극복하는 방향으로 나아갈 때만이 유효한 방안이 되며 그 문화적 가능성까지 살릴 수 있다고 지적한다. 이수훈은 정부의 '동북아경제중심' 구상이 평화와 번영의 동북아공동체를 구축하기 위한 '동북아시대' 신구상으로 바뀌어가는 데 작용한 정책적 포부를 생생하게 논의하고 있으며, 김원배는 동북아중심 구상에서 물류기능을 육성하는 전략이 가장 타당하다고 전망한다. 이남주는 동북아시대를 맞이하여 남북경협이 한반도 경제의 질적 발전의 계기가 되는 동시에 지역내 평화체제 건설에 기여할 수 있는 길임을 강조한다.

제4부에서는 전문영역이 다른 네 명의 지식인, 김석철 박세일 백낙청 성경륭이 '동북아시대 한국사회의 중·장기 전략과 단기적 과제'라는 주제로 각자의 현장경험에서 우러나온 생각들을 교환하는 기획좌

담이다. 이제는 세계화나 국가경쟁력이 민주적이고 균형잡힌 발전과 함께 가야 할 뿐 아니라 그렇게 되어야만 양자가 원만히 진행될 수 있다는 인식에 동의하는 가운데, 양자의 현실적인 조화를 이루어낼 다양하고 심도있는 방안들을 내놓고 있다.

계간지의 특집으로 선보인 내용을 다시 단행본으로 엮어낼 의욕을 갖게 된 것은 이에 대해 여러 층의 독자들이 (비판을 포함한) 반응을 보여주었기 때문이다. 이 자리를 빌려 그분들께 감사드린다. 특히 창비 편집부 내부에서 실무를 맡은 젊은 동료들의 독후감과 발의가 이 기획을 착수하게 한 직접적인 동기가 되었다. 염종선 형을 비롯한 인문사회팀의 추진력이 없었더라면 이 책의 출간은 불가능했을 것이다. 그리고 출간의 의의에 공감해 기꺼이 이미 발표된 글을 수정하고 새 글을 기고해준 여러 필자들에게 각별한 고마움을 전한다.

이 책에 담긴 한반도 발전전략의 구상은 밑그림일 뿐이다. 그 위에 다채로운 색을 입히고 구체적 모습을 만들어가는 작업은 독자와 더불어 창비 편집진이 앞으로 해나갈 보람찬 일감이 될 것이다.

2004년 3월 20일 백영서

차 례

책머리에 | 백영서 • 004

제1부 | 새로운 사회발전의 패러다임
21세기 한국과 한반도의 발전전략을 위해 | 백낙청 • 013
정치개혁을 위해 무엇을 할 것인가 | 김종엽 • 033
소국주의와 대국주의를 넘어서 | 박명규 • 059
지속가능한 발전과 생태적 전환 | 이필렬 • 082

제2부 | 평화와 평등 그리고 인권문제
체제변혁기의 반전평화운동 | 한기욱 • 105
계층의 불평등과 형평의 원리 | 김왕배 • 136
한국사회의 보편적 인권과 소수자의 인권 | 홍세화 • 160
북한 인권문제와 동북아 평화 | 이성훈 • 174

제3부 | 한국의 경제와 동북아시아
한국의 미래를 비추는 세 개의 거울 | 우정은 • 195
동북아시대 신구상 | 이수훈 • 214
동북아중심 구상의 재검토 | 김원배 • 246
동북아시대 남북경협의 성격과 발전방향 | 이남주 • 263

제4부 | 동북아시대 한국사회의 중·장기 전략과 단기적 과제
기획좌담 김석철 박세일 백낙청 성경륭 • 287

필자 소개 • 349

제 1 부

새로운 사회발전의 패러다임

21세기 한국과 한반도의 발전전략을 위해

백 낙 청

1. 들어가며

한국과 한반도의 발전전략을 제시한다기보다 전략수립의 과정에서 유의할 몇가지 사항을 정리해본다는 뜻에서 이런 제목을 달았다. 동시에 다소 거추장스럽더라도 '한국과 한반도'를 함께 적지 않을 수 없는 것이 오늘날 분단한국에 사는 사람들에게는 불가피한 일이다.

대한민국의 대다수 시민에게 한반도 북녘의 발전에 직접 관여할 기회는 극히 제한되어 있다. 당연히 자신이 사는 남녘 '한국'의 발전에 치중한 논의라야 현실성이 있고, 처음부터 한반도 전체의 발전을 말하는 것은 허황되게 들리기 쉽다. 그러나 한국사회의 내부 문제라는 것들이 따지고 보면 한반도의 분단에 의해 속속들이 영향받고 있다. 적어도 한반도 남북 모두가 분단을 유지하는 어떤 공통의 틀에 의한 규정을 받으면서 제각기의 길을 걸어왔다는 '분단체제론'의 시각에서는 그렇다. 국경을 접한 이웃나라 사이의 상호영향과는 차원이 다른 얽힘 속에 있는 것이다.

공간 차원에서 고려할 대상이 한국과 한반도 둘만 있는 것은 물론 아니다. 이야기가 구체적이 되려면 한국 안에서도 좁은 의미의 지역(locality 내지 협의의 region) 범위로——작게는 한 동네나 마을의 단위로까지——눈을 돌려야 한다. 요즘은 지역간 균형발전이 중요한 국정목표로 채택된 상황이기도 하다. 다른 한편, 한반도를 넘어 동북아, 동아시아, 아시아, 아시아·태평양 등 여러 단위의 광의의 지역(region)이 있으며, 더 넓게는 물론 세계 또는 지구가 있다. 이른바 세계화의 시대, 각종 지역협력 내지 지역통합의 시대에 이런 거시적 차원을 함께 고려해야 함은 더 말할 나위 없다.

시간 차원에서도 단기·중기·장기적 과제를 분별할 필요가 있다. 물론 이렇게 하는 것은 (본서 제4부에 수록된 좌담에서도 말했듯이) "과제를 세 토막으로 잘라서 따로따로 해나가자는 것이 아니고, 정반대로 동시에 수행해야 할 다양한 차원의 과제들이 단기·중기·장기에 걸쳐 각기 달리 성취될 성격임을 제대로 인식하고 식별해서, 그 과제들을 해결하려는 우리의 노력이 상충하지 않고 이론적인 통일성과 현실적 대응력이 높아지게 하려는 의도"[1)]이다. 공간의 경우도 마찬가지로서, 세계적인 차원, 지역적인 차원, 범한반도, 한국 또는 국내 특정 지역 차원의 작업 들이 따로 놀지 않고 오히려 그때그때 어느 하나에 촛점을 맞추면서도 통일적으로 수행될 수 있게끔 해주는 인식이 요구된다.

아울러 유의할 점은 공간의 대·중·소와 시간의 장·중·단이 반드시 일치하지 않는다는 사실이다. 예컨대 세계화라 일컬어지는 전지구적인 변화는 수많은 단기적 과제를 안겨주기도 하며, 동아시아나 동북아시아라는 지역으로 말하면 세계와 한반도 사이의 중간 규모에 해당하지만 그 지역 단위의 작업이 딱히 한반도와 세계체제 차원의 과제

사이에서 '중기적 과제'로만 자리매겨지지도 않는 것이다. 물론 '한반도의 과제'를 무엇으로 설정하느냐부터 분명히할 일이다. 그러나 분단체제의 극복이라는 비교적 장기간의 과제일 경우는 물론이고, 북한의 핵문제를 둘러싼 당면한 긴장해소 문제를 들더라도, 그 해결에 선행하거나 병행할 지역협력의 단기과제가 있는가 하면 북·미간의 일정한 타결을 거친 뒤에야 추진이 가능한 중기적 과제, 분단체제의 극복 이후에나 그려볼 수 있는 장기적 과제 들이 있다.

2. '전지구적 근대'와 '이중과제'

찬반간에 거의 누구나 절박한 현실문제로 인정하는 세계화(globalization)에도 여러 차원이 있음은 앞에서 지적했다. 그런데 대체로 세계화를 엄연한 대세로 인정하면서 현실적인 적응을 꾀하자는 사람들일수록 그 장기적 전망에 대해서는 피상적인 검토에 머무는 경향이다. 신자유주의자라면 현존하는 세계 외에 '대안은 없다'고 믿는만큼 당연한 일이지만, 비판적 지성을 자부하는 지식인들도 세계 전체에 대한 장기적 전망과 과제를 진지하게 거론하는 일은 흔치 않은 것 같다. 물론 이것이 자칫 허황된 담론으로 끝나기 쉬운 거창한 과제이기 때문이기도 하지만, '거대담론' 또는 '거대서사'를 비판하고 냉소하는 포스트모더니즘 사조의 영향도 없지 않은 것 같다.

부실한 담론과 공리공론(空理空論)은 언제나 경계해야 한다. 그러나 거대담론을 전적으로 포기하는 것은 '대안은 없다'고 하는 신자유주의적 거대담론에 투항하는 결과밖에 안된다. 중요한 것은, 지구 전체의 규모로 장기적인 시간대를 논하는 거대담론을 구사하더라도 중·소규모의 지역, 중·단기의 과제를 동시에 사유하면서 일관된 실천으로 연결시키는 일이다.

세계화를 역사적으로 규정한다고 할 때 '근대'라는 시기의 최신 국면으로 보는 것이 타당하지 싶다. 적어도 근대를 세계사 속에서 자본주의의 시대로 이해한다면 그렇다. 현재 진행중인 세계화가 자본주의 세계시장의 전지구적 확대이며 자본주의적 사회체제의 전일화 과정임은 분명하기 때문이다.

그런데도 세계화의 현실을 오히려 '탈근대'로 규정하거나 적어도 이런저런 '탈근대성'과 연결시켜 논하는 경향이 많은 것이 사실이다. 여기에는 현실에 대한 이데올로기적 은폐작용이 알게모르게 개입하고 있겠지만, 한국의 경우 근대에 관한 서양의 담론을 수용하는 과정에서 '모더니티'(modernity)라는 영어의 번역에 따른 혼란도 가세하고 있다. 더구나 그것은 이중의 혼란인데, 한편으로는 한국에서 '근대'와 '근대성(즉 근대라는 시대의 이러저러한 성격)'으로 구별되는 두 개념이 영어에서는 '모더니티'라는 하나의 단어로 표현되기 일쑤며, 다른 한편 '근대(즉 전근대 이후의 역사적 시기)'와 '현대(즉 어느 시점에서든 그 당대를 포함하는 최근의 시기)'가 모두 영어로는 '모던'(modern)이기도 한 것이다. 이러한 구별에 유의하면서 정리한다면, 역사적 시대구분상의 근대는 엄연히 자본주의의 시대요, 세계화가 몰아치고 있다는 현대도 이러한 근대의 연장에 다름아니다.

'근대'보다 '근대성'에 촛점을 맞춘 논의가 무의미하다는 것은 아니다. 그러나 자본주의 세계체제의 발생과 확대라는 거시적인 시대구분을 제쳐둔 채 이 시대의 이런저런 특성을 열거하다 보면, 근대의 어떤 부분적 속성을 곧 근대의 본질로 설정하는 잘못을 저지를 수 있다. 주어에 맞는 술어를 그 주어 명사와 동일시하기로 치면, '빨가면 사과,

사과는 맛있어, 맛있으면 바나나, 바나나는 길어, 길면 기차⋯⋯' 하는 식으로 얼마든지 진행할 수 있는데, 어린이들의 장난이 아닌 진지한 담론에서 이런 논리의 비약이 용납될 수 없음은 물론이다.

그런데 이런 비약을 담론의 현장에서 얼마든지 만나볼 수 있다. 흔한 예 가운데 하나는, 자본주의의 선발지역에서 이룩한 특정한 성취들을 세계체제 전체의 맥락에서 떼어내어 '근대성' 그 자체로 규정하고 이것을 달성하지 못한 사회는 '전근대사회', 그것을 달성해가는 과정—실제로는 완벽하게 달성하는 것이 불가능한 과정—을 누구나 추구해 마땅한 '근대화'로 설정하는 논리다. 다른 한편, 특정한 '근대성'이 이미 사라졌거나 다른 속성으로 대치되고 있음을 주목하여 그러므로 우리는 '포스트모더니티'(postmodernity, 탈근대 또는 근대이후)로 이행했다는 논리도 있다. 둘다 자본주의 근대의 전체상을 외면하고 근대에서 자본주의가 갖는 핵심성을 흐리고 있다는 점에서 일치하며, 많은 경우 '사과는 맛있어, 맛있으면 바나나' 식의 논리적 비약을 수행하고 있는 것이다.

이런 상황에서 최근 나는 단수(單數)의 '전지구적 근대'(global modernity)를 강조한 아리프 딜릭(Arif Dirlik)의 논지를 접하고 많은 공감을 했다.[2] 중국현대사 연구자이기도 한 그는 세계체제론의 근대론에 기본적으로 동의하면서, 흔히 세계화로 표현되는 자본주의 근대의 최근 단계를 '전지구적 근대'로 규정할 것을 제안한다. '구미'(Euro/America) 지역의 지배가 좀더 명백하던 앞시기를 그가 '유럽중심적 근대'로 일컫는 것은 유럽중심주의(Eurocentrism)의 지배가 심층에서 지속되고 있는 현실을 흐려버릴 위험이 있다고 생각되지만,[3] 세계화의 진전과 더불어 자본주의가 지역적·문화적 다양성을 과시하면서 종전과는 여러모로 달라진 모습을 보여주는 점에 주목할 필요성은 분명하다. 더욱 중요한 것은 흔히 기존의 근대화론 또는 근대주의에 대한 문제제기로 자처하는 '복수의 근대'(multiple modernities) 개념에 대한 그의 비판이다. 첫째, 이 개념은 "과거에 상상할 수 있었던 그 어떤 것보다 강력한 영향력을 갖고 현대세계에 공통성을 부여하고 있는 것이 무엇인가"라는 질문에 답하지 않으며, 둘째로 "'복수의 근대'는 전지구적 다문화주의를 암시하는바, 이는 문화들을 사물화(事物化)함으로써 문화적·정치적 혼돈상태를 관리가능하게 하며, 말하자면 전지구적 규모의 다양성 관리(diversity management on a global scale)인 셈"이라는 것이다.[4]

'근대성'이라고 하면 그것은 당연히 복수지만, '근대'를 복수로 설정하는 것은 현재 전세계를 지배하고 있는 단일한 자본주의 세계체제의 존재를 망각하거나, 이 체제의 항구성을 전제하고서──다시 말해 '대안은 없다'는 명제를 받아들이면서──그 안에서의 이런저런 부분적 대안 찾기에만 국한되기 십상이다. 하지만 끊임없는 자본축적이라는 자본주의의 절대적 요구가 인류문명의 발전이나 존속과 양립하기 힘든 성격이라고 한다면, 장기적으로 자본주의 안에서의 대안보다 자본주의를 넘어서는 대안을 찾을 필요가 절실해진다. 물론 중·단기적으로 자본주의의 틀 안에서 상대적으로 나은 길을 찾는 작업을 배제하는 것은 아니며, 자본주의 근대를 넘어서는 일이 쉽게 달성되리라거나 '현실사회주의'를 통해 한때 달성됐었다고 단정하는 것도 아니다. 바로 그렇기 때문에 '근대적응과 근대극복의 이중과제'가 근대에 관한 핵심적인 화두로 제기된 것이다. 나 자신 주로 한반도와 한국을 중심으로 이를 논의했으나[5] 사실 이것은 선후진국을 막론하고 어디서나 각각의 처지에 맞춰 수행해야 할 전지구적 과제이다.

이러한 이중과제──적응과 극복이라는 양면을 지녔지만 실은 단일한 과제——를 상정할 때 장기적 전망에 대한 성찰이 곧바로 중·단기 과제에 영향을 미치게 된다. 일단 적응하지 않으면서 극복만을 외치는 일이 무의미하듯이, 극복의 의지와 경륜이 없는 적응노력은 적응의 차원에서도 올바른 전략을 낳기 어렵기 때문이다.[6] 전지구 규모의 체제를 생각하고 근대의 장기적 전망을 검토하는 것이 결코 내용없는 거대담론은 아니다.

3. 발전과 지속가능성

세계화가 무작정 지속될 수 없고 '전지구적 근대'가 아마도 근대의 마지막 단계일 것이라는 가설에 설득력을 더해주는 현실은 다름아닌 생태계의 위기이다. 끊임없는 자본축적이 강제하는 계속적인 경제성장은 지구의 환경을 파괴하여 적어도 이제까지 알던 인류사회가 생존하기 힘든 상태로 만들 가능성이 실감되고 있는 것이다.

물론 이것은 치밀한 실증적 자료로 밑받침되어야 할 가설이지만, 그렇다고 자료를 통해 반박의 여지 없이 논증하는 일은 (파멸 직전의 순간까지는) 거의 불가능한 명제이기도 하다. 따라서 이미 수많은 과학자들과 환경주의자들이 지적하는 위기상황에 주목하면서, 이런 위기를 극복할 어떤 대책이 현체제 아래서 가능할지를 따져봄으로써 판단할 문제다. 그리고 고전적 사회이론이 지적하는 자본주의 사회의 모순, 즉 계급간 갈등의 심화와 확대라는 현실이 생태적 위기와 맞물려 있음을 감안할 필요도 있다. 생산수단으로부터 소외된 다수의 인구가 있어야 작동하는 경제체제는 균등하게 절제된 삶을 계획하여 환경을 보호하는 사회를 허용하기 어렵다. 동시에 마음놓고 착취할 자연의 영역이 절대적으로 줄어든 시기로 올수록——미국 부시행정부의 반환경적 작태에서 보듯이——가진 자들의 기득권 유지를 위해서 환경보호라는 공공의 대의를 더욱더 내놓고 외면하게 되는 것이다.

자본주의의 작동원리에 관한 분석을 여기서 시도할 계제는 아니며 내 능력의 범위도 벗어난다. 여기서는 변혁적인 대안을 찾기보다 체제 내에서의 개선과 조정을 통한 해결책에 중점을 두는 환경주의적 구호로 많은 사람에게 익숙한 '지속가능한 발전'(sustainable development)에 대해 잠시 살펴보고자 한다.

물론 이는 다양한 해석이 따르는 표현이다. 경제를 중시하는 '약한 지속가능성'(weak sustainability) 즉 지속가능성의 약한 버전의 경우는, 엄밀히 말해 '지속가능한 발전'보다 '개발의 지속가능성'에 대한 타산에 가깝다고 봐야 할 것이다. 하지만 경제보다 환경에 더 무게를 두는 '강한 지속가능성'(strong sustainability)일지라도 현존하는 경제체제와 환경을 둘다 지속한다는 전제를 깔고 있기 십상이다. 그렇기 때문에 많은 생태론자는 지속가능한 발전이라는 목표 자체를 부정하기도 한다.[7)]

지속가능성의 개념규정으로서 흔히 원용되는 것은 1987년 세계환경발전위원회(World Commission on Environment and Development)가 제출한 세칭 브룬틀란 보고서(Brundtland Report)의 정의일 것이다. 즉, "미래세대들이 자신들의 욕구를 충족시킬 능력을 훼손하지 않으면서 현재세대의 욕구를 충족시키는" 발전이라는 것이다. 물론 이 정의 또한 모호한 점이 많다. '욕구'(더 직역하면 '요구들')의 내용도 이해하기 나름이고, '미래세대들'은 과연 몇세대 뒤까지 계산에 넣어야 하는지——원칙적으로야 모든 미래세대를 배려해야겠지만 '모든' 세대들이라는 기준이 도대체 현실적인지도——정하기가 쉽지 않다. 인간의 욕구를 자본주의사회가 허용하고 조장하는 욕구 위주로 해석하고 미래를 한두 세대의 기간으로 한정해버린다면, 곧바로 '예측가능한 미래까지 지속가능한 개발'을 위한 공식으로 떨어질 수 있을 것이다.

그러나 더 강한 버전의 지속가능성에 대해서도 근본적인 문제제기를 해서 나의 관심을 끈 것이 인도 출신의 경제학자 아마르티야 쎈의 글 「우리가 얼룩부엉이를 보존해야 하는 이유」이다.[8] 브룬틀란 보고서의 정의에 대한 그의 불만은 여기에 전제된 인간관이 너무 편협하다는 것이다. "분명히 사람들에게는 '욕구'(needs)가 있다. 그러나 인간에게는 또한 가치들(values)이 있으며, 특히 사람들은 자신들이 이치를 따지고 평가하며 행동하고 참여할 능력을 소중히 여긴다." 즉 수용자만이 아니라 주체적 행위자로서, 무엇을 값지게 보며 어떻게 그것을 추구할지를 결정할 인간의 '자유'는 단지 '욕구'를 충족시키는 차원을 훨씬 넘어선다는 것이다. '자유'가 '발전'의 수단이자 목표임을 강조해온 학자답게 그는 이렇게 묻는다. "우리의 관심사는 지금 사람들의 실질적 자유들(substantive freedoms)을 보존하고 가능하면 확장하되, 비슷한 또는 그 이상의 자유들을 '미래세대들이 가질 능력을 훼손하지 않도록 하는 것이 아닐까?"[9] 이어서 그는 '욕구'라는 개념을 한층 구체화하여 현재와 미래 세대들의 '생활수준'에 대한 동시적 배려를 강조하는 입장에 대해서도 여전히 너무 국한된 인간관이라고 비판한다.[10]

'우리가 얼룩부엉이를 보존해야 하는 이유'라는 제목에서 짐작되듯이 쎈의 주장은 그 결론에서 생태론자들의 주장과 일치하는 바가 많다. 다만 논거를 자유와 책임에 대한 주체적 인간의 가치의식에서 찾고 있는 점이 독특하다. 물론 생태주의의 논리가 이런 가치의식을 배제하는 것은 아니며 인간중심적 사고를 근본적으로 비판하는 관점을 쉽게 외면해서도 안된다. 그러나 '무엇을 지속시킬 것인가'에 촛점을 맞추는 쎈의 접근법에 특별한 매력을 느낀 것은, 나 자신도 "'지속가능한 발전'이라는 환경관리주의적 이념이나 반대로 경제적·기술적 발전 자체를 적대시하는 생태근본주의적 노선 대신에, '생명지속적 발전'(life-sustaining development)을 제의"했고, 이는 "어디까지나 생명을 지속하는——영어로 sustain 즉 유지하고 북돋는——일을 기본으로 삼되 여기에 합당한 발전의 가능성을 찾자는 것"[11]임을 주장한 바 있기 때문이다.

'생명' 또는 '생명의 욕구'는 쎈의 '자유들'보다도 더욱 막연한 개념이다. 하지만 다른 낱말로 쉽게 대치할 성질도 아니라고 본다. (다만 '생명지속적 발전'이라는 표현은 영어의 sustainable을 life-sustaining으로 바꿔보는 재미로 제시한 것이므로 더 적절한 한국어 표현을 연마할 필요가 있을 것이다.) 생명은 인간만의 것이 아니라는 생태주의자의 강조도 중요하려니와, 인간의 경우에도 그 생명활동을 제대로 포괄하기에는 '자유'라는 말조차 너무 제한적이다. 더구나 쎈이 현존 세계체제가 장기적으로 정치적 자유의 발전과 존속을 과연 허용할 것인지에 대해 충분한 고민이 있는지도 불분명하다.

쎈의 경제학이건 자본주의 일반에 관해서건 연구가 태부족인 처지에 여기서 더이상의 논증을 시도하는 것은 부질없는 일이다. 다만 처음부터 기존의 체제가 허용하는 발전에 국한되지 말고, 진정으로 생명을 지속하며 증진하는 발전이 어떤 것일지를 먼저 생각할 필요가 있다. 이 과정에서 발전은 곧 개발이므로 거부해야 한다는 맹목적인 주장은 물론, 자동사로서의 '발전'은 좋으나 타동사로서의 '개발'은 나쁘다는 단순논리 또한 도움이 안된다. 생명의 발전에는 일정한 물질적 여건이 필수적이며, 어떤 영역에서는 물질생활의 지속적 향상이 요구될 수도 있고 이런 필요에 부응할 적극적인 개발도 있어야 하는 것이다. 요컨대 장기목표로서 '생명지속적 발전'을 적절하게 설정함과 동시에 이를 현실 속에서 추구해나갈 현명한 중·단기 전략을 실제로 갖추느냐가 관건이다.

4. 세계체제의 현단계와 동북아시아·한반도·한국

세계화의 시대가 '전지구적 근대'에 해당한다는 인식은 적어도 공간상으로는 근대 세계체제가 확장할 만큼 확장했다는 인식이다. 그런데 시간상으로도 갈 데까지 간 것인가?

'역사의 종말'을 말하는 사람들은 현실사회주의의 몰락과 더불어 자본주의에 대한 근본적인 대안을 더는 생각할 수 없게 됐고 그런 의미에서 역사가 올 데까지 왔다는 입장이다. 하지만 자본주의 세계체제의 항구성을 주장하는 이런 수사적 표현이 아니라, 실제로 1989년 이후 자본주의적 근대는 최종적인 승리라기보다 오히려 그 마지막 단계이자 대혼란의 이행기로 접어들었다고 보는 시각도 있다. 이른바 세계체제분석(world-systems analysis)의 관점도 그러한데, 나 자신 이에 대한 공감을 여러 기회에 표명한 바 있다. 아직 단행본 출판은 안되었지만 작년의 '2003 제주평화회의'에서 행한 기조발제에서도 이런 시각에 근거해서 냉전이후의 세계를 살펴보았는데,[12] 전쟁과 테러로 인한 살육이 냉전시대보다 오히려 증가하고 환경파괴가 더욱 자행되며 다수 인류 사이에 빈곤과 질병이 악화되는 오늘날의 현실이 일과적 현상이라기보다 세계체제 전체가 위기국면에 들어섰다는 진단이 설득력을 지니지 싶다.

여기서는 그 이야기를 되풀이하는 대신 이런 시기에 동아시아 또는 동북아 지역과 한반도/한국에서 생명의 원리에 부합되는 발전의 길을 찾는 일이 과연 어떻게 가능할 것이냐는 의문에 대해 언급하기로 한다. 자본주의의 축적논리가 생명지속적 발전에 모순된다고 주장하면서도 '전지구적 근대'에서 유독 동북아나 한반도만이 예외가 될 수 있다는 터무니없는 낙관론을 펼치는 게 아닌가 하는 의문이 무리한 트집이랄 수는 없기 때문이다.

'전지구적 근대'가 곧 근대의 최종단계라는 가정이 없다면 이는 정녕 허황된 낙관론에 다름아니다. 또, 최종단계라 해도 그것이 저절로 더 나은 역사로 발전하게 마련이라는 법칙론을 내세우는 것은, 이른바 정통 맑스·레닌주의의 '역사발전의 철의 법칙'이 그렇듯이 근거없는 낙관주의로 규정되기 십상이다. 하지만 동북아나 한반도의 가능성에 대한 전망은 세계체제가 정상적인 작동이 힘들 만큼 어둡고 혼란스러운 시기에 들어갔다는 '비관적' 인식에 근거하고 있으며, 이처럼 기존의 정치적·경제적 지배양식이 흔들리고 오히려 더욱 나쁜 방식으로 변할 위험마저 있는 단계이기 때문에 더 나은 방식을 창안할 틈새도 생기고 그런 틈새를 최대한으로 활용해야 할 책임도 절실해진다는 주장인 것이다.

그런데 동북아 또는 한반도에 그러한 틈새가 존재한다고 주장하는 근거는 무엇인가? 확실한 논증은 물론 나의 능력 밖이다. 다만 생명이 붙어 있는 한은 어디나 숨어 있을 작은 틈새 정도가 아니라 얼마간의 규모를 갖춘 집단적 대안작업이 진행되는 틈새라면 몇가지 조건이 충족돼야 하는데, 이 지역이 그러하다고 주장할 여지는 충분히 있다는 생각이다.

첫째, '전지구적 근대'의 테두리 안에 들어 있는 한에는 일정정도 이상의 자본이 축적되는 지역이라야 한다. 둘째, 종전의 자본축적 방식이 완전히 굳어지지 않은 유동적 상태라야 새로운 창안의 개연성이 확보될 것이다. (실은 첫째 조건이 충족되지 못하면 비록 신생자본주의일지라도 기존의 방식에 적응하기 급급하여 둘째 조건을 채우기가 오히려 힘들어진다.) 이에 더하여, 셋째 종전의 방식을 답습함으로써 초래할 재난과 불행이 필연적이며, 넷째 대안적 발전방안을 촉진하고 지원할 대안적인 문화 및 문명 유산이 풍부하다면, '틈새'는 그만큼 더 넓어지게 마련이다.

이런 네 가지 조건을 동북아시아—또는 경우에 따라 동아시아—에 적용해보면 방불한 바 적지 않다. ① 일본의 오랜 불황과 최근 한국경제의 부진에도 불구하고 한·중·일과 동남아 일부를 포함하는 지역은 오늘날의 세계경제에서 가장 활발한 자본축적이 이뤄지는 지역이고, ② 사회주의정권하에서의 자본주의 발달이라는 중국의 실험, 분단체제의 흔들림이라는 미증유의 변수를 안은 한반도, 게다가 유럽이나 북미와 달리 지역내에 합의된 모델이 없다는 사실까지도 모두 남다른 '유동성'을 보장해준다. 더구나, ③ 중국의 엄청난 인구와 규모만 보더라도 종전의 패러다임에 따른 개발이 이 지역은 물론이고 지구 전체의 생태계에 재앙이 될 것이 분명하며, ④ 기존의 패러다임은 단순히 경제제도나 개발방식의 문제가 아니라 우주관과 진리관의 문제이기도 한 만큼 동아시아문명 전래의 사유와 정서의 유산은 (그 자체로 해결책은 못 되지만) 대안적 패러다임 모색의 소중한 자산이 된다. 물론 다른 지역들은 그들 나름의 여건에 맞춘 모색을 해야 하고 결과적으로 어느 지역이 새로운 문명의 탄생에 가장 기여할지는 두고볼 일이다. 하지만 현싯점에서 동북아시아가 드물게 유리한 조건을 갖췄음은 사실인 것 같다.

그러면 한반도의 경우는 어떤가?

첫째, 이미 지적했듯이 최근의 한국은 자본축적이 특별히 활발한 지역은 못 된다. 게다가 휴전선 이북으로 말하면 그동안 오히려 경제규모의 후퇴를 경험할 정도였고 작금의 '핵위기'는 한반도 전체의 경제에 큰 부담으로 작용하고 있다. 그러나 지난 수십년의 단위로 보면 남한이 세계에서 손꼽히는 왕성한 경제성장을 이룩해온 지역임에 틀림없으며, 현재의 성장률도 OECD 국가들 가운데서 높은 편이다. 북한 역시 북·미관계가 일단 개선되기만 한다면 적어도 자본 유입 및 축적의 신장률에서는 획기적인 개선을 보이리라 예상된다.

두번째 조건의 경우, 한반도야말로 동북아 중에서도 가장 유동적인 상태임이 분명하다. 분단체제가 흔들리는 정도로도 이미 남한사회는 냉전구조와 개발독재체제의 틀을 바꾸는 변화의 소용돌이 속에 뛰어들었고, 북에서도 2002년 7월 1일의 경제개혁조치 등 커다란 전환의 조짐이 보인다. "남과 북은 경제협력을 통하여 민족경제를 균형적으로 발전"시킨다는 6·15공동선언 제4항도 진지한 협력이 구체화될수록 의미심장한 변수로 작용할 터이다. 이와 관련해서 6·15 직후의 어느 좌담을 위해 준비한 필자의 발제문 중 한 대목을 인용해보면—

두 개의 국가지만 하나의 민족이 거주하는 한반도지역의 경제를 통칭하는 데 편리한 단어가 '민족경제'일 뿐이라고 간단히 답할 수도 있다. 그러나 남북의 경제협력이 원활하게 진행되는 '한반도지역의 경제'란 그리 간단한 물건이 아니다. 남북 어느 쪽의 주민도 아닌 수많은 한인들도 참여하는 영역이 될 것이 분명할뿐더러, 미·일·중·러와의 경제협력, 동아시아 내지 동북아시아의 지역협력 또한 획기적으로 진전되는 현장의 일부가 되게 마련인 것이다. 이는 실천면에서도 일국양제(一國兩制)를 이미 택한 홍콩과 중국 간의 경제협력이라든가 일국양제 채택 여부와 관계없이 진행중인 대만과 본토의 '양안(兩岸)교류'하고는 또다른 모형을 창안할 것을 요구한다. 동시에 세계화의 대세 속에서 '민족경제' '국민경제' '지역경제'들이 갖는 의미를 이론적으로 새로 정리할 필요성을 안겨주기도 하는 것이다.

한반도의 분단체제극복은 진작에 끝장난 냉전체제의 잔재를 뒤늦게 청산하고 근대국가의 체통을 갖추는 '남의 뒤 따라가기'만이 아니고, 현단계 세계사에서 전인미답(前人未踏)의 경지를 개척하는 일임을 여기서도 실감할 수 있다.13)

셋째, 기존 패러다임 답습의 위험으로 치면, 한반도가 지구 전체에 미치는 영향이 양적으로 중국에 비할 때 대수롭지 않을 수도 있다. 하지만 이 문제 또한 그렇게 간단히 생각할 일이 아니다. 중국의 경제개발이 중국공산당에 의해 주도되고 있음에도 불구하고 '중국적 특색을 갖춘 사회주의'라는 구호는 내용상으로는 '중국적 특색을 갖춘 자본주의'에 가까우며 실제로 신자유주의와 '사회주의적' 권위주의가 결합된 인상이 짙다.14) 일본 또한 거대한 경제력에 비해 정치적 주도력이나 창의성이 현저히 떨어지는 실정이다. 이런 상황에서 한반도에서마저 기존의 개발모형이 그대로 관철되는 남북간의 협력 내지 통합이 진행된다면 동북아에서 새로운 패러다임을 찾기는 불가능해진다고 해도 과언이 아니며, 중국이 낡은 패러다임을 추수했을 때의 환경상의 피해는 광활한 국토를 지닌 중국보다 인접 한반도에 먼저 치명타를 가할 확률이 높다.

넷째, 동아시아적 문명유산의 경우도, 전승된 총량으로 따진다면 특정 분야를 빼고는 한반도가 중국이나 일본을 앞지른다고 보기 어렵다.

그러나 중요한 것은 유산의 **활용**인바, 어디까지나 개혁문화와 결합하고 온당한 변혁운동에 동원될 때 의미가 있는 것이다. 이 점에서 한반도는 또 한번 동북아 전역의 결정적인 현장이 아닐까 싶다. 아직은 주로 남녘에 국한된 현상이고 남한에서도 개혁세력의 한계는 엄연하지만, 개혁문화를 만들어가는 시민사회의 활력으로 말하면 한국이 중국이나 일본을 단연 앞지르고 서양의 많은 선진국에 비해도 손색이 없다. 신자유주의에 대한 비판의식과 실천적인 반대운동의 힘도 상대적으로 높다. 북한의 경우 신자유주의가 아예 발을 못 붙인 땅이기도 한데, 물론 이것이 반드시 든든한 반대운동의 거점을 보장해주는 것은 아니고, 러시아나 동유럽 나라들의 선례가 보여주듯이 일찍부터 자본주의 세계시장에 적응해온 사회보다 신자유주의와 친미사조가 훨씬 무절제하게 휩쓰는 땅으로 돌변할 위험을 내포하고 있다. 하지만 이러루한 여건들을 동북아(내지 동아시아) 지역내의 적절한 협력을 통해 최대한으로 살릴 때, 동아시아문명의 유산을 새로운 인류문명과 세계체제의 건설에 활용하는 작업에서도 한반도가 선구적인 역할을 할 수 있을 것이다.

끝으로 지역협력의 현장을 이루는 지리적 범주에 대해, 이는 그때그때 사안에 따라 신축적으로 정할 일이며 어느 한가지 명칭이나 정의에 집착할 까닭이 없음을 강조하고 싶다. 예컨대 동아시아문명의 유산을 활용한다고 할 때는, 지리적으로나 정치적으로 동북아에서 큰 비중을 차지하는 러시아가 한(=한반도)·중·일은 물론, 동남아에 속하는 베트남보다도 역할이 작기 쉽다. (그러나 이 경우에 특히 유념할 점은, 딜릭이 경계한 '문화의 사물화'라는 함정에 빠지지 않으려면 과거에 특정 문명권에 속했던 지역과 오늘날 그 문명의 유산을 동원하는 활동의 소재지를 동일시해서는 안된다는 점이다.)

다른 한편, 북핵문제 해결을 위한 6자회담이 보여주듯이 역내의 안보나 평화체제 구축이 문제될 경우에는 러시아를 빼놓을 수 없고 역내 국가가 아닌 미국도 엄연한 '역내 권력'으로서 참여하게 된다. 그런가 하면 '아세안+3' 같은 범동아시아 차원의 경제협력에서는, 장차 북한이 포함되는 '아세안+4'로 확대할 필요성은 절실하지만 러시아가 정회원 자격으로 참여하는 것이 반드시 필요하달 수는 없다. 또, 동북아로 되돌아와 '환황해권'——또는 앞서 언급한 좌담에서 김석철 교수가 주창한 '황해도시공동체'[15]——을 말할 경우는 한반도의 동남부 산업 및 물류 중심지대나 일본의 세또나이까이(瀨戶內海) 일대까지 당연히 지역범위를 확대해야겠지만, 러시아의 연해주(沿海州)나 일본의 칸또오(關東) 지방은 (중국대륙의 내륙지대나 남중국해 연안과 마찬가지로) '환황해권'에 직접 들지는 않는 외곽의 중요한 변수로 설정되는 것이 옳지 싶다.

이런 다양한 지역 개념들을 어떤 맥락에 채택하며 구체적으로 어떤 윤곽을 부여할지는 전문적인 식견을 갖춘 이들에게 맡길 일이다. 다만 지역간 협력에 관해서도 여러 규모, 여러 차원의 협력을 동시에 수행할 필요가 있으며 이 또한 시간상의 장·중·단기 전략을 차별적이면서도 일관되게 구사해야 한다는 점을 강조하면서 끝맺고자 한다.

| 주 |

1) 좌담 「동북아시대 한국사회의 중·장기 전략과 단기적 과제」, 『창작과비평』 2003년 겨울호, 20면(본서 제4부에 수록됨).

2) Arif Dirlik, "Global Modernity?-Modernity in an Age of Global Capitalism," *European Journal of Social Theory* 6(3), 2003, 275~92면. 국내에 소개된 딜릭의 저서로는 설준규·정남영 옮김 『전지구적 자본주의에 눈뜨기』(*After the Revolution-Waking to Global Capitalism*), 창작과비평사 1998이 있다.
3) 유럽중심주의가 온갖 변형된 모습으로 재생산되고 있는 현실에 대해서는 Immanuel Wallerstein, *The End of the World as We Know It* (University of Minnesota Press 1999), ch. 11 "Eurocentrism and Its Avatars" (국역본 『우리가 아는 세계의 종언』, 창작과비평사 2001, 제11장 「유럽중심주의와 그 화신들」) 참조.
4) Arif Dirlik, 같은 글 284면.
5) 졸고 「한반도에서의 식민성 문제와 현대 한국의 이중과제」, 『창작과비평』 1999년 가을호.
6) 앞에서 언급한 좌담에서 나는 이 점을 세계화의 대세에 적응해서 경쟁력을 키우는 문제와 관련해서 언급했다. "똑같이 경쟁력을 중시하더라도 무조건 대세를 따라가면서 우리도 G7에 들어가야 한다는 식으로 나가는 것과, 그런 식으로 너도나도 설치다가는 인류가 다함께 망하게 되어 있을뿐더러 한국경제 자체가 과욕을 부리다가 IMF 때처럼 침몰하기 십상이다. 다만 우리는 세계화의 대세에 승복하는 건 아니지만 당장에 경쟁력을 잃으면 대안을 찾을 여지도 없이 짓밟히고 말 테니까 그걸 피하기 위한 최소한의 경쟁력을 확보해야겠다. 뭐 이런 식의 좀더 수세적인 자세랄까 방어적인 경쟁력 노선을 택하는 것이 정책의 내용 면에서도 훨씬 견실하고 실제로 성공률이 높아지리라고 봅니다." (본서 제4부 참조)
7) '지속가능한 발전'의 여러 해석에 대해서는 이필렬 「지속가능한 발전과 생태적 전환」, 『창작과비평』 2003년 겨울호 참조. 이 글에 인용된 엘마 알트파터(Elmar Altvater)는 현재의 자본주의체제에서 지속가능한 발전을 이룩하려는 것은 '영구운동기관'을 만들려는 것과 같다고 꼬집은 바 있다(68면).
8) Amartya Sen, "Why We Should Preserve the Spotted Owl," *London Review of Books* (2004.2.5) 10~11면.
9) 같은 글 10면.

10) 이와 관련해서 그는 붓다의 말씀을 상기시키면서, 인간이 다른 생물들을 존중하고 보호해야 하는 것은 인간이 그들보다 월등한 능력을 지닌 데 상응하는 책임이 있기 때문임을 강조한다. 마찬가지로 부모가 자식을 돌보는 것이 물론 생활수준에도 큰 영향을 미치는 일이지만 기본적으로 우리의 능력에 따르는 책임의 문제인 것이다(10~11면). '자유로서의 발전'을 주장하는 그의 최근 저서로는 Amartya Sen, *Freedom as Development* (Anchor Books 2000) 참조.

11) 졸고「생명지속적 발전을 위하여」, 환경운동연합 10주년기념 심포지엄 자료집 『녹색의 주류화를 위하여』(2003.4.2) 8면. 이 글은 당일 배포된 자료집 외에 활자화된 바 없으므로 좀 길지만 이 인용문 직전의 단락도 여기 함께 소개할까 한다. "대중과 함께 사회체제를 변혁하는 운동이 되려면 대중의 정당한 욕구를 긍정하는 데서 출발해야 한다. 개발지상주의에 대한 많은 사람들의 동조는 분명히 자본주의 이데올로기에 감염된 뒤틀린 욕구 때문이다. 그러나 경제발전을 통해 의식주 기본생활의 충족은 물론, 이를 얼마간 초과하는 풍요로움을 바라는 마음 자체가 반드시 잘못된 것은 아니다. 깨끗하고 품위있는 가난이 인간의 어떤 깊은 욕구에 상응하듯이 장엄(莊嚴)과 영화(榮華)에 대한 욕망 또한 중요한 본능인 것이다. 생명의 욕구는 실로 다양한 것이며 이들을 포용하고 조화시키는 것이 참된 지혜이지 그중 어느 하나만을 절대시하는 것은 독단이며 자신의 이상을 남에게 강요하는 억압행위가 되기 십상이다. 실제로 녹색담론의 주류화 내지 유행화 현상은 바리새주의(Pharisaism)의 위험을 낳고 있다. '바리새인'은 흔히 '위선자'의 대명사로 쓰이고 녹색이 그런 단순한 의미의 위선에 동원되기도 하지만, 원래 예수가 바리새인들을 혐오하고 규탄한 주된 이유는 개인 차원의 위선이라기보다 대중의 욕구를 외면하는 저들의 엄격주의·형식주의였던 것이다."(같은 면)

12) 졸고「동북아와 한반도의 평화체제는 가능한가」, 한국인권재단 주최 2003 제주평화회의 자료집 『한반도의 평화를 위하여: 대안담론과 대안정책』(2003.8), 특히 2절 '냉전이후의 세계와 미국'(8~12면) 참조.

13) 졸고「6·15선언 이후의 분단체제 극복작업」, 『창작과비평』 2000년 가을호, 26~27면.

14) 오늘날 중국에서 신자유주의의 위세에 관해서는 왕 후이(汪暉) 『새로운 아시아를 상상한다』('동아시아의 비판적 지성' 총서, 창비 2003), 특히 「1989년 사회운동과 중국 '신자유주의'의 기원」 참조.
15) 좌담 「동북아시대 한국사회의 중·장기 전략과 단기적 과제」(본서 제4부 참조).

정치개혁을 위해 무엇을 할 것인가

김 종 엽

1. 들어가는 말

2002년과 2003년을 살았던 느낌은 참 대조적이다. 2002년에 우리는 월드컵을 통해 분출된 거대한 에너지를 경험했다. 스스로에게도 놀라운 이런 힘과 열정의 체험은 미군 장갑차에 의해 희생된 여중생 미선과 효순 양의 억울한 죽음을 추모하는 촛불시위로 이어졌다. 기쁨의 축제에 이어진 슬픔과 애도의 추도제였다. 그 어간에 있었던 대통령선거 또한 매우 드라마틱했으며 참여의 열기가 뜨거웠다. 그러나 2003년은 마치 한바탕의 축제 뒤에 맞이한 숙취의 쓰린 새벽과 같았다. 국제정치적으로는 북핵위기와 이라크파병 문제로 인해 정치적·사회적 대립이 격화되었고, 정치적으로는 고질적이다시피 한 의회와 정부 간의 갈등이 이어졌다. 새만금문제, 부안사태, 네이스(NEIS)문제 등 시민사회의 저항을 염두에 두지 않은 관료주의적 정부정책으로 분란이 계속되었다. 수구적인 언론의 흠집내기 때문에 증폭된 것이긴 해도 성마른 대통령의 계속되는 말 실수도 국민들을 실망시켰으며, 후보시절 내보였던 개혁성은 굴절되거나 후퇴하는 경우가 많았다. 연말에 이르러서는 검찰의 불법 대선자금 수사로 '차떼기 사건'이 불거졌고, 대통령 측근들이 구속되고 여야의원들에 대한 무더기 구속영장이 발부되었다. 더불어 거의 자해적인 상호비방과 투쟁이 정당간에 계속되었다. 경제적으로도 고단하기는 마찬가지였다. 청년실업은 심화되고 비정규직은 50%에 이르렀으며, 부동산값은 치솟고 신용불량자의 급증과 카드사의 부실대출이 전체 금융시장을 압박했다.

2002년과 2003년의 이 극적인 차이는 무엇을 말하는 것일까? 필자에게는 2002년이 우리 사회에 존재하는 어떤 긍정적 에너지를 대변한다면, 2003년은 그런 에너지가 담겨 있는 우리 사회의 구조를 대변하는 것으로 여겨진다. 더 나은 사회를 향해 나아갈 힘이 우리 사회에 내연하고 있으되 그것을 담아내고 방향을 부여할 적합한 제도가 없고 기존의 제도는 오히려 사회의 에너지를 억압하거나 소진시키고 있는 것 같다. 이런 판단이 옳다면 우리는 새로운 제도의 형성과 발전을 위해 새로운 국민적 기획을 만들어야 할 싯점에 있다. 이제 우리는 새로운 발전전략에 터잡은 국민적 기획을 '어떻게' 형성할지 고민해야 한다.

'어떻게'를 고민해야 하는 이유는 설득력과 비전을 갖춘 발전전략이 청사진으로 존재하느냐 하는 것도 중요하지만, 그런 전략이 사회적 합의를 획득해 국민적 기획으로 자리잡을 수 있는가 하는 문제가 더 중요하기 때문이다. 지금 우리가 이런 사회적 합의를 창출할 정당화된 절차는 민주적 과정뿐이다. 따라서 민주주의의 후퇴를 가정하지 않는 한, 새로운 사회적 발전전략과 국민적 기획의 형성은, 사회내의 다양한 계급과 집단들의 이해관심을 반영하여 공적 논의로 승화하는 민주적 과정으로만 가능하다. 그럴 때만 새로운 발전전략이 동의에 기초한 사회적 동원으로 이어질 수 있다. 요컨대 사회의 집합적 자기결정을 구현하는 정치체제가 제대로 기능할 때만 새로운 발전의 기획이 가능한 것이다.

하지만 우리 사회는 민주적인 정치체제를 가진 사회임에도 불구하고 다양한 발전전략을 검토하고 합의를 창출하는 과정이 이루어지고 있지는 않다. 오히려 정치체제는 엄청난 부패로 얼룩져 있으며, 정쟁만을 일삼고 있다. 왜 그런가? 1987년 민주화이행을 통해서 구성된 정치체제에 근본적인 결함이 있기 때문은 아닌가? 혹은 정당체제에 문제가 있는 것은 아닌가? 17대 총선을 앞두고 우리 사회의 핵심 의제로 부상한 정치개혁이 내실있고 비전을 가진 것이 되기 위해서는 이런 문제, 즉 정치체제의 기능 상실의 뿌리를 살펴볼 필요가 있다.

2. 보수적 정치체제의 형성과 변형

우리 정치체제의 문제점을 정밀하게 진단하기 위해서는 정치의 역사적 경로에 대한 상세한 탐색이 필요하지만, 현재의 핵심문제를 파악하기 위해서는 특히 두 시기에 주목할 필요가 있다. 하나는 정당체제의 기본적 성격이 형성된 해방공간에서 1958년 제4대 총선에 이르는 시기이고, 다른 하나는 현재의 정치체제 골간이 형성된 1987년 민주화이행기이다.[1] 먼저 전자부터 살펴보자.

일제에서 해방된 우리 민족의 핵심과제는 나라 만들기였다. 그런데 이 과제가 세계적인 냉전체제의 구축기와 맞물려 진행됨으로써 극히 어려운 일이 되었다. 우리 사회는 냉전의 최전선에 있었기에 나라 만들기의 이념적 경쟁은 매우 격렬했다. 결국 민족은 좌우로 분열되었고, 좌우는 다시 남북으로 분단되었다. 이로 인해 남한사회에서 형성된 정당은 근대적 좌우파의 스펙트럼에 따라 배열되지 않고 크게 오른쪽으로 치우쳐 형성되었다. 1958년 총선에서 확연한 모습을 드러낸 보수적 정당체제는 복잡한 이합집산을 거듭하지만 그 기본적인 성격은 오늘날까지 지속되고 있다. 분단체제의 힘이 남한사회의 민주화와 전 세계적인 탈냉전에 힘입어 약화되고 있기는 하지만 분단체제하에서 형성된 정당체제의 형태 속에 여전히 강력하게 온존하고 있기 때문이다. 이런 정당체제는 출발부터가 대중의 참여를 배제하는 상층편향적 엘리뜨 카르텔체제였기 때문에 당연히 전체 사회의 다양한 집단을 대의(代議)하지 못해온 것이다. 이런 대표성의 위기는 근대화가 진전되고 사회가 더욱 복잡·다원화됨에 따라 심화되어왔다.

정당체제의 대표성 위기뿐 아니라 1987년 민주화이행을 통해 형성된 현재의 정치체제 또한 심각한 문제를 안고 있다. 주지하다시피 우리의 민주화 경로는 퇴출에 의한 이행, 즉 민주화 이전의 구체제를 척결하고 추방한 민주화가 아니라, 구체제의 한 분파와 민주화세력 사이의 협약에 의한 이행이었다. 그런데 이 협약과정, 특히 헌법과 정치관계법 개정협상과정은 6월항쟁을 주도한 국민운동본부를 배제한 채 당시 야당이던 민주당과 여당이던 민정당 간의 밀실협상으로 진행되었다.[2] 그 결과 행정부와 의회 간의 견제와 균형의 토대가 되는 대통령과 의회 간의 권한배분 문제나 대선 주기와 총선 주기가 차이나는 문제 등이 신중하게 고려되지 않은 채 헌법개정이 이루어졌다. 특히 전자의 문제는 매우 심각한 것이어서 민주화 이후 모든 정권에서 의회권력과 대통령권력 간의 투쟁과 교착이 발생하는 원인이 되었으며, 3당 합당부터 시작된 정당간의 다양한 이합집산과 합종연횡의 이유가 되기도 했다. 또한 1987년 체제는 민주화투쟁기를 통해서 긴밀하게 결합되어 있던 시민사회와 정치사회를 분리하는 체제이기도 했다. 야당의 분열에 의한 민주화세력의 선거 패배가 워낙 기억에 뚜렷이 자리잡고 있음에도 불구하고, 1987년에 일어난 중요한 구조적 사건은 정치사회가 자기들끼리 경쟁의 규칙을 마련하고 그 공간을 확대하는 데 주력하면서 시민사회를 정치과정에서 배제해나간 것이며, 이후 선거국면에서는 사회운동세력을 우회하여 시민을 지역주의로 직접 동원했다. 이러한 시민사회와 정치사회의 분리, 그리고 정치사회에 의한 시민의 지역주의적 동원은 이후 구조화된 형태로 재생산되었다.

물론 지난 10여년의 민주화 과정을 통해서 국가폭력기구에 대한 통제가 확립되었으며 여야간 정권교체를 통해 일정수준 민주주의가 공고화된 것은 사실이다. 이것을 작은 성과라고 할 수는 없다. 하지만 사회적 불평등이 완화되기는커녕 더욱 심화되었고, 민주화가 가족·시장·노사관계·교육·주택·환경·보건·사회복지 같은 다양한 사회영역에 확산되고 심화되지는 못했다. 민주주의 이행이 선거라는 좁은 영역에 한정됨으로써 방대한 국가관료기구의 민주화를 이루지 못했고 국가기구 안에 응집되어 있던 구 지배블록의 성원들은 정치사회로 자리를 옮겨 존속하게 되었다. 그리고 민주화가 열어놓은 공간에서 구 지배블록의 하위파트너였던 언론권력과 경제권력만이 높은 수준의 자유를 누리는 상황에 이르렀다.

분단체제 속에서 구조화된 정당체제의 보수성, 민주화이행의 보수적 종결로 인해 우리의 정당체제는 사회의 다양한 균열과 갈등의 축에 따라 구성되고 그것을 대의하기보다는 시민사회와 분리된 정치계급의 공간이 되어버렸다. 또한 정치사회는 미소(微小)하게 존재하던 지역주의적 균열을 증폭시킴으로써 사회내 다양한 균열을 은폐하고 억압했으며, 정치혁신의 실패 책임을 국민의 지역주의적인 행동에 전가했다. 그렇게 해서 정치사회는 재벌과의 부패고리를 유지하고 보수언론의 지도를 받으며 구 지배블록의 권력유지에서 핵심고리로 작용하게 되었다.

이런 문제를 극복하기 위해서는 헌법개정과 정당체제 개혁을 포함하는 포괄적인 정치개혁을 수행해야 한다. 하지만 헌법개정을 논의하는 것은 때이른 감이 있다. 헌법개정에는 깊이있는 논의와 면밀한 검토에 더하여 광범위한 합의를 만들어가는 사회적 과정이 요구될 뿐 아니라, 과거에 타협으로 형성된 것이긴 하지만 그런 헌정에 대한 개정 논의는 민주주의의 공고화에 위협이 되기도 하기 때문이다.[3) 이에 비해 정당체제의 개혁은 그보다는 실현가능성이 높고 기회가 열려 있다. 민주주의는 헌정에 의한 규율만으로 불충분하며 사회를 충실히 대표하기 위해서 경쟁하는 정당체제에 의해서만 심화되고 발전할 수 있기 때문에 정당체제의 개혁은 헌법개정 못지않게 중요한 개혁과제라 할 수 있다.

3. 대표성의 위기와 사회개혁의 답보

정당체제의 개혁은 여러가지 방향으로 진행될 수 있다. 예컨대 그것은 상향식 공천제의 도입같이 정당 내부구조의 민주화를 향할 수도 있고, 정치자금의 투명화나 정치사회 내부 선거경쟁의 공정화를 향할 수도 있다. 그러나 이보다 훨씬 중요한 것은 우리 정당체제가 처한 대표성의 위기를 극복하는 것이다. 언론을 통해서 두드러지게 부각되는 것이 주로 정치부패이기 때문에 정치적 대표성의 문제는 덜 중요하게 여기는 경향이 있다. 하지만 부패의 문제는 오히려 정치적 대표성의 위기, 곧 대중을 배제하는 정치체제에서 비롯한다. 우리 사회에 정치적 냉소주의가 만연한 것도 부패 때문만이 아니라 자신의 정치적 대표를 갖지 못한 집단이 많기 때문이다. 우리 사회에는 다양한 사회적 균열, 예컨대 노동과 자본의 균열, 성적 균열, 수도권과 지방의 균열 등이 존재하는데, 분단체제를 내면화하여 보수적 이념에 편향되어 있고 문화적으로 가부장적이고 수구적인 정당체제는 이런 균열의 양편 가운데 한쪽만을 편향적으로 대표한다.

많은 대중의 요구와 의지를 외면하는 이런 대표성의 위기가 낳는 문제는 방대하다. 비근한 예로 중요한 사회문제 가운데 하나인 출산력 저하를 살펴보자. 출산력 저하의 원인이 하나로 귀착되는 것은 아니겠지만, 가장 중요한 요인은 여성의 낮은 사회적 지위이다. UN이 실시한 여성권한지수 조사대상 70개국 가운데 우리나라가 고작 63위에 그친다는 사실 하나만으로도 우리 사회에서 여성들이 얼마나 억압적인 환경에 처해 있으며 정당한 대우를 못 받고 있는지 잘 알 수 있다. 출산력 저하는 이렇게 여성배제적인 사회에 대한 여성들의 의식적·무의식적 저항의 산물이라고 할 수 있다. 이런 문제의 해결을 위해서는 고작 출산장려금 20만원을 지급하겠다는 식의 조잡하고 효과없는 사회정책이 아니라 여성들의 정치적 대표성 마련이 필요하다.[4]

노동과 관련해서도 사정은 마찬가지이다. 1987년 이후의 기업별 노조체제는 노동조합의 보호를 받는 대공장의 노동자 외에는 모두 가혹한 시장에 내맡겨지도록 방치하는 것이었다. IMF사태의 지속적인 여파로 비정규직이 50%에 달하며, 조직노동자들조차도 불법파업을 피하기 어려운 노동쟁의조정법 때문에 손배가압류로 자살하는 지경에 이른다는 것은 노동자와 자본의 대립 속에서 자본이 일방적으로 유리하다는 것을 의미한다. 대공장 조직노동자의 고임금과 이기심에 대한 비판이 많으며 그것에 설득력있는 근거가 없는 것은 아니다. 하지만 산별노조체제를 도입하지 않는 한, 전국적 노조가 대공장 노동자의 이기심을 견제하며 비정규직 노동자나 하청중소기업 노동자 그리고 실업자를 포함하는 전체 노동자의 지위를 향상시키고, 동시에 국민적 관점에서 자본과 협상을 벌이기는 어렵다. 노동자들의 입장이 정치적으로 대의되지 않는다면 이런 문제의 해결은 어려울 것이다.

국가기구의 개혁을 위해서도 대중의 요구와 의지에 민감한 정당체제의 존재는 필수적이다. 이 점을 지난해 중요한 사회문제인 네이스나 부안 핵폐기장 문제 등과 관련해서 생각해보자. 이런 사태들은 대체로 노무현정권과 시민사회 간의 충돌로 이해되곤 한다. 그러나 좀더 들여다보면 그것들은 하나같이 시민사회의 반응에 대해 무감각한 국가관료들의 정책결정과 추진이 시민사회와 충돌한 것으로 볼 수 있다. 물론 정권이 이런 국가관료제를 통제하고 소신있게 개혁적인 대안을 추진해가는 것이 불가능한 일은 아니다. 그러나 대통령과 그가 임명한 정무직공무원들이 방대한 국가관료제를 통제하는 것은 쉬운 일이 아니거니와 대통령 자신을 포함해 그가 임명한 인물들의 개혁적 일관성과 능력이 신통치 않은 경우라면 더욱 그렇다. 그런 일은 오히려 의회가 더 효율적으로 해낼 수 있다. 의회의 가장 중요한 기능 가운데 하나가 레드 테이프(red tape)를 뚫고 들어가 국가관료를 사회에 봉사하도록 통제하는 일이기 때문이다.[5]

사회개혁을 위해서도 개혁적인 의회의 존재는 매우 중요하다. 민주주의가 다두제(polyarchy)를 의미하는 한, 그것은 사회적 권력의 배분을 전제하며, 어떤 종류의 권력에 대해서도 책임을 물을 수 있는 제도적 편성을 필요로 한다. 이런 점을 고려할 때 우리 사회에서는 과도하게 강력한 힘을 가지고 있으면서도 책임을 지지 않는 권력으로 군림하는 총수 중심의 재벌 개혁이 시급하며 민주주의의 토대를 이루는 공론장의 건강 회복을 위해서는 과점적인 중앙언론의 개혁 또한 필수적이다. 그런데 이것을 가능하게 할 수 있는 법률의 제정과 개정은 의회권력의 몫이다. 이렇듯이 정당체제의 대표성을 높이고 의회권력을 혁신하는 것이 모든 문제를 해결해주는 것은 아니라 해도 정당체제 자체의 개혁을 우회하고서는 어떤 개혁의 시도도 답보를 면치 못하게 마련이다.

4. 정당체제 개혁의 현상황

그렇다면 어떤 제도적 장치가 이런 대표성의 위기를 극복할 수 있을지 생각해보아야 한다. 민주주의의 발전이 단순히 어떤 제도 하나를 도입한다고 쉽게 이루어지는 것은 아니다. 민주주의는 제도들의 복합적 상호작용을 통해서만 효과적으로 작동할 수 있다. 하지만 몇가지 뚜렷하고 일차적인 개혁방안들을 걸러내는 것은 그리 어렵지 않다. 특히 지역비례대표제 중심의 국회의원 구성, 소선구제, 선거국면에서의 지역주의적 동원 등이 현존 정당체제의 재생산기제임을 고려하면 대안의 윤곽은 쉽게 드러난다. 필자는 중대선거구제나 결선투표제의 도입, 정당명부식 투표제와 연계된 비례대표제의 대폭적인 확대를 한 대안이라고 생각한다.[6] 중대선거구제나 결선투표제에 입각한 지역대표의 선거는 출마자들에 의한 지역주의적 동원을 어렵게 하고 선거권자의 투표행위에서 선호의 독립성[7]을 유지하는 데 도움을 준다. 그리고 정당투표제와 연계된 비례대표제의 확대는 지역구를 통해서는 잘 대의되지 않는 사회집단(예컨대 여성이나 노동자)의 대표성 확보를 용이하게 하며, 전국적인 의제(예컨대 환경문제나 보건문제)에 대한 시민의 의사를 정치적으로 투입하는 데도 큰 도움이 된다.

그러나 유감스럽게도 이런 제도들 가운데 다가오는 17대 총선에서 도입되는 것은 헌법재판소의 판결에 의한 정당명부식 투표제밖에 없다. 그리고 정당명부식 투표제가 도입된다고 해도 비례대표의 수가 대폭 늘어날 가능성이 적어 효과는 그리 크지 않을 것 같다. 정치개혁에 대한 국민의 열망이 강력함에도 불구하고 지난 연말에 한나라당과 민주당이 야합하여 정치관계법을 자신들에게 더욱 유리하게 개악하려 한 시도에서 보듯이, 기득권세력인 원내정당이 스스로 혁신하는 것은 가망없는 일이다. 정치개혁을 가능케 할 원동력은 시민사회와 사회운동에서 나올 수밖에 없다. 따라서 총선을 앞둔 지금 정치개혁이 매우 지지부진한 까닭은 사회운동의 개혁전략에 어떤 문제가 있었기 때문이다. 따라서 정치개혁과 관련된 사회운동진영의 활동을 검토해볼 필요가 있다.

1987년 이후 정당들은 선거국면에서 예외없이 지역주의적 동원을 일삼아왔다. 정당들의 이런 지역주의적 동원에 처음으로 의미있는 제동을 건 것은 1104개 단체가 참여한 2000년 총선연대의 낙천낙선운동이었다. 2000년 총선연대의 활동은 정치사회에 대항하여 시민사회를 동원하고 총선의 쟁점을 정치개혁으로 전환했다는 점에서 큰 의의를 가지며, 실제로 괄목할 성과를 냈다. 총선연대가 선정한 낙천인사 중 43.1%가 정당의 공천을 받지 못했으며 낙선운동 대상자의 68.6%가 낙선했다.

그러나 낙천낙선운동이 거둔 큰 성공에도 불구하고 지금 16대 국회를 돌이켜볼 때 인적 교체가 정치사회의 혁신에 큰 도움이 되지는 못한 것 같다. 그렇게 된 이유는 낙천낙선운동이 한계를 가지고 있었기 때문이다. 낙선운동 대상자들의 68.6%가 낙선했다고 하지만 실제로 낙선운동이 낙선시킨 후보는 59명이고 이는 국회의원 총수 가운데 21.6%에 불과하다. 약 1/5의 물갈이가 이루어진 셈인데, 이런 정도로는 정당의 성격과 정당체제의 속성을 바꾸기 어렵다. 그렇다고 낙선운동이 더욱 엄격한 기준을 들이대어 무한정 낙선대상자를 늘려 반 이상의 국회의원을 낙선시키는 것은 처음부터 불가능한 일이다. 또한 정치신인의 경우에는 별다른 정치경력이 없다는 바로 그 이유 때문에 검증이 불가능하여 낙천낙선운동의 대상에서 빠졌지만, 이들도 기존의 정당들과 '코드'가 맞는 사람들이기 마련이며 그런만큼 상당수는 별로 개혁적이지 못한 인사이다.

따라서 사회운동세력은 17대 국회의원 총선을 겨냥한 낙천낙선운동 같은 물갈이 전략에서 정당체제 자체를 개혁하는 '판갈이' 전략으로 나아갔어야 했다. 그러나 정치개혁의 의제를 선점하고 나선 것은 사회운동이 아니라 기존 정당들이었다. 정당들은 처음에는 범국민정치개혁위원회를 설치함으로써 정치개혁에 시민사회의 목소리를 적극 반영할 것처럼 행동했고, 그렇게 함으로써 사회운동세력의 독자적인 정치개혁운동을 막았다. 지지부진한 과정을 거쳐서 정치권이 만들어낸 것은 범국민정치개혁'위원회'가 아니라 국회 정치개혁특별위원회의 자문기구인 범국민정치개혁'협의회'였다.

범개협이 독자적으로 내놓아 국회에 제출한 정치관계법 개정안은 정치개혁의 효과를 볼 수 있는 것이 많았다. 그러나 정치관계법이 정치개혁의 방향으로 개정되는 것의 관건은 합리적인 정치관계법 개정안이 아니라 기존 정당들이 기득권을 양보할 만큼 강력한 시민사회의 압력이 존재하는 것에 있다. 그런 점을 생각하면 사회운동진영은 적어도 범국민정치개혁'위원회'가 무산된 그 싯점부터 판갈이를 겨냥한 독자적인 정치개혁운동을 벌여 여론을 불러일으키고 그 효과가 큰 몇가지 개정안을 슬로건으로 내걸고 그것을 쟁취하기 위한 압력정치를 수행해야 했다. 파병문제, 새만금문제 및 부안문제 등 지난해 사회운동이 감당해야 했던 일들이 너무나 많았고, 실제적인 문제해결의 고삐를 쥐기에는 아직 사회운동진영의 역량이 모자랐던 것이 사실이다. 그럼에도 불구하고 산적한 개혁과제의 핵심고리에 정치개혁이 있음을 생각하면 사건의 경과는 유감스런 것이다.

하지만 국회의원들을 대거 구속하는 데까지 이른 검찰의 불법대선자금 수사로 인해 국회 정개특위가 새롭게 구성되는 등 정치관계법 개정의 가능성이 남아 있으며, 이 과정에서 정당명부식 투표제에 의한 비례대표자의 확대를 관철할 수 있는 기회가 아직은 남아 있다. 그런데 이조차 매우 낙관하기 어려운 상황이다. 왜 그런가?

5. 반부패담론의 의의와 한계

고삐풀린 듯이 질주하는 정치부패 수사는 대중의 정치에 대한 분노를 폭발시키는 동시에 송광수 검찰총장과 안대희 중수부장에 대해 '송짱'이니 '안짱'이니 하는 애칭이 생겨날 만큼 검찰에 대한 대중적 인기를 높였다. 검찰이 정치적으로 독립성을 보이고, 정치권이 정치개혁에 다시 나서게 만든 점을 생각하면 긍정적인 일들이다. 하지만 검찰의 불법 정치자금 수사가 긍정적인 면만 가진 것은 아니다. 그것은 정치에 대한 냉소주의를 불러오고, 수사의 형평성 시비를 불러들이며, 반부패담론이 정치개혁 의제를 몰수하도록 하는 효과를 지니고 있기 때문이다. 나아가 반부패담론은 정치비용을 축소하려는 신자유주의적 멘탈리티(mentality)와 결합해 더욱 사태를 악화시킬 수 있거니와 그런 우려는 상당정도 현실로 드러나고 있다.

　정치개혁에 대한 논의가 다시 시작되었으되 무엇이 그 핵심을 차지하는가 생각해보면 이 점은 분명하게 드러난다. 한창 논의되는 것은 정치기부금의 소액다수화와 투명화, 지구당 철폐를 통한 정치비용 축소 등이다. 이런 것들이 올해 들어 새로 구성된 정개특위 안에서는 상당정도 합의 가능한 안들로 대두된 이유는 그것이 정치사회 내부의 경쟁규칙으로 수용될 수 있는 것이기 때문이다. 그러나 정당체제 자체의 구조변화를 유도하는 비례대표제 확대 같은 문제에 이르면 기존 정당은 완강하게 저항하는데, 고약한 것은 그런 저항에 반부패담론들이 활용된다는 점이다. 좌담회 등에 출연한 정개특위 간사들이 내세우는 논리는 그것을 잘 보여준다. 그들에 의하면 국민들은 정치권의 부패에 분노하고 있으며, 따라서 정치비용의 축소를 요구하고 있다는 것이다. 따라서 국회의원 정수는 늘릴 수 없으며, 현행 지역구 숫자를 줄이는 것은 정치권 전체가 반대하기 때문에 어렵다는 것이다.

　이런 정치인의 발언 가운데 뒷부분은 괘씸하기는 해도 솔직한 고백일 수 있다. 지역구 축소라는 양보를 기존 정당들로부터 얻어내는 것은 실제로 불가능할 것이다. 뿐만 아니라 지역구 축소가 정치발전에 도움이 되는지도 확실치 않다. 그러나 국민들이 정치비용 확대를 가져올 국회의원 정수 확대를 원치 않는다는 주장은 확인된 것도 아닐뿐더러 논리적으로도 비약이 심한 궤변이다. 부패를 막는 것과 정치비용을 축소하는 것은 다른 문제이며, 정치비용의 축소 자체는 자칫 정치 축소로 귀결될 수 있다.[8] 문제는 검은 돈이지 돈 자체는 아니라는 점을 명심해야 한다. 설령 국민들이 정치적 냉소주의 때문에 정치를 무용한 것으로 생각하고 정치비용 증대를 싫어한다면 이는 사회운동세력이 비례대표 확대가 가져올 이익이 크다는 것을 보여주어 국민들의 생각을 바꾸도록 설득해야 할 것이다.

하지만 그런 방향으로 사회운동진영의 활동이 이루어지기를 기대하기 어렵다. 반부패담론의 강력한 지배력에 굴복하여 주요한 사회운동진영의 총선전략 모두가 반부패 캠페인으로 경사되고 있고 있기 때문이다. 물갈이연대나 2004 총선시민연대가 그러하며 환경운동연합이나 여성단체들도 낙천자 명단을 내며 물갈이에 주력하고 있다. 이런 쪽으로 사태가 진행되는 것은 두 가지 점에서 매우 유감스러운 일이다. 우선 사회운동진영이 검찰수사와 언론의 폭로성 기사에 의해서 반부패가 다른 개혁의제들을 압도하는 것을 문제삼지 않고 오히려 그런 흐름에 적극 동참했다는 점에서 그렇다. 다음으로 이렇게 모든 시민사회단체들이 반부패 캠페인에 경도된 데엔 지배적 의제에 탈락하지 않기 위한 단체들간의 경쟁이 작용했다는 느낌을 지울 수 없기에 그렇다.

앞으로의 사태진행을 예단하는 것은 성급한 일이겠지만, 가능한 씨나리오를 그려볼 수 있다. 정치권은 계속해서 정치관계법을 미룰 것이다. 표의 등가성을 높이기 위해 2003년 12월 31일까지 선거구민의 수를 1:3 안으로 재조정토록 한 헌법재판소의 판시가 있었기에 정치권은 다른 때와는 달리 지난해 말에 정치관계법을 개정하려 했다. 하지만 통상 정치관계법 개정은 총선 50~60여일 전에 '극적으로' 타결되게 마련이다. 그것이 늦어질수록 기존 원내정당들에게 유리하기 때문이다. 결국 이번에도 올 2월 말 이후에나 정치관계법이 개정될 것이며, 현재처럼 시민사회단체들이 개정방향에 대한 압력을 행사하기보다는 물갈이운동에 주력할 경우, 겉보기에 그럴듯한 몇가지 개혁안을 포함하긴 해도 기존 정당의 핵심이익은 건드리지 않는 채로 개정될 것이다. 그리고 현역 정치인의 물갈이를 향한 시민사회단체의 총선캠페인과 정치권의 지루한 공방이 이어지며 총선이 치러질 가능성이 크다.

그렇게 된다면 이번 총선이 우리의 정치개혁에 어떤 도움이 될까? 물론 낙선운동의 표적이 된 현역의원 가운데 특히 수도권 의원들은 떨어질 가능성이 크고, 여성계는 좀더 많은 공천을 받아 원내에 진출할 것이며 민주노동당이 약간의 의석을 얻어 마침내 국회에 진출할 것으로 보인다. 그러나 시민사회로서는 그것이 큰 성과라고 자평하기는 어려울 것이다.

6. 향후의 과제

진행되는 일이어서 속단하기엔 이르지만 17대 총선을 계기로 한 정치개혁의 전망은 그리 밝지 않다. 그 이유는 정치사회 때문이라기보다는 우리 시민사회의 역량이 활력을 가지고 있긴 해도 아직은 미흡하기 때문이라고 해야 할 것이다. 왜냐하면 기득권을 가진 정치인들에게 정치개혁을 맡기는 것은 처음부터 연목구어(緣木求魚)나 다름없는 일이고, 개혁은 오직 시민사회로부터, 그리고 시민사회에서 분리되려는 정치사회를 시민사회에 붙잡아매는 압력정치로부터만 나올 수 있기 때문이다.

정치개혁의 성과가 미진하더라도 여전히 우리가 희망을 가질 수 있는 이유는 전체 사회의 집합적 의지가 살아숨쉬고 있는 시민사회가 있기 때문이다. 가부장적 문화의 극복, 정치개혁, 분단체제의 극복, 그리고 신자유주의적 지구화의 압력 속에서도 사람답게 사는 평등사회를 건설할 가능성은 이 시민사회의 민주적 지향과 개혁능력에 걸려 있는 것이다. 그러므로 시민사회의 개혁역량을 키워나갈 방안을 지속적으로 모색해야 한다.

시민사회의 개혁역량을 강화하기 위해서는 우선 사회운동진영이 정치권에 대해 뚜렷한 관계를 정립하는 것이 필수적이다. 사회운동의 명망가들이 정치권으로 진출하는 경우가 적지 않다. 정치인으로 출마하는 것은 시민의 당연한 권리다라는 말로 이런 행동들이 정당화되곤 하지만 이는 말도 되지 않는 일이다. 건강한 사회가 되기 위해서는 국가만 삼권분립에 따라 운영되는 것으로는 부족하고, 사회적으로도 권력분립이 있어야 한다. 예컨대 학계, 정치계, 언론계, 사회운동계는 서로의 경계를 지키면서도 견제하고 협력해야 한다. 따라서 사회운동의 명망가들이 정치권이나 다양한 국가기관으로 진출하는 것뿐만 아니라, 국가의 관할 아래 있는 각종 위원회에 진출하는 것에서 국가나 기업으로부터의 경제적 후원을 받는 문제에 이르기까지 사회운동진영은 조심에 조심을 거듭하는 것이 옳다. 사회운동의 자산은 그것의 공익성에 대한 대중의 폭넓은 신뢰밖에는 없다. 불신이 많은 우리 사회에서 신뢰라는 자산의 형성이 얼마나 어려운 일인가를 생각하면 어떤 종류의 유착에 대해서도 경계하는 자세만이 사회운동을 성장시킬 수 있다.

다음으로 수구적인 중앙언론의 개혁과 대안적인 공론장의 활성화가 중요하다. 여러가지 사회적 개혁과제는 서로 맞물려 있게 마련이라 언론개혁이 이루어지면 정치개혁이 쉬워지고, 역으로 정치개혁이 이루어지면 언론개혁이 쉬워지는 법이다. 따라서 개혁을 위한 전략과 목표는 정세에 따라 신축적일 필요가 있다. 총선국면이라면 역시 정치개혁 의제가 전면에 부상하는 것이 당연하지만 좀더 일상적인 국면이라면 언론개혁이 중요할 것이다. 이번 정치개혁의 국면에서 사회운동은 개혁의제를 생산해내는 데 주도적 역할을 하지 못했다. 더군다나 정치와 유착하면서 정치에 대한 비판을 통해서 생존하는 수구적인 언론들이 설정한 의제에 사회운동이 이끌려들어간 측면도 있다. 그러므로 좀더 언론개혁에 노력을 집중할 필요가 있다. 90년대를 통해서 힘을 키워온 언론개혁운동이 소강상태에 빠진 현재 국면을 생각하면 더욱 그렇다.

명망가 중심적이고 이슈 중심적이고 언론 의존적인 사회운동의 체질 강화 또한 빼놓을 수 없는 과제이다. 이를 위해서 몇가지 방안을 생각할 수 있겠다. 첫째로 사회운동에 대한 참여를 확대하는 것이다. 우리의 정치사회가 사회적 토대가 허약하고 참여배제적이라고 비판하는데, 우리의 사회운동 또한 이런 비판에서 자유롭지 않다. 그렇다고 해서 무작정 풀뿌리 사회운동을 강화하는 쪽으로 방향을 전환할 필요는 없을 것이다. 전국적인 거대시장형 사회운동의 성과는 그것대로 유지하면서 사회운동의 스펙트럼을 봉사형과 권익형 사회운동으로 확산해 사회운동 전반에 대한 참여를 확대해야 한다. 한마디로 사회운동사회(social movement society)로의 전환을 위해 노력해야 한다.

둘째로 개혁적 싱크탱크(think tank) 형성을 위해 노력해야 한다. 지금까지 사회운동은 정책형성적 기능과 운동정치적 기능 모두를 수행했다. 그러나 이는 효율적이지 않다. 사회운동 참여자들에게도 과부하일 뿐 아니라 사회운동이 사회적 이슈에 대응하는 수준을 넘어서서 의제를 형성하고 정책적 대안을 형성하기 위해서는 정책형성적 기능과 운동정치적 기능을 어느정도 분화시킬 필요가 있으며, 이를 위해서는 개혁적 싱크탱크가 요긴할 것이다.

마지막으로 민중운동과 시민운동의 연대를 제안하고 싶다. 우리 사회에서 시민운동은 지금까지 시민사회 자체의 의지를 대변하는 존재로 인정받았다. 하지만 이것이 지속될 가능성은 크지 않다. 보수적 시민단체들이 속속 출현하는 데서 보듯이 시민운동 자체가 분화하여 운동지형이 한결 복잡해질 것으로 보이기 때문이다. 그때는 민주화운동 과정 속에서 매우 독특한 형태로 성장한 시민사회의 개혁적 정체성이 약화되고 헤겔과 맑스가 정의한 시민사회, 욕망의 체계로서의 시민사회 개념에 근접해갈 것이다. 따라서 시민운동의 개혁적 분파와 민중운동이, 연대라는 한 몸에 펼쳐진 양 날개가 되지 않는 한 사회개혁을 향한 전진은 매우 어려워질 것이다.[9]

■ 후기: 대통령 탄핵안 가결과 정치개혁

「정치개혁을 위해 무엇을 할 것인가」라는 글을 탈고한 지 한달이 조금 더 지났다. 글 자체가 현안에 가까이 다가가서 보자고 한 것이기 때문에 정치적 상황변화에 따라 이 글에서 주장한 것 혹은 예측한 것 가운데 어떤 것은 현실과 어긋날 수도 있고, 의미가 약화되는 것도 있을 것임을 염두에 두었다. 지난 3월 9일 통과된 개정선거법의 내용과 개정과정은 이 글이 예측한 것이 크게 틀리지 않았음을 보여준다. 하지만 대통령 탄핵안 가결 같은 초유의 사건이 벌어질 것은 예상하기 어려웠고, 그것의 파장으로 인해 정치개혁의 지형 자체가 크게 변해버렸기 때문에 몇가지 첨언을 하지 않을 수 없는 상황이다.

탄핵사태를 바라보노라면 정치의 세계가 비합리적 열정에 의해서 움직이는지 아니면 이해관심에 따라 움직이는지 단언하기 어렵다는 생각이 든다. 아마도 냉정한 정치산술이 있었을 것이다. 하지만 야 3당의 행동을 보면 다양한 데이터를 비교 검토하는 치밀한 계산과정 이전에 혹은 그 밑에서 작용하는 것은 열정의 힘이 아닌가 하는 의구심이 든다. 이 점은 대통령 쪽도 마찬가지이다. 탄핵안 발의에 이어진 기자회견에서도 우리는 대통령의 전략을 본 것인지 어떤 전략적 행동에도 불구하고 비집고 나오는 그의 기질을 본 것인지 그도 아니면 전략과 기질의 행복한 조우를 본 것인지 판단하기 어렵다.

하지만 이런 문제의 상세한 분석은 그리 중요하지 않다. 더 중요한 것은 시민사회의 입장을 견지하면서, 즉 사회의 의지가 정치사회에 투입될 수 있는 길을 확대하는 것이 정치개혁의 요체라는 입장을 견지하면서 현상황의 의미를 살피는 일이다. 이와 관련해서는 두 가지가 중요하다. 하나는 이 글에서 지적했던 정치적 대표성의 문제를 현재의 사태와 관련하여 다시 검토하는 것이고, 다른 하나는 현재와 같은 상황을 유발하는 구조적 요인과 관련하여 정치적 책임성의 문제를 고찰하는 것이다.

정치적 대표성의 문제

야 3당에 의한 대통령 탄핵안 가결은 여러 곳에서 이루어진 여론조사나 광화문을 비롯하여 전국에서 벌어지는 촛불시위가 일관되게 입증하듯이 거센 국민적 저항에 직면하고 있다. 시민사회단체들도 1987년 이후 처음으로 총단결하여 탄핵반대운동에 뛰어들었다. 시위현장에서 그리고 여론조사를 통해서 드러난 대립의 구도는 친노 대 반노의 구도가 아니라 상식 대 몰상식, 더 정확히 말하면 민주 대 반민주의 구도임이 명백하다. 아마도 야당 그리고 노무현 대통령조차도 정치구도가 이렇게 선명하게 민주 대 반민주의 구도로 형성되리라고는 쉽게 생각지 못했을 것이다.

전체적인 대립구도가 민주 대 반민주로 급속히 정리된 것은 역사적 기억의 힘 때문이다. 대중은 탄핵안 가결사태를 더 부패한 야당에 의한 덜 부패한 대통령에 대한 탄핵으로 이해할 뿐 아니라 한걸음 더 나아가 87년 6월항쟁을 통해서 국민들이 이룩한 민주주의의 핵심적 성과인 대통령직선제에 대한 기득권층의 반격으로 파악하고 있다. 그렇기 때문에 노무현정권 아래서 이익은커녕 여러가지 불이익을 봤던 집단과 그런 집단을 대변하는 단체, 예컨대 전농이나 민주노총조차도 탄핵에 대한 강력한 반대를 표명하고 있는 것이다.

하지만 4월에 들어서면 탄핵국면은 빠른 속도로 총선국면으로 이행할 것이다. 더불어 지금 야당과 보수언론이 안간힘을 써서 수립하고자 하는 친노 대 반노의 대립구도가 서서히 살아날 것이며, 그럴 수 있는 계기는 여러 군데 있다. 예컨대 아직 발표되지 않은 대통령 측근비리에 대한 특검수사가 어떤 결과를 내놓을지 알 수 없으며, '적절한' 시기에 열린우리당 입당을 통해서 총선을 재신임과 연계할 노무현 대통령의 행보 또한 친노 대 반노 대립구도를 되살릴 것이다. 그리고 무엇보다 총선의 본성 자체가 존재하는 정당과 후보에 대한 선택이기 때문에 더욱 그렇다. 결국 총선의 결과가 어떻게 될지는 총선국면에서 힘을 얻게 될 친노 대 반노 대립구도와, 민주 대 반민주 구도 그리고 부패정치인이나 부패정당에 대한 반부패캠페인 가운데 어느 쪽이 더 큰 힘을 가지느냐에 달려 있다.

총선 결과를 점치는 것은 매우 때이른 일이긴 하나, 대강을 그려볼 수는 있다. 열린우리당이 현재만큼의 지지도를 총선까지 유지하기는 쉽지 않겠지만, 원내 제1당이 될 가능성이 크다. 그리고 민주당의 실추가 뚜렷할 것이다. 더불어 주목해야 하는 것은 민주 대 반민주의 대립구도든 친노 대 반노의 구도든 그런 대립구도들 모두가 투표자들의 정당 선호의 독립성을 침해하여 민주노동당이 그렇지 않았으면 얻을 수 있는 의석보다 더 적은 수의 의석을 차지할 가능성이 많다는 점이다.

이런 총선 전망은 이번 총선 또한 이 글에서 줄곧 강조했던 우리의 정치개혁 제1과제인 대표성의 위기 극복에 큰 도움이 되지 않을 것임을 시사한다. 시민사회의 힘이 정치개혁을 이룩하는 것은 그것이 기존 정당체제의 내적 혁신을 유도하는 힘으로 작용할 때 가능하다. 따라서 정당체제의 혁신이라는 점을 기준으로 삼는다면 탄핵국면은 반부패캠페인보다도 더 도움이 될 것이 없으며, 어떤 면에서는 그보다 못한 점도 있다. 왜냐하면 대중의 민주주의를 향한 열망은 활활 타오고 있지만, 그것이 얻을 수 있는 성과의 극대치는 탄핵 가결을 뒤엎는 것에 그치고 그 이상의 아무런 열매를 얻을 수 없는 것이 현상황이기 때문이다.

다시 말해 현재의 국면은 사람들의 조잡한 열정을 동원하는 지역주의와 크게 다르긴 해도 (물론 이 차이를 작은 것으로 보아서는 안되지만) 총선이라는 정치적 필터를 통해서 정치사회 내부의 분할구도에 따라 국민을 분할하는 결과로 귀착될 것이라는 점에서만은 지역주의와 동일한 폐해로 이어질 수 있다. 야당들이 파병문제나 FTA문제 등에 대해 정부안을 별 마찰 없이 받아들였던 것에서 보듯이 현재 의회를 지배하는 정당들의 색깔은 대동소이하다. 그런데 탄핵 가결국면은 민주노동당 같은 정당의 의회 진출에 새로운 진입장벽을 만들었다. 결국 복잡한 변형을 겪는다 해도 보수적 정당체제 자체는 온존할 것이며, 그런만큼 대표성의 위기가 완화되기 어려운 상황인 셈이다.

물론 이번 사태로 인해 적어도 우리 사회에서 1987년의 성과로부터 후퇴하려는 어떤 시도도 불가능하다는 인식이 사회적 증명을 얻었으며, 그것에 도전하는 세력은 보수라는 이름조차 얻을 수 없음이 선명해졌다. 또한 총선이 '판갈이'는 어렵더라도 어느 때보다 강력한 '물갈이'를 야기할 것이라는 점에서도 긍정적인 측면이 있으며, 장기적으로는 보수정당들의 자기혁신을 유도할 것이다. 하지만 우리 사회가 여전히 1987년에서 몇걸음 더 나아가지 못한 상태에 머무르고 있으며, 촛불 속에서 타오르는 대중의 열망에도 불구하고 이번 총선을 통해서 몇걸음 더 전진하기 어렵다는 것은 매우 고통스러운 일이다.

정치적 책임성의 문제

「정치개혁을 위해 무엇을 할 것인가」는 현재의 정치개혁의 중심의제를 대표성의 위기 극복에 두었으며, 개헌을 포함한 더 폭넓은 정치개혁 논의는 간략히 언급하는 정도로 그쳤다. 하지만 현재의 정세는 우리 헌정의 문제점에 대해서 생각해볼 것을 촉구한다. 정치적 정당성을 가진 두 헌법기관간의 투쟁이 야기한 탄핵국면이나 탄핵의 정당성 여부를 판가름하기 위해서 헌법재판소의 판결을 초조하게 기다려야 하는 현상황은 국민들 모두에게 헌법에 대한 감수성을 높이고 있기 때문이다.

주지하다시피 우리의 헌정은 1987년 민주화운동의 산물이다. 이 민주화과정은 권위주의 세력을 퇴출함으로써 이루어진 것이 아니라 구체제세력의 일부와 민주세력 간의 협약에 의해 이루어진 이행이었다. 그렇기 때문에 헌정 또한 임박한 대통령선거를 앞두고 당시 야당과 여당 간의 협상을 통해서 만들어졌다. 그렇게 만들어진 헌정은 전반적으로 보아 대통령의 권력을 크게 약화시켰다. 그 이유는 한편으로 대통령에게 부여된 막강한 권한이 오랫동안 지속된 독재의 토대였기 때문에 이를 약화시킬 필요가 있었기 때문이고, 다른 한편으로 대통령선거에서 누가 승리할지 모르는 상황에서 협상이 이루어졌기 때문에 협상에 참여한 정치집단들 모두가 의회권력을 강화하여 미래에 있을지 모를 패배에 대비하고자 했기 때문이다. 그로 인해 현행 헌법은 약한 권한의 대통령과 강한 권한의 의회의 대립이 언제나 발생할 수 있도록 만들었다. 더구나 독재에 대한 방어막으로 마련된 대통령단임제 또한 이런 대립을 매우 다루기 어려운 것으로 만들었다.

지금 우리가 마주하고 있는 탄핵 가결사태는 매우 경악스러운 일이지만 좀더 구조적인 관점에서 본다면 이런 독재의 경험과 민주화 이행의 패턴이라는 역사적 유산 속에서 만들어진 사건이며, 이미 우리가 다른 형태로 경험했던 일이다. 민주화 이행 이후의 모든 정권에서 우리가 발견하는 것은 강력한 의회에 직면한 대통령이라는 현상이다. 이런 상황은 대통령에 의한 변형주의적 의회전술의 구사를 낳았다. 변형주의적 의회전술의 레퍼토리는 3당합당에서 의원 빼오기 혹은 의원 빌려주기에 이르기까지 매우 다양했다. 그리고 대통령들은 임기말이 되면 언제나 자신의 소속정당을 탈당해야 했다.

이렇게 반복되는 상황의 댓가는 정치적 책임성(accountability)의 실종이다. 대의제 민주주의에 대해 냉소적인 이론가들은 대의제하에서 시민은 후보는 선택할 수 있어도 정책은 선택할 수 없다는 점을 강조한다. 이 점은 우리 사회에서 개혁적인 세력이 김대중정권이나 노무현정권을 통해서 반복해 경험한 일이기도 하다. 하지만 바로 이런 문제 때문에 중요한 것이 바로 정치적 책임의 문제이다. 민주적 정체(政體)는 자신이 선택한 대표에 대한 평가를 통해서 책임을 묻는다. 이 평가는 후보에 대한 기대감의 형태로 나타나는 예견적인 것일 수도 있지만 역시 재선 여부에 따르는 사후적인 것이 중요하다. 그런데 이런 사후평가가 대통령의 경우에는 단임제로 인해 불가능하다.

그렇기 때문에 대통령들이 중간평가나 재신임에 대해 말하는 사태가 생기며 대선과 엇갈리게 설계된 총선 주기가 대통령에게 절대적인 중요성을 가진 정치적 사안이 되는 셈이다. 재임기간중에 총선에서 원내 안정의석을 얻지 못한 대통령은 급격한 레임덕에 시달리게 되기 때문이다. 노무현 대통령의 경우에는 이런 위기가 훨씬 빨리 찾아왔을 뿐 구조적으로 보면 우리의 헌정구조는 대통령에게 탈당에 의한 당정

분리를 요구할 가능성이 많은 체제이며, 이 과정에서 행정부와 입법부 간의 연계가 깨어지면 책임의 소재가 불분명해진다. 요컨대 행정부와 입법부 간의 견제기능은 매우 강력할 수 있지만 양자의 연계에 의한 정치적 효율성과 책임성은 급격히 약화될 위험이 상존하는 것이다.

물론 헌정이 정치과정에 대해 일반적 규율 이상의 것을 할 수는 없다. 정세에 따라 달라질 수밖에 없는 문제까지 헌정으로 규율하려는 시도는 무리한 것이며, 정치문화와 정당체제의 규범적 학습에 의해서 규율되어야 할 것이 많다. 이번 탄핵사태의 경우에도 헌정의 문제와 정세의 문제는 겹쳐서 나타나고 있다. 의회권력과 대통령권력 간의 교착가능성은 구조적으로 상존했지만 탄핵 가결은 노무현 대통령과 민주당 간의 갈등, 그리고 그것에 이어진 민주당의 분당으로 인해 생겨났다고 할 수 있다. 이로 인해 여당이 의석의 1/3 이하가 됨으로써 탄핵이 야당의 단순한 위협발언이 아니라 실제 가능한 일이 되어버렸기 때문이다.

따라서 한편으로는 정치문화와 정당체제의 성숙이 요구되지만, 우리 헌정에 내재하고 있는 구조적인 문제에도 주목해야 한다. 이 구조적 문제가 정세에 따라 다양한 형태로 사태를 악화시키기 때문이다. 탄핵사태로 인해 헌정에 대한 문제의식이 높아진 만큼 탄핵국면과 총선 이후에는 책임정치를 확립하기 위해서 개헌을 포함한 정치개혁을 구상해야 하며, 이런 구상이 사회적 의제로 자리잡도록 노력해야 한다.

이것이 필요한 이유는 지금까지 개헌논의는 언제나 정치권에서 나왔으며 언제나 대통령의 권한을 더욱 축소시키려는 관심에서 나왔기 때문에 더욱 그렇다. 따라서 시민사회의 입장을 견지하면서 개헌을 포함한 정치개혁에 대한 논의를 시작해야 할 필요가 있다. 물론 현재의 탄핵국면 자체는 이런 논의를 북돋는 면만 있는 것이 아니라 억제하는 효과도 있다. 왜냐하면 탄핵에 대한 국민적 저항은 1987년 헌법을 우선 수호하는 것, 또는 그 헌법에 깃들여 있는 대통령직선제라는 역사적 성과를 보존하는 것에 경도되어 있으며 그렇기 때문에 개헌에 대한 논의를 위험한 것으로 여기게 만들 가능성이 크기 때문이다.

그럼에도 불구하고 촛불시위에 나선 사람들, 그러니까 민주주의의 유지와 진전은 오직 그렇게 거리에 나선 시민에 의해서만 가능함을 자각하고 있는 국민의 존재는 사태의 진행을 우려하고 있는 관찰자에게 조차 희망을 가지도록 해준다. 그래서 노랫소리에 실려 넘실거리는 촛불들이 지혜롭게 타오르기를 염원하게 된다. (2004.3.17)

| 주 |

1) 이 절의 논의는 최장집의 『민주주의 이후의 민주주의』(후마니타스 2002)와 윤상철의 『1980년대 한국의 민주화이행과정』(서울대출판부 1997)에 크게 의존한다.
2) 이는 민주화이행 전에 정치사회가 비록 강권적 국가 속에 폭력적으로 포섭되어 있기는 해도 뚜렷한 실체를 가지고 있었으며 그 가운데 한 분파인 야당이 군사정권에 대한 투쟁에서 일익을 담당했기 때문이기도 하다. 따라서 투쟁의 국면을 지나 협상의 국면이 되면 정치권은 쉽사리 개헌논의의 주도권을 장악할 수 있었다.
3) 정치권에서 주기적으로 불거져나오는 분권형 대통령 논의 같은 것은 그 대표적인 경우이다. 이런 주장은 가뜩이나 대통령에 대해 강력한 권한을 가진 의회권력을 더욱 강화해 기존 정당체제를 더욱 안전하게 재생산하려는 정치적 계산에 근거하고 있다. 그럼에도 불구하고 대통령 선거와 국회의원 선거의 주기가 1987년 이후 처음으로 맞물리는 다음 대선과 총선은 개헌의 좋은 싯점이 될 것이다. 그러므로 이번 총선 이후부터는 시민사회가 정치권에 주도권을 뺏기지 않도록 주도적으로

개헌논의를 펼쳐나갈 필요가 있다.
4) 호주제 폐지가 이번 국회에서 무산된 것 또한 이런 경우에 속하는 대표적 예이다.
5) 우리의 국가관료제는 권위주의정권 시절보다 더 사익추구적이고 수구적이다. 권위주의정권은 항상 정당성의 부족을 실적으로 메우려 했기 때문에 관료들을 적극적으로 동원했으며, 관료의 저항은 경찰정보기구를 통해 통제했다. '복지부동(伏地不動)'이라는 말이 김영삼정부에서 처음 등장한 것이 시사하듯이 민주적 정부의 관료제 통제는 훨씬 힘든 과제이다.
6) 이밖에도 선거 참여를 확대하기 위해서 선거연령을 낮추는 것과 부재자투표를 더욱 쉽게 하는 방안을 추가할 수 있다.
7) 투표행위에서 선호의 독립성이 없는 경우를 생각하면 쉽게 이해할 수 있는 개념이다. 선거권자가 투표를 할 때 자신이 원하는 후보의 당선가능성이나 선호하지 않는 후보의 당선가능성을 고려하느라 선호를 직접적으로 표출하지 못할 경우 선호의 독립성이 유지되지 않는다고 말한다.
8) 개혁안으로 거론되고 있는 지구당 폐지는 그것의 대표적인 경우이다. 지구당이 폐지되면 국회의원과 지역구민들 간의 접촉 영역만 축소된다. 비록 이 접촉 영역이 많은 정치비용을 소모하게 하지만, 그것은 법적 통제를 통해서 줄여야 하는 문제이지 정치를 축소하는 방식으로 해결할 문제는 아니다.
9) 이번 총선만 해도 정당명부식 투표에 의한 비례대표제의 확대는 여성운동과 노동운동 모두에게 절실한 것이었지만 두 운동 사이의 의미있는 연대사업이 없었다는 것은 매우 아쉬운 일이다.

소국주의와 대국주의를 넘어서

박 명 규

1. 파병론 속의 자의식

이라크 추가파병을 둘러싼 우리 사회의 논란이 명분과 국익의 대립으로 설명되기 어렵다는 사실이 점차 분명해지고 있다. 국익이란 게 과연 무엇인가라는 원론적 물음을 제쳐두더라도 실제 파병이 어떤 이익을 가져다줄 수 있는지 뚜렷지 않고 오히려 파병으로 잃을 것이 더 많으리라는 예상에 힘이 더해지면서 애초의 명분/국익 이분법이 근거를 잃고 있는 것이다. 명분이라는 것도 때에 따라 달라질 수 있는 것이어서 최근에는 오히려 파병론자들이 이라크의 치안유지와 국제적 공헌을 명분으로 내세우고, 파병반대론자들이 국익에 해롭다는 주장을 펴는 경우조차 있을 정도가 되었다.

이에 비해 파병을 둘러싼 논란 속에서 변화된 자의식의 문제, 세계와 한반도의 연관성을 사유하는 틀의 전환이랄까 긴장이랄까 하는 것을 포착하는 일이 매우 긴요하게 되었다. 명분이나 국익을 논의하는 바탕에는 기실 근현대사를 거치면서 형성된 우리의 자의식과 변화된 국제환경 사이에서 생겨나는 긴장과 불일치가 매우 뚜렷하게 나타나고 있기 때문이다. 이 글에서는 바로 이 자의식의 변화와 연관된 긴장에 주목하면서 21세기에 필요한 지적 과제를 검토해보고자 한다.

파병론이나 파병반대론의 바탕에는 각기 그 나름의 자의식이 깔려 있다. 미국의 강력한 지원이 없이는 한반도의 평화나 사회안정이 불가능하리라는 파병론자들의 인식은 기본적으로 스스로를 작은 나라, 약한 나라로 파악하는 관점에 기초한다. 미국을 상전처럼 의식하는 사대적 발상이야 최근 많이 약화되고 있지만, 한국이 세계 속에서 그다지 독자적인 힘을 발휘하기 어려운 주변국, 소국이라는 인식을 경제인이나 정치인들의 사고 속에서 발견하기는 어렵지 않다. 이런 소국의식은 실제로 오랫동안 의식과 무의식의 영역에서 힘을 행사해왔다. 하지만 OECD 국가군에 속하고 세계 11위의 교역량을 자랑하며 엄청난 규모의 군사력을 보유한 오늘의 한국사회를 소국이라고 간주하는 것은 무리가 있을뿐더러 특히 젊은 세대들에게 소국의식은 자존심을 상하게 하는 부당함으로 이해된다. "왜 미국의 요구에 따라야 하는가"라는 파병반대론의 배후에는 나약한 소국의식에 대한 정서적 거부감이 깔려 있다. "스스로를 약소국가로 규정한 현실주의는 부당한 결정과 행위에 대한 책임을 회피하려는 도덕적 방기이며 타인이 강요하는 현실의 제약으로부터 자신이 벗어날 수 없도록 만드는 자기검열이다"[1]라는 비판도 같은 맥락이라 하겠다.

한국의 국제적 역량이 커지고 경제적 성장과 민주적인 문화가 발전할수록 자의식을 둘러싼 갈등은 더욱 심해질 것이 분명하다. 이 글은 한국사회에서 이런 특이한 자의식의 결합이 어떤 역사적 맥락에서 형성되고 변형되어 오늘에 이르렀는지, 그것의 한계와 극복방안은 어디에서 찾아야 하는지 등을 생각함으로써 우리 사회의 새로운 발전전략을 모색하는 한 단서를 찾아보려는 것이다.

2. 민족주의, 소국주의 그리고 대국주의

자신이 속한 정치공동체가 '약하다'는 의식이나 감정을 소국의식이라고 규정할 수 있다면 이런 의식을 반드시 부정적인 것으로만 볼 필요는 없다. 현실세계에서 자신의 위상과 능력을 객관적으로 인식하게 해줄 뿐 아니라 허장성세의 유혹을 통제할 수 있는 내면적 힘이 될 수 있기 때문이다. 하지만 약육강식의 논리가 압도하는 상황에서 소국으로서의 자의식은 "열등감과 우월감의, 그리고 현상용인 심리와 현상변경 심리의 복합관계의 어딘가에 위치"[2]하게 된다. 따라서 소국의식으로부터 두 가지 상이한 정치적 태도가 나타날 수 있는데 소국으로서의 자의식을 수용하면서 대응전략을 모색하는 경우와 소국으로서의 지위를 거부하고 강대국으로 변신하려는 지향이다. 전자를 소국주의, 후자를 대국주의라 부를 수 있을 것인데 물론 그 구체적인 모습은 시대와 사회에 따라 다를 수 있다.[3]

이런 소국의식이 정치화하는 계기는 민족주의가 부상할 때이다. 자신이 속한 공동체의 세력확대를 꾀하려는 운동으로서 민족주의는 불가피하게 스스로의 자의식에 바탕을 두지 않을 수 없기 때문이다. 한국의 경우 "동쪽바다의 아주 작은 땅"이라는 영토의 왜소함과 "물산이 적고 농경과 어획이 얻는 바는 겨우 자급할 정도"라는 결핍의식은 오랫동안 자의식의 일부를 이루었다. 물론 유교적 조공체제 내에서는 이 소국의식이 반드시 문화적 종속이나 정치적 예속성을 동반하는 것은 아니었기 때문에 조선왕조는 스스로를 소중화(小中華)로 자임하는 문화적 자부심을 유지할 수 있었다. 하지만 힘의 강약으로부터 상대적으로 자율적이었던 문명론적 소국의식은 19세기 후반 근대국가체제와 만나면서 다양한 정치적 대응논리로 분기하지 않을 수 없었다. 한말 위정척사파의 대표라 할 최익현(崔益鉉)은 "저들의 강함"과 "우리의 약함" 사이에 강화란 있을 수 없고 "손에서 생산되어 한(限)이 없는" 서구의 물산과 "토지에서 나는 것으로 한이 있는" 조선의 물화가 교역되어서는 조선이 멸망할 수밖에 없다는 입장에서 전통적인 사대교린책의 고수를 강조했다.[4] 하지만 개화파의 비조(鼻祖)인 박규수(朴珪壽)는 조선이 마치 "진(晋)과 초(楚)사이에 위치하던 정(鄭)과 같은 소국"임을 강조하면서도 "동양의 지리적 요충지에 위치하고 있"는 점을 적극 활용하는 전략적 대응을 강조했다.[5] 이런 관점에서 그는 일본과의 수호조약체결을 주도하였고 이후 근대적 개혁을 주도할 제자들을 키워냈다. 한편 신채호(申采浩)는 당시 조선의 상황이 "도덕이 부패하며 경제가 곤궁하고 궁핍하며 교육이 부진하며 모든 권리가 타인의 손에 돌아가며 인민의 기상의 타락이 극도에 이르"[6]렀다고 탄식하면서도 부강했던 과거 영웅적 기상과 정신을 되살림으로써 강한 국가의식 민족의식을 회복하려고 노력했다. 각기 사대론(事大論) 균세론(均勢論) 자강론(自强論)으로 불러도 좋을 이들의 지향은 모두 근대국가체제와의 조우과정에서 소국의식이 취할 수 있는 정치적 변용형태를 보여준다.

잠재적인 지향성만으로 본다면 자강의 구상은 대국주의적 성격을, 사대의 구상은 소국주의적 성격을 지닌다고 할 수 있다. 실제로 재일 조선인 사학자 조경달(趙景達)은 '아시아의 프랑스'를 지향했던 김옥균(金玉均) 등의 급진개화파들을 대국주의로, 중국의 힘을 인정하려 했던 김윤식(金允植) 등 온건개화파들을 소국주의로 규정한 바 있다.[7]

하지만 외세의 간섭과 압력 앞에서 독립을 위한 최소한의 정책조차 수행하기 쉽지 않았던 현실 속에서 대국주의적인 지향이 구체화되기는 거의 불가능했다. 현실적으로는 약소국으로서의 자의식에 기초한 대응이 강조되는데, 김윤식이 "만약 중국의 길을 모방하고자 하거나 군대나 그것을 지탱하기 위한 기계의 설치에 힘을 기울인다면 백성은 궁해지고 나라재정은 바닥을 드러내 결국 체제는 일거에 붕괴되고 말 것"임을 우려하고 "조약을 지키고 우방간에 무용한 문제가 일어나지 않도록" 하는 것을 유일한 방책으로 주장했던 것[8]은 그러한 전형적 예에 속한다.

하지만 소국의식에 기반한 정치적 지향이 바로 정치적 나약함이나 사대주의를 강화시켰던 것은 아니다. 소국의식을 오히려 약소민족의 정치적 자주권과 독립을 정당화하는 적극적 원리로 수용한 민족주의자들도 있었기 때문이다. 동양평화론에 입각하여 일본의 대국주의적 팽창정책을 비판하였던 안중근(安重根)은 스스로의 약함을 부정하지 않되 열등감으로 빠지지 않고 오히려 새로운 공존의 논리, 평화의 질서를 구성하려는 적극적 사유양식을 보여준다. 해외에서 독립운동을 전개했던 세력들도 일반적으로는 전세계 약소민족들의 처지에 대한 연대의식을 가질 수 있었고 강대국의 패권주의에 대한 비판의식을 소유함으로써 피억압민족으로서의 자의식이 자주독립을 지향하는 정치의식과 단절되지 않았던 것이다. 신채호가 역사를 '아(我)와 피아(彼我)의 투쟁'으로 규정하였을 때도 강대국에 대한 약소민족의 독자성과 고유성을 옹호하려는 의지와 뗄 수 없이 연결되어 있는 것이었다. 물론 소국의식이 정치적 나약함이나 사대주의적인 태도를 강화시키는 경우도 있었다. 일제의 식민지로 전락한 후 소국의식을 민족적 열등감으로 결부시켜 '민족개조론'을 썼던 이광수(李光洙)의 자기비하적 태도는 그러한 부정적 소국의식의 극단이었다고 할 것이다.

3. 소국의식의 국가적 전유와 종속적 발전

프란츠 파농(Frantz Fanon)은 민족의식이 성공의 순간에 사회의식으로 바뀌지 않으면 오히려 해방을 지탱하지 못한다는 점을 지적한 바 있다.[9] 독립과 더불어 저항적 민족주의가 권력의 논리로 쉽게 변형될 수 있기 때문이다. 한국의 경우도 민족해방운동에서 보이던 건강한 소국의식은 분단국가의 출현과 함께 일종의 국가이데올로기로 변모하게 된다. 미·소의 분할점령, 좌우의 헤게모니 대립의 와중에서 강대국에 주체적으로 대응하려는 중도파들의 입지가 약화되었고 소국의식은 대외종속적 사대의식으로 변질되기 시작했다. 한국전쟁은 이런 경향을 한껏 심화시켰는데 전쟁의 참화 속에서 북한의 군사적 위협을 대외적 종속보다 더욱 심각한 것으로 간주하는 분단의식이 내면화되었다. 전쟁중 미군에 작전권이 이양되고 전쟁종료와 더불어 체결된 한미군사동맹이 민족적 자존심과 모순된다고 여겨지지 않았던 데에는 남북한의 대립과 증오의 심리가 큰 영향을 미쳤다. 특히 이승만정권은 이런 상황을 이데올로기적으로 활용하였는데 강력한 반공반북의 논리를 민족주의적인 정서와 연결함으로써 대미종속과 내부의 권위주의를 결합하는 효과를 낳았다. 최근의 한 연구는 이승만시대를 '소국형 내셔널리즘'이라고 명명하였는데 그 본질은 정치적으로나 경제적으로 대외의존형 태도를 정당화하는 것이었다고 보았다.[10]

박정희정권은 소국의식을 근대화기획과 결합했다. 이 근대화기획은 경제성장과 자주국방을 핵심목표로 내세운 전형적인 부국강병론이라

할 수 있는데 강대국에 대한 선망이 근대화라는 목표와 뗄 수 없게 결부되어 있었다. 하지만 대내적으로 박정희정부는 소국의식을 매우 적극적으로 활용했다. 국력이 없어 한국의 역사가 가난과 외침(外侵)에 시달렸다고 주장하면서 내걸었던 "우리도 한번 잘살아보세"라는 구호는 약소국의 자의식을 자극하여 개발주의에 동원해내려는 의도의 표현이었다. 대국지향의 체제이데올로기를 민중의 소국의식과 편의적으로 결합함으로써 권위주의적인 통제와 동원을 가능케 하려는 정책이었다. 오늘날 이것을 '종속적 발전전략'이라 부르기도 하는데 강대국으로의 성장을 바라는 '발전'과 소국의식의 부정적 특징인 '종속'이 똑같이 중시되던 시기의 특징을 잘 드러낸다. 이 종속적 발전기에 미국과의 불평등한 군사동맹체제는 더욱 강화되었고 미국 및 일본의 자본이나 기술에 대한 의존도는 급격하게 심화되었다. 최근의 연구는 종속적 발전을 기획한 구상과 개념들조차 상당부분 미국의 제3세계 근대화기획의 영향을 강하게 받았음을 보여준다.[11] 이를 다른 차원에서 보면 냉전체제에 적극적으로 가담하여 종속적 안보와 종속적 성장을 달성하려는 전략이기도 했는데, 냉전체제라는 것이 단순한 정치군사적인 체제대립만이 아닌 20세기 후반 세계자본주의체제의 존립방식의 하나이기도 했다는 점을 여기서도 확인하게 된다.

하지만 소국의식의 국가적 전유가 완전하고 철저하게 이루어질 수는 없었다. 정부와 권력에 의해 전유된 소국의식을 거부하고 종속적인 대외관계나 경제정책에 저항하는 움직임이 끊이지 않았다. 60년대 중반 진행되었던 중산층 논쟁은 대자본을 중심으로 하는 공업화전략에 대하여 중소기업을 주축으로 하는 내포적인 정책을 강조한 것이었다. 박현채(朴玄埰)의 민족경제론은 대외의존적인 '종속형 경제'를 비판하고 "국민경제의 자립적 구조"의 창출을 강조하였는데 이는 소국의식의 국가적 전유에 대하여 근본적인 문제제기를 한 것이라 할 수 있다.[12] 권위주의에 대항한 민주화투쟁은 민중과 민주의 이름으로 국가권력의 일방적인 근대화 지향성에 도전했다. 6,70년대 민주화투쟁에는 약자의 존엄성을 옹호하려는 심성이 강하게 존재했는데, 예컨대 비폭력정신을 앞세워 저항했던 함석헌(咸錫憲)의 운동이나 사상은 부국강병적 발전주의를 거부하는 노자(老子)의 평화사상에 근거한 것으로 소국의식을 건강한 자의식으로 삼으려는 노력의 하나라 할 만하다. 박정희정권은 소국의식을 국가권력에 대한 순종을 강조하는 데 활용하기 위하여 민주주의에 대한 불신을 끊임없이 드러냈다. 민중의 의식에 대한 거부감과 엘리뜨적인 지시행정은 자신의 문화에 대한 소극적 평가와 무관하지 않았다. 강력한 힘에 대한 선망, 부국강병을 목표로 하면서 다른 한편으로 소국의식을 활용하는 이 구조는 매우 자의적인 권력적 결합구조였다고 할 수 있다.

4. 한국형 대국주의

1990년대는 한국역사상 대국주의라 할 만한 것이 처음으로 사회 속에서 그 모습을 드러낸 시기였다. 헝그리정신을 강조하고 근검과 절약을 앞세우며 강대국에의 종속도 불사했던 개발독재시대의 소국의식 대신 고도성장의 과실(果實)과 물질주의적 성취를 노래하는 분위기가 급속하게 확대되었다. 한국의 경제성장과 민주화에 대한 바깥으로부터의 찬사와 함께 한국인의 오만함, 자국중심주의가 비판의 대상이 되기 시작한 것도 바로 이 시기였다.

90년대에 대국주의적 경향이 나타나게 되는 요인으로는 크게 세 가지를 들 수 있을 것 같다. 하나는 한국인들이 처음으로 맛본 대외확장의 경험이다. 88년의 올림픽과 노태우정권의 북방정책으로 사회주의권과의 교류가 가능해짐으로써 한국인의 세계에 대한 공간감각이 크게 확장되었다. 이보다 더욱 중요한 것은 한국자본의 해외진출이었는데 한국기업의 해외투자 건수는 1986년에 52건에 불과했으나 1995년 1291건에 달했고 투자금액도 같은 시기에 2억2천만 달러에서 16억4천만 달러로 급증했던 데서 알 수 있듯이 이 기간에 한국자본은 말 그대로 세계화하기 시작하였다.[13] 한 재벌총수가 저술한 책 "세계는 넓고 할 일은 많다"는 제목에 담긴 자신감은 이 시기 한국자본의 해외진출과 짝을 이루는 것이었다. 해외여행자유화는 오랫동안 한반도라는 공간에 제한되어 있던 한국인들로 하여금 스스로 강화된 경제력을 체험할 수 있게 해준 정부의 조처였다. 잊혀져 있던 해외 한인과의 만남을 통해 '세계 속의 한민족'이라는 자부심이 강화되는 한편으로 상대적으로 우월한 경제력을 과시하려는 천박한 모국중심적 태도도 분출하였다. 또 김영삼정부 시기 학술정책은 세계화를 배경으로 한국학과 지역연구라는 두 주제를 강조하였는데 "한국의 눈을 통하여 예컨대 동남아시아와 같은 저개발국에 대한 타자상을 창출해내고자 하는 동기"[14]를 가진 것이었다. 전통적으로 주체적인 타자상을 형성해본 적이 없었던 한국으로서 지역연구는 타자상의 창출에서 능동적 주체가 되고자 했던 것인데, 세계화 추세 속에서 경제적 이해관계의 극대화를 추구하는 정책적인 구상과 밀접하게 맞물려 있었다.

  두번째 변화는 한국경제의 고도성장으로 인한 자신감과 물량적 성취이다. 1985년 플라자합의 이후 3저호황 국면을 지나면서 한국경제의 자립화에 대한 전망이 커졌고 종속이론이나 식민지반자본주의론과 같은 견해들은 힘을 잃었다. 특히 국제수지가 흑자로 돌아서게 된 후

더이상 종속/자립의 문제는 의미없는 것처럼 되었고 대신 국가/시장의 문제가 논의의 전면에 등장했다. 따라서 외채도 이제 대외종속성의 지표가 아니라 해외자본의 국내유입 정도를 표시하는 것으로 바뀌게 되었는데 민족경제 무용론이 제기되고 시장개방을 통한 세계화전략이 강조된 것도 이 맥락에서였다. 김영삼정부는 1994년 세계화 및 자유화 정책으로 급격히 선회하면서 OECD 가입을 적극적으로 추진하였는데 이는 그때까지 지켜온 보호무역정책 기조, 국가주도의 개입발전전략을 포기하고 시장주의 원리의 적극 수용을 천명한 것이나 다름없었다. 이를 위해 정부는 국내시장을 과감하게 개방하였고 금융자유화와 개방화를 추진하였는데, 그 결과 해외자본의 국내유입 및 투자도 함께 증가하여 1986년에 3억5400만 달러에 불과했던 외국인의 직접투자액이 1995년에는 19억4100만 달러에 달할 정도로 확대되었다.[15] 대중소비문화가 확산되고 여가가 중시되면서 3D업종에서의 노동력 부족현상이 나타나 이 자리를 해외 이주노동자들이 채우기 시작한 것도 90년대에 나타난 새로운 현상이었다. 1987년 불과 6000여명에 불과하던 이주노동자는 1990년에 2만1235명으로 늘었고 1996년에는 무려 21만494명에 달하게 되었다.[16] 1991년 '외국인 산업기술연수제도'의 형태로 합법적인 이주노동자 고용제도가 시작된 이래 '산업체 인력난 해소'라는 경제적 이해 속에서 가난한 나라의 노동자들에 대한 차별 및 무시가 우리 사회 내부에서 동시에 진행되었다. 힘든 육체노동을 불사하고 한국행을 위해 줄을 서는 이주노동자들은 한국경제의 높아진 위상을 가시적으로 경험하게 해주는 것이었다. IMF금융위기가 있기 직전까지도 한국은 이 고도성장의 과실에 취해 있었다.

세번째로 들 수 있는 것은 북한에 대한 자신감이 급기야 흡수통일론을 주장하는 분위기로까지 진전되었다는 점이다. 엄밀하게 말하면 이전의 통일론도 상대방과의 공존가능성을 전혀 용인하지 않았지만 90년대 흡수통일론은 군사적인 제압을 통해서가 아니라 경제적인 우위에 의해, 돈으로 북한을 편입시킬 수 있으리라는 점에서 이전과 질적으로 달랐다. 막대한 경제력을 바탕으로 동독을 흡수통합했던 서독의 사례가 큰 영향을 미쳤지만 그에 못지 않게 90년대에 접어들면서 북한 경제에 심각한 위기가 나타나게 되었던 탓이 컸다. 북한은 소련의 붕괴와 동구사회주의권의 몰락 이후 극심한 경제적 위기를 경험하였는데 특히 1993년에서 94년에 걸친 기간에는 모든 경제영역에서 극심한 마이너스 성장을 보였다. 1990년을 기점으로 북한의 경제는 단지 생산의 위축에 그치지 않고 경제씨스템 자체가 위기에 봉착하게 되었는데 계획부문과 비공식부문의 경계가 급속히 허물어지고 배급체계가 약화되었다. 남북한 경제력 차이의 비교, 흡수통일이 될 경우 통일비용이 얼마나 들 것인가 등의 논의가 90년대 중반 이곳저곳에서 나타났다. 정부는 북한을 흡수통일하려는 의지도 경제력도 없음을 계속 천명하였지만 그때까지의 대북한 경계심리나 경쟁의식이 상당부분 약화된 것은 분명하다.

해외로의 진출, 종속론의 소멸, 북한 콤플렉스로부터의 해방 등은 이 시기 대국의식의 출현을 설명해주는 중요한 요인들이다. 이 대국의식은 경제력에 대한 자신감에 기반한 것이고, 그런 점에서 90년대의 대국주의는 국가권력의 강화보다는 팽창하는 자본의 이익추구 논리와 더욱 친화력을 갖는 것이었으며 강병을 추구하는 정치군사적 측면보다는 오히려 부국을 추구하는 경제적 성격을 강하게 띠고 있었다. 이런 점에서 60년대 이래의 종속적 발전론의 연장선상에 있다고도 하겠으나 국가의 권위주의적 통제로부터 시장의 자율적 통제로 이행하는 것을 강력히 요구하였던 점에서 새로운 전환이었음은 분명하다. 자유

경쟁과 개인책임론에 기초한 세계화를 국가목표로까지 내세웠던 김영삼정부의 정책은 이런 한국형 대국주의의 전형적인 모습이라 할 수 있다. 노사관계에 있어서도 권위주의적이고 억압적인 방식이 강화되면서 소위 '한국형 노사관계'가 가부장적 권위주의를 특징으로 한다는 지적을 받았다.[17] 90년대 이주노동자들에 대한 인권유린이 사회문제로 부각되고 해외진출한 한국기업들이 국내에서보다 훨씬 심한 노동억압이나 반인권적 잘못을 저지르고 있다는 지적이 속출하게 되었는데 이는 이주노동자를 단지 '산업체 인력수급' 차원에서만 접근했던 대국주의의 논리 탓이라 할 수 있다. 한국형 대국주의는 주변국으로의 군사적 팽창정책을 핵심으로 삼았던 일본형 대국주의보다는 무력팽창 없는 자유무역구조하에서의 경제적 패권을 원했던 '소영국주의'에 더욱 가까운 특성을 지니고 있다고 하겠다.

그렇다고 한국의 대국주의가 군사적 강병주의와 무관한 것은 아니었다. 자주국방의 이름으로 진행된 군사력 강화는 민주화가 진전된 후 지금까지도 가장 중요한 전략적 목표의 하나로 자리잡고 있다. 북한의 경제가 위기에 처하고 객관적인 군사력에서도 상당한 방어력을 갖추게 되면서 한반도의 안보도 전통적인 남북대결구도에서 벗어나 점차 지역안보·다자안보·협력안보·인간안보 등으로 바뀌어야 한다는 지적들이 나오고 있음에도 여전히 강병의 필요성은 부인되지 않는다. 실제로 북한지역을 미수복지역으로 간주하고 영토적 확장대상이나 편입대상으로 간주하는 시각이 존속하는 한 적어도 한반도 내에서는 정치군사적 팽창주의와 강병론이 연결되지 않을 수 없다. 한국형 대국주의가 미국과의 군사동맹에 대하여 불투명한 태도를 갖고 있는 이유도 이 점에서 설명가능하다. 즉 군사적 대치상황에서 사회경제적 안정을 유지하기 위해서는 미군의 군사적 개입과 보장이 필요하다는 생각이 편의적으로 공존하는 상황에서는 부국과 강병, 경제성장과 안보주권을 어떻게 연계시켜야 할 것인가에 대한 성찰과 논의가 충분하게 이루어지기 어려웠던 것이라 하겠다.

5. 소국주의에의 기대와 한계

대국의식이 확산되고 대국주의라 할 만한 정책이 강화되면서 그를 비판하는 논의들이 소국주의의 개념으로 나타나기 시작했다. 소국주의의 구체적인 모습은 복합적이며 시대와 상황에 따라 다르다. 일본의 경우 소국주의는 대외팽창적 패권주의에 반대하고 식민지 해방 등을 주장하는 성격을 지닌 것이었던 비해 한국의 소국주의는 성장제일주의적 발전주의를 극복하려는 성찰적 사고를 바탕으로 한 것이었다. 최원식(崔元植)은 '소국과민(小國寡民)'을 이상적으로 생각했던 노자의 사상에서 평화를 향한 새로운 패러다임을 찾아볼 수 있으리라는 기대를 표명하였다. 부국강병을 강조한 법가와는 달리 도의와 인정, 덕치의 왕도론을 주창했던 유가사상에서 패권주의나 대국주의를 극복할 문명론적 자산을 찾아내려는 시도들도 나타났다. 하지만 국내에서 전개된 아시아적 가치론은 성장주의에 대한 문명론적 비판논리를 발전시키는데 성공하지 못하였다. 유교자본주의론은 동양적 가치관이 자본주의적 발전에 도움을 준다는 또하나의 경제성장론을 강조함으로써 오히려 부국강병을 추구하는 권위주의 체제원리를 옹호한다는 비난을 받기조차 했다.

90년대에 부각된 생태주의 역시 발전주의나 대국주의를 비판하는 사상과 실천운동으로 자리매김할 만하다. 한국의 생태주의는 90년대 이전에도 존재했지만 특히 대국주의적 지향이 강화되던 90년대 이후에 그 영향력이 더욱 강해졌다. 권혁범(權赫範)은 90년대의 변화를 대국주의라는 개념 대신 신부국강병론 신민족주의론 등으로 규정하는데 이 신민족주의 열풍은 "한국 대자본의 성장과 해외진출에 관련되어 있으며 대자본의 이해를 정확하게 반영"하고 있는 것으로 "한국이 현 세계체제의 반주변부 혹은 반중심부의 단계를 넘어서고 있는 현상과 무관하지 않다"고 파악한다.[18] 권혁범에 의하면 바로 이 '세계체제에서의 위상 상승과 함께 일어나는 민족주의'는 자본의 국제적 진출과 주변부에 대한 수탈을 조장하고 합리화하는 요소를 갖게 마련이며 이것들이 모두 민족과 국가의 이익으로 간주된다고 한다. 그는 IMF 위기극복론에 작용하는 경제적 민족주의는 한국의 수구적 부국강병론을 재강화할 우려가 있다고 보았다. 그는 여기서 세계화나 민족주의 모두 경제숭배의 이데올로기로서 "동전의 양면"임을 지적하고 "서구적 근대화 산업문명에 대한 근본적 반성을 통하여 사회적 약자와 생태계, 지역공동체를 축으로 하는 새로운 모델을 모색"[19]할 것을 강조하였다. 하지만 이러한 생태주의적 사고가 그 소중한 문제제기에도 불구하고 어떤 사회적 원리와 체제구상을 대안으로 내놓을 수 있을지는 아직도 불확실하다.

또한 작은 것, 약한 것, 억눌린 것을 강조한 포스트 모더니즘의 영향도 소수자 약자에 대한 배려와 부각을 통해 대국주의 비판의 대열에 합류한 흐름이라 할 수 있다. 여성, 동성애자, 소수종족, 이주노동자, 장애인 등에 대한 강조는 지금까지 이긴 자, 강한 자 중심으로 해석되고 규정되어온 현실과 문화를 근본적으로 재조정할 것을 요구하는 것이었다. 이들의 일차적인 공격대상은 따라서 국민국가로 향한다. 국민국가의 억압성·통제성·균일성이야말로 소수자나 약자의 권익을 침해해온 제도적 근간이라는 것이다. 임지현(林志弦)은 남의 국가경쟁력 강화론이나 북의 강성대국론이 모두 국가권력이 민족의 이름으로 민중을 전유하겠다는 의사의 표현이라고 보고, "권력에 일방적으로 종속되었던 민중적 주체를 되찾는 길"을 강조하는데 구체적으로는 자율적 주체들, 다원적 주체들의 자유의사를 존중하는 수평적이고 다층적인 연대를 강조하였다.[20] 혼성적 주체에 대한 기대는 곧 다양한 소수자 및 약자가 자신의 권리를 찾아나서는 민주화의 차원을 넘어서 근대성의 한계를 뛰어넘는 새로운 문명적 기획의 핵심원리로까지 강조되고 있다. 하지만 소수자나 다중적 주체를 강조하는 탈근대론은 현실적으로 작동하는 국가권력이나 국제적인 역학관계에 대한 충실한 검토가 있다 하기 어렵고, 수많은 다중성이 구체적으로 어떤 원리에 입각하여 조율하고 공존할 수 있으며 갈등과 긴장은 어떻게 해결할 것인가에 대한 책임있는 구상이 드러나지 않고 있다.

이처럼 소국주의 자체만으로는 대안으로서 불충분해 보인다. 소국주의의 내용을 구성한다고 볼 수 있는 아시아적 가치론, 생태주의적 반(反)발전론, 탈민족주의, 탈근대론 등은 중요한 논점들을 지적하고 있음에도 불구하고 90년대 대국주의를 비판하는 논리를 체계적으로 구축하지는 못하였다고 보기 때문이다. 오히려 한국형 대국주의는 IMF 원조를 받게 된 경제위기에 의해 근본적인 비판대상이 되었는데 구조개혁이라는 이름으로 지금까지의 '한국적' 관행들을 철저히 바꾸어야 했던 것이다. 금모으기 운동이나 일부 외국자본음모론처럼 원초적 민족감정에 호소한 대응이 일시 힘을 얻기도 했지만 IMF위기가 자의식에 상당히 깊은 상실감을 준 것은 사실이다. '제2의 국치'라고도 묘사되었던 이 위기의 극복과정은 사회적·정치적·경제적 영역 전반에 걸친 복합적인 사회변동을 동반하는 것이었으나 '국난극복' '경제위기로부터의 탈출'이라는 단순논리가 늘 앞섰던 것은 이러한 심리적 충격의 강도 때문이었다고 할 수 있다. 하지만 안팎의 위기가 대국주의의 한계를 현저히 깨닫게 해주었음에도 불구하고 실상 그 충격은 경제위기에 한정되었고 대국주의에 대한 발본적 성찰, 문화적 혁신으로 이어지는 작업은 이루어지지 않았다. 이것은 경제회복만을 앞세운 정부의 정책실패 못지않게, 문제의 성격을 발전전략 자체에서 찾지 못하고 대국주의와 소국주의 사이를 오갔던 사고의 한계에도 큰 원인이 있다고 할 것이다.

6. 소국주의와 대국주의를 넘는 길

결국 소국주의나 대국주의 가운데 어느 하나를 택일하는 방식은 해결책이 못된다. 이 점과 관련하여 최원식은 대국주의도 곤란하지만 소국주의도 '아름답지만 공상적'이라는 한계를 벗어나지 못하였다고 비판하고 "대국주의와 소국주의의 긴장"을 강조했다.[21] 그는 이런 긴장을 통해 "작지만 단단한 나라, 민족의 존엄과 민중의 권익이 민주적으로 지켜지는 나라"를 만들 것을 강조했다. 이런 그의 주장은 해방 직후 김구(金九)가 바랐던 국가의 상, 즉 "우리의 경제력은 우리의 생활을 풍족히 할 만하고 우리의 힘은 남의 침략을 막을 만하면 족하다"고 했던 생각과도 통한다.[22] 최원식의 이러한 구상은 대국주의와 소국주의의 양자택일이 아닌, 변증법적 회통을 지향하는 새로운 과제설정으로서 매우 중요한 것이었다. 하지만 이 '긴장'이라는 것이 구체적으로 어떤 상태를 의미하는 것인지는 좀더 명확해질 필요가 있다. 긴장이란 상이한 두 입장의 문제점들을 파악해내는 주체의 비판적이고도 균형잡힌 사고능력을 의미할 수도 있고, 사회 내에 공존하는 두 지향이 상호 대립·갈등하면서 나아가는 변증법적 과정을 의미할 수도 있다. 전자의 경우라면 우리의 의식과 태도에 대한 성찰을 강조하게 될 것이고, 후자라면 사회 내에 다양한 견해들이 조율되고 합의되는 담론적 실천적 조정기능을 주목하게 될 것이다. 이 두 가지 모두 우리 사회에 요긴한 것이기는 하지만 자칫 이런 입장은 현실적으로 명확한 실천적 지향성을 확보하지 못하고 무원칙한 절충주의로 빠질 우려도 없지 않다. 이런 한계를 넘어서기 위해서는 양자의 긴장을 강조하는 것 못지 않게 두 입장을 각기 비판할 수 있는 공통의 기준, 근거를 찾을 필요가 있다. 과연 어떤 원칙에 입각하여 대국주의와 소국주의를 함께 비판하는 것이 가능할 것인가?

백낙청(白樂晴)은 '중간수준의 국가'가 가질 수 있는 역량이라는 점을 강조함으로써 한가지 대안을 찾아보려 했다. 소국주의와 대국주의의 긴장이라는 문제의식을 중형국가론이라 할 만한 제3의 범주를 설정함으로써 구체화한 셈인데 "한국처럼 너무 잘살지도 너무 가난하지도 않은 나라의 잇점"을 살려나가는 일이 된다.[23] 이런 시각은 '긴장'이라고 표현된 태도적 차원의 논의를 특정한 실질적 역할을 중심으로 논의할 수 있게 하는 장점이 있고 강대국과 약소국 사이에서 적절한 개입을 할 가능성을 열어준다. 더구나 그 개입이 한반도의 유의미한 변혁을 통해 세계체제의 변혁에까지 나아갈 것을 구상하는 것임을 생각할 때 그 실천적 함의는 훨씬 클 수 있다. 하지만 이런 중간수준의 국가가 가진 '잇점'이 구체적으로 어떤 것일지, 그것이 발현될 수 있는 대내외적 조건은 무엇일지 더욱 구체화되어야 할 필요가 있는데 세계적 차원에서 잇점이라 할 수 있는 것을 전혀 잇점으로 여기지 않는 상황이 국내에서 전개될 수도 있고 때로는 아류제국주의 같은 선진국화의 논리로 변질될 수도 있기 때문이다.

중간수준의 국가가 제대로 소국주의와 대국주의의 한계를 뛰어넘고 세계체제의 작동방식에 의미있는 영향을 미치려면 국가의 성격 자체가 기존의 국민국가와는 상당히 다른 새로운 정치공동체를 창출하는 데에까지 나아가야 할 것이다. 백영서(白永瑞)는 이 문제를 국민국가의 극복이란 관점에서 접근하고 있는데 그는 역사적으로 대국주의와 소국주의의 문제가 국민국가의 형성이라는 과제와 밀접하게 연관되어 있었던 것으로 보면서 양자의 한계를 넘어선다는 것은 곧 국민국가 중심의 체제를 극복하는 작업과 연결된다고 보았다. 그는 "부국강병을 추구하는 패권주의 즉 대국주의를 해체하는 작업"이 "기본적으로 소국주의와 친화력이 있음"을 지적하면서도, 이런 소국주의가 "국민을 대신할 새로운 공공적 공간을 형성하지 못하고 방법론적 개인주의에 안주하고 만다면 일반인에 대한 설득은 약할 수밖에 없"음을 지적함으로써 새로운 정치공동체의 구상이 필수적임을 강조하고 있다. 그는 '초국가주의'적 움직임이라 할 만한 여러가지 실천구상들을 주목하는데 중국의 미래와 관련하여 논의되는 다양한 연방제 제안들과 함께 화교들의 '대중화권' 등을 검토하고 한민족공동체론의 잠재적 가능성을 점검하였다.[24]

이와 같은 여러 차원의 작업들과 함께 또하나 절실하게 필요한 일은 발전개념을 국가중심적인 사고로부터 사회중심적인 차원으로 바꾸어내는 일이라고 생각한다. 발전을 국가차원 즉 국가의 경제력이나 정치군사력으로 이해하게 되면 불가피하게 부국강병론적 발전주의로 치달을 가능성이 매우 높다. 그렇다고 발전이란 개념을 폐기하는 것도 해결책은 못되는데 인류가 부딪치는 다양한 문제들을 풀어가는 능력을 증대시키는 일은 결코 포기되어서는 안되기 때문이다. 이런 점에서 발전이란 기왕의 종속적 안보와 경제의 틀 속에 고착되어 있던 가치체계 재구성작업을 포함해야 한다. 경제성장을 발전의 핵심으로, 세계 몇위에 해당하는 국가의 위세강화를 발전의 시금석으로 삼는 것 대신에 평화를 만드는 능력, 분쟁을 해결하는 능력, 이질적인 것들과 공존해가는 능력, 환경을 보존하고 유지시킬 수 있는 능력 등을 발전의 핵심적 내용으로 재구성해야 한다.

이런 발전개념은 약육강식의 생활문화와 세계체제를 변혁해내는 실력을 키우는 것을 의미하는 것이라 할 수 있다. 강대국의 패권주의와 강권주의를 윤리적으로 비판하는 데 머물거나 배타적 저항주의로만 치닫는 것이 아니라 체제 자체의 변혁을 통해 새로운 관계와 질서를 만들어내는 능력을 배양해가는 것이야말로 21세기 발전의 주된 목표가 되어야 한다. 이런 점에서 사회적 발전은 더이상 단일국가 차원에서 이해되어서는 안된다. 국가수준을 넘어서 전지구적 차원에서 개입할 역량을 구축하는 일과 더불어 일상적 생활세계가 더욱 인간적이고 균형있는 상태로 변화할 수 있도록 하는 실천역량을 기르는 것이 과제가 될 것이다.

여기서 최근 논의되는 동북아 관련 논의들을 이 쟁점과 관련해 검토해보자. 최근 『창작과비평』은 연속적으로 '21세기의 한반도 구상'이라는 큰 틀 속에 동아시아 평화문제와 동북아경제중심 전략을 검토하였다. 경제와 평화는 현실적으로 한반도 및 동북아의 최대과제이지만 어떤 의미에서 소국주의와 대국주의의 긴장을 위해서도 반드시 함께 있어야 할 두 가치이기도 하다. 평화를 만들어내는 능력의 증대는 경제적인 부를 창출하는 차원 못지않은 중요한 발전이다. 평화를 무시하는 경제성장주의는 평화에 큰 해를 미칠 수 있지만 경제를 무시해서는 평화가 정착될 수 없다. 이런 점에서 최근의 남북한 경제교류, 경제특구

지정, 자유무역지대 창설 논의 등 여러 경제차원의 일들이 평화체제의 구축과 연계되도록 하는 전략이 절실하다. 강상중(姜尙中)은 자유무역지대를 위한 노력과 별도로 "금융영역에서 안정을 유지할 수 있는 국제적 메커니즘을 형성하는 것"[25]이 반드시 필요함을 역설하였다.

현정부의 동북아경제중심론은 '세계경제 중심지로서 동북아시대를 열고 경제적 대응으로 물류, 비즈니스 중심지화를 추진한다는 것'을 목표로 설정하고 있는데 최근 인천의 경제특구법이 시행되면서 이미 이 변화는 시작된 셈이다. 하지만 인천특구의 성패가 외자유치 여부에 달려 있다고 이야기되는 상황에서 자칫하면 자본과 기술의 격차에 따른 국가간 종속을 심화시킬 수 있다. 경제특구 구상이 지방의 활력을 강화하고 지역간 연계구조를 창출함으로써 무분별한 신자유주의의 폐해를 완화시키는 모델로 발전할 수 있으려면 언제나 한반도 안팎의 평화 문제와 함께 생각하고 조율하는 창의적 대응이 필요하다. 북한과의 경제교류 역시 단순한 시장확대로서가 아니라 남북한간의 경제적 선순환(善循環)구조를 창출하고 나아가 동북아의 평화와 공존의 인프라 구축을 지향하는 책임성이 동반되는 것이어야 한다. 이런 구체적인 작업 속에서 대국주의의 위험과 소국주의의 한계를 넘어서는 길이 찾아질 수 있을 것이다.

7. 맺는말

발전지상주의, 강자중심주의, 승자독식주의가 점차 강해지는 오늘날의 문화는 분명 21세기의 대안이 될 수 없다. 인간의 삶은 다양한 관계 속에서 이루어지는 것이며 대·소의 관계나 강·약의 관계는 결코 지배/종속의 시각에서 볼 일이 아니다. 스스로의 약함을 당당하게 받아들이고 약자들의 목소리에 귀를 기울이며 평화로운 공생을 지향하는 소국주의는 21세기형 약육강식의 문화를 성찰하고 비판하는 길을 보여준다. 하지만 작은 것, 패배자, 소수자에 대한 배려와 강조만으로 문제를 해결할 수 있는 것은 아니다. 소국의식에서 보이던 소극성과 자기부정, 강대국에 대한 의존심리나 개혁무용론은 극복되어야 할 부정적 유산이다. 자신들이 성취한 정당한 결과를 떳떳하게 받아들이고 그에 걸맞은 책임을 지려는 자세도 필요하다.

한국의 근대화과정은 부국강병을 목표로 내세우고 강한 민족주의를 표방하면서도 대외적 종속을 도구적으로 수용하는 이중성을 특징으로 하였는데 이것은 대국주의와 소국주의의 편의적 결합구조에 다름아니었다. 현재 우리가 겪고 있는 여러가지 긴장과 갈등은 이 편의적 결합구조의 균열과 해체과정에서 나타날 수밖에 없는 것이다. 이를 19세기적인 국민국가중심론으로 대응할 수 없음은 분명하며 그렇다고 신자유주의에의 투항이 해결책이 못됨은 두말할 필요도 없다.

대국주의와 소국주의의 긴장감을 견지하면서 양자택일의 논리가 아닌, 양자의 한계를 모두 넘어설 대안적 패러다임, 전략을 모색하는 작업을 해야 한다. 신자유주의의 한계에 함몰되지 않으면서도 세계체제 내에서의 적절한 대응력을 갖추기 위한 준비를 게을리하지 않는 것, 대미종속성을 극복하기 위한 주체적인 자세와 함께 그것이 단순한 반미로 귀결되지는 않는 총체적 시야를 확보하는 일이 긴요하다. 이런 여러 노력의 궁극적인 목표는 사회적 발전이라 할 수 있겠는데, 이는 북한과의 경제협력과 관계증대에 기술과 자본이 수행하는 중요한 역할을 무시하지 않으면서도 그것이 한반도의 생태적 위기를 가속화하거나 신자유주의의 확대심화를 가져오지 않도록 하는, 오히려 생태적인 복원과 신자유주의에 효과적으로 대응하는 새로운 체제를 구축하는 기회가 되도록 만드는 능력을 의미한다. 소국주의와 대국주의의 긴장을 수용하면서 이를 넘어서려는 자세는 궁극적으로 근대가 우리에게 지워놓은 과제들에 대한 '감당과 극복의 이중과제'를 해결하는 중요한 디딤돌이 될 수 있다.

| 주 |

1) 박순성 「현실주의는 도덕적 방기다」, 『교수신문』 2003.4.7.
2) 장인성 『장소의 국제정치사상』, 서울대출판부 2002, 91면.
3) 19세기 중반 영국에서는 소영국주의와 대영국주의의 대립이 있었고 19세기말 일본에서도 대국주의와 소국주의의 대립이 있었다. 중국도 20세기초 소민족주의와 대민족주의의 대립이 있었다. 영국이나 일본의 경우는 군사적 대외팽창정책이 대국주의의 핵심이었다면 중국의 경우는 국민국가 형성과정에서 누가 주도할 것인가를 둘러싼 갈등이었다. 백영서 『동아시아의 귀환』, 창작과비평사 2000, 28면 및 田中彰 『小國主義』, 東京: 岩波書店 1999 참조.
4) 최익현 「丙子持斧伏闕斥和議疏」, 신용하 『한국근대사회사상사연구』, 일지사 1987, 307~309면에서 재인용.
5) 한국학문헌연구소 엮음 『박규수전집』 상권, 아세아문화사 1978, 466~69면.
6) 신채호 「20세기 신국민」, 정해렴 편역 『신채호 역사논설집』, 현대실학사 1995, 310면.
7) 趙景達 「朝鮮における大國主義と小國主義の相剋: 初期開化派の思想」, 『朝鮮史硏究會論文集』 22(1985), 63~64면. 물론 이런 조경달의 김윤식에 대한 해석에는 여러가지 비판이 있다. 예컨대 장인성은 김윤식의 구상의 일관성 여부, 소국주의=세계평화주의 등식화의 타당성 등에 대해 의문을 제기하고 있다. 장인성, 앞의 책 25~29면 참조.

8) 김윤식『續陰晴史』상, 234~35면; 木村幹『朝鮮/韓國ナショナリズムと小國意識』, ミネルバ書房 2000, 221~22면에서 재인용.
9) 에드워드 싸이드, 김성곤 정정곤 옮김『문화와 제국주의』, 창 1995, 461면 참조.
10) 木村幹, 앞의 책 346~48면.
11) 정일준「미제국의 제3세계 통치와 근대화이론」,『경제와사회』2003년 봄호.
12) 이병천은 이런 박현채의 "자립적 경제구조"의 강조가 지닌 의의를 높이 평가하면서도 "일정한 종속을 감수하는 위에서 자생력을 배양하고 자립을 도모"하는 길 이외에 왕도가 없음을 주장한 바 있다.「다시 민족경제론을 생각한다(1)」, 한국사회과학연구소 학술대회발표논문집『민족경제론과 세계화 속의 한국경제』, 2000, 84~99면.
13) 신광영『동아시아 산업화와 민주화』, 문학과지성사 1999, 103~104면.
14) 김경일 편저『지역연구의 역사와 이론』, 문화과학사 1998, 8면.
15) 신광영, 앞의 책 96면.
16) 설동훈『노동력의 국제이동』, 서울대출판부 2000, 190면.
17) 이혜경 외「국내외 한국기업의 외국인력 관리에 관한 비교연구」,『한국사회학』36권 3호(2002).
18) 권혁범『민족주의와 발전의 환상』, 솔출판사 2000, 28~29면.
19) 같은 책 28~29면.
20) 임지현「한반도 민족주의와 권력담론」,『당대비평』2000년 봄호 204~205면.
21) 최원식「세계체제의 바깥은 없다」,『창작과비평』1998년 여름호 31면.
22) 부국강병론을 주장했을 법한 민족주의자 김구에게 이런 소국주의적 사고가 함께 존재했다는 사실은 흥미롭다. 김구「나의 소원」, 백범김구선생기념사업회 편,『백범김구전집』8, 대한매일신보사 1999, 622~23면.
23) 백낙청『흔들리는 분단체제』, 창작과비평사 1998, 78~80면.
24) 백영서『동아시아의 귀환』, 창작과비평사 2000, 32~47면 및 필자의 글「복합적 정치공동체와 변혁의 과제」,『창작과비평』2001년 봄호 참조.
25) 강상중「동북아시아 공동의 집과 북일관계」,『창작과비평』2003년 가을호 60면.

지속가능한 발전과 생태적 전환

이 필 렬

1. 지속가능성과 정부의 환경정책

한국도 깊숙이 편입되어 있는 세계화된 자본주의체제에서 지속가능한 발전을 이룩하려는 것은 엘마 알트파터(Elmar Altvater)가 날카롭게 지적했듯이 영구운동기관을 만드는 시도와 같을지 모른다.[1] 영구운동기관은 에너지를 공급받지 않고도 일을 하기 때문에, 이 기관을 움직이는 데는 에너지를 조달하고 폐기물을 쏟아내는 과정이 생략된다. 제대로 돌아가기만 하면 다른 운동기관과 달리 환경을 파괴하지 않는 것이다. 반면에 자본주의체제는 끝없는 팽창을 추구하는 체제이고, 끊임없이 자원이 공급되어야 한다. 특히 고갈될 운명의 에너지자원이 한 순간이라도 공급되지 않으면 이 체제는 붕괴되고 만다. 그렇다면 자본주의체제 속에서의 지속가능한 발전이란 에너지자원이 끝없이 소모되는 것일 수밖에 없는데, 이 체제를 떠받치는 석유·석탄·가스와 같은 화석연료는 일회용이기 때문에, 화석연료를 사용하면서 끝없는 번영을 꾀하겠다는 신자유주의 자본주의체제에서의 지속가능한 발전이란 표현은 모순이 될 수밖에 없다. 영구운동기관이 열역학 제2법칙에 따라 성립할 수 없듯이, 고갈되는 자원에 기초한 자본주의체제에서의 발전이 지속적으로 이루어지기는 어려운 것이다.

화석에너지 중에서도 석유는 산업사회의 혈액과 같은 것으로 이것이 없이는 현대 자본주의체제가 지탱되지 않는다. 바로 그렇기 때문에 석유는 세계화론자, 글로벌 플레이어들의 동력원이다. 이들은 석유를 이용해서 그리고 석유를 차지하기 위해 끊임없이 세계를 움직이며 팽창해간다. 1차대전이 일어나기 전에도 석유는 세계화의 동력원이었고, 지금도 신자유주의 세계화의 기본 동력으로 작용한다. 엑슨-모빌, 셸, 셰브론-텍사코 같은 석유 멀티들은 석유가 있는 곳이면 어디든지 찾아가고 엄청난 자본력을 동원하여 석유를 차지하려 한다. 신자유주의 국제질서와 막대한 자본을 앞세워 거칠 것 없이 세계를 마음대로 주무르며 팽창을 추구하는 가운데 지구환경이 훼손되고, 지역주민의 생활영역이 파괴되고, 석유를 둘러싼 전쟁이 벌어지지만, 이들은 이러한 문제에는 아랑곳하지 않는다. 신자유주의체제 속에서 석유를 둘러싼 분쟁이 그전보다 더 치열해졌다는 것은 세계화가 국가간·남북간의 공정성을 해치며, 그럼으로써 지속가능한 세계의 확립을 더 어렵게 만든다는 것을 보여준다.

지속가능한 발전이 이렇듯 달성하기 어려운 것이지만 지속가능성에 대한 연구와 실천적 모색은 서구사회를 중심으로 곳곳에서 일어나고 있다. 지속가능한 발전이나 지속가능한 사회라는 말이 아직 환경론자들의 구호 정도로 취급되는 한국과 달리, 서구에서는 이 말이 정치인 지식인 언론 등 사회주도층에서 당위로서 인정되고 널리 사용되고 있다. 그런데 근본적으로 지속가능한 발전이란 말은 환경과 개발에 대해 상반된 입장을 지닌 남과 북의 타협의 산물이고, 입장에 따라 다양한 해석이 나올 수 있는 모호함을 품고 있다. 지속가능성은 보통 생태(ecology), 경제(economy), 공정성(equity)의 세 가지가 적절하게 조화를 이루는 상태를 말하고, 지속가능한 발전은 이러한 조화상태에서의 발전을 가리키는 것으로 이야기된다. 하지만 이 중에서 어느 쪽을 더 강조하느냐에 따라 지속가능성에 대한 다른 해석이 나타난다. 예컨대 서구에서 지속가능성은 강한 지속가능성(strong sustainablity)과 약한 지속가능성(weak sustainablity)으로 대별되는데, 전자는 사회를 생태적인 것으로 바꾸는 데 더 큰 가치를 두는 것이고 후자는 경제발전에 더 큰 가치를 두는 것이다. 노동계에서는 종종 지속가능성을 또 다르게 해석하는데, 이들은 공정성을 강조하여 일자리 유지와 사회적 평등을 지속가능성의 최고가치로 여긴다.[2]

자본주의체제에서 지속가능성을 달성한다는 것은 매우 어려운 일이지만, 그렇다고 다른 체제로의 변혁이 지속가능성을 보장해주는 것은 아니다. 오히려 동유럽이 무너지기 전 현실사회주의국가들이 자본주의국가들보다 자연자원을 더 많이 사용했다는 사실은 지속가능성을 사회체제와 연결짓는 것의 위험을 보여준다.[3] 지속가능성의 달성은 세 가지 요소 중에서 생태에 중점을 둘 경우 생산과 소비 전분야에서의 생태적인 전환을 전제로 한다. 이러한 전환은 서서히 이뤄지는 것이고, 체제의 변혁이나 획일적인 프로그램에 따라서 이뤄질 수 있는 것은 아니다. 오히려 전환을 향한 지역 차원에서의 실천이 장기적으로 신자유주의에 균열을 내고 지속가능성의 실현에 더 효과적일 수 있다. 이 실천을 정부가 앞장서서 한다고 해서 성공이 보장되는 것도 아니다. 시민의 역할이 매우 중요하고, 정부와 기업이 여기에 함께해야만 하는 것이다. 실천주체의 체제에 대한 입장이 명확하게 요구되는 것도 아니다. 체제변혁을 중심에 놓고 실천에 참여할 수도 있고, 자본주의와 세계화를 거부하는 것이 아니라 어느정도 활용하면서 실천할 수도 있다. 중요한 것은 지속가능성의 달성이라는 장기적인 전망을 품고, 지역에 맞는 적절한 전환프로그램을 찾아내고 실천하는 것이다.

생태적인 전환은 재생가능한 자원에 기반한 경제를 이룩하고, 자연과 벌이는 전쟁과 국가간·지역간 분쟁을 종식시키기 위해 현재의 생산방식과 생활양식을 좀더 생태적인 것으로 바꾸어나가는 것이다. 이 전환은 모든 분야에서 이루어져야 하지만, 그중에서 가장 근본적이라고 할 수 있는 부문은 식량생산, 에너지 수급, 물 수급, 교통 분야이다. 현재 한국의 경제정책이나 환경정책은 여전히 경제성장의 강박에 붙들려 있는 것 같다. 이들 정책에서 지속가능성 달성을 위한 생태적 전환이라는 장기적 관점은 찾아보기 어렵다. 한국이 개발지상주의, 성장제일주의를 벗어나지 못하고, 동북아중심국가나 국민소득 2만불시대를 부르짖고, 새만금간척, 핵폐기장 건설, 대형댐 건설, 각종 도로 건설, 골프장 건설 등에 매달리면 얼마 안 가서 지속불가능성이라는 한계에 부딪힐 것이다. 이러한 사업들이 모두 재생불가능한 자원 이용이란 바탕 위에서 진행되기 때문이다. 특히 동북아중심국가로의 도약은 중국이 산업화로 인한 엄청난 자원소비의 결과 지속불가능한 상태로 들어가면 공염불이 되고 말 것이다.

중국은 현재 급속한 산업화로 에너지·식량·토지·물의 소비가 가파르게 증가하고 있는데, 이것이 지속될 수 있을 것인가에 대한 우려의 목소리가 점점 높아지고 있다. 중국은 이미 필요한 석유의 25% 이상을 수입하고 있고,[4] 식량자급도 곧 불가능해질 것으로 보인다.[5] 1992년부터 2002년까지 10년간 중국의 석유소비는 거의 2배 증가했고 이에 따라 중국은 2002년 일본을 제치고 세계 2위의 석유소비국이 되었다. 이러한 추세가 계속될 경우 10년 후에 중국은 전세계 석유의

15%를 소비하고 그중 60%를 수입하게 된다. 중국이 채택한 자동차 중심의 교통체계가 더 빠르게 확대되면 석유소비는 더욱 가파르게 증가할 것이다. 만일 13억의 중국인이 집집마다 한두 대의 자동차를 소유하게 된다면, 중국은 현재 하루 7400만 배럴의 전세계 석유생산량으로도 수요를 조달하지 못하는 사태에 직면할 것이다. 늘어나는 육류소비와 이를 조달하기 위한 막대한 양의 사료용 곡물소비도 중국뿐 아니라 세계의 식량사정을 악화시킬 것이다. 이러한 점들을 고려할 때 중국의 발전은 얼마 지나지 않아 벽에 부딪힐 가능성이 높다.[6]

중국의 발전이 지속불가능해지면 그 여파가 한국에도 크게 미칠 수밖에 없다. 경제부문만 보더라도 한국의 중국의존도는 매우 높다. 2003년 중국은 미국을 제치고 한국상품의 최대 수입국이 되었다. 중국의 발전이 지속불가능의 벽 앞에서 멈추면 한국경제도 커다란 타격을 입게 되는 것이다. 그러므로 중국이 지속가능한 '발전' 쪽으로 선회하지 않으면, 동북아중심국가로서의 한국뿐만 아니라 지속가능한 한국도 성립할 수 없다. 2만불시대나 동북아경제중심 같은 것보다 지속가능한 한국의 확립에 눈을 돌려야 하는 이유가 여기에 있다. 지금 벌이는 많은 개발사업들도 먼저 지속가능성의 기준을 가지고 판단해야 한다.

정권이 바뀐 후에 시작된 것은 아니지만 새만금간척과 핵폐기장 건설은 현정부가 역점을 두고 추진하는 사업이라는 점에서 지속가능성에 대한 정부의 관심을 읽을 수 있게 해준다. 최근 이들 사업을 추진하는 과정에서 정부가 보여준 태도는 정책에서 지속가능성에 대한 고려가 괄호에 담겨 있음을 보여준다. 간척사업은 그것을 통해서 얻어진 농지가 식량생산의 지속성에는 약간 기여할 수 있을지 모르지만, 생태적인 전북, 생태적인 한반도의 지속에는 조금도 기여하지 않는다. 핵폐기장 건설도 원자력발전의 지속에는 큰 도움을 주겠지만, 한국의 지속가능한 에너지 수급에는 거의 도움이 되지 않는다. 그러나 노대통령은 당선자 시절부터 새만금간척에 대해서 뚜렷한 입장을 밝히지 않았고, 지금도 여전히 이 사업이 환경을 파괴할 가능성은 있지만 전북의 발전을 위해서 필요하다는 어정쩡한 태도에서 벗어나지 못하고 있다.

핵폐기장 건설추진과정은 현정부가 환경관련 사안에 얼마나 구시대적 방식으로 접근하고 있고, 에너지 수급의 진정한 지속가능성에 대해서 얼마나 무관심한가를 적나라하게 보여주는 사례이다. 정부에서 국민을 상대로 내놓은 글의 내용부터가 장기 에너지 수급에 관한 언급이 없이 핵폐기장 건설의 시급함만을 강조하며 채찍과 당근을 사용하는 위로부터의 일방성이 강한 것이었다. 주민들의 자발적인 유치도 조작이 가능했다는 점에서 민주주의적인 방식과는 그다지 관계가 없는데, 이는 부안군이 핵폐기장 후보지로 결정되는 과정에서 명백하게 드러난다. 부안에서는 군민과 군의회에서 대다수가 반대했지만, 군수 혼자 위도에 핵폐기장을 받아들이겠다고 신청했다. 그리고 정부에서는 군을 대표하는 군수가 유치신청을 했다는 것만 앞세워 들끓는 군민의 여론을 무시하고 위도를 핵폐기장 부지로 결정했다.

환경정책에서 정부가 보여주는 것은 이처럼 빈곤한 반면, 경제에서 정부가 달성하려는 것은 매우 풍성하고 분명한 것 같다. 정부의 경제정책을 추동하는 것은 강한 개발의지인데, 동북아경제중심이나 국민소득 2만불시대는 정부가 성장위주·개발위주의 국가경영에 집착하고 있음을 잘 드러낸다. 이들 구호의 달성이 바로 현정부의 국정운영에서 최대목표인 것처럼 보이는데, 이러한 상황에서는 환경이 진정한 고려대상이 되기는 어렵다. 환경은 성장이나 개발과는 종종 충돌할 수밖에 없는 것이다. 그러므로 성장과 개발을 중심에 놓는 정책을 펴는 한 환경은 가장 나중에 구색맞추기로 끼워지는 것이 되기 십상이다. 현정부가 들어선 후에 불거진 많은 환경현안들——새만금간척, 핵폐기장, 고속철도 천성산터널, 서울 외곽순환도로, 경인운하 등——이 어느 것 하나 제대로 타결되지 못하는 것은 바로 정부가 환경을 구색맞추기 정도로 생각하기 때문일 것이다.

정부에서도 긍정적인 관점에서 환경에 대한 이야기를 하지 않는 것은 아니다. 노무현정권 인수위 보고서에는 지속가능한 발전과 쾌적한 환경조성이라는 제목으로 환경에 관한 몇가지 제안이 나온다. 여기에서 지속가능성은 개발과 보존을 조화시키고, 환경과 경제의 상생을 추구하는 개념으로 사용된다. 이러한 바탕 위에서 인수위가 제안한 것은 수도권 대기질 개선, 환경친화적 에너지세 도입, 물부족 문제의 친환경적인 해결이다. 대기·에너지·물이라는 중요한 환경주제를 건드리고 있지만 그 내용은 근본적인 데까지 들어가는 것이 아니다. 정부가 해석하는 의미에서의 지속가능한 발전을 고려할 때 인수위의 몇가지 제안은 그것에 어느정도 부합하는 것이라 할 수 있다. 그러나 지속가능성을 현재 우리에게 주어지는 지구환경의 혜택이 후손들에게도 똑같이 주어지는 것으로 정의하고, 지속가능한 사회를 "어떤 사회가 그 뒤를 따르는 많은 세대에 걸쳐서 존재할 수 있는 사회"로 본다고 하면 지속가능성의 달성을 위해 좀더 근본적인 생태적 전환을 모색해야 한다.

2. 생태적 전환의 양태

에너지씨스템 전환

에너지는 한국사회를 지탱하는 핵심적인 물질적 요소이다. 에너지 수입을 위해서 우리가 연간 320억 달러에 달하는 엄청난 돈을 지출한다는 것이 이를 잘 보여준다. 이 돈은 국내총생산 600조원의 7%에 달하고, 수입총액 1520억 달러의 21%에 해당하는 액수이다. 우리가 사용하는 에너지는 대부분 화석연료와 원자력(우라늄)으로부터 얻어지고, 대부분 해외에서 들여온다. 그러나 이들 에너지는 모두 고갈되는 것이고, 게다가 기후변화와 방사능 오염이라는 전지구적인 환경문제를 일으킨다.[7] 그런데도 우리 사회의 에너지 소비는 해마다 크게 증가하고 있다. 에너지와 관련해서 우리 사회는 지속불가능한 사회 쪽으로 계속 나아가고 있는 것이다. 정부의 에너지정책은 단기적인 수급에만 촛점을 맞추고 있다. 장기적으로 후손까지 생각하는 지속가능성이 아니라 당장 필요한 에너지를 어떻게 확보하고 공급하느냐에 주된 관심을 두고 있는데, 이를 위해서 원자력발전소를 대대적으로 건설하고, 석유와 가스 수입선을 다변화하고, 해외에 진출해서 직접 석유생산을 하려는 것이 정부 에너지정책의 중심이다. 한마디로 언젠가 사라지고 말 에너지자원 확보에 총력을 동원하고 있는 셈이다. 지난 수십년간 이 정책은 성공을 거두었는데, 그래서인지 한국에서 재생가능 에너지원으로부터 에너지를 얻으려는 노력은 찾아보기 어렵다.

2002년 현재 한국인의 일인당 1차에너지 소비는 OECD 국가 중에서도 높은 편에 속한다. 2003년 BP 통계에 따르면 에너지 소비를 석유로 환산했을 때 한국인 한사람이 2002년 한해 동안 사용한 에너지는 4475kg에 달한다.[8] 이 수치는 일본의 4029, 독일의 4015, 프랑스의 4384, 영국의 3720kg보다 높은 것이다. 더 심각한 것은 다른 나라와의 격차가 점점 더 커진다는 것이다. 2001년 일인당 1차에너지 소비는 한국이 4220kg, 독일이 4090kg, 일본이 4070kg이었다. 격차가 커지는 이유는 한국은 에너지 소비가 지난 4년간 평균 6% 이상 증가했지만 독일이나 일본은 거의 증가하지 않았고 앞으로도 그럴 것이기 때문이다.

독일의 경우는 오히려 1990년 이래 조금씩 감소하는 추세이다. 전기의 경우도 한국의 일인당 소비량 또는 생산량은 다른 OECD 국가보다 적지 않다. 국제에너지기구(IEA) 통계에 따르면 2002년 한국의 일인당 전기 공급량은 6670kWh로 일본의 8200kWh보다는 적었지만 독일의 6400kWh, 영국의 6190kWh보다 높았다.[9] 전기의 경우 연간 소비증가율은 에너지 소비증가율보다 훨씬 높다. 정부에서 예측하듯이 앞으로도 비슷한 수준으로 증가하면, 10년 후 한국의 일인당 전기소비는 미국과 같고 중부유럽 국가보다 두 배나 많아질 것이다.

    에너지 소비가 해마다 크게 증가함에 따라 에너지를 안정적으로 확보하는 것이 정부의 커다란 과제가 되었다. 그 일환으로 석유공사와 현대정유 등이 컨쏘시엄을 구성하여 해외유전 개발사업을 벌이고 있고, 인도네시아 등지에서 액화천연가스 형태로 수입하는 천연가스 외에 시베리아나 사할린으로부터 가스관을 통해서 천연가스를 수입하는 계획도 추진하고 있다. 그러나 세계 석유시장과 천연가스시장이 안정되어 있는 것이 아니고, 국내 에너지 소비와 동북아 에너지 수입이 계속 큰 폭으로 증가함에 따라 머잖아 에너지 수급에 어려움이 닥칠 가능성이 크다. 이미 지난 겨울 천연가스 소비가 크게 증가하여 장기계약에 따라 도입되던 액화천연가스가 모자라는 일이 발생했다. 정부에서는 가스화력발전소의 연료를 석유로 대신하도록 하고, 일본으로 수송되는 가스를 가까스로 한국으로 돌리고, 또한 현물시장에서 높은 가격을 주고 가스를 확보하는 등의 노력으로 겨우 가스공급이 끊어지는 것을 막았지만, 자칫 한겨울에 가스가 끊어지는 일이 벌어졌을지 모른다. 석유 수급도 낙관만 할 수 없다. 중국이 1993년 석유수출국에서 석유수입국으로 돌아선 이래 동북아의 석유 수입이 급격히 늘어남에 따라 말라카 해협을 통과하는 유조선의 수가 증가하여 유조선 도착이 지연되는 사태에 대한 우려가 일본을 중심으로 일어나고 있다. 일본에서는 해적이 나타나거나 선박충돌로 말라카 해협이 좁아지는 사태를 가상하여 이를 대비한 씨나리오까지 준비하고 있는 실정이다.

정부에서 에너지 수급의 주요 축으로 생각하고 있는 원자력은 앞으로 10년 안에 전체 전력의 50%에 가까운 전력을 공급하도록 예정되어 있다. 원자력 관계자들은 원자력발전이 에너지자원이 거의 없는 한국에서 에너지를 가장 안정적으로 공급할 수 있다고 주장한다. 그러나 원자력발전은 시간이 흐를수록 더 큰 사회적 저항에 부딪힐 것이고, 핵폐기장 건설은 에너지정책의 획기적인 전환 없이는 성공하기 어려울 것이다. 핵폐기장 건설은 원자력발전을 계속하기 위해 필수적인데, 바로 이러한 이유에서 정부에서는 무리하게 건설을 강행하려 한다. 그러나 주민들의 반대가 워낙 거세기 때문에 강행이 쉽지 않을 것이고, 원자력을 점진적으로 포기하지 않는 한 어떤 지역에서도 핵폐기장 건설에 성공하지 못할 것이다.

화석연료 사용은 전지구적인 기후변화를 일으킨다. 1860년대에 인류가 지구 대기온도를 측정한 이래 지구평균 대기온도는 지속적으로 상승하여 140여년이 지난 현재 섭씨 0.6도 가량 높아졌다. 상승추세는 최근에 더 강해지고 있는데, 이는 기온측정 이래 가장 더웠던 10개의 연도 중에서 7,8개 가량이 1990년대와 2000년대에 집중되어 있다는 사실에서 분명하게 알 수 있다. 기상학자들은 이러한 추세가 지속되면 21세기 100년간 지구평균 기온은 최소 섭씨 1.4도, 최대 섭씨 5.6도 정도 상승할 것으로 예측한다. 평균기온이 상승하면 기상분포에서 극단적인 기후현상이 늘어나고, 기상이변도 증가한다. 2003년의 유럽 폭염, 한국의 지속적인 강우, 태풍의 강도가 해가 갈수록 강해지는 것 등이 이러한 기상이변의 결과라 할 수 있다.

한국에서는 1960년대부터 화석연료의 사용이 크게 증가했고 그때부터 지금까지 에너지 소비가 100배 이상 늘어난 점을 고려하면 현재 일어나는 전지구적인 기후변화에 대한 책임을 면하기 어렵다. 게다가 한국의 국지적인 기후변화도 심각한 수준이다. 한반도에서는 근대적인 기후관측을 시작한 1919년부터 지금까지 평균기온은 섭씨 1.5도 가량 상승했다. 지구평균 기온상승과 비교하면 3배 가량 기온상승이 일어난 것이다. 이와 더불어 기상상태도 변화하고 있다. 1987년 이래 추운 겨울이 현저하게 감소하고 있고, 최근 20년 동안 강수량은 7% 증가했지만 강수강도는 18% 증가했다.[10] 이러한 추세는 앞으로 기후변화가 빠르게 진행됨에 따라 점점 더 심해질 것으로 예측된다.

현재 우리가 사용하는 에너지가 사회의 유지와 발전에서 차지하는 비중, 그리고 그것의 지속불가능성, 수급 불안정성, 사회적 갈등, 기후변화 등을 고려하면 에너지씨스템을 생태적으로 전환하는 것은 우리 사회를 지속가능하게 만들기 위한 첫번째 전제라 할 수 있다. 이는 화석연료와 원자력에 의존하는 현재의 에너지 수급씨스템을 태양, 바람, 바이오매스(biomass, 에너지를 추출할 수 있는 식물·미생물의 총칭), 소수력, 지열, 조력 같은 고갈되지 않는 에너지에 바탕을 둔 씨스템으로 바꾸는 것이다. 이 방향으로 에너지 수급씨스템을 전환할 때에만 우리는 에너지 고갈이 가져올 혼란과 기후변화를 예방할 수 있고, 그럼으로써 지속가능성 달성의 기반을 다질 수 있다.

현재 한국에서 소비되는 에너지 중에서 재생가능 에너지의 비율은 0.1%를 조금 넘을 뿐이다.[11] 거의 모든 에너지를 화석연료와 원자력에 의존하고 있는 것이다. 정부에서는 화석연료의 확보를 위해 많은 노력을 쏟고 있지만, 이 노력이 계속해서 긍정적인 효과를 낳을 수 있는 것은 아니다. 석유의 경우 세계 석유생산량이 감소하기 시작하는 싯점부터 정부의 노력은 열매를 거두지 못할 가능성이 높다. 석유 지질학자들의 예측에 따르면 세계 석유생산량은 2010년을 전후해서 최대값에 도달한다. 그렇다면 2010년경부터는 석유생산량이 줄어들고, 이에 따라 석유부족 현상이 나타날 것으로 예측되는데, 이는 석유가격의 폭등과 석유확보를 위한 치열한 국가간 경쟁을 유발할 것이다. 그러므로 재생가능 에너지의 개발과 확산은 장기적으로 지속가능한 에너지씨스템의 확립을 위해서뿐만 아니라 이러한 문제로부터 벗어나기 위해 필수적이다. 재생가능 에너지의 개발은 에너지 고갈과 기후변화를 해결한다는 점에서뿐만 아니라 산업의 발전과 산업구조의 개편이라는 측면에서도 중요한 의미를 지닌다. 현재 전세계의 풍력발전 시장은 해마다 40%, 태양전지 시장은 30% 이상 증가하고 있다. 이들 시장은 풍력의 경우 덴마크와 독일이 선점하고 있고, 태양전지 시장은 일본과 미국이 선점하고 있다. 따라서 한국이 재생가능 에너지 개발에 뛰어든다는 것은 한국에서 재생가능 에너지를 생산해서 이용하는 것뿐만 아니라 관련 설비의 생산을 통해서 세계의 풍력발전이나 태양전지 시장에 뛰어든다는 산업적인 의미도 있는 것이다.

원자력발전도 화석연료의 경우와 같은 방향에서 접근해야 한다. 원자력발전도 어느정도의 경제성이 보장되는 기간은 40여년 정도이다. 그후에는 가격이 아주 높은 우라늄을 사용해야 하기 때문에 경제적 잇점이 사라진다. 원자력은 또한 대형사고와 핵폐기물을 통한 방사능오염 위험을 지니고 있다. 원자력발전과 핵폐기장에 대한 사회적인 거부로 인해서 발생하는 경제적·사회적 비용도 점점 증가할 것이다. 이러한 문제를 해결하는 방안으로 유럽연합 국가들은 대부분 원자력발전을 포기하는 방향을 선택했다. 대신에 이들 국가는 태양에너지나 풍력 같은 재생가능 에너지를 적극 개발하는 길을 선택했다. 원자력은 우라늄 가격이 높지 않고 다른 에너지자원에 비해 보관하기가 쉽기 때문에, 중단기의 안정적인 에너지 수급에 어느정도 기여할 수는 있다. 또한 온실가스를 내놓지 않기 때문에, 기후변화협약의 압력에서 자유롭다는 잇점도 있다. 그러나 원자력은 단기적으로 사회적 갈등을 유발하고, 장기적으로는 고갈된다는 점에서, 원자력을 계속 확대하는 것은 지속가능성의 달성에 부정적인 작용을 한다.

에너지씨스템의 생태적 전환에서 반드시 고려되어야 할 것으로 교통이 있다. 우리나라의 전체 최종에너지 소비 중에서 수송에 들어가는 에너지는 2002년 현재 21% 가량 된다. 현재의 교통씨스템은 자동차 중심이라 할 수 있는데, 이러한 교통씨스템은 에너지를 매우 비효율적으로 이용한다. 승용차와 비행기는 한 사람을 태우고 1킬로미터를 달릴 때 교통수단 중에서 가장 많은 에너지를 소비하고, 따라서 이산화탄소도 가장 많이 방출한다. 승용차는 기차에 비해 3~4배나 많은 에너지를 소비하고, 화물 수송의 경우 화물차는 기차보다 10배 가량 많은 에너지를 소비한다.[12] 승용차와 화물차 중심의 교통씨스템은 화석에너지 소비를 크게 증가시키고, 따라서 화석에너지 고갈이라는 지속불가능성의 한계에 부딪힐 수밖에 없는 것이다. 그러므로 지속가능한 사회로 나아가기 위해서는 교통씨스템도 에너지를 적게 소비하고 고갈되지 않는 에너지를 사용하는 대중교통수단과 자전거 중심의 생태적인 것으로 바꾸어야 하는 것이다.

에너지씨스템을 생태적으로 전환하는 일은 단기간에 달성할 수 있는 것이 아니다. 50년 정도의 장기계획과 10년 동안의 단기계획을 세워서 화석연료와 원자력으로부터 벗어나려는 노력을 기울여야만 성공할 수 있다. 이 계획 속에서 에너지 소비의 절대량을 줄여나가고 에너지 이용효율을 높이면, 석유와 원자력의 비율을 서서히 줄이고 재생가능 에너지의 비율을 올려도 에너지 수급에 무리가 가지 않을 것이다.

물 수급의 전환

21세기의 가장 큰 환경문제 또는 생존의 문제로 꼽히는 것 중 하나는 물확보 문제이다. 앞으로 강물을 공유하는 국가들 사이에서는 물을 차지하기 위한 분쟁이 점점 더 격화될 것으로 예측된다. 한국은 강물을 다른 나라와 공유하는 경우가 거의 없으나 충분한 양의 식수와 산업용수를 확보하는 것이 손쉽게 이루어질 것으로 보이지는 않는다. 한국은 유엔에 의해 물부족 국가로 분류된 것으로 알려져 있다. 영국 학자들이 내놓은 물부족지수 분석에서도 한국은 물이 부족한 국가로 분류되지는 않지만 물이 아주 풍족한 국가에 들어가지도 않는다.[13] 환경부, 특히 댐건설을 담당하는 건설교통부에서는 유엔의 물부족 국가 분류를 받아들여 한국의 물 상황을 종종 심각한 것으로 이야기한다. 반면에 환경단체에서는 물부족이 그다지 심각한 것이 아니며, 물수요 관리를 적절하게 해주기만 하면 충분한 양을 확보해서 쓸 수 있다고 주장한다. 그러나 건설교통부에서는 앞으로 2006년에 1억톤, 2011년에 18억톤의 물이 모자랄 것으로 보고 물을 확보하기 위한 사업의 일환으로 전국적으로 130여개의 대형댐을 건설하고 있다.[14]

물을 확보하는 데 있어 지금까지 정부정책의 중심은 대형댐을 건설하는 것이었다. 댐을 건설해서 홍수를 예방하고 필요한 물을 저장해두자는 것이 정부의 정책기조였다. 이러한 정책의 결과 현재 한국에는 765개의 대형댐이 들어섰다.[15] 이것은 세계에서 일곱번째로 많은 것이고, 단위면적당 댐의 수로 따지면 세계 최고수준이다. 댐을 건설하여 물을 확보하면 필요할 때 언제나 퍼쓸 수 있는 물을 얻는다는 가시적인 성과는 거둘 수 있다. 그러나 대형댐은 환경파괴를 비롯한 많은 부작용을 낳는다. 장기적으로 물확보에 도움을 주지 않는다는 비판도 있다. 오히려 댐을 건설하지 않고 산림을 잘 보존하는 것이 물저장 효과가 더 크다는 분석도 있다.

필요한 물의 절대량을 확보하는 것도 중요하지만, 물을 깨끗하게 유지하는 것도 중요하다. 현재 한국의 하천이나 호수의 물은 그 질에 따라 1등급에서 5등급으로 나뉜다. 1급수는 간이정수 후에 식수로 쓸 수 있는 물이고, 5급수는 농업용수로도 쓸 수 없는 물이다. 전국의 하천 중하류의 수질등급은 대체로 3급수 정도이나 4급수인 경우도 있다. 하천의 수질이 그다지 좋은 편이 아니라고 할 수 있는데, 이는 주로 공장폐수와 축산폐수에 기인한다. 특히 농촌에서 나오는 축산폐수는 공장폐수에 비해 감독과 단속이 어렵기 때문에 하천의 수질관리에서 심각한 장애물로 작용하고 있다. 하천이나 지하수 또는 토양을 오염하는 것으로 무시할 수 없는 부문은 농업이다. 화학농업은 또한 토양을 단단하게 만들기 때문에 토양의 함수(含水)능력을 크게 떨어뜨린다.

지속가능성을 달성하기 위해서도 물 수급의 생태적인 전환은 필수적이다. 물은 쓴다고 해서 사라지지는 않는다. 일부 증발하는 것이 있지만 대부분은 질이 약간 낮아진 상태에서 다른 곳으로 흘러간다. 생태적인 물 수급이란 물의 저장을 생태적인 방식으로 하고, 사용한 후 흘러가는 물을 정화해서 여러차례 다시 사용하는 것을 말한다. 대형댐은 생태적이 아니다. 그것은 40년 정도 물을 저장하는 용도로 쓸 수 있을 뿐이고, 이 기간 동안 많은 환경문제를 유발한다. 댐에는 끊임없이 토사가 흘러들어온다. 토사가 쌓임으로 인해 댐은 40년 정도 지나면 담수능력이 거의 사라지고 마는데, 이를 해결하는 방법은 토사를 퍼내거나 댐을 다시 건설하는 것이다. 그러나 두 가지 모두 많은 비용이 들고, 더 많은 환경문제를 낳을 수 있다. 세계은행과 세계자연보존연맹

(IUCN)에서 만든 세계댐위원회는 2000년 11월 2년여의 연구결과를 정리한 보고서를 내놓았는데, 보고서는 대형댐이 생태계와 지역주민에게 부정적인 영향을 미친다는 것을 분명히했다.

물 확보는 대형댐의 건설을 통해서가 아니라 함수능력이 뛰어난 산림의 보호와 관리, 논과 밭의 유기농으로의 전환에 의한 토양의 함수능력 증대, 지하수의 지속가능한 이용, 물 절약 및 물 재활용 설비 보급, 그리고 빗물이용 시설의 확대를 통해서 해야 한다.[16] 골프장도 물 확보라는 차원에서 접근해야 한다. 골프장은 산림을 파괴함으로써 물 저장고를 크게 훼손한다. 또한 골프장의 유지를 위해서는 엄청난 양의 물이 사용된다. 2003년 쿄오또에서 열린 세계 물포럼에서는 미국이 물을 가장 많이 낭비하는 국가로 지적되었는데, 그 이유는 미국에서 2만 3000개에 달하는 골프장이 운영되고 있기 때문이다. 골프장은 물 저장고를 파괴할 뿐만 아니라 엄청나게 많은 물을 허비하는 것이다.

물 관리에서 앞으로 점점 더 중요하게 고려되어야 할 요소는 지구온난화로 초래된 기후변화이다. 기후변화로 강수패턴이 달라지고 기온이 올라가면 물의 흐름도 달라질 수밖에 없기 때문이다. 최근 20년 동안 강수량은 조금 늘어난 반면 강수강도가 크게 높아졌다는 것은 그만큼 물 관리가 어려워졌음을 의미한다. 기후변화는 우리 생활의 여러 부문에서 적응을 요구한다. 물 수급의 측면에서는 예를 들어 산림을 조성하거나 개발할 때, 택지와 도로를 만들 때, 갑자기 강하게 쏟아지는 강수를 가능한 한 많이 담을 수 있는 방식을 고려해야 할 것이다.

식량 생산방식의 전환

지속가능한 사회를 확립하기 위해서는 식량 생산도 생태적인 방식으로 전환되어야 한다. 식량생산의 생태적인 전환은 현재의 관행농업을 유기농으로 바꾸는 것이다. 유기농을 비판하는 사람들은 화학비료와 농기계에 의존하는 농업을 하지 않으면 수확이 크게 떨어진다고 말한다. 그러므로 유기농은 농업의 일부분에서 틈새적 존재로서만 가능한 것이지 농업 전체가 유기농으로 바뀌는 것은 식량수급 상황을 악화시킨다고 주장한다. 그러나 지금까지 유기농의 경험적 사례는 처음에는 유기농의 수확이 관행농법에 비해서 떨어지지만 해가 갈수록 수확량이 증가해서 결국은 비슷한 수준에 도달한다는 것을 보여준다. 토양 속의 미생물과 지렁이가 번성할 수 있도록 해줌으로써 땅을 살리고, 땅의 함수능력을 크게 높인다. 그리고 하천으로 흘러들어가는 물을 화학물질로 오염시키지 않음으로써 수질향상에 기여하고, 장기적으로는 건강증진에 기여함으로써 의료비용을 절감하는 효과를 가져온다.

관행농업은 긴 시간표를 놓고 볼 때 지속가능하지 않다. 다량의 에너지 소비, 화학비료와 농약 사용으로 인한 토양의 척박화, 표토의 상실, 하천수의 오염, 토양 함수능력의 감퇴 등이 지속가능성을 가로막기 때문이다. 그러므로 유기농으로의 전환은 지속가능한 한국을 만들어가는 데서 반드시 필요하다. 물론 유기농도 지역의 물질순환을 교란하는 형태여서는 안된다. 많은 양의 화석연료를 사용하고 해외에서 들여온 목초액을 뿌리는 유기농은 생태적인 면에서 바람직하지 않기 때문이다.

유기농은 초국적 곡물자본과 화학자본에 대항하는 중요한 수단이기도 하다. 이들 초국적 자본은 유전자조작 농작물을 개발해서 이것으로 전세계의 농업을 수중에 넣으려고 하지만, 유기농은 지역 고유의 종자를 지켜나가고 농약과 비료를 사용하지 않음으로써 그들의 시도를 무력화할 수 있기 때문이다. 유기농은 또한 지속가능한 에너지원의 생산자로서 에너지 전환에 기여할 수 있다. 유기농으로 여러 종류의 재생가능 에너지가 생산될 수 있고, 특히 식물성 기름이나 바이오 디젤은 교통부문에서 화석연료를 대신하는 중요한 일을 담당할 수 있다. 꾸바에서 광범위하게 수행되는 도시 유기농의 확산도 고려해야 한다. 도시농업을 통해서 수확되는 농산물의 양은 얼마 되지 않을 것이다. 그러나 도시농업은 생산과 소비가 동일한 지역에서 이루어진다는 점에서 지역중심의 식량 흐름의 상징이 될 수 있고, 초국적 곡물자본에 대한 저항의 실천으로 자리잡을 수 있다.

3. 맺는말

생태적 전환이 상품 생산비용을 높여서 산업의 국제경쟁력을 떨어뜨리고 경기침체와 사회적인 혼란을 가져와서 결국은 지속가능한 사회의 확립을 더 어렵게 만들 것이라는 생각도 할 수 있다. 사회적 갈등이 깊어지면 지속가능성도 달성하기 어렵기 때문에, 이 점은 충분히 고려되어야 한다. 그러나 스위스나 일본의 경우 환경기준이 다른 나라에 비해서 높고 에너지 가격도 세계에서 가장 높은 수준인데도 상품경쟁력이 떨어지지 않았다는 사실은, 장기계획 속에서 생태효율적인 기술을 개발하고 실천해나가면 커다란 사회적 혼란 없이도 생태적 전환을 실현할 수 있음을 보여준다.

스위스의 경우 1980년대에 정부에서 환경기준을 강화하려고 했을 때 산업체는 반발했지만, 환경기준이 강화된 후 오히려 국제경쟁력이 더 높아지는 결과가 나왔다. 이는 이들이 기준에 부합하는 효율적인 기술개발에 성공함으로써 국제시장을 선도할 수 있었기 때문이다. 생태세가 도입되어서 에너지나 물의 가격이 올라가면 산업체에서는 이들 자원을 적게 쓰는 기술을 개발하려고 노력할 것이다. 높은 비율의 생태세가 갑자기 도입되면 기업체가 입는 충격은 크겠지만 낮은 비율로 서서히 높여가면서 기업에 적응할 시간을 주면 살아남는 기업은 전보다 더 큰 경쟁력을 갖게 될 것이다. 물론 적응에 실패해서 사라지는 기업도 있을 것이고, 새로운 환경에 적응하여 크게 성장하는 기업도 있을 것이다. 이는 산업구조의 생태적인 전환과정에서 충분히 나타날 수 있는 일이고 어떤 면에서는 바람직한 일이다. 중요한 것은 혼란과 충격을 가능한 한 최소화하면서 생태적인 전환을 이룩하고, 이로써 지속가능한 사회를 확립하는 것이다.

|주|

1) Elmar Altvater, "Mehr systemische Intelligenz, bitte! Der Nachhaltigkeitsdiskurs missachtet die Naturgesetze," *politische ökologie* 76호(2002), 24~25면.
2) Karl-Werner Brand, "In allen vier Ecken soll Nachhaltigkeit drin stecken," *politische ökologie* 76호(2002), 18~21면.
3) Wolfgang Sachs, *Nach uns die Zukunft: Der globale Konflikt um Gerechtigkeit und Ökologie*, Frankfurt 2002, 170면.
4) BP Statistical Review of World Energy, 2003
5) Vaclav Smil, *Feeding the World*, MIT Press 2000, 297~98면.
6) 중국의 산업화에 따른 자원 소비의 증가와 중국이 택한 발전전략의 한계에 대해서는 레스터 브라운『에코 이코노미』, 도요새 2003, 38~40면 참조.
7) 현재의 사용량을 기준으로 할 때 가채연한은 대략 석유 40년, 천연가스 60년, 석탄 200년, 우라늄 50년이다.

8) BP Statistical Review of World Energy, 2003.
9) 여기서 공급량이란 전체 생산량에서 발전소 내 소비와 송전손실을 제외한 양을 말한다. IEA의 통계는 한국전력과 에너지경제연구원에서 매년 발표하는 에너지 통계 중 전기관련 통계와는 몇가지 면에서 차이를 보인다. 한국전력과 에너지경제연구원의 통계에서 일인당 전기소비량을 파악하려면 세심한 주의를 기울여야 한다. 왜냐하면 자가발전량을 제외한 양을 가지고 통계를 내기 때문이다. 이에 따라 에너지경제연구원에서 발표한 2001년 1인당 전기생산량은 6025kWh였다. 반면에 IEA 통계는 자가발전량을 포함하기 때문에 약 6200kWh로 나온다.
10) 신경섭「기후변화와 자연재해 저감」, 2002년 국회환경경제연구회 강연자료.
11) 정부 통계에는 대체에너지의 비율이 1%가 조금 넘는 것으로 나오지만, 정부에서 정의하는 대체에너지에는 폐기물과 석탄 액화연료 등이 포함되어 있고, 대체에너지 중에서 90% 가량을 폐기물이 차지한다. 그러므로 전체 에너지 공급량 중에서 순수한 재생가능 에너지가 차지하는 부분은 0.1% 정도밖에 안된다. 일반적으로 폐기물은 재생가능 에너지에 들어가지 않는다.
12) 이필렬『에너지 대안을 찾아서』, 창작과비평사 1999, 139~40면.
13) Peter Lawrence, Jeremy Meigh, Caroline Sullivan, *The Water Poverty Index: International comparisions*, KERP 19(2002). 여기에서 저자들은 다양한 지표를 이용하여 물부족 지표를 만들어낸다. 이에 따르면 한국은 핀란드부터 시작되는 물풍요 순서에서 중상위권에 들어간다. 미국은 물의 양은 풍부하지만 한국보다 낮은 순위이다. 환경부에서는 한사람에게 돌아갈 수 있는 물의 양만을 따지는 폴켄마크(Falkenmark)를 가지고 한국이 121개국에 달하는 물풍요 국가군에 들어가지도 못하고 13개의 물부족 국가군에 들어간다고 분류하지만, 이것과 물부족지수 사이에는 연관이 적다. 폴켄마크에서는 한사람에게 돌아갈 수 있는 물이 연간 1000~1600m^3인 경우를 약간의 물부족(water stress), 500~1000m^3의 경우는 만성적 물부족, 500m^3 미만의 경우를 최악의 물부족으로 분류한다. 한국의 경우 일년에 한사람에게 돌아갈 수 있는 물의 양은 1400m^3이다.
14) 건설부「수자원장기종합계획」, 2001.7.

15) 여기서 대형댐이란 국제댐위원회의 기준에 따른 것으로, 댐의 높이가 15미터 이상인 것을 말한다. 그러나 높이 10~15미터라도 길이가 500미터 이상이거나 담수량이 300만톤 이상, 또는 초당 방류량이 2000톤 이상인 댐도 대형댐으로 분류된다. 환경운동연합 홈페이지(www.kfem.or.kr) 참조.

16) 지하수를 지속가능한 방식으로 이용한다는 것은 지하수를 한꺼번에 뽑아올려서 고갈시키지 않고, 생성되는 양만큼만 이용하는 것을 말한다. 이때 물론 지하수가 오염되지 않도록 해야 한다.

제 2 부
평화와 평등 그리고 인권문제

체제변혁기의 반전평화운동

한 기 욱

1. 북핵위기와 한반도

전쟁과 평화는 어떤 관계일까? 전쟁이 있는 한 평화는 불가능하지만 전쟁이 없다고 해서 곧 참다운 평화가 이룩되는 것은 아니다. 전쟁 없는 상태로서의 평화(이른바 '소극적' 평화)는 개인이나 공동체가 활기차고 복된 삶을 누리는 참다운 평화('적극적' 평화)를 가능케 하는 필수조건이자 기본바탕일 뿐이다. 그러기에 평화 앞의 '반전'은 평화의 의미를 소극적 범위로 한정하는 뉘앙스를 주기 쉽다. 그럼에도 이 글에서 평화 앞에 종종 '반전'을 붙이는 것은 평화의 의미를 제한하려는 의도에서가 아니라, 전쟁위협에 시달리는 세계와 한반도의 험악한 상황에 적극 대응할 필요가 있다는 뜻이다.

이라크전 이후 한반도는 1994년의 핵위기를 방불케 하는 이른바 '제2의 북핵위기'에 봉착하여 지구상에서 가장 전쟁발발 가능성이 높은 지역으로 언급되었다. 유엔을 비롯한 국제사회의 반대를 무릅쓰고 대량살상무기의 확증 없이도 이라크를 침략한 미국의 군사패권주의적 압력에 북한이 핵무기 개발이라는 '물리적 억지력'으로 맞섰기 때문이다. 다행히 중국의 주도로 북핵문제 해결을 위한 뻬이징회담이 열리면서 대화를 통한 평화적 해결의 실마리가 마련되었다. 그러나 작년 4월 북한·미국·중국간의 3자회담에 이어 작년 8월과 올 2월에는 한국, 일본, 러시아까지 참여하는 두 차례의 6자회담이 열렸음에도 불구하고 이렇다할 타결이 이뤄지지 않았고, 이런 지지부진한 상태는 올 11월 미국 대통령선거 때까지 계속될 것으로 보인다.[1]

뻬이징회담이 계속되면서 북핵문제로 인한 한반도의 위기상황은 일단 고비를 넘긴 듯하지만, 미국 대통령선거에서 부시가 재선되는 경우 위기가 재연될 소지는 남아 있다. 또한 한미 동맹관계의 강화와 북핵문제 해결이라는 '국익'에 도움이 될 것이라는 기대 속에 결정된 이라크 파병이 기대만큼 긍정적인 결과를 가져올지 의심스럽다. 누구를 위한 '국익'인지도 불분명할 뿐더러, 한반도 위기상황의 타개책의 일환으로 이라크 분쟁지역에 적잖은 전투병을 파병하는 것이 과연 현명한지 의문인 것이다. 그것이 당장에는 미국의 대북강경책을 누그러뜨리는 데 약간의 효과가 있다 해도, 중장기적으로는 한반도 평화에 도움이 될 리는 없으며, 되레 악영향을 초래하기 십상이다. 한반도의 심각한 상황과 전지구적인 갈등과 분쟁에 좀더 슬기롭게 대처하기 위해서는 '국익'이라는 모호하고 수상쩍은 발상법에서 벗어나 '평화'의 관점에서 세계체제 차원의 변화와 한반도 분단체제의 변화를 연결지어 생각해 볼 필요가 있다. 이럴 때만이 미국의 대외정책과 전략도 좀더 근본적으로 이해할 수 있을 것이다.

필자는 한반도의 분단체제는 물론 미국중심의 세계 자본주의체제 자체가 매우 불안정한 이행기 혹은 변혁기에 접어들었다고 판단하기 때문에 이 험악한 시기에 한반도의 평화를 지키는 일이 무엇보다 중요한 과제라고 느낀다. 평화의 문제가 핵심적이 되면서 '국익'의 차원을 뛰어넘는 평화운동의 중요성이 그 어느 때보다 커진 것이다. 세상이 미국의 오만한 군사패권주의로 말미암아 한층 살벌해지면서 가뜩이나 불안정한 한반도가 그 직접적인 영향권 안에 놓이게 된 것이 이행기의 불안정성과 험난함을 보여주는 징후라면, 분단체제를 극복하고 좀더 민주적이고 자주적인 공동체를 이루는 우리의 역사적 과업에서 평화운동이야말로 관건적인 역할을 떠맡았다고 할 수 있다. 이 글은 이런 문제의식에서 우선 이라크전을 계기로 드러난 미국의 군사패권주의의 성격과 역량을 평가하고, 미국의 일방적 패권주의가 자본주의 세계체제의 근간을 흔들고 있는 현싯점에서 세계평화운동과 반지구화운동의 가능성을 타진한 다음, 한반도 평화운동이 나아갈 방향을 나름으로 제시해보고자 한다.

2. 이라크전쟁과 미국의 군사패권주의

미국은 9·11사태 이후 막강한 군사력을 동원하여 아프가니스탄의 탈레반정권을 무너뜨리고 국제사회의 광범위한 반대에도 불구하고 이라크를 침공 점령함으로써 자신이 냉전 이후 유일 초강대국임을 입증했다. 이라크에서 우려할 만한 대량살상무기의 존재를 확인하지 못했다는 유엔무기사찰단의 증언도, 프랑스·러시아·중국을 포함한 유엔 안보리의 분명한 반대도, 세계 전역 수백만 시민들의 맹렬한 반전평화 외침도 초강대국 미국의 전쟁의지를 꺾지 못했다. 이 광경을 지켜본 지구촌 주민들 대다수가 세계평화를 가장 위협하는 존재는 이라크의 독재자 후쎄인보다 그를 제거하겠다는 명목으로 엄연한 주권국을 침공한 부시정권의 매파들임을 느끼지 않을 수 없었을 것이다. 이라크전쟁이 개전 40여일 만에 미국의 일방적 승리로 일단락되었을 때——작년 5월 1일 부시가 항공모함 에이브러햄 링컨호에서 사실상의 종전선언을 했을 때——'팍스아메리카나'라 불리는 미국의 세계적 패권은 그 어느 때보다 막강한 것처럼 보였다. 그러나 그로부터 일년도 채 지나지 않은 2004년 3월 현재, 사정은 판이하다.

9·11 이후 미국의 군사주의적 대외강경책을 주도한 (신보수주의자·기독교우파·군사주의자를 기반으로 하는) 매파 세력은 이라크전의 승리로 한껏 고무되었지만, 침공의 명분이 정보조작의 결과임이 드러나고 이라크 저항세력의 테러가 그치지 않는 지금에 이르러서는 그들이 우쭐거릴 이유가 없는 것이다. 물론 매파들의 입장에서는 미국의 막강한 무력을 보여준 것이 큰 소득이며——'권력은 총구에서 나온다'는 마오 쩌뚱의 말을 신봉하는 자라면 이것이 결정적인 성과라고 주장할 수 있겠다——탈레반정권이나 후쎄인정권 같은 독재정권을 무너뜨림으로써 사후에나마 최소한의 명분을 얻고 9·11로 정신적 외상을 입은 미국인의 자존심을 회복(?)하는 소기의 성과를 거두었다고 자평할지 모른다. 하지만 잃은 것은 엄청나며 그 후유증은 예상하기조차 힘들다.

우선 유엔 및 서구 동맹국들과의 사이가 틀어진 것은 미국의 적잖은 외교적 손실이 아닐 수 없다. 매파들은 미국이 유엔의 반대를 묵살하고 전쟁의지를 관철시켰다는 사실에 흡족해할지 모르나 사실은 서구 동맹국들과 제3세계 국가들의 반발로 유엔에서 이라크전쟁의 정당성(legitimacy)을 확보하는 데 실패했다고 보는 것이 좀더 냉정한 판단일 것이다. 예전에는 미국의 뜻을 알아서 받들던 프랑스와 독일이 미국의 온갖 회유와 압력에도 굴복하지 않았을뿐더러 안보리 비상임이사국들까지 미국의 강압적 요구에 반기를 들지 않았던가. 결국 미국은 이라크 공격을 정당화할 제2의 유엔결의안을 철회하고 부시의 '푸들'이라 조롱받는 블레어의 영국군과 함께 이라크를 침공할 수밖에 없었다.

이 과정에서, 지구촌의 분쟁 때마다 미국의 뜻을 대변하면서 강대국들의 입장을 조율 중재해온 최고의 국제기구 유엔이 사실상 결딴나고, 미국과 서유럽의 군사적·정치적 동맹의 토대이던 나토가 두 동강 났다는 사실을 눈여겨보아야 한다. 특히 미국의 유엔에 대한 사실상의 보이콧은 탄도미사일방어(ABM)조약의 일방적 파기, 쿄오또의정서 수용 거부, 국제형사재판소(ICC) 참여 거부 등 부시 집권 이후 국제법과 국제조약에 대한 일련의 거부와 맥을 같이한다. 이런 거부는 국제적으로 합의된 사항들에서 미국만은 구속받지 않겠다는 특권적 의지의 천명으로서 최강자의 위력을 과시한 것으로 비칠 수 있으나, 자신이 구축한 세계질서 속에서 스스로 배척당하는 결과를 낳을 수도 있다. 요컨대 부시정권은 2차대전 이후 자국의 주도하에 건설된 전후 세계질서의 '공치'(公治, governance) 구조를 자기 손으로 파괴하는 아이러니를 보여주는데 이것이 장차 미국의 힘을 강화할지 약화할지는 두고 봐야 할 일이라는 것이다.

또한 미국 매파의 이런 일방주의적 예외주의적 강경노선이 미국의 힘의 증대가 아니라 약화에서 비롯되었다는 점을 분명히 짚을 필요가 있다. 미국은 2차대전 이후 30년 가량 소련과의 적대적 공존 및 서유럽과 일본의 추종 덕택에 '자유세계'에서 명실상부한 패권을 누렸지만, 1960년대 후반을 통과하면서 세계경제가 하강기에 접어들고 부쩍 성장한 서유럽과 일본의 도전에 직면하자 양자를 세계경영의 파트너로 삼는 다자간 협력틀을 구축하지 않을 수 없었다. 클린턴정부에 이르기까지 미국은 이런 다자주의를 대외정책의 기본으로 삼고 자국 주도로 구축된 유엔, 나토, IMF, 세계은행, G7, OECD, WTO 등의 국제기구 및 각종 국제협약을 지지하며 국익을 최대한으로 수호하는 입장을 취했다.

다자간 협력틀 속에서 미국의 패권이 야금야금 잠식당하는 꼴을 못마땅하게 여긴 매파들은 일찍부터 미국의 우월한 군사력에 기반한 세계통치를 꿈꾸어오다가 부시의 집권과 9·11이라는 호기를 맞아 군사패권주의적인 강경책을 펼칠 수 있었다. 이런 강경책이 주효하여 매파들의 입지가 강화되었다고 보는 시각도 있으나,[2] 과연 그들의 뜻처럼 나약해진 미제국의 힘이 회복된 것인지는 의문이다. 두 차례의 전쟁승리에도 불구하고 미국의 정당성과 지도력은 크게 훼손되어 미국의 뜻에 따르지 않는 나라들이 부쩍 늘어났기 때문이다. 미국의 요청에도 영미와 더불어 이라크 평화유지 및 복구활동에 실질적으로 참여한 나라들은 일본과 한국을 포함한 몇몇 나라에 불과한 것이다.

매파의 군사주의적 강경책으로 말미암아 미국 거주민은 물론 시민의 권리마저 크게 잠식당하면서 미국 민주주의가 위기를 맞고 있는 것도 눈여겨보아야 할 대목이다. 테러와의 전쟁에서 "우리 편이 아니면 우리의 적"이라는 부시의 협박은 외국의 수상쩍은 집단과 국가뿐만이 아니라 다인종 다민족 국가인 미국의 주민들에게도 적용되는 것이다. '권리장전'의 10개항 중 최소한 6개항을 위반했다는 '애국자법'에 따르면, 미국 거주민·시민 모두는 테러리스트로 의심받을 경우 뚜렷한 증거 없이 수사당국에 연행되어 장기간 심문당할 수 있고, 심지어 수사관이 요구하면 동료의 신상정보를 알려주고 그 사실을 누구에게도 발설하지 못하도록 규정되어 있다. 이 법의 일차적인 피해자는 아랍계 출신과 이슬람교도이니, 수천명이 구금되고 그중 수백명이 본국으로 추방되는 사태가 발생했다.[3] 민주주의가 훼손될 때면 인종차별주의가 히드라처럼 고개를 쳐드는 미국사의 낯익은 풍경이 재연된 것이다.

하지만 이런 악법이 미국 의회에서 별다른 토의 없이 압도적인 찬성으로 통과되었다는 사실도 짚어볼 필요가 있다. 매파만이 민주주의를 억압하는 데 나선 것은 아니며, 온건파와 야당인 민주당 역시 몇몇 예외적인 경우를 제하고는 이 악법에 소리높여 동조한 것이다. 정치권뿐 아니라 미국의 거대한 주류언론도 한몫 단단히 했는데, 특히 폭스뉴스(Fox News), MSNBC, CNN 같은 TV방송국의 활약은 대단했다. 이라크전에서 기자들이 군대에 '배속되어'(embedded) 미 군부의 관점을 효과적으로 선전해준 덕택으로 미국정부는 미디어법을 고쳐서까지 이들의 독점적인 지배를 더욱 강화시켜주려고 했다. 요컨대 부시정부의 국내외 패권주의는 매파의 독자적인 힘만으로 이뤄진 것이 아니며, 미국의 정치권·군부·언론계가 공조하여 민주주의 권리를 제약하는 한편 주민을 테러와의 전쟁의 지원부대로 동원하는 일에 나섬으로써 가능해진 것이다.

사실 9·11 이후의 이런 공조체계에 의해 미국정부는 국내외적으로 파시스트적인 발상을 밀어붙일 수 있었다. 이라크에 대한 선제공격이 유엔헌장을 정면으로 위반한 것이고 애국자법의 제정이 미국헌법의 수정조항을 여러 겹으로 어긴 것이지만, 이보다 더한 파시스트적인 조치는 포로로 붙잡은 탈레반 병사나 테러 연루자를 '적 전투원'(enemy combatant)이라는 해괴한 이름으로 미국이 아직도 보유하고 있는 꾸바 관따나모(Guantanamo)기지의 수용소에 가두고 일체의 기본권을 박탈한 짓이다. 미국사의 고비마다 멀쩡한 사람들을 때려잡는 마녀사냥의 광풍이 있었고 그때마다 민주주의는 위협받았지만, 이런 열풍이 지금처럼 미국사회 전반을 휩쓴 적은 없었다. 미국이 '제국주의' '파시즘' 혹은 '전지구적 파시즘'(global fascism)으로 변하고 있다는 우려의

목소리가 여기저기서 들리는 것도 우연은 아니다.[4]

　정치권·군부·언론계의 공조체계로 빚어진 미국의 파시즘적인 열풍 속에서 근대적 가치를 담보하는 핵심용어들, 가령 '자유'와 '민주주의'의 개념이 전도되는 현상도 주목할 만하다. 부시정권이 이라크를 침공하면서 미국식의 '자유'와 '민주주의'를 복음처럼 전파하여 중동지역에 평화를 이룩하겠다고 할 때, 이런 용어들에 두 겹의 아이러니가 깃들게 된다. 하나는 미국의 이라크 침공이 국내의 '자유'와 '민주주의'를 탄압하면서 이루어진다는 것이며, 다른 하나는 이 용어들이 식민주의적 침략과 점령의 구실로 동원된다는 것이다. 서구열강의 직접적인 식민통치가 끝난 마당에 그것도 민주주의의 모범국가인 미국한테서 이런 뻔한 거짓말을 듣는다는 것이 놀랍다면 놀랍다. 정말 놀라운 것은 지구상의 대다수 주민들이 이것이 뻔한 거짓말임을 단박에 알아차리는데, 가장 선진적인 문명국임을 자처하는 미국의 시민들 다수는 이런 거짓말을 믿는다는 것이다.

　예를 하나 들어보자. 작년 미국 독립기념일(7월 4일)에, 이라크전에 참전한 제3사단의 본토기지가 있는 조지아주의 하인즈빌을 방문취재한 한 기자에 따르면, 하인즈빌 시민들은 바그다드 함락 후에 곧 돌아오겠다던 남편이나 아들이 종전선언 2개월이 되어도 돌아오지 않자 처음에는 정부와 군당국에 불만을 터뜨렸다. 그러자 3사단 사단장이 전선에서 이메일로 군인가족에게 후쎄인 잔당들의 게릴라전 때문에 병사들을 당장 귀환시킬 수 없는 사정을 해명하고 미국을 위하여 좀더 참아달라고 호소함으로써 부녀자들의 항의를 진정시켰다는 것이다. 묘한 것은 지금 하인즈빌 시민들의 불만 표적은 장군들이나 미국정부보다는 이라크인들에게 맞춰져 있다는 것이다. 기자가 취재한 몇몇 대목을 소개하면 이렇다.

한 여인이 "나는 이라크 사람들에게 상당한 분노를 느껴요. 우리는 그들을 도와주려고 하는 것뿐이잖아요. 하지만 이젠 내 남편이 집으로 돌아오길 원해요"라고 하자 다른 한 여인이 동감을 표하면서 이렇게 말한다. "나는 그들이 좀더 열의를 보이리라 생각했어요. 미국인들처럼 민주주의 속에 살면서 아이들을 학교에 보내고 싶어하지 않는 사람이 어디 있겠어요? 나는 이라크인들이 이토록 순진하다는 것이 놀라워요. 자유를 원하지 않은 사람이 어디 있겠느냐고요? 나로서는 그들이 그 개념조차 파악하지 못한다는 것을 이해하기가 힘들어요."[5]

이들이 이라크파병 미군의 아내들인 만큼 애국심이 강하리라는 것을 감안하더라도 미국의 주류세력이 지어낸 허무맹랑한 이야기를 이토록 곧이곧대로 믿는다는 것이 놀라울 따름이다. 자유와 민주주의를 앞세운 바로 그 미군의 포격으로 이라크인들이 자식과 재산을 잃고 후쎄인보다 미군을 더 증오할 수도 있다는 것을 전혀 상상하지 못하니 말이다. 이들을 이처럼 눈뜬 봉사로 만든 요인은 이라크인의 실제 사정을 무시하고 미국인처럼 살기를 바라지 않는다고 비난하는 미국중심주의적 사고방식이니, 여기서 '자유'와 '민주주의'는 본래의 의미를 잃고 '타자'에 대한 폭력을 정당화하는 구실로 둔갑한다. 이들 군인가족뿐 아니라 미국인 상당수가 이런 미국중심주의에 푹 빠져 있어 그 증상을 자각하지도 못하는 상태가 아닐까 싶다.

그러나 어떠한 관념도 경험적 실제와의 간격이 너무 벌어지면 파탄나게 마련이다. 이라크전에 참전한 군인들이 죽어서 돌아오는 숫자가 늘수록 하인즈빌의 주민들은 주류세력의 이야기에 의혹을 가지고 미국의 이라크 선제공격의 정당성을 따져보고, 나아가 미국의 '자유'와 '민주주의'의 의미를 되새겨볼 것이다. 사실, 이라크전 참전군인 가족들이 일단 미국중심주의의 '마법'에서 벗어나기만 하면 누구보다 반전평화운동에 적극적으로 나설 공산이 크다.[6)] 대량살상무기의 증거가 이라크 침공 일주년을 앞둔 지금까지 발견되지 않고 오히려 부시가 이라크 침공을 앞두고 거론한 이라크 핵개발 의혹이 조작된 것이라는 증거가 밝혀지면서 적잖은 미국 시민들이 주류 이데올로기에서 벗어나 반발하고 있다. 매파에게 더 걱정스러운 것은 정치계의 최근 동향이다. 테러와의 전쟁이나 미국중심의 세계질서 건설엔 반대하지 않지만 부시의 군사패권주의적 일방주의가 '너무 나가버려'(overreached) 역풍을 부른다고 생각하는 정치가·언론인이 늘면서 국내외의 파시즘적 강경책을 떠받치는 공조체계가 무너지기 시작한 것이다. 의원들은 애국자법에다 스파이조항을 삭제하는 수정조항을 달았고, 연방통신위원회(FCC)가 제출한 미디어 소유규제 완화법안을 거부했으며, '소형핵무기'(mini-nuke) 예산을 대폭 삭감했다. 따지고 보면 미국정부가 북핵문제 해결을 위한 뻬이징회담에 응한 것은 이런 기류변화에 기인한 측면도 있다.

무엇보다 이라크전의 향방과 미국 대통령선거가 미국 정치계의 판도에 결정적인 영향을 미칠 것이다. 게릴라전이 계속되면서 이라크전이 제2의 베트남전이 될 것이라는 예측도 나온다. 두 전쟁 사이의 유사성이 차츰 두드러지는 것이다. 통킹만 사건을 조작하면서 시작된 베트남전처럼 이라크전도 대량살상무기의 증거조작에서 시작되었고, 미국이 엄청난 포탄을 쏟아부어 초반에 승기를 잡았으나 저항세력의 끈질긴 게릴라전으로 갈수록 전세는 불리해지고 국내여론이 악화되는 점에서도 비슷하다. 하지만 두 전쟁의 차이점도 짚을 필요가 있다. 무엇보다 베트남전은 미국의 정치적·경제적 힘이 아직 막강할 때 일어났고, 서구의 어느 나라도 반대하지 않았으며——프랑스가 철수하면서 자기들이 빠진 수렁에 미국이 제발로 기어들어온다는 조롱을 했지만──반전시위도 개전 몇년 후에 가서야 본격적으로 대두된다. 반면 이라크전은 미국의 힘이 내리막길을 걸을 때 일어났고 프랑스·독일·러시아·중국 등의 강대국을 위시하여 지구상의 수많은 나라들이 반대했으며 전쟁이 일어나기도 전에 전세계 1500만 가량의 사람들이 반전시위에 참가했다.

두 전쟁이 미친 영향도 비교할 만한데, 베트남전의 패배로 미국은 상당한 타격을 입었지만 전후복구에 신경쓰지 않고 그냥 철수하고 중국과 화해함으로써 그 후유증을 최소화할 수 있었던 반면, 이번 전쟁은 계속 주둔하든 철수하든 미국에 심대한 타격을 줄 것이다. 미국은 이라크의 전후복구와 평화유지 사업에 유엔과 동맹국 군대를 끌어들이고 미군을 단계적으로 감축하는 이른바 '퇴거전략'(exit strategy)을 세우고 있으나 사태가 미국의 뜻대로 될지는 의문이다. 최근에는 이라크 저항세력의 미군에 대한 공격은 다소 줄어든 반면 유엔과 동맹국 군대와 이라크 경찰에 대한 테러와 종족간 분쟁은 부쩍 늘어나고 있다. 짐작컨대 이라크는 체첸 같은 테러의 구렁텅이나 아프가니스탄과 같은 종족분쟁의 도가니 아니면 이란 같은 반미 이슬람국가가 될 가능성이 크다. 분명한 것은 미국이 바라는 친미정부가 들어설 여지는 거의 없으며, 미국에 대한 이슬람권의 테러위협은 오히려 증가하는 반면 아랍권에 대한 미국의 영향력은 약화되고 이스라엘은 수세에 몰릴 공산이 크다. 이라크전은 미국한테 베트남전보다 더한 악몽이 될 요건을 두루 갖추고 있는 것이다.

만약 부시가 이번 선거에서 재선되고 매파가 미국 대기업들의 지지를 계속 받는다면 이 모든 불리한 여건마저 뛰어넘을 수 있을 것이다. 하지만 이라크전의 최고 명분이었던 대량살상무기의 존재가 정보조작의 결과임이 밝혀지면서 부시와 매파의 신뢰는 상당한 타격을 입었고 이라크전이 수렁에 빠지면서 군사패권적 강경책이 현저하게 설득력을 상실했다. 게다가 이라크전의 수혜를 톡톡히 누리는 석유자본과 군수업체를 제하면 금융자본을 위시한 미국의 거대 기업집단들이 매파의 강경책을 그리 탐탁하게 여기는 것 같지 않다. 대체로 그들은 가뜩이나 힘든 미국경제를 부시가 더 악화시키고 있다고 보는 쪽이다. 두 차례의 전쟁을 (영국을 제외하면) 거의 홀로 추진하면서 군비를 대거 확장한 것이 1990년대 거품경제 이후 디플레이션의 압력에 허덕이던 미국경제에 상당한 부담을 안겨준 것은 물론이다.[7] 부시는 자신의 감세정책 덕택에 미국의 경기가 회복되고 있다고 강변하고 있지만, 달러화의 하락과 실업의 증가, 천문학적인 재정적자가 미국경제를 침몰시킬 위험은 오히려 늘어났다.[8]

하지만 부시와 매파가 재집권할 가능성이 사라진 것은 아니다. 사실, 야당인 민주당과 좌파·진보진영이 부시일당의 여러 치명적인 실책에도 불구하고 일반대중을 반(反)부시전선으로 집결시키지 못했기 때문에 이번 선거는 박빙의 승부가 될 듯하다. 대기업집단의 수혜자이자 밑바닥 계층한테 불리한 정책을 골라 편 공화당과 부시가 일반대중에게 친근하게 여겨지는 반면 진보적인 정책을 공약하는 민주당 후보자들은 일반대중의 삶과 동떨어진 엘리뜨로 부각되는 아이러니가 빚어지고 있는 것이다. 이런 기이한 현상이 벌어진 까닭은 우파대중주의의 공세가 성공한 데서 찾을 수 있겠지만, 궁극적 책임은 일반대중과의 견결한 유대를 놓쳐버린 민주당과 좌파·진보진영에 있다.[9] 좀더 나은 세계 건설을 지향하는 진보적 평화운동이 특히 눈여겨보아야 할 대목이 아닐 수 없다. 평화운동 역시 대중과의 연대를 굳건히 할 때만이 군사패권주의와 우파대중주의의 공세를 뚫고 좀더 나은 세계를 열어나갈 수 있는 것이다.

3. 반지구화운동과 반전평화운동

부시 집권 이후의 경기침체가 오로지 몇몇 경제정책의 실패라든지 혹은 통상적인 경기순환 때문에 빚어진 것이라면 그렇게 심각하달 수는 없다. 그러나 현재 불경기의 근본 원인이 신자유주의적인 지구화의 한계 혹은 위기에서 비롯된 것이라면 이야기는 다르다. 여기서 지구화 기획에 관해 길게 이야기할 계제는 아니어서,[10] 이 글의 논지와 관련하여 간략한 소개와 더불어 몇가지만 짚기로 한다. 우선 상품·자본·노동을 국가나 지역 단위의 경계를 넘어 자유롭게 유통시키려는 지구화가 근대 세계체제 중심부의 자본축적 위기를 돌파하려는 일련의 기획들 가운데 완결판으로 제시되었음에 주목할 필요가 있다. 그렇기에 신자유주의 지구화론자의 모토가 지구화 외에 '대안은 없다'(There Is No Alternative, TINA)이며, 지구화의 결실로 1995년 세계무역기구(WTO)가 출범할 때 경기변동에서 벗어난 '신경제'(New Economy)가 도래했느니 어쩌느니 야단법석을 떨었던 것이다.

그러나 지금에 와서 지구화 기획의 전망을 밝게 보는 사람은 많지 않다. WTO 속에서 부자지역인 '북'의 세 세력 미국·유럽(EU)·일본의 각축이 시쳇말로 '장난'이 아닌데, 특히 미국과 EU의 갈등——가령 농업보조금을 둘러싼 갈등——은 WTO 자체의 기능을 종종 마비시킬 정도로 심각하다. 또 지구화 자체의 주된 타깃이 주변부의 노동과 자연자원을 착취하여 중심부의 자본축적을 꾀하는 것인 만큼 잘사는 지역인 '북'에 대한 못사는 지역인 '남'의 반발이 갈수록 커질 수밖에 없다는 것이다. 게다가 지구화의 신자유주의적 프로그램이 기업의 이윤을 무엇보다 우선시함으로써 지구의 생태환경을 고갈시키고 교육 보건을 비롯한 사회복지 비용을 최대한으로 삭감하기 때문에 주변부는 물론 중심부의 하위계층들한테서도 반발을 살 수밖에 없다.

 1999년 WTO의 씨애틀회의가 노조와 무정부주의자, 환경·여성·소수민족 운동가 등의 다양한 세력들이 함께 참가한 격렬한 반지구화 시위로 좌초된 것은 이런 갈등들이 결합되어 일시에 표출된 결과라고 할 수 있다. 반지구화 세력은 씨애틀 시위의 성과를 바탕으로 2001년 1월에 '또다른 세계가 가능하다!'(Another World Is Possible!)는 슬로건을 내걸고 브라질의 뽀르뚜 알레그레에서 '세계사회포럼'(World Social Forum)을 창립하여 해마다 포럼을 여는데, 이것이 이제는 세계 곳곳의 각종 시민단체와 NGO 및 개인들까지 참여하는 세계 반지구화 운동의 거점으로 자리잡았다. 신자유주의적 지구화 기획이 세계 곳곳에 흩어져 있는 각종 반지구화 운동세력들을 지구적으로 결집시키는 계기가 된 셈이다.

 여기서 주목할 것은 WTO 내의 미국·EU간 갈등의 주된 원인이 WTO 취지에 어긋난 주장을 하는 부시행정부의 일방주의적 태도 때문이라는 점이다. 부시는 자본주의 엘리뜨 계층들에게 공동으로 이익이 되는 지구화조차 미국의 이익을 기준으로 선별적으로 받아들이니 "미국에는 보호주의, 나머지 우리한테는 자유무역"(월든 벨로)을 주장하는 격이다. 이라크전에서 보여준 일방주의적 군사패권주의와 마찬가지로 지구화 기획에서도 미국은 '예외'를 고집함으로써 가뜩이나 불안정한 자본주의 세계체제의 근간을 위협하곤 한다. 자본주의 세계체제가 위기국면으로 접어드는 상황에서 대다수 자본가집단들은 각자 조금씩 양보하고 타협함으로써 체제 자체가 더 악화되지 않기를 바라는 쪽이라면, 부시정부는 지금의 WTO체제가 무너지든 말든 자국 자본과 자국인의 이익만을 극단적으로 추구하려는 쪽이다.

WTO체제에 반대하면서 향후 좀더 나은 체제가 들어서기를 열망하는 세계 민중들의 입장에서 보자면 성향이 다른 두 종류의 자본가세력들을 상대해야 하는 형국이다. 물론 이 양자의 차이가 본질적인 것이 아닌만큼 결국에는 힘을 합칠 가능성도 있지만 망하는 집안에서 형제끼리 서로 싸움질하듯 심각한 갈등을 표출할 여지도 많다. 그런만큼 세계는 지역적 분쟁을 피하기 어려운데 이런 변혁기의 험난한 상황에서 민중이 양자를 상대로 입지를 확보하고 좀더 나은 체제 건설로 나아가기 위해서는 양자간의 일정한 균열과 대립을 활용할 필요가 있고, 그러자면 반지구화운동과 반전평화운동을 유연하게 결합할 필요가 있는 것이다. 이를테면, 두 운동은 독자성을 유지하고 활동하되 미국의 일방주의적인 군사패권주의가 가공할 폭력을 휘두르려 할 때는 함께 반전평화운동 전선으로 나서고(이 경우 제3세계는 물론 유럽과 동북아〔한·중·일〕의 자본 및 국가도 반전평화운동 쪽으로 견인할 필요가 있다), 민중에게 더 열악한 새 체제를 만들려고 기도할 때에는 두 세력이 합세하여 반지구화운동의 전선으로 결집할 필요가 있는 것이다.

사실 이런 결합은 두 운동을 꾸리는 사람들——두 운동은 수뇌부라고 할 만한 것이 없고 기획조정위원회 비슷한 것이 있을 뿐이다——이 서로간의 어떤 연대를 구상하기도 전에 이미 성취된 것이기도 하다. 이라크에서의 전쟁가능성이 차츰 현실로 다가오던 작년 2월 15일 세계 곳곳에서 거리에 나와 '전쟁반대'를 외친 800만 민중 속에는 반전운동 쪽만이 아니라 반지구화 지향의 사람들도 포함되어 있었다. 정확히 말하면 이 양자간의 씨너지효과가 작용하면서 지구촌 전체가 지금보다 나은 체제——전쟁과 폭력과 강압이 없는 세상, 계급·인종·성의 차별이 없는 세상, 좀더 민주적이고 생태친화적인 세상——를 염원하는 열기로 가득 차, 이런 열기에 공감하는 다수의 평범한 시민들을 끌어낸 것이다. 이 역사적 시위를 두고 『뉴욕타임즈』가 초강대국 미국을 견제할 또하나의 '슈퍼파워'라고 명명할 때 염두에 둔 것은 반전평화운동이었겠지만, 이 시위 속에는 신자유주의적 지구화에 대한 반발이 깊이 스며 있었다.

또 2월 15일 시위의 성공요인 가운데 하나는 양대 운동의 비폭력 원칙과 자발성에 기초한 느슨한 상향식 조직화가 다양한 갈래의 운동세력들을 폭넓게 수용할 수 있었다는 사실이다. 만약 시위를 기획하는 쪽에서 빡빡하고 과격한 프로그램을 미리 짜놓고 시민들을 거기에 맞추는 '낡은' 방식을 구사했다면 그만한 성공을 거두지는 못했을 것이다. 요컨대 시위의 문턱이 낮아지면서 실로 다양한 갈래의 운동세력과 그에 동조하는 시민들이 심리적 부담 없이 참가한 것이다. 전쟁을 저지하지는 못했지만, 제국의 역습 앞에서는 반전평화운동도 부질없다는 식으로 이 시위의 의의를 얕잡아보는 것은 심각한 오류이다.[11] 그것이 보여준 가능성은 의미심장하거니와 실제적인 영향력도 만만찮았다. 이 시위는 여러 나라들이 미국의 이라크전 파병 및 전후복구 협조 요구를 뿌리치는 데 상당히 기여했음이 분명하고 실제로 이라크에서 개전 초기에 미군의 전술을 바꾸는 계기가 되기도 했다.

그렇지만 이런 대대적인 반전평화의 외침 속에서도 미국의 군사패권주의는 전쟁을 감행했고 잔인한 학살과 만행을 저질렀음을 직시할 필요가 있다. 요동치는 체제변혁기에서 세계 민중을 한편으로 하고 군사패권주의·신자유주의적 지구화세력을 다른 편으로 하는 중차대한 대결이 다가오고 있다. 어느 쪽이 승리할지 장담할 수 없는 이 싸움을 통해 장차 우리가 어떤 세상에서 살게 될지가 결정될 것이다. 월러스틴은 이런 불확실한 체제변혁기에서 집단적이고 구체적인 행동의 중요성을 이렇게 강조한다.

우리는 기존의 세계체제에서 다른 세계체제로 가는 무정부적인 이행기에 들어섰다. 이런 시기에는 언제나 그렇듯이 어느 누구도 상황에 대한 유의미한 통제를 하지 못하며, 미국처럼 기울어가는 패권주의 국가는 가장 그렇다. 미제국의 옹호자들은 자기들이 순풍을 안고 있다고 생각할지 모르나 사실은 사방에서 강한 돌풍이 불어오고 있고 우리 모두의 배들에 진짜 문제는 전복당하는 것을 피하는 일이 될 것이다. 궁극적인 결과가 현 질서보다 덜 평등하고 덜 민주적인 질서가 될지 더 평등하고 더 민주적인 질서가 될지 매우 불확실하다. 하지만 새로 등장하는 세계는 앞으로 수십년간 우리가 어떻게 집단적으로 그리고 구체적으로 행동하느냐에 따라 결정될 것이다.[12]

이런 체제변혁기에 전쟁반대나 지구화반대와 같은 '반대'운동만 벌일 게 아니라 좀더 적극적으로 세계를 변혁하는 대안 프로그램을 개발하고 집단적이고 구체적인 행동을 개시해야 한다는 소리도 나온다. 그 가운데 가장 경청할 만한 것은 영국의 환경운동가인 몬비오(George Monbiot)의 세계민주주의혁명론이다. 그의 주장에 따르면 "우리의 과제는 지구화를 전복하는 것이 아니라 지구화를 사로잡아 그것을 인류 최초의 지구적 민주주의혁명을 위한 도구로 사용하는 것"이다. 그는 이런 민주주의혁명을 실현할 방안 네 가지를 제시하면서, 다만 "세상을 변화시키기 위해서는 목숨을 걸 각오가 되어 있는 반란자들 조직망의 적극적인 참여가 요구된다"고 역설한다.[13]

몬비오의 세계민주주의혁명론은 현 세계체제를 대체할 하나의 대안 프로그램 혹은 새 세계질서의 '공치'모델로서 충분히 검토할 만하다.

그러나 세계 민중이 혁명의 과정에서 미국의 군사패권주의나 가진 자들의 연합체와 맞닥뜨릴 때 자칫 지구촌 전체가 공멸의 길로 치달을 가능성에 대한 배려가 부족한 듯하다. 월러스틴의 지적처럼 세상이 무정부주의 상태로 접어들면서 세계적 차원의 계급투쟁이 본격화될 때, "우리 모두의 배들에 진짜 문제는 전복당하는 것을 피하는 일"임을 인식하는 것도 혁명 못지않게 중요한 일이다. 요컨대 몬비오의 혁명론이 실현가능하다고 하더라도 공멸의 위험을 줄이려면 전세계 반전평화운동과의 굳건한 결합이 필요한 것이다.

4. 분단체제와 한반도 평화운동

신자유주의적 지구화가 한계에 봉착하면서 미국의 군사패권주의가 맹위를 떨치는 현 세계체제의 불안한 정세가 가장 극적으로 표현된 곳은 한반도이다. 이라크전 이후 매파들의 차기 공격목표로 떠오르는 북한이 핵카드를 들고 벼랑끝전술을 구사함으로써 한반도는 1994년에 이어 다시 한번 (핵)전쟁의 위기로 내몰린 것이다. 이런 위기가 도래하기까지의 양측의 움직임에 대해서는 이미 국내외 한반도 전문가들의 상세한 분석이 나와 있으므로[14] 필자는 조금 다른 방식의 접근법을 취하고자 한다. 이를테면 핵문제를 북미 양쪽의 강경대치적인 맥락 속에서 세밀하게 분석하기보다 한반도의 안전과 평화에 영향을 미칠 수 있는 주목할 만한 사건들과의 연관 속에서 선별적으로 살펴보는 것이다. 살펴볼 시간대는 편의상 대략 두 단위로—첫번째는 북핵사태가 불거진 2002년 10월에서 베이징에서 2차 6자회담을 치르고 3차회담을 기다리는 현재까지의 약 16개월간, 그리고 두번째는 IMF사태가 터진

1997년 후반에서 2002년 10월의 북핵사태까지의 약 5년간으로——한정하되 문맥에 따라 자유롭게 언급하고자 한다.

첫번째 시간대에서 가장 두드러진 것은 한반도의 핵위기와 미국 주도의 이라크전쟁이라는 살벌한 흐름이다. 그러나 이런 절박한 국면에서 남한 민중과 시민은 대통령선거 및 촛불시위와 이라크 파병반대시위에 참여하면서, 북핵사태로 우려는 할지언정 겁을 집어먹은 기색(가령 사재기나 주식시장 폭락 같은 전쟁공포의 징후 등)은 전혀 없었고, 핵무기 개발에 나선 북한보다 강경한 군사패권주의로 일관하는 미국쪽에 훨씬 더 비판적이었다. 미국이 중유공급 중단, 공해상에서의 북한 선박 나포 등 '맞춤형 봉쇄'(tailored containment)로 압박의 수위를 높이고 북한은 북한대로 동결중인 플루토늄 핵시설의 재가동, 국제원자력기구(IAEA) 사찰단 추방 등으로 맞대응하는 위기상승 국면에서도 남쪽 주민들 대다수는 비교적 차분했고 미국에 대한 비판적인 태도를 유지했다. 한국시민들의 이런 모습은 미국사람들의 관점에서는 쉽게 이해되지 않았다.[15]

시민들의 이런 '느긋한' 태도는 사태의 심각성에 비춰보면 너무 안이한 것이 아니냐는 우려가 국내외의 진보적인 언론이나 한반도 전문가들 사이에서도 나온다. 사실 이런 위기상황에 무관심·무감각한 시민들도 적지 않고 심지어 '통일이 되면 북한 핵무기는 우리 것'이라는 핵(核)민족주의 발상을 지닌 사람들도 없지 않다. 그렇지만 북핵문제를 한반도의 역사적인 문맥에서 보면, 시민들 대다수의 침착한 태도가 그런 잘못된 편향에서가 아니라 나름의 타당한 근거에서 비롯되었음을 발견할 수 있다. 가령 북한의 금강산댐 건설을 서울에 대한 수공(水攻)의 위협으로 간주하고 '평화의 댐'이라는 대응댐을 만들어야 한다고 온나라가 야단법석을 떨었던 시절을 생각해보라. 국가안보를 내세위 시민의 자유와 민주주의를 억압한 오랜 독재시절을 겪으면서 남한 사람들은 **전쟁 자체뿐** 아니라 **전쟁의 위협** 역시 인간다운 삶을 짓밟는 큰 요인임을 깨달은 것이 아닐까. 전쟁이 없을 뿐 아니라 삶다운 삶을 누리는 것이 진정한 평화라면, 전쟁의 위협에 '적절히' 대처하는 것이야말로 평화의 관건인 것이다.

그런데 한반도 분단체제의 근본적인 불안정성으로 말미암아 어떤 돌발사태에 임해서 실제의 위험이 어느 정도인지를 정확하게 판별하는 일은 쉽지 않다. 그렇기에 남한주민들은 실제보다 위험을 과대평가하여 '북풍'에 휘말리기도 했고, 반대로 1994년 북핵위기의 아찔한 순간을 너무 안이하게 대처하기도 했다. 달리 말하면 전쟁의 위협에 적절히 대처함으로써 평화를 지키는 데는 무엇보다 지혜로움이 필요하다는 것이다. 이런 점에서 2002년 12월 촛불시위의 의미는 각별하다. 남한의 시민과 민중이 10월부터 시작되어 위기로 치닫던 북핵사태에 대한 지혜롭고 창의적인 대처방식을 보여줬기 때문이다. 이런 '지혜롭고 창의적인' 방식은 남한 민중·시민이 기나긴 민주화의 투쟁에서 쌓아온 저력과 무관하지 않거니와 그해 6월의 월드컵경기에서 보여준 대중적 활력과 민족적이되 결코 꽉 막혀 있지만은 않은 '열린' 광장의 정신과도 상통한다. 그해 12월의 광화문 네거리는 밤이면 촛불의 행렬로 붉게 수놓아졌고 마치 6월의 붉은악마들이 되돌아와 '필승 코리아'의 외침 속에 묻혀버린 여중생들의 안타까운 죽음을 추모하고 미국의 폭력적 일방적 태도에 항의하는 듯했다. 한반도 평화운동의 싹이 피어나는 순간이었다.[16]

시위는 평화적이었고 미국에 대한 한국의 종속적 지위라든지 주둔군 지위에 관한 협정(SOFA)에 대한 반감이 깔려 있었으나 대체로 80년대 방식의 과격 반미투쟁으로 흐르지 않았다. 촛불이 지닌 '평화' 이

미지가 크게 작용한 듯했다. 시위가 시작된 방식도 주목할 만하다. 11월말 여중생 사망사건의 무죄평결에 항의하는 뜻으로 촛불을 들고 모이자는 한 네티즌(앙마)의 제안이 반향을 얻은 것이다. 이렇게 시작된 촛불시위에 '미군장갑차 여중생 고 신효순 심미선양 살인사건 범국민대책위원회'(범대위)가 합류하면서 한동안 꺼질 줄 모르듯 번져갔다. 하지만 이 시위가 연말을 기점으로 '앙마' 쪽과 '범대위' 쪽으로 이분되면서 한계를 드러낸 것도 사실이다. 한쪽을 순수한 '반전평화'로, 다른 쪽을 정치적인 '반미'로 선명하게 갈라서 보는 것은 편협한 논리일 것이다. 하지만 반전평화운동이 민중의 자발성에 기초한 좀더 넉넉한 공간을 열기 위해서는 범대위 쪽의 미리 프로그램화된 조직화 방식은 개선되어야 하고, '반전평화'의 폭넓은 대의 이외의 특정한 정치적 사안은 주된 이슈가 아니라 다양한 목소리 가운데 하나로 물러서야 한다는 것이 필자의 생각이다.[17)]

이런 한계는 이라크전에 반대하는 2003년 2월 15일의 전세계 반전평화시위에 남한민중이 폭넓게 참여하지 못한 데서도 드러난다. 그러나 3월로 접어들면서 곳곳에서 일어난 이라크파병 반대시위와 이라크 반전평화팀의 활약은 미국의 군사패권주의에 반대하면서 촛불시위에서도 남아 있던 종래의 단순한 민족주의 지향을 돌파한 이정표적인 사건이라 할 만하다. 두달 동안 지속된 이라크파병 반대시위는 노무현정부의 파병 결정을 막지는 못했지만 국회 안팎에서 강력한 호응을 받음으로써 남한민중이 세계시민으로서 책임과 연대의식을 보여준 뜻깊은 사건이었던 것이다. 촛불시위와 파병반대시위는 한반도 위기가 돌출할 때마다 미국의 힘에 의지해야 한다는 '낡은' 고정관념을 가진 보수세력 및 언론들(특히 조선·동아)을 제어하면서 북핵위기에 적절하게 대처함으로써 한반도를 상대적으로 안정된 생활공간으로 지켜내는 중요한 역할을 했다. 그러나 결국 올 2월 이라크 추가파병안마저 국회를 통과하였는데, 이는 반전평화운동이 대중과의 연대를 좀더 굳건히해야 할 필요성을 제기한 것이다. 사실 그 의의에도 불구하고 이런 정도의 반전평화운동으로 세계체제 변혁기의 무정부상태를 감당하고 한반도 분단체제를 안정적으로 해체·극복할 수 있다고 생각한다면 과신일 것이다.

이 점은 두번째의 좀더 긴 시간대를 살펴보면 드러난다. IMF위기에서 제2의 북핵사태까지의 5년 동안의 사건들을 일별하면 한반도 분단체제의 불안정성이 금방 눈에 띄는 것이다. IMF위기는 현 자본주의 세계체제에서의 경제파탄이 전쟁 못지않게 무섭다는 것을 각인시키면서 한국경제를 세계 투기자본의 흐름에 좀더 저항력을 갖는 쪽으로 개혁해야 한다는 과제를 안겨주었다. 김대중정부는 IMF의 신자유주의적 구조조정 요구를 받아들여 일단 위기를 극복했으나 그 여파로 빈부의 격차는 더 벌어지고 밑바닥 민중들은 더욱 곤궁한 처지로 내몰렸다. 사회안전망을 확충하고 부의 불평등한 분배구조를 뜯어고칠 필요가 있었으나 그것은 미봉된 채 넘어갔다.

2000년 6월의 남북정상회담과 6·15선언의 의의는 되풀이해 말할 필요가 없을 것이다. 이로써 불과 2년 만에 IMF의 심각한 위기에서 벗어나 남북관계의 획기적인 진전을 성취하고 장기적이지만 평화적인 통일로 나아갈 전망이 비현실적이지 않음이 확인된 것이다. 남북정상회담의 여파로 그해 연말에는 북한의 조명록 차수가 워싱턴을 방문하고 미국의 올브라이트 국무장관이 평양을 답방하여 북미수교가 시간 문제인 듯 여겨진 때도 있었다. 또한 이런 성과는 남북장관급회담을 비롯한 남북당국자간의 회담, 남북경협의 본격화와 남북 민간단체의 각종 교류로 이어지면서, 2002년 6월의 월드컵경기를 대한민국만의 축제가 아닌 '코리아'의 쾌거로 만들어놓았다. 하지만 불과 4개월 후에 북핵문제가 불거져 오늘의 위기상황에 이르게 되었다.

이처럼 메카톤급 위기와 메가톤급 성공이 교차하는 패턴(IMF위기－남북정상회담－월드컵경기의 성공－북핵위기)은 분단체제가 지속되는 한 장기간의 안정은 불가능함을 보여주는 것이다. 시간대를 늘려서 1987년 6월항쟁에서 1997년 IMF위기에 이르는 10년을 살펴보아도 이런 패턴은 눈에 띄는데, 다만 최근으로 올수록 변화의 주기가 짧아지는 경향을 관찰할 수 있다. 동서냉전이 끝나고 국내의 민주화가 성취된 이후 분단체제가 갈수록 심하게 흔들리면서 한반도의 위기와 성공이 자주 교차하는 것이다. 이는 냉전 이후 세계체제의 불확실성을 반영하는 동시에, 이런 위기에 좌초하지 않고 번번이 메가톤급 성공을 일궈내는 한국민중의 저력을 보여주는 지표라고 하겠다. 다른 한편 위기－성공의 패턴이 점점 짧아진다는 것은 우리의 반전평화운동이 좀더 대중적이고 좀더 튼튼하게 자리잡아야 함을 일러준다. 국내에서의 대중화뿐 아니라 미국을 포함한 세계 반전평화운동과의 국제적 연대도 중요하다.

나아가 반전평화운동은 우리 사회의 제반 민주통일운동 및 노동·환경·여성 운동과 긴밀히 결합될 필요가 있다. 전자가 소극적 의미의 평화운동이라면 후자는 적극적 의미의 평화운동이라 할 수 있지 않을까. 후자의 목표가 남북한 사회성원 모두가 좀더 민주적이고 좀더 평등하면서 좀더 생태친화적인 삶을 활기차게 사는 데 있다면, 점점 더 흔들리는 한반도 분단체제 속에서는 양자가 결합하는 것만이 전쟁과 폭력을 동반하지 않고 분단체제를 극복하는 길이 아닐까.[18] 양자가 결합될 필요성은 세계적인 차원에서 반전평화운동과 지구화운동이 결합될 필요성과 마찬가지인 것이다. 또한 이 두 운동이 이미 우리의 삶 속에서 긴밀히 연결되어 있음도 마찬가지로 확인할 수 있다.

하지만 한반도 분단체제가 갖는 복잡성으로 말미암아 손쉬운 해법을 찾기가 힘들다는 것도 유념할 필요가 있다. 가령 북핵위기와 동일한 시간대에 진행되는 위도의 핵폐기장 건설문제만 해도 그렇다. 핵무기든 핵발전소든 핵이 무서운 생태재앙의 원천임을 인식하고 '반전반핵'의 방향으로 나아가야 하지만 우파적 '반북반핵' 운동이 설치는 것이 우리의 복잡한 현실인 것이다. 이런 상황에서 부안군 주민들의 처절한 투쟁은 '반핵'이 미국 패권주의에 동조하는 결과가 되지 않고 평화운동의 일환이 될 수 있는 길을 보여준 주목할 만한 사건이라 하겠다. 북한의 인권문제 역시 그렇다. 남북한이 외국인노동자를 포함하여 주민 모두의 인권을 좀더 강화하는 쪽으로 가야 하지만, 미국이 북한의 인권문제를 대북공격의 한 명분으로 삼고 있기에 북한인권의 열악함을 일방적으로 성토하는 것은 미국의 대북정책을 거들어주는 격일 수 있다. 하지만 평화운동이 북한의 인권유린을 묵과하고 있을 수는 없다. 미국 정부나 미국의 우파 인권단체와는 다른 각도에서 접근하되 북한의 인권문제를 진지한 논의의 대상으로 설정할 필요가 있는 것이다.

끝으로 첫번째 시간대와 두번째 시간대의 연결지점의 의미를 고려할 필요가 있다. 달리 말하면 북핵사태가 왜 일어났느냐의 문제이다. 현재의 북핵사태가 시작된 것은 2002년 10월 4일 방북특사 켈리가 북한 외무성 제1부상 강석주로부터 북한의 농축우라늄 핵개발 사실을 시인받았다는 소식이 뒤늦게 알려지면서부터인데, 켈리가 왜 그때 방북을 했고 북한의 강석주는 왜 불쑥 농축우라늄 개발계획을 시인했는지를 이해할 필요가 있는 것이다. 그러자면 그 바로 전 9월에 일어난, 한반도 장래에 지대한 영향을 미칠 수 있는 두 가지 사건의 의미를 짚어야 한다. 하나는 미국정부가 9·11사태 1주년에 즈음하여 발표한 '부시

독트린'(새로운 국가안보전략)인데, 그 골자는 대량살상무기를 보유한 테러조직과 테러지원국가에 선제공격을 가할 수 있다는 것이다. 일차적으로는 이라크를 염두에 둔 것이지만 이라크와 함께 '악의 축'으로 꼽은 이란과 북한에도 해당되는 이야기이다. 이것은 부시의 군사패권주의적 일방주의를 여실히 보여주는 발상으로서 북한에 위협이 아닐 수 없었다. 하지만 이는 어느정도 예고된 것이기도 하다.

나머지 한 사건은 코이즈미(小泉) 일본수상이 전격 방북하여 김정일 국방위원장과 정상회담을 가진 일이다. 이 사건이 심각한 것은 일본이 오랫동안 북일 정상회담을 준비하면서도 미국에 전혀 내색을 하지 않다가 불과 며칠 전에 알렸다는 사실이다. 이는 미국의 동북아전략의 초석인 미일동맹의 정신을 배신한 격이어서 미국측의 분노는 대단했다고 전해진다.[19] 코이즈미로서는 북일수교를 통해 미일동맹의 강고한 속박에서 벗어나 동북아를 향해 나아가고 싶은 일본의 '당연한' 욕구를 과감하게 실천한 것이지만, 김정일의 일본인 납치 시인과 그에 따른 일본 내의 여론 악화로 무산되고 만다. 이런 맥락에서 켈리가 클린턴정부로부터 인수받은 북한의 농축우라늄 개발계획에 관한 정보로 북측을 다그친 것은 북측의 시인을 받아내자는 것이 아니라 북측의 부인을 예상하되 그것이 거짓임(즉 북한이 핵개발을 추진중임)을 대대적으로 선전함으로써 북한에 대한 남한과 특히 일본의 화해 움직임에 강력한 제동을 걸려는 의도로 풀이된다.

미국의 일본에 대한 제동은 결과적으로 예상보다 대성공이었다고 볼 수 있다. 하지만 미국 역시 뜻하지 않은 복병을 만난 듯하다. 이라크와의 전쟁을 준비중인 미국으로서는 당장 북한과의 정면대결을 바란 것은 아닌데, 북한측에서 돌연 농축우라늄 개발계획을 시인함으로써 북핵위기가 표면화될 수밖에 없었고, 이는 1994년의 경우와 마찬가지로 핵카드를 활용하는 북한의 벼랑끝전술에 말려든 것이라고 해석될 수 있겠다.[20] 미국측은 이라크전선에 집중할 필요 때문에 회담의 결과를 발표하지 않고 한동안 미적거렸던 것으로 보인다.

하여간 북핵사태가 불거진 데에 이처럼 일본에 대한 미국의 견제도 작용하고 있다는 사실은, 이번 북핵사태에 동북아의 복잡한 역학관계도 얽혀 있음을 시사하는 대목이다. 위기의 발단도 그렇거니와 해결의 전망도 동북아의 협조 없이는 힘들다는 것이 이 점을 웅변한다. 협상의 여지없이 북미가 한동안 계속 팽팽하게 대치하다가 결국은 중국이 중재에 나서서 북미 양자로부터 한발씩 양보를 이끌어내어 뻬이징회담에서 해결을 모색키로 한 경로뿐 아니라 뻬이징회담의 구성을 봐도 그렇다. 처음에는 북·중·미 3자회담 속의 북미대화, 그 다음부터는 북·중·미에 더해 한국과 일본, 러시아까지 참여하는 6자회담 속의 북미대화의 형식이 자리잡은 것이다. 세계적인 구도에서 보면 미국과 중·러의 대립, 그리고 동북아의 판세에서는 한·미·일 삼자연대와 북·중·러의 삼자연대가 대치하는 구도인데, 현재로선 전자가 후자보다 결속력이 훨씬 강하다. 하지만 동북아 평화를 위해서는 한·미·일 삼각동맹체제의 족쇄를 풀고 한반도·일본·중국을 중심으로 하는 유연한 관계로의 발전이 바람직하다고 여겨진다. 여기서 관건은 한반도의 남북관계가 어떻게 형성되느냐, 그리고 일본이 미국의 동북아 '푸들'과 같은 신세에서 벗어나 남북한 및 중국과 함께 동북아의 당당한 일원이 될 수 있느냐의 문제인 듯하다.

일본의 진보적 지식인들이 한국에서 뭔가 바람이 일어나 동북아가 바람직한 방향으로 가기를 기대하고 있다는 이야기를 자주 듣는데, 일본이 얼마나 탈미(脫美)할 수 있는가도 결정적인 변수라고 생각되며 그런만큼 미국과 독립적으로 북일교섭을 꾀한 코이즈미의 시도는 어떤 의도에서 나온 것이든 의미심장하다. 그러나 한반도 분단체제의 향방이 동북아지역 변화의 핵심역할을 할 공산이 크며, 나아가 미국의 동북아에 대한 영향력 변화에도 관건이 될 듯하다. 한국민중의 평화운동이 이 과정에서 핵심적인 몫을 맡고 있음은 앞서 살펴보았다. 하지만 노무현정부의 좀더 유연하되 믿음직스러운 대외정책과 좀더 민주적이고 개혁적인 내정이 뒷받침해주어야 이 역사적인 과업이 순조롭게 이뤄질 수 있을 것이다.

지금까지의 행적을 놓고 따져보면 노무현 대통령에게 별로 좋은 점수를 줄 수가 없다. 후보자 시절 미국의 군사패권주의 움직임에 지나치다 싶을 만큼 단호하게 대응하더니 대통령이 되고 나서는 지나치다 싶을 만큼 수용적인 자세로 돌아선 것도 우려스럽다. 방미 때 '추가조치'에 합의했지만 '전쟁공조'는 없다는 노대통령의 공언이 미덥지 못한 것은 실속보다 제스처가 앞서는 그의 '스타일의 정치'가 참신하기보다 위태롭게 느껴지기 때문이다. 동북아 허브 건설이니 평화번영정책이니 국민소득 2만달러시대니 하는 국가적 비전 제시도 분단체제 극복의 확고한 의지가 없으면 허망하거니와 그 속에 깃든 성장주의적 발상도 문제다. 새만금문제나 위도 핵폐기장 건설문제에 임하는 자세도 참여정부에 대한 국민의 기대에 어긋난 것이다. 그러나 미온적이긴 하지만 남북교류를 계속 유지하고 군사주의적·권위주의적인 관행을 줄이는 데 어느정도 성과를 거두었다고 평가한다.

노무현정부가 미국에 대한 좀더 확고한 입장을 견지하면서 남북정상회담의 성과를 계승 발전시켜 남북관계 개선과 민주개혁에 힘쓰고, 그런 노력이 시민들의 두 차원의 평화운동과 만난다면 세계체제 변혁기에도 한반도는 비교적 안정을 유지하면서 새 세계체제 건설에 선도적인 역할을 할 수 있으리라 믿는다. 한반도는 현재 지구상에서 가장 위험한 지역 가운데 하나임이 분명하지만 우리가 그 위험에 지혜롭고 창의적으로 대처한다면 평화로운 삶터가 될 수 있다. 평화가 전쟁을 막고 안전을 꾀하는 소극적 활동에 그치는 것이 아니라 모두가 동참하는 삶다운 삶, 신명나는 삶을 누리는 것까지 내포한다면 이 '역동적인 한반도'(Dynamic Korea)야말로 진정 평화로운 삶터가 될 가능성이 높은 것이다.

| 주 |

1) 브루스 커밍스(Bruce Cumings) 「또 한번의 잘못」, 『창작과비평』 2004년 봄호, 특히 '후기' 부분 참조.
2) 가령 신보수주의 매파의 성격과 전략을 상세히 서술한 한 연구보고서는 "일방주의적·제국주의적 신보수세력이 9·11에 이어 이번 전쟁을 통해 입지를 결정적으로 강화시킨 점에 주목해야 한다"고 주장하는데, 이는 미국 매파의 역량을 지나치게 과대평가한 것으로 보인다. 이해영 「'신보수주의'와 한반도 평화: 미국의 대북정책, 그 3가지 코스」, 『정전체제를 넘어 평화체제로』(정전50년 국제평화학술심포지엄 자료집, 2003.7.25) 참조.
3) 애국자법에 관한 상세한 논의는 Jim Cornehls, "The USA Patriot Act: the assault on civil liberties"(Z Magazine 2003년 7~8월호) 및 Richard Falk, "American Civil Liberties & Human Rights Under Siege"(http://www.wagingpeace.org/pdfs/siege_lecture2003.pdf) 참조.
4) 현재의 미국을 '제국주의'라고 묘사하는 데는 매파도 반대하지 않으며 오히려 '제국주의' 미국의 책무를 강조하는 쪽이다. '파시즘'은 부시정권의 비판자들에게는 흔한 용어인데, 이를 확대하여 '전지구적 파시즘'(global fascism)으로 규정하는 논

의가 주목할 만하다. 베트남전 비판으로 유명한 리처드 포크는 9·11 이후 한동안 '전지구적 테러리즘'에 단호하게 대처할 필요를 인정하여 아프가니스탄전쟁을 '정의로운 전쟁'으로 정당화하기도 했다. 그러나 부시의 '악의 축' 발언 이후 미국이 '전지구적 테러리즘'에 '전지구적 파시즘'으로 맞서려 한다고 비판한다. 이런 입장 선회는 상당수 미국 진보세력들에게서도 발견된다. Richard Falk, "Will the Empire be Fascist?" (http://www.transnational.org/forum/meet/2003/Falk_FascistEmpire.html) 참조.

5) Julian Borge, "Wives clamour for US troops return," (http://www.guardian.co.uk/international/story/0,3604,991970,00.html).

6) 가령, 이라크 게릴라들에 대한 부시의 '덤벼보라지'(Bring 'em on)라는 무책임한 발언에 열받아 열혈 반전평화운동가로 변신한 스탠 고프(Stan Goff)의 경우가 그렇다. 그가 내건 슬로건 '그들[파병군인들]을 당장 귀국시켜라'(Bring them home now)는 미국 반전평화운동의 당면목표 가운데 하나가 되었다. http://www.wanderbody.com/bringthemhomenow 참조.

7) 한 웹싸이트가 미 국방부와 의회예산국 자료를 근거로 추산한 바로는 미국정부가 빚으로 충당하는 15만의 이라크 주둔 미군의 한달 경비는 이자까지 치면 54억6천만 달러에 이르며, 2004년 3월 현재까지 이라크전의 총경비는 1천억 달러가 넘는다. http://www.costofwar.com 참조.

8) 미국의 2003년 재정적자는 4894억 달러에 이르며 이 가운데 대중국 적자가 1천억 달러 이상을 기록했다. "U.S. Trade Deficit Hit Record High in 2003", *The Associated Press* (2004.2.13) 참조.

9) Tom Frank, "A War Against Elites: The America will vote for Bush", *Le Monde diplomatique* (2004년 2월) 참조

10) 이에 관해서는 월든 벨로(Walden Bello) 「지구화기획의 위기와 부시의 새로운 경제학」, 『창작과비평』 2003년 가을호 참조.

11) 페리 앤더슨은 냉철한 정세분석을 통해 사람들이 아무리 반대해도 미국의 이라크 침공을 저지할 방도가 없음을 조목조목 짚어내고는 아무런 대안도 제시하지 않았

는데, 이런 태도는 미국의 군사패권주의를 용납하는 것과 별로 다를 바가 없다. Perry Anderson, "Force and Consent," *New Left Review* 2002년 9-10월호.

12) Immanuel Wallerstein, "Entering Global Anarchy," *New Left Review* 2003년 7~8월호 35면.

13) G. Monbiot, *The Age of Consent: A Manifesto for a New World Order* (Flamingo 2003) 23면과 10면. 이 책에서 자세히 설명하고 있는 네 가지 방안은 ① 지구의 모든 사람들이 1인 1표를 행사하는 '세계의회' 창설, ② 안전보장이사회 중심의 현재 유엔을 총회 중심으로 전환하고 이를 민주적으로 개혁하는 방안, ③ IMF와 세계은행을 개조하여 무역적자를 자동적으로 해소하고 부채 축적을 방지하는 '국제청산연맹' 설립, ④ WTO체제를 혁신하여 부자들을 규제하고 가난한 자들을 해방하는 '공정무역기구'로 전환하는 방안 등이다. 이 방안들 가운데 일부는 그의 홈페이지(http://www.monbiot.com)에도 소개되어 있다.

14) Bruce Cumings, "The Peace Regime in Tatters: Fifty Years of Failure in American Diplomacy toward Korea,"『정전체제를 넘어 평화체제로』(정전 50년 국제평화 학술심포지엄 자료집, 2003.7.25); Selig Harrison이 의장으로 있는 'Task Force on U.S. Korea Policy'의 보고서 "Turning Point in Korea: New Dangers and New Opportunities for the United States"(2003.2); 정욱식『2003년 한반도의 전쟁과 평화: 부시의 예방전쟁과 노무현의 예방외교』(이후 2003) 참조.

15) Barbara Demick, "S. Koreans Shrug Off Nuclear Threat," *The Los Angeles Times* (2002.12.26, A.1면) 참조. 이 기사는 남한사람들이 북핵위기의 원인제공자를 부시로 생각하는 경향을 지적하면서 북한 공산정권이 핵위협을 가하는데도 대수롭지 않게 여기며 오히려 남한의 '혈맹'인 미국을 더 큰 위협으로 믿는 '기이한' 현상이 남한에서 벌어지고 있다고 보도한다.

16) 커밍스(B. Cumings)는「한국 '반미주의'의 구조적 기반」(『역사비평』 2003년 봄호)에서 촛불시위가 자신이 목격한 어떤 시위보다 인상적이었다고 하면서 그것이 미국 자체를 무조건 거부하는 '반미'가 아니라 자신도 반대하는 부시의 패권주의 정책에 대한 정당하고 품위있는 항의시위였다고 주장한다.

17) 「기쁜 약속이 되는 촛불시위를 위하여」, 『창작과비평』 2003년 봄호 참조.
18) 이런 발상은 "원래부터 전쟁방지 평화통일의 대의와 당면한 사회개혁의 과제들을 결합해" 왔다고 주장하는 백낙청의 '분단체제극복운동'과도 통한다. 백낙청 「한반도의 2002년」, 『창작과비평』 2002년 봄호, 25면 참조.
19) Bruce Cumings, "The Peace Regime in Tatters" 참조.
20) 같은 글 참조.

계층의 불평등과 형평의 원리

김 왕 배

1. 계층의 불평등과 재생산

미증유의 경제성장을 통해 한강의 기적을 이룩했던 한국사회에서도 지난 금융위기 이후 실업과 빈곤의 담론이 성행하고 있다. '가난의 대물림' '빈곤이 부른 자살' '정리해고' '실업의 칼바람' '청년실업' 등 사회불안을 상징하는 용어들이 일상적인 것들로 자리잡고 있다. 그런가 하면 다른 한편에서는 연일 부동산투기와 집값 폭등, 황금족과 명품족의 출현, 불황을 모르는 해외여행과 궁전 같은 주거단지의 등장 등 사치와 풍요의 현상들이 대비되고 있다. 이른바 계층의 양극화 혹은 부익부빈익빈 현상이 점차 현재화되고 있으며, 계층상승을 위한 사회이동의 기회는 점차 줄어드는 경향을 보이고 있는 것이다. 계층간 소득 격차의 추이를 보더라도 불평등의 골이 깊어가는 것을 알 수 있다. 1996년 상위 20%의 소득을 100으로 놓았을 경우 그로부터 40%의 중간층은 물론 하위 20%의 소득이 점차 줄어들어, 하위계층의 경우 96년의 30.3에서 99년 17.4로 거의 반 가까이 줄어들었다. 이는 상위계급

20%와 나머지 계층구성원 간의 격차가 점차 벌어지고 있음을 나타내고 있다. 뿐만 아니라, 소득의 평등도를 나타내는 지니(Gini)계수도 점차 악화되고 있는 것으로 나타나고 있다. 간단히 말해 소득은 늘었으나, 대신 계층간 소득격차는 커졌다는 것이다.

이러한 계층간 격차는 단순한 소득수준의 차이에 그치는 것이 아니라 의식주·교육·의료 등의 써비스는 물론 여가생활 등 총체적인 생활양식과 삶의 질에서의 계층간 차별로 이어지면서 사회도덕과 윤리를 의심케 하는 사회병리 현상으로 떠오르고 있다. 그중에서도 특히 생계존립의 위협을 받고 있는 최하위 빈곤층이나 차상위 저소득층은 적절한 사회적인 지원이 없어 가난의 돌파구를 찾지 못하고 있을 뿐 아니라, 그 가난이 대를 이어 세습되는 현상마저 발견되고 있다.

그러나 빈곤과 빈곤으로의 추락은 비단 하위계층뿐 아니라 비교적 탄탄한 생활기반을 가지고 있던 중산층에서도 나타나고 있어 그 심각성을 더해주고 있다. 중산층의 몰락과 몰락가능성이 증대하는 현상은 비단 국내뿐 아니라 신자유주의를 기조로 하는 글로벌 자본주의하에서 일어나는 계층의 극화현상을 반영한다. 즉 초국적 자본가들과 전문 행정관료들, 금융 경영자들 등으로 구성된 소수의 고소득층과 빈곤의 나락으로 전락한 다수집단으로 계층이 양극화되고 있다는 이른바 '20대 80'의 논리가 그것이다. 중산층의 공간은 빈곤층이나 저소득층의 계층상향의식과 성취동기를 유발하는 정착지 구실을 하지만 세계경제의 급속한 변화와 함께 그 기반이 불안의 기류에 휩싸여 있다. 경기침체에 민감한 소규모 자본가나 자영업자들의 파산, 기업구조조정으로 인한 신중간층의 몰락 등 중산층 신화는 다시 고려될 싯점에 이른 것이다. 소수의 상위계층을 제외한다면 도시빈민층은 물론이려니와 대부분의 인구집단이 빈곤의 늪으로 빠질 수 있는 개연성이 높아지고 있다.

그동안 급속한 경제성장과 도시화 등을 경험해온 한국사회는 계층의 구조화기간이 짧았고, 대신 상대적으로 높은 사회이동이 보장된, 그것도 상향이동의 기회가 상대적으로 많이 주어졌던 유동적 사회였다. 국민소득이 채 100달러도 되지 않던 1960년대경 한국사회의 인구 대부분은 절대빈곤에 허덕이는 '빈곤에 의한 평등한 사회'였다고 해도 과언이 아니다. 이후 시공간적으로 압축적인 산업화기간에 급격하게 휘몰아친 사회이동으로 인해 계급의 구조화기간이 짧았고, 계층간 차등은 상대적으로 덜 나타났다. 그러나 이러한 사정은 적어도 한국사회가 소비자본주의 시대에 돌입하였다고 판단되는 1980년 후반 혹은 1990년 초반에 이르러 급속히 변한다. 즉 계층의 경계화가 더욱 분명해지고 그 재생산의 과정이 점차 두드러졌다는 것이다. 다른 말로 하면 산업화기간에 보이던 사회이동의 빈도가 줄어들면서 계층이 정착되어가고, 그에 따른 생활상의 격차가 뚜렷해지면서 삶의 조건들은 세습되는 경향을 보이고 있다는 것이다. 특히 지난 경제위기 이후 상류계층과 하위계층 간의 격차가 더욱 벌어지고, 빈곤의 수렁에 빠지게 된 이른바 '언더클래스'(underclass)가 계층의 새 범주로 등장하게 된다. 계층간 생활격차는 교육·의료·여가 등의 소비생활 전영역에 걸쳐 발생하면서, 일부에서는 체화된 특정한 성향 혹은 취향을 의미하는 '계급 아비튀스'(class habitus)의 현상마저 감지되고 있다.

특정한 계층이 유용할 수 있는 '자본'의 영역은 더 폭이 넓어지고 있다. 부르디외(P. Bourdieu)가 말한 것처럼 공식적 학력과 고가의 문화재 보유, 그리고 특정한 예술작품을 감상할 수 있는 취향, 또 이해관계를 증폭시킬 수 있는 사회관계 모두가 자본으로 가용된다. 최근 몇몇 조사를 살펴보면 한국사회에서 계층간 자본의 분포와 생활양식에는 많은 차이가 있음을 알 수 있다. 자산과 소득으로 나타나는 경제자본의 차이는 두말할 나위가 없고, 의식주나 여가에서도 양과 질을 달리한다. 물론 서구자본주의에 비하면 그 격차는 상대적으로 작지만, 지난 산업화기간 동안 더 명백해지고 있는 것이다. 상류층이 성북동 평창동 한남동 일대와 강남지역으로 집적되어가는 공간의 분할현상이 발생하고 있고, 의식과 소비에서는 독특한 매장과 스타일이 지향되고 있다.[1]

한편 학벌사회로 묘사되는 한국사회에서 교육과 학력은 상향적 사회이동과 계급재생산의 핵심적 요인이다. 한국사회는 영국이나 미국 등과 같이 극소수의 상류계급 자녀들만이 입학할 수 있는 엘리뜨 교육의 산실인 고등학교 등이 존재하지 않고 평준화정책을 시행함으로써 제도권에서의 교육불평등은 공식화되어 있지 않다. 하지만 사(私)교육에서의 계층간 차이는 현격하다. 최근 한 조사에 의하면 상류층들이 밀집되어 있는 강남의 한 지역의 사교육비는 일반 평균지역에 비해 3배 가량 높고, 상위대학에 입학한 학생들의 부모 70% 이상이 대기업가, 고위행정관료, 전문가 등으로 나타났다. 이러한 지표들은 이제 중하위층 자녀들의 교육기회가 점차 줄어들고 있음을 말해준다. 유학은 또한 계급재생산의 중요한 통로가 되고 있다. 물론 유학의 문이 중산층에게까지 열려 있고 학력인플레로 인해 효과가 떨어지고 있기는 하지만, 상류계층의 자녀들에게는 계급재생산에 거의 필수요건이 되었다. 더구나 유년 및 초등학교의 학생들의 경우 예체능 엘리뜨 교육마저 성행하고 있어 아직은 계층간 성향과 기질을 나타내는 계급 아비뛰스가 현저히 발견되지 않는다 하더라도 차후세대에 이르면 그 형성가능성이 매우 높다는 것을 예상할 수 있다.

사회자원을 둘러싼 경쟁에서 승리할 수 있는 에너지를 생산하거나 증대시켜주는, 다시 말해 사회자원을 동원하여 특정집단의 이해관계를 증폭시킬 수 있는 사회관계를 일반적으로 사회자본이라 부른다. 이러한 사회자본의 대표적 관계망은 결혼망인데 다른 선진자본주의 사회에 비해 상대적으로 개방되어 있다는 지적에도 불구하고, 한국사회 역시 결혼망은 상류계층의 이해를 보장하고 확장하는 대표적인 '폐쇄전략' 기능을 담당하고 있다. 상류계층의 결혼은 대자본가들 사이에서, 그리고 대기업가와 고위관료 및 정치인 사이에서 부와 권력을 조합하는 매개역할을 하고, 차세대에 그것을 물려주는 계급세습의 통로가 된다. 이러한 결혼망의 형성은 최상류계층의 현상만이 아니다. 경영자나 전문가 등 이른바 주변상류계층(이를 중상층으로 분류하기도 한다)에서도 배우자들의 집안배경에 의해 결혼의 성사여부가 결정되는 경향이 더욱 뚜렷해지고 있다. 학교는 비공식 연줄망을 생성하는 사회자본의 공장 역할을 하기도 한다. 상류계층의 자녀들이 주로 다니는 유치원 및 초등학교는 단순히 차등적인 교육내용과 조건만을 제공하는 장이 아니라, 학부모 자녀 간의 일정한 사회관계가 형성되는 공간이다.

상류계층의 폐쇄전략과 중산층의 모방 혹은 도전 그리고 하위계층의 좌절 등이 더욱 분명히 나타내고 있는 것이 오늘날 한국 자본주의의 불평등 현상이다. 물론 한국사회의 계층적 생활양식의 질적 차별화와 그 기회의 차이는 영국이나 프랑스, 미국 등 선진자본주의 국가에 비해 덜한 것으로 판단되지만, 산업화와 성장의 그늘에 가려 있다가 지난 경제위기 이후 더욱 분명하게 가시화되고 있다.[2] 개개인의 능력과 자질을 바탕으로 사회이동의 기회가 있던 시대를 묘사하는 '개천에서 용이 나는' 시대, '자수성가'의 시대는 거의 종말을 고하고, 계층적 배경에 의해 삶의 조건들이 규정되는 시대로 들어와 있는 것이다.

2. 빈곤의 위협

한 사회가 요구하는 표준생활에서 탈락된 층을 빈곤층이라 한다. 이 빈곤의 유형은 크게 '절대적 빈곤'과 '상대적 빈곤'으로 나뉘는데 전자가 최저생계비 수준에도 못 미치는 소득층을 말한다면 후자는 글자 그대로 상대적 개념으로서 사회적인 평균소득을 누리지 못하는 층을 말한다. 일반적으로 빈곤층은 최하위 극빈층, 즉 최저생계비 이하 소득수준의 생활보호자층과 그 차상위층으로서 저소득층을 포괄하지만, 최근에 상대적 빈곤 개념의 등장과 함께 빈곤은 중산층의 현상으로까지 인식되고 있다.

최근 조사에 의하면 절대빈곤선에 놓여 있는 도시빈곤층은 전체 인구의 10%선에 가까운 것으로 나타나고 있고, 이는 지난 경제위기 전의 5%에서 두배 정도 늘어난 것이어서 빈곤층이 확대재생산되는 경향을 보이고 있다. 수로 따지면 정부가 정한 2003년 최저생계비(4인 가구 기준 102만원)에 미치지 못하는 기초생활보장 수급자는 약 140만명, 그리고 차상위 저소득층은 약 320만명 등이다.[3] 한 조사에 의하면 이들 계층은 가구주의 실직률이 76%에 이르는가 하면 극도의 절망감에 가난의 대물림현상이 벌어지고 있는데 정부에서는 그나마 기초생활보장 수급자에게 자활근로소득과 의료비 전화료 감면 등 월 54만원의 보조금을 지급하고 있지만, 차상위 저소득층에게는 아무런 혜택이 없는 것이 현실이다.

중산층의 경우 빈곤이라는 말보다는 가계압박에 따른 궁핍이라는 용어가 더 타당할 수도 있다. 빈곤이 생계유지의 불능 혹은 경계선에 있는 경우라면, 궁핍은 일정한 경제활동과 소득에도 불구하고 생활유지상의 어려움을 겪는 경우이다. 빈곤이 빈민층이나 저소득층의 생활상태를 지칭한다면 궁핍은 중산층의 생활상태를 지칭한다고도 볼 수 있다. 용어의 선택이야 어떻든 대량생산과 대량소비의 사회임에도 불구하고, 빈곤이 왜 중산층에게까지 파고드는가? 이는 소득의 증대와 함께 노동력 재생산비용이 높아지기 때문이다. 노동력 재생산비용은 의식주는 물론 교육, 의료 그리고 여가와 같은 총체적인 생활비용을 의미하며 사회적으로 평균적인 비용을 기준으로 한다. 일반적으로 자본주의에서 빈곤이란 노동력 고도화에 따른 노동력 재생산비용의 증가와 함께 이에 미치지 못하는 현실조건에서 발생하기 때문에, 소비생활부문에서 주택비나 생활용품비 그리고 교육 의료 오락비 등의 상승은 궁핍을 부채질하는 한 요인이 되고, 따라서 전체적인 생활수준이 높아졌음에도 불구하고 궁핍은 존재할 수밖에 없다.[4] 최근 통계청의 발표에 의하면 한국사회의 1인당 월평균 근로소득은 221만원이고, 가구당 월평균 소득은 282만원으로 나타나고 있다. 이 중 가구당 소비지출이 약 190여만원을 차지한다. 거칠게 말해 이 평균적 소비지출이 가구당 노동력 재생산비용인데 이 한계선에 있거나 그 이하의 층을 빈곤층이라 할 수 있다. 그러나 생활수준의 향상과 함께 OECD 국가 중에서도 가장 높은 사교육비, 의식주 소비의 고급화, 인건비의 상승, 여가수준의 확대 등으로 가계압박의 수위가 점차 높아지고 있다. 재생산비용의 일정부분을 국가가 공적 영역으로 흡수할 경우 개인이 부담해야 하는 비용은 절감될 것이다. 그러나 공공부문에 의한 사회복지의 수준이 낮은 우리의 경우 노동력 재생산비용을 개인이나 가족이 부담해야 하기 때문에 그 비용이 가중되어 생활을 압박한다. 그리고 이 비용지출의 한계선에 아래에 놓인 저소득층과 빈민층은 아예 평균적 노동력 재생산과정에서 배제되어 있다.

그러나 빈곤은 노동력 재생산이 발생하는 소비생활영역에서뿐 아니라 생산부문과 연계되어 조명될 필요가 있다. 소비생활부문(노동력 재생산부문)에서의 빈곤이 불안정한 생계와 가족구성, 낮은 교육과 취업기회의 상실, 산업재해 등으로 인해 발생한다면 생산부문에서는 주로 불안정고용이나 저임금, 경기불황에 따른 방출로 인한 실직 등이 그 주된 이유가 된다.[5] 빈곤을 불러일으키는 가장 큰 요인은 무엇보다도 취업기회의 상실, 즉 노동시장으로부터의 배제이다. 최근의 노동시장은 매우 유연화되어 취업상태는 더욱 불안정해지고, 실직으로 인한 생계유지 불능의 조건은 더욱 높아지고 있다.

일반적으로는 1차노동시장 즉 공식부문의 노동시장은 승진과 연금, 수당 등을 보장하는 취업안정의 지대로, 그리고 2차노동시장 즉 비공식부문의 노동시장은 불안정 노동시장으로 묘사된다. 그러나 오늘날 견고하고 안정적인 취업영역은 공식부문이든 비공식부문이든 점차 줄어들고 있다. 이른바 노동시장의 유연화는 노동시장을 더욱 분절시키고 고용의 형태를 불안하게 만들고 있다. 정규직보다는 일일고용이나 계절고용, 반고용 및 일시 계약고용 등 이른바 한시직 형태의 비정규직 노동의 비율이 점차 늘어나고 있다. 비정규직 노동은 경기순환에 따라 언제든지 방출될 수 있으며, 실업수당이나 승진, 의료보험이나 산업재해보험, 퇴직금 등의 혜택을 받지 못하는 매우 불안정한 위치에 놓여 있다. 현재 우리 사회에서 비정규직은 그 정의에 따라 다를 수 있지만, 전체 취업인구의 52% 이상을 차지하고 있고 점차 증가하는 추세이다. 평균 비정규직의 임금은 96만원으로 정규직 임금 182만원의 절반수준이며, 이들 중 15% 미만의 근로자들만이 퇴직금이나 상여금, 수당 등의 혜택을 받고 있다.[6]

중산층의 빈곤 가능성이 더욱 높아지는 이유는 생활비의 상승과 함께 정리해고 등에 의한 실업 때문이다. 지난 경제위기 이후 대규모의 정리해고가 구조조정이란 명분으로 진행되어왔는데, 최근의 기업노동시장은 이미 정리해고가 일상화되어 있는 이른바 상시 구조조정체제에 돌입해 있다. '사오정'이란 속설이 대변하듯 사십대 중반의 나이가 이미 정년퇴직의 선으로 일반화되고 있다. 최근 한 조사에 의하면 한국의 퇴직(한 기업에서 근속 후 이직 혹은 퇴출) 나이는 이보다도 훨씬 빨라 35세 전후를 기록해, OECD 국가의 평균 나이 45세보다 무려 10년 이상 빠른 것으로 나타났다. 현실적으로 해고 이후 재취업이 간단하지 않을 뿐 아니라, 대부분의 경우 재취업이 된다 해도 이전보다 노동조건이 열악한 곳으로 이동하는 것이 일반적이다.

중산층의 한 축을 이루는 자영업자층 역시 매우 불안정한 모습을 보이고 있다. 한국의 자영업자층은 전체 취업인구의 30% 이상으로 평균 15%를 밑도는 선진국들에 비해 매우 높은 비율을 차지하는데, 대부분 경기침체에 민감한 생계유지형이 많아 중산층에서 탈락의 위험성이 다분하다. 정리해고를 당한 신중간층의 구성원들이 자영업으로 몰려 '창업' 형태의 자영업자층이 늘어난 것으로 보고되기는 하지만, 극소수의 경우를 제외하면 생계유지형의 자영업자층으로 재생산된다.

결국 노동시장 유연화로 인한 해고와 비정규직의 확산은 중산층을 포함한 많은 하층민들을 빈곤의 위협에 노출시킨다. 따라서 취업기회의 확산과 고용안정이라는 보호막 장치가 필요하다. 정리해고가 과연 기업의 경쟁력 강화와 효율성 증대라는 소기의 목적을 달성했는가에 대한 회의가 비등한 만큼 정리해고의 가능성을 최소화하기 위한 여러 법적 장치를 강구할 필요가 있다. 예컨대 서구 선진국들처럼 구조조정 이후 재취업훈련을 강화하고, 1년여간에 걸쳐 임금의 일정부분을 지불하는 관례를 법제화하거나, 독일의 경우처럼 정리해고 대신 노동시간단축과 임금 삭감을 통해 업무를 공유하도록 함으로써 가능한 한 해고를 방지하는 것이다. 또한 비정규직에 대해서는 정규직과 마찬가지의 임금과 수당, 휴가 등을 제공하고, 연금 및 고용보험 등의 혜택을 받도록 법제화하는 것이다. 고용이 상대적으로 불안정한 대신 노동과 생활의 자율성을 획득할 수 있는 댓가를 비정규노동자층에게 주어, 정규직과 비정규직의 사회적 보상에 대한 형평의 원리를 적용할 수도 있을 것이다. 한편 자영업자층의 비율이 상대적으로 높고 정리해고의 완충역할을 한다는 점에서, 이들에 대해서도 창업지원 및 정보제공 등의 정책을 적극 검토해야 한다.

3. 국가와 시장

계층간 격차를 줄이고 빈곤을 해소하기 위한 방법은 노동시장과 소비생활영역에서의 유기적이고 총체적인 '사회적 지원'(social support)으로 요약된다. 여기서 말하는 '사회적 지원'의 개념은 사회복지와 유사하지만, 사회복지가 주로 국가나 지방자치단체와 같은 공적 기관에 의해 실행되는 좁은 의미의 제도적 정책을 지칭한다면 사회적 지원은 더욱 폭넓은 개념으로 제도적 통로 외에 친구관계, 가족, 결사체 등 비공식 사회관계를 통해 지원되는 모든 총체적 자원공여를 의미한다. 노동력 재생산비용의 자기충당이 불가능한 빈민층과 저소득층에 대해서는 더욱 직접적인 사회적 지원전략이 필요하고, 빈곤가능성을 지닌 중산층에 대해서는 상대적으로 간접적인 다양한 사회적 지원전략이 필요하다. 무엇보다도 시장에서의 기회, 예를 들어 노동시장에서의 취업조건, 상품 및 써비스 시장에서의 생활기회 구매조건이 구조적으로 형성되어야 한다. 예를 들어 노동시장 유연화가 기업의 효율적 경쟁과 성장을 위해 필연적이라면 정리해고에 의한 실업이 발생했을 때에는 이미 선진국에서 실행하고 있는 것처럼 기업 및 국가보조금을 일정정도 지불하고, 실질적 재취업이 바로 이루어지는 구조적 메커니즘이 필요하다는 것이다. 그러나 무엇보다도 중요한 것은 사회구성원들 스스로가 사회적 지원에 대한 권리를 주장하고 이 정책에 능동적으로 참여하는 것이다. 국가와 시장의 거시적 차원은 물론 개인, 가족, 제3섹터의 지역시민공동체로 이어지는 미시적 차원의 접근이 동시에 필요하다. 먼저 시장과 국가의 거시적 차원을 간단히 살펴보자.

평등적 가치를 우선하는 일군의 사람은 자본주의를 떠받치고 있는 시장이야말로 필연적으로 경쟁과 불평등을 야기하며, 빈곤을 초래하는 '악'의 근원지라고 평가한다. 그러나 시장주의자들은 시장이야말로 전체적인 사회의 부를 증대시켜 불평등하지만 부유한 체제를 가져온다고 주장하며 가난하지만 평등한 체제와 대비한다. 그들은 또 계급갈등이나 집단이기주의는 시장경제나 시장 자체의 결함 때문이 아니며 시장을 폐지한다고 해서 해결되는 것도 아니라고 주장하면서 오히려 시장의 공공적 질서를 유지할 때 빈곤과 불평등 같은 문제를 최대한 치유할 수 있다고 반박한다.

자본주의에서 계층간 불평등은 시장에 접근할 수 있는 기회의 차이, 즉 시장역량의 차이다. 개인들이 시장에 진입하여 교환행위를 하기 위해서는 일정정도 교환에 필요한 사회적 자원을 필요로 하기 때문에 국가는 이러한 시장역량이 결핍된 혹은 이에 접근이 불가능한 층들을 위해 다양한 복지정책을 펴 시장으로의 접근을 직간접적으로 돕거나 아니면 비(非)시장영역에 공공재를 공급해 문제를 해결하려 한다. 시장을 기축으로 한 복지정책이라고 한다면 결국 국가가 개인들의 시장역량을 키워주는 것이 일차적 과제가 될 것이다. 시장진입의 기회와 조건들, 즉 노동시장으로의 진입을 위해 취업프로그램을 마련하고, 일자리를 창출한다든가 교육정책을 실시한다든가 상품 및 써비스 시장으로의 진입을 위해 보조금 연금 등을 지불한다든가 하는 일련의 정책을 실시하는 것이 일반적인 방법이다.

　서구의 복지국가들은 결국 시장메커니즘의 조정을 위한 국가개입의 정도와 방법, 계급세력 및 시민사회와의 역학관계 등에 의해 다양한 제도유형 및 정책내용들을 규정해왔다. 그러나 한국사회에서 국가는 그동안 고도의 경제성장을 위해 자원동원체제에 주력하였을 뿐, 노동력 재생산과 관련된 생활비용을 거의 전적으로 개인이나 가족의 사적 영역에 일임하였다고 해도 과언이 아니다. 알려진 바와 같이 한국사회에서 국가에 의한 사회보장제도는 미약하기 짝이 없다. 국민총생산(GNP)이나 무역규모에서 세계 11위권의 역량을 자랑하면서도 사회복지부문에 대한 지출은 OECD 30개국 중 29위에 해당할 정도로 빈약하다. OECD 국가들의 평균 사회복지비용이 25%인 반면 한국은 아직도 10% 미만이고, 국내총생산(GDP)에서 차지하는 비율로 보더라도 스웨덴이 33.4%, 독일이 29.6%, 영국이 22.8%, 미국이 16.3%인데 반해 한국은 5.3% 수준에 지나지 않는다. 이제 막 국민연금이나 보험, 기초생활보장 등의 제도를 시행하고 있고 복지국가 담론이 확산되고는 있으나 여전히 체제수준에서는 초보단계이다. 더구나 의사결정자들은 사회복지정책을 국가책임주의 입장보다는 시혜적 차원에서 인식하고 있는 실정이다. 노인이나 장애인, 빈민 등에 대한 부양을 개인이나 가족의 부조에 의존하고 있는 전통과 현실 때문에 일반 시민들 역시 국가나 사회 중심의 사회복지에 대한 인식이 희박할 뿐 아니라 부정적이기까지 하다.

이제 사회복지형 체제를 지향할 싯점에 놓여 있는 한국사회는, 재정의 부담과 조세 불만, 국가의 복지를 사회주의와 동일시하던 권위주의 정권하의 편향된 이념, 급박한 세계경제의 흐름에 효율적으로 대응하는 조절기능의 부재 등으로 이른바 '복합딜레마'에 빠져 있는 듯하다. 더구나 글로벌 자본주의체계의 하위서열에 위치하고 있는 한국에서 국가가 초국적 자본과 대외국가로부터 얼마만큼 자율적인가를 생각해본다면 그 운신의 폭은 상대적으로 좁다. 글로벌체제의 무한경쟁 속에서 점차 국가는 '소비의 정치'보다는 '생산의 정치'에 주력할 수밖에 없기 때문이다.[7]

4. 제3섹터와 지역공동체

그렇다면 국가개입의 한계를 메우고, 현실적인 사회적 지원의 효과를 끌어낼 수 있는 대안은 무엇인가? 근대사회에서 국가의 성원은 곧 시민사회의 성원이다. 시민사회가 개개인의 이해관계에 의해 제도화된 공공영역이라면 근대국가의 출현과 함께 시민은 국가의 한 성원이 됨으로써 국민과 중첩적인 존재가 된다. 시민은 국가와 사회에 대해 일정한 권리를 신장시켜왔다. 첫번째 단계의 시민권은 시민의 법적 지위와 관련된 인간적 권리(human right)였고, 두번째 단계의 시민권은 선거와 같은 정치적 권리(political right)였으며, 세번째 단계의 시민권은 교육·의료·연금·수당 등 더욱 적극적이고 능동적인 요구로서의 사회적 권리(social right)였다. 서구사회에서 시민권의 확산은 참여와 대의제를 통한 사회복지국가의 출현과 함께 진행되었고, 그 결과 복지체계에 토대를 둔 새로운 시민권이 성립되었다.[8] 그렇기 때문에 사회적 시민권은 시민사회의 계층간 불평등을 완화시키는 매우 중요한 요소로 주목받고 있다. 생활기회의 확대를 의미하는 사회적 시민권은 단순히 물적 조건들뿐 아니라 정신적 가치를 실현할 수 있는 기회의 획득, 다시 말해 유(類)적 존재로서의 인간에 대한 '존중과 명예'라는 정신적 보상의 분배까지도 의미한다.

시민사회와 국가, 시민과 시민 사이의 사회복지권은 이른바 '제3섹터' 논의와 관련되어 있다. 국가와 기업에 대응하는 시민 스스로의 공동체 공간인 제3섹터에 대한 논의는 이미 서구사회에서 제기되고 있다.[9] 시장과 국가를 넘어선 제3섹터의 공동체 활동은 사회써비스, 건강, 교육과 연구, 예술, 종교, 변호활동 등 전분야에서 수행되고 있으며, 공동체 써비스조직들은 특히 고령자, 장애인, 정신병자, 불우아동, 무주택자와 빈민들을 지원한다. 제3섹터는 활성화된 시민사회와 자원봉사와 같은 자발적 공동체 활동을 전제로 하며, 이를 토대로 '사회적 고충들이 의사소통되는 광장'이다. 그리고 제3섹터는 수많은 경제활동을 구성함으로써 새로운 취업을 돕고 실업을 실질적으로 해소하는 기능을 담당한다.[10] 따라서 정부는 제3섹터에 대한 지원을 통해 일자리 창출을 도모하고, 자원봉사자들이나 기부자들에 대해 과감한 세금면제를 시행함으로써(사회적 임금의 혜택) 이 부문과 연계해야 한다.[11]

그런데 제3섹터의 운영은 지역차원에서 주민운동과 연계하는 것이 더욱 현실적이다. 지역차원에서는 특정한 공간의 중산층을 포함, 저소득층과 빈곤층의 계층간 연합으로 제3섹터 운동이 더 활성화될 수 있고, 그들의 폭넓은 참여를 통해 실질적인 자원배분의 효과를 끌어낼 수 있기 때문이다. 풀뿌리운동으로서의 주민운동은 추상적인 거대담론에 관여하는 운동이라기보다는 구체적이고 체험가능한 자신들의 생활세계에서 부딪치는 문제를 해결해가는 과정으로서 '장소의 정체성'

에 바탕을 둔 운동이기도 하다. 지역주민운동의 가장 큰 특징은 운동의 이슈가 구성원의 생활공간과 직접적으로 관련되어 있으며, 어느 특정한 계층이나 집단에 편중되기보다는 지역주민 전체의 이해와 관련되어 있는 것이 일반적이다. 제3섹터와 관련된 지역주민운동은 생산과 소비, 정치, 정체성 등 다양한 영역에서 문제들을 이슈화함으로써 발생한다. 생산분야와 관련해서는 산업과 산업공해 등의 문제, 소비분야에서는 복지·의료·교육 등 사회복지와 관련된 '집합적 소비수단'의 분배와 소비, 환경과 위해식품의 감시, 그리고 교통·통신·건축·재개발 등이 주된 문제들로 부각된다. 이러한 지역주민운동은 자발적 참여를 통한 삶의 공동체를 이루는 과정이라는 점에서 물질적 이해관계의 차원을 넘어서 탈(脫)물질적 가치가 접합된 운동이다. 이를테면 지역구성원들이 장애인 노인 봉사활동을 통해 자원봉사의 가치와 규범을 배우고 내면화함으로써 공동체의 이상을 지향한다.

'풀뿌리복지'라고도 명명될 수 있는 이러한 사회적 지원의 전통은 이미 오래 전부터 존재했다. 한국사회에서 지역공동체의 원형은 혈연이나 지연에 바탕을 둔 '마을'에서 발견된다. 마을의 구성원들이 상부상조의 원리로서 공동체 의식과 조직을 발전시켜왔는데 부조(扶助)는 대사를 치르는 집에 금품 등을 공여하는 것을 말한다. 마을에서 누군가가 집을 지을 때 도구와 음식을 제공하는 행위, 농사를 짓지 않는 사람이나 과부, 홀아비, 노인만 사는 집에 지붕을 이어주는 것 등이 부조이다. 공동체원리가 가장 잘 나타난 형태는 '두레'였다. 둘레 즉 원주(圓柱)의 뜻으로 풀이되는 두레는 촌락단위로 구성된 농민들의 상호협동체를 말한다. 두레는 촌락공동의 내부질서, 즉 공동방위, 공동노동, 공동예배, 공동유흥, 상호규찰(規察)과 공동소유의 협동조직체로서 불우한 처지에 있는 이웃에 대한 공동부조를 통해 촌락 자치질서를 이끌

어온 모체였다.[12]

　이러한 부조정신의 복원을 통한 지역단위 제3섹터의 확대는 개인주의의 전통 속에 개별자 수혜에 기초한 국가중심적 서구형 복지의 한계를 극복할 수 있을 것으로 보인다. 사회적 지원은 단순히 물적 자원의 분배(시장역량의 확대)뿐 아니라 정서적 심리적 자원의 분배까지도 포함한다.

　오늘날 한국사회에서 상호부조의 원리를 실현하려는 지역공동체운동은 다양한 유형으로 전개되고 있다. 예를 들어 지역주민들이 중심이 되고 있는 생활소비자협동(생협)운동, 아파트 주민자치운동, 그리고 지역화폐로 정보와 노동력 등을 교환하는 실험적 운동들이 대표적이다. 상부상조의 정신으로 생필품을 공동구매하는 협동체로서 생산자와 소비자 사이의 공동체 관계를 유지하는 생협운동은 약 12만 가구가 가입한 것으로 추정된다. 지역화폐의 실험적 사용도 발견되는데 현재 지역화폐운동이 실제적으로 이루어지는 곳은 서울 동작구의 자원봉사 은행과 송파구의 송파품앗이, 그리고 대전의 한밭 레츠(lets) 등이다. 도시빈민이나 저소득층이 참여하는 생산조합운동으로서의 '나래공동체'도 등장한 바 있다. 그러나 이런 지역자치운동은 극히 소수의 지역 성원들만을 대상으로 하고, 여전히 실험적이며, 좀더 넓은 차원의 시민사회운동과 연계되지 못하고 있다. 현재 이 운동은 사회적 시민권과 사회복지제도 수준의 요구를 못하고 있을 뿐 아니라, 취업창출과 빈민구제 등 적극적 제3섹터의 활동과도 거리가 있는 것이다.

　제3섹터는 단순히 국가로부터 보장을 수혜받는 것이 아니라 노동창출을 통해 적극적으로 자신의 존재기반을 형성하는 '생산형 복지'의 한 전략이다. 우리 사회에서는 제3섹터에 대한 국가나 기업의 연계와 지원이 약하고, 주민들의 의식 또한 부족하기 때문에 비영리 시민단체를 포함한 종교단체나 자발적 결사체들로 이루어지는 제3섹터의 활동은 아직 걸음마 수준이다.

5. 향후의 전망과 과제

상대적으로 불투명하던 계층간 영역이 점차 확고해지면서 계층간 총체적인 생활기회의 격차는 확대되고 있다. 생계의 위협을 느끼는 절대빈곤층과 빈곤선에 허덕이는 저소득층을 합쳐 5,6백만명에 달하는 인구가 빈곤으로 고통받고 있다. 상대적으로 안정된 생활을 누리던 중산층 역시 구조조정과 실업, 생활비의 상승 등으로 빈곤의 위협에 노출되어 있다. 그런가 하면 '한국판 베벌리힐즈'에 사는 소수의 상류계급이나 중상층들이 경제자본은 물론 학력과 같은 다양한 문화자본과 연줄망 등 사회자본의 집적을 통해 그들의 계급적 이해를 유지하고 확장시키고 있다. 각 계층은 대를 이어가는 재생산의 경향을 보이고 있다. 급속한 산업화기간 동안 상대적으로 사회적 이동의 기회가 많고, 계급구조화의 강도가 약했던 한국사회에서도 점차 계급의 윤곽이 뚜렷해지면서 불평등의 골이 깊어지고, 재생산되는 경향이 농후해지고 있는 것이다.

이제 한국사회는 생계보장형의 빈민층 및 저소득층, 끊임없이 발생하는 정리해고 및 소득증대와 함께 나타난 노동력 재생산비용의 상승 등으로 빈곤의 가능성에서 자유롭지 않게 된 중산층들에 대한 '사회적 지원'이 시급히 요청되는 싯점에 이르렀다. 시장민주주의를 근간으로 하는 체제하에서 국가는 일차적으로 생산영역과 소비생활영역의 시장에 접근할 수 있게 이들의 역량을 키워주어야 한다. 그러나 더욱 중요한 것으로 빈민층이나 저소득층, 중산층 등은 국가에 의한 '수혜'나 써비스 차원의 사회복지를 기다릴 것이 아니라 적극적으로 자신의 공동이익을 위해 조직화하고 의사결정에 참여함으로서 물질적인 자원뿐 아니라 정신적인 자원의 분배를 획득할 필요가 있다. 그런 점에서 사회적 시민권의 확대와 제3섹터를 기반으로 한 지역공동체운동은 불평등문제를 치유할 수 있는 대안으로서의 의의를 갖는다. 한국사회의 전통적 가치인 상호부조의 공동체 윤리를 바탕으로 재화의 분배와 계획이 이루어질 수 있는, 풀뿌리 차원의 '사회적 지원'이 국가 차원의 거시적 정책과 연계될 때 불평등문제는 어느정도 해결될 수 있을 것이다.

그러나 계층간 불평등을 해소하기 위한 제도적 대안들은 평등과 자유의 조합에 의해 결정되는 체계 속에서 규정된다. 그렇기 때문에 이미 진부하게 되어버린 자유와 평등의 두 핵심적 가치에 대한 근본적 질문을 던지지 않을 수 없다. 사회자원의 분배원칙은 무엇이고 공정하고 정당한 절차는 무엇인가? 즉 사회정의란 무엇이며 이러한 사회정의를 실현할 수 있는 합당한 제도와 체제는 무엇인가?[13]

제도는 체제의 하부개념이다. 국가의 사회보장정책이나 제도화된 전략들 그리고 제3섹터 운영의 실질적 내용은 그 기본적 골격인 사회체제와 직결되어 있다. 그리고 그 체제는 기본적으로 자유와 평등의 분배, 즉 시장·효율·불평등과 국가·분배·평등이라는 요소들의 조합의 표현이며, 특정한 역사적 국면에서 사회적 세력에 의해 규정된다. 어느 체제든 그 이념형과 현실 사이에는 깊은 골이 존재하고, 또 한계를 안고 있다. 자유민주주의로부터 사회주의에 이르기까지 현실에서 나타난 사회보장제도와 정책은 그 이념상의 차이에도 불구하고 상당부분 수렴해가고 있는 것도 사실이다. 그렇다면 가장 가능한 대안으로 우리는 어떤 체제를 따라갈 것인가? 각 사회에서 자유와 평등을 병존시킬 수 있는, 그리하여 그 양자의 조합이 가장 많은 합의와 동의를 구할 수 있는 체제는 무엇인가?

지난 몇세기에 걸쳐 지구상에 등장했던 체제들은 우리에게 많은 것을 시사해주고 있다. 시장을 부정했던 사회주의권의 많은 나라들이 시장경제로 선회하고 있고, 시장의 실패를 경험한 나라들은 불안과 빈곤을 초래하고 있으며, 시장을 축소한 많은 복지국가들이 저성장과 고실업 그리고 국가 재정적자라는 딜레마에 빠져 있다. 우리에게 서구의 복지국가 유형이 체제선택에서 하나의 이념형으로 자주 등장하고 있지만, 많은 시사점에도 불구하고 우리가 당장 영국이나 독일 혹은 스웨덴 식의 서구 복지국가의 모형을 따르기에는 여러 정황이 다르다는 것을 냉정히 인식할 필요가 있다. 그들 나라에서는 이미 방대한 복지예산과 정책들 그리고 제도적 실험들이 오랜 시간에 걸쳐 이루어졌고, 폭넓은 사회주의 이념과, 자본과 노동 간의 계급투쟁, 아울러 이를 조화시키려는 조합주의적 전통이 매우 강하게 자리잡고 있다.

그러나 우리의 현실은 사회보장에 관한 국가의 예산지출과 제도운영이 너무나 취약하고, 제3섹터의 역할 역시 미약하기 짝이 없기 때문에, 국가에 대해서는 사회복지에 대한 적극적 인식전환과 예산확충을, 그리고 시민사회에 대해서는 제3섹터의 운영과 지역공동체의 활성화라는 원론 수준의 주문을 할 수밖에 없다. 사회적 지원에 대해 국가와 시장(기업) 그리고 커뮤니티(제3섹터와 시민사회)의 삼각축을 기본골격으로 하였을 때, 국가는 계획과 집행의 권력을, 시장(기업)은 자원의 효율적 생산을, 커뮤니티는 신뢰와 상호작용에 기초한 배분을 대변한다. 오늘날 한국사회에서는 이 세 축의 역할이 복합적이고 중층적으로 시행될 필요가 있다. 그중에서도 국가는 선도적인 역할이라는 무거운 책임을 안고 있다.

계층간 불평등의 해소와 사회적 지원을 위한 국가의 정책은 크게 세 가지로 대별된다. 첫째는 취업과 고용안정 등 생산영역에서의 지원이며, 둘째는 생계 및 소비생활영역(노동력 재생산영역)에서의 사회보장, 그리고 셋째는 제3섹터에 대한 직간접적 지원이다. 그러나 국가의 사회적 지원 역량은 기본적으로 국민들의 세금에 기초한 재정에 있다. 특히 사치재와 상류층의 자산소득에 대한 현행보다 무거운 누진세의 적용, 기업이나 자영업자층에 대한 투명한 조세적용, 탈세나 조세누수에 대한 엄정한 법집행 등의 정책이 필요한 것은 두말할 나위가 없다. 선진국의 사회보장이 체계적으로 실행되는 근거가 바로 이러한 조세정책과 재정확보에 있다. 여기에서 일부 특정한 사회적 자원의 공개념 부활과 확장에 주목할 필요가 있다. 오래 전에 시행하려다가 거의 폐기상태에 놓여 있는 토지공개념을 적극적으로 적용할 필요가 있는 것이다. 이를 두고 자유민주주의 제1원칙인 사유재산권의 신성불가침성과 시장원리를 내세워 반대하는 목소리도 있지만, 어떠한 체제에서나 사유재산에 대한 국가의 공적 개입은 정도의 차이는 있을지언정 이루어지는 것이 현실이다. 한국같이 부동산에 의한 계층간 격차가 많이 벌어지는 경우, 부동산투기를 통해 막대한 자산과 불로소득을 얻는 층과 주거공간조차 얻지 못하는 층들 간의 기회격차를 극복하기 위해서는 공개념에 기초한 국가의 강력한 개입과 정책이 필요하다.

아울러 사회구성원들에 경쟁의 기회를 제공하는 교육에서 공적 써비스를 강화해야 한다. 이미 한국은 사교육이 공교육의 장을 아우르고 있는 실정이며, 예체능과 실기, 외국어 등은 거의 사교육에 의존하는 실정이다. 세계에서도 가장 많이 지출되는 사교육비는 중산층들에게는 생활의 압박을, 저소득층과 빈민층에게는 기회의 박탈을 가져오는 주된 요인이다. 그러나 공개념의 범주 안에 포함시킬 특정한 사회적 자원, 즉 토지와 교육 등에 대해서 국가는 단지 자원배분만을 통제하는 결과주의에 입각한 정책이 아니라, 적극적으로 이러한 자원의 산출에 투자하는 정책을 시행하여야 할 것이다. 사회자원의 산출부문은 개개인의 자유경쟁과 투자 즉 시장에 의존하고 국가는 단지 써비스의 분배만을 강제한다면 지난 의약분업의 결과처럼 집단적 저항에 의한 사회갈등은 필연적일 수밖에 없다.

한편 제3섹터에 대해서 국가의 실질적 지원이 필요하다. 물론 제3섹터는 국가나 기업으로부터 일정한 거리를 두고 시민들이 자율적으로 운영하는 것을 원칙으로 하지만, 우리나라의 경우 제3섹터의 활동이 매우 취약하므로 국가가 이 부문에 대해 직접적인 보조는 물론 세금감면 등 간접적인 방식을 통해 지원할 수도 있을 것이다. 이 영역에 대한 자원봉사와 기부금을 통한 '사회적 지원'의 확충을 위해서도 세금감면 정책은 필요하다.

제도와 체제 선택은 항상 그 사회가 처해 있는 역사적 맥락에 의해 이루어질 수밖에 없다. 사회적 지원에 대한 한국사회의 가장 큰 특징 중 하나는 가족에 기초한 부양과 부조가 큰 비중을 차지한다는 것이다. 가족과 비공식적 연줄에 기초한 상호부조와 부양의식이 강하기 때문에 공개념이 부재한 사회라고 해도 과언이 아닐 정도로 공공영역의 사회보장에 대한 인식과 참여가 부족하며, 때로는 공적 부조나 국가의 보장에 대한 인식이 매우 부정적이기까지 하다. 공공영역에 세금과 보험을 지불하고 그 지출의 댓가로 국가나 사회로부터 사회적 지원을 받는다는 의식이 약하기 때문에 공적인 사회적 지원에 대한 의식전환이 시급하다고 할 것이다. 그러나 다른 한편으로 가족주의에 기초한 사회적 지원을 적극적으로 공적 사회보장제도에 수용할 필요가 있다. 개인주의와 물적 보상주의 그리고 소외로 가득한 현대사회에서 가족주의는 탈물질적 가치의 보상까지도 기대할 수 있는 사회적 지원의 요소로서 폐기의 대상이라기보다는 오히려 재성찰과 복원의 대상이 될 수 있다. 가족주의적 가치는 특히 지역공동체에 기초한 제3섹터의 '사회적 지원' 활동과 밀접히 연계할 수 있을 것이다.

체제란 경제와 정치는 물론 규범과 가치영역들이 서로 유기적으로 상호작용하는 사회관계의 총체를 의미한다. 사회복지와 사회적 지원에 대한 제도적 차원뿐 아니라 그에 대한 규범적이고 윤리적인 논의가 요청된다. 한국사회의 또다른 특징 중 하나는 계급의 공고화와 재생산 그리고 계층격차가 점차 확대되는 경향을 보이나 이미 불평등 구조가 정착된 서구 자본주의사회에 비하면 그 강도가 상대적으로 약하다는 것이다. 다시 말하면 불평등을 줄일 수 있는 사회적 분배의 기회와 조건이 상대적으로 높다는 것이다. 이는 계층불평등과 사회갈등, 그에 대한 제도적 대안, 나아가 체제이행의 문제를 공론화할 수 있는 좋은 여건이 된다. 사회정의와 형평, 체제와 그에 걸맞은 제도의 선택에 대해 전문가집단만이 아니라, 학계·국가·시민영역의 다양한 집단과 계층의 합리적 의사소통과 공론이 필요하다.

평등이 곧 사회정의라는 단순등식을 피한다면 불평등에 대한 공정성이 확립되어야 함은 물론이다. 불평등이 존재한다는 것 그 자체가 문제가 아니라 불평등을 존재하게 하는 사회적 과정이 얼마만큼 공정한가 하는 것이 더 큰 문제일 것이다. 이는 불평등에 대한 제도적 대안 제시의 차원을 넘어 사회윤리와 규범의 문제와 결부되어 있다. 오늘날 한국사회에서의 계층간 불평등은 바로 이러한 공정성, 윤리와 규범 그리고 합의가 부재한 사회적 현상이라는 점에서 그 어느 사회의 불평등보다 형평의 원리가 결여되어 있다. 수량적이고 계량적인 평등, 무조건적인 평등은 오히려 사회적 형평을 저해할 수도 있다. 아울러 기회와 조건을 구조적으로 차단하는 불평등 역시 사회적 형평에 어긋난다. 형평의 원리란 정당한 조건과 기회 위에서 발생한 결과에 따라 사회적 자원이 분배되는 공정한 균형을 의미하기 때문이다.

| 주 |

1) 한 조사에 의하면 강남구 주민의 금융자산은 다른 구에 비해 최고 4배에 달한다 (『중앙일보』 2003.10.22). 각 계급간 소비생활양식의 차이에 대해서는 장미혜 「소비양식에 미치는 문화자본과 경제자본의 상대적 효과」(연세대 사회학과 박사학위 논문 2000) 참조. 그리고 계층과 계급의 개념에 대해서는 논란이 많지만 본 글에서는 계급과 계층의 의미를 동일하게 사용할 것이다.
2) 이러한 계급재생산의 구체적 내용들에 대해선 김왕배 『산업사회의 노동과 계급의 재생산』(한울아카데미 2000) 참조.
3) 보건사회연구원은 차상위 계층을 632만명으로 보고 있고, 기초생활보장 수급자와 함께 빈민층을 전체 인구의 16%로 잡고 있다.
4) 여기에는 단순히 물적 자원뿐 아니라 정신적인 욕구도 포함된다. 즉 생활수준이 높아질수록 소비에 대한 정신적 욕구도 높아지며(이러한 욕구를 욕망이라 부르기도 한다) 이러한 욕구가 충족되지 않음으로써 상대적 빈곤감이 더욱 커질 수 있다.
5) 조명래는 빈곤의 유형을 생산부문에서의 불안전고용과 노동불능형 빈곤, 재생산부문에서의 불안정 가정형과 파탄 가정형으로 분류하고, 재생산부문의 빈곤에 촛점을 둘 것을 강조하고 있다. 그는 특히 미래 삶에 대한 절망이라는 소비부문의 조건과 의식이 빈곤분석에 하나의 주요의제가 될 것을 주장한다(한국도시연구소 『도시와 빈곤』 제23호, 1996년의 특집토론 "현대사회의 빈곤을 어떻게 보아야 하는가" 조명래 발언 참조).

6) 도시빈곤층의 경우 한 조사에 의하면 정규직은 단 2.3%에 지나지 않으며, 예금이 전혀 없는 경우가 74%에 이른다(『중앙일보』 2003.10.7).
7) 생산과 소비의 정치라는 용어는 독점자본과 같은 초국적 자본의 생산활동을 도와야 하는 국가와, 주민들의 복지와 소비를 담당하는 지방정부와의 관계를 설명한 쏜더스(P. Saunders)로부터 빌려온 것이다.
8) T.H. Marshall, *Class, Citizenship, and Social Development* (The University of Chicago Press 1977) 제4장 "Citizenship and Social Class" 참조.
9) 제3섹터에 대해서는 주성수 『시민사회와 제3섹터』(한양대출판부 1999) 참조.
10) 미국의 경우 경제활동행위의 구성을 GNP 구성으로 보면 기업부문이 80%, 정부부문이 14%인 데 비해 제3부문이 6% 이상을 차지하고 있다. 또한 제3부문은 총고용의 9%를 차지한다. 제3부문의 자산은 현재 연방정부 자산의 약 절반에 해당된다. 자세한 내용은 J. Rifkin, The End of Work (이영호 옮김 『노동의 종말』, 민음사 1996) 참조.
11) 또한 현행 복지부문 관료들을 점진적으로 축소하고, 대기업에 대한 보조금을 삭감하며, 불필요한 방위프로그램을 축소해서 기금을 조성해야 한다고 리프킨은 주장한다. 이를 위한 가장 공정하고 포괄적인 방법은 모든 사치재와 써비스에 대해 부가가치세를 부과하는 것이다.
12) 이밖에도 상호호혜 원칙하에 노동력을 교환하는 품앗이나 계(契) 등의 전통이 있다.
13) 일반적으로는 자유와 평등의 체제에 대해 세 부류의 이념형이 존재한다. 하나는 자유민주주의체제이며, 둘째는 사회민주주의체제이고, 셋째는 공산주의체제이다. 이들 체제는 각각 기회의 평등을 추구할 것인지, 조건의 평등을 추구할 것인지, 아니면 결과의 평등을 추구할 것인지를 둘러싸고 다양한 사회세력들간의 강제력과 합의를 통해 선택된 것들이다. 달리기 경주로 비유한다면 기회의 평등은 장애인이나 운동선수나 일단 출발점에 똑같이 설 수 있는 기회를 평등하게 준다는 것이며, 조건의 평등은 장애인의 경우 출발선을 몇미터 앞쪽에 설정해준다는 것을 의미한다. 결과의 평등은 모든 이들의 결승점을 동일하게 설정한다(박호성 『평등론』, 창작과비평사 1994 참조).

한국사회의 보편적 인권과 소수자의 인권

홍 세 화

1. 망각되어왔던 인권문제

유신독재 시절의 일이다. 기본적 인권을 보장하라는 외국 인권단체의 요구에 대해 박정희는 "인권 좋아하시네!"라고 간단히 일축했다. 이 한마디는 '소수자' 인권 이전에 인권 '자체'에 대한 당시 한국사회의 인식수준을 상징적으로 표현한 것이었다. 독재자에게서 인권존중을 기대할 수 없는 일이겠지만, 사회구성원의 인권인식 또한 독재자가 그런 발언을 공격적으로 내뱉을 수 있게 한 배경의 하나였다. 실제로 권력을 유지·강화하기 위해 인권을 유린했던 독재자들에게 한국의 대다수 사회구성원은 충분히 분노하지 않았다. 아니 분노할 수 없었다는 것이 더 정확한 말인지 모른다.

분단과 전쟁. 인간의 기본적 도리를 지키는 일조차 버거웠던 시대에 살아남은 사람들이었다. 일제의 침탈로 인한 민족적 상처는 제대로 아무는 대신 덧났고, 특히 전쟁의 상흔과 학살의 기억이 생생히 남아 있었다. 그리고 극우헤게모니가 관철되면서 집단적 광기의 위험은 사라

지지 않았다. 살아남은 사람들은 집단 속에 숨거나 기대서 침묵을 지키는 것이 온전히 생존할 수 있는 유일한 길임을 알고 있었다. 대다수 사람들은 독재자의 "인권 좋아하시네!"를 묵묵히 받아들였고, 그 받아들임에 기껏 허탈한 심정을 양념처럼 곁들이는 게 고작이었다.

야만과 폭력의 세월. 사람들은 분명히 알고 있었다. 이 땅에서 무고한 사람들이 수없이 죽었다는 것을. 이 땅이 학살의 땅이었다는 것을. 다만 말하지 못했을 뿐이다. 살아있는 사람들에게 살아있음을 부끄럽게 한 죽음들, 그 부끄러움마저 메마르게 한 수많은 죽음들…… 거창양민학살사건, 국민보도연맹사건, 노근리학살, 이 땅 곳곳에서 벌어진 학살들…… 너무나 많은 죽음들이 있었건만, 그 죽음들에 대해 책임지는 사람이 단 한사람도 없었다. 억울한 죽음들에 대해 책임을 묻기는커녕 그 사실을 말할 수조차 없었던 동토의 땅에서 인권이란 거추장스런 사치품에 지나지 않았다.

전쟁과 학살이 일단락된 이후에도 일제 부역세력에 뿌리를 두고 미국을 등에 업은 사익추구집단이 좌우분단 구도에 올라타 '민족'과 '보수'를 참칭하고 극우헤게모니를 관철시키면서 온갖 물리력과 국가보안법을 동원하여 이 땅을 유린하는 동안, 당연히 이 사회에 정의는 간 곳이 없었고 인권은 설자리가 없었다. 숱한 조작사건들과 투옥, 그리고 일상적으로 행해졌던 고문. 누가 과연 인권을 말할 수 있었던가.

이러한 시대적 상황에서 국가폭력에 기반한 권위주의 독재자들은 빈곤에서 해방되는 것보다 인권신장이 더 중요할 게 무어냐는 개발독재의 논리를 권력의 하위수단인 수구언론을 동원하여 강력하게 펼쳐나갔다. 사람들은 점차 인권에 대해, 아니 인간 자체에 대해 갚을 수 없는 부채의식을 물신(物神)에 몸을 맡기는 것으로 해소했다. 마치 파우스트가 메피스토펠레스에게 영혼을 내주었듯이 사회구성원들은 물

욕에 몰입하기 위해 인간성을 물신에 팔아버린 것이다. 물신에 몸을 내맡긴 삶이 육신만 편한 게 아니라 마음까지 편하다는 점을 차차 알게 되었는지 모른다. 사회구성원 사이에 연대의식은 설자리가 없었고, 우리는 '소수자의 인권'이란 말 자체를 꺼내기 위해 오랜 시간을 기다리지 않으면 안되었다.

국가권력에 의한 민간인 학살과 그후 계속된 국가폭력은 사회구성원들에게 체제에 저항하거나 체제에 부역하지 않으면 어찌되는가를 여실히 보여줌으로써 시민사회 형성의 기회를 원천적으로 봉쇄하는 결과를 가져왔다. 한국에서 시민사회 형성이 더딘 원인도, 노동자들의 주체 형성이 어려운 까닭도, 인권가치의 보편성을 확보할 수 없었던 까닭도 무엇보다 국가권력에 의한 민간인 대량학살과 극우헤게모니 아래 자행된 탄압에서 그 유래를 찾을 수 있다. 수구 기득권세력의 중심에 있는 극우·수구세력이 '양민학살'이라 불리는 민간인 대량학살의 진상을 규명해야 한다는 당연한 요구에 촉각을 곤두세우고 거부하는 이유가 여기에 있다. 의문사진상규명법이 거듭 표류하고, 6·25전쟁 휴전 이전 민간인 희생사건 진상규명 및 희생자 명예회복 등에 관한 법률안(6·25 통합특별법)이 역시 극우·수구세력의 반대로 16대 국회에서 부침했던 것은 결코 우연이 아니다.

최근에 4·3 제주학살사건에 대해 정부 차원의 사과가 있었던 것은 참으로 다행스런 일이다. 수많은 사람들의 희생과 투쟁을 댓가로 치른 사회민주화의 열매의 하나로서, 이 사회를 지배해온 극우헤게모니의 균열로 가능한 일이었다. 전교조와 민주노총이 합법화된 것과 국가인권위원회 같은 국가기관이 탄생한 것도, 남북정상회담이 가능했던 것과 함께 모두 극우헤게모니의 균열에 의한 것이었다. 이제 뒤늦게나마 소수자의 인권을 말할 수 있게 된 것 또한 마찬가지이다.

이러한 점은 이 사회에 인권의 보편적 가치를 정착시키기 위해서는 무엇보다 극우·수구세력을 극복해야 한다는 점을 다시금 확인해준다. 민간인학살에 대한 진상 규명이 중요한 선결과제임은 두말할 필요가 없다. 우리는 '소수자' 인권을 말하면서, 아니 소수자 인권을 말하기 전에 인권의 보편성을 거듭 확인해야 하고, '아무도 책임지지 않은 죽음들'을 기억해야 하며, 그 억울한 죽음의 한을 풀어주어야 한다. 너무나 당연한 말이지만, 보편적 인권이 존중받는 사회환경이 소수자 인권에 대한 사회구성원의 올바른 인식과 실천을 위한 출발점이자 전제조건이기 때문이다.

2. '다름=틀림'에서 똘레랑스로

2002년 프랑스 대통령선거에서 극우파 국민전선당의 후보가 1차투표에서 17%를 획득하여 결선투표에 나서게 됐을 때 『르몽드』 신문은 '프랑스의 수치'라는 제목의 사설을 실었고, 십여만명의 고등학생들이 거리에 뛰쳐나와 극우파에 반대하는 시위를 벌였다. 그때 그들이 내건 표어가 "공화국을 지키자!"라는 것이었다. 외국인 이주노동자들에 대한 추방과 차별, 사형제도의 부활, 경찰력 강화 등을 주장하는 극우파에 반대하는 이념적 근거로 공화국이란 기치를 들고 나온 것이다. 그들은 나라의 정체성을 통하여 자유, 평등과 함께 인권과 연대라는 가치를 공유하고 있었다. 그 가치에 의해 차이를 차별과 억압의 근거로 삼는 극우파에 반대했던 것이다.

우리는 '홍익인간'이라는 인간형에 대한 전통적 개념을 정치사회제도에 적용하거나 용해시키지 못했다. 대신에 헌법 제1조에 '민주공화국'을 나라의 정체성으로 규정했다. 본디 우리 것이 아닌 남의 것을 차용한 것이다. 그러나 그것마저 허울에 지나지 않았다. 민주공화국의 구성원인 대한민국 국민은 민주공화국을 통하여 공유하는 사회적 가치를 갖고 있지 못하기 때문이다.

실상 한국에서 민주주의는 차이를 차별·억압·배제의 근거로 하는 지역패권주의와 극우반공주의에 의해 형해화되었고, 공화국에 대해선 '대물림하는 왕 대신 대통령을 뽑는다'는 것으로 모든 논의를 마감했다. 나라의 정체성이 '민주주의'이고 '공화국'인데, 민주주의에 대해선 그나마 독재라는 실체에 맞선 민주화운동이라도 있지만, 본디 '자유로운 시민들이 공익을 목적으로 하는 사회로서, 법에 의한 권위가 행사되는 국가'를 말하는 '공화국'에 대해선 토론 한번 하지 않았다. 우리는 공화국의 출발점인 공익 개념을 사회에 정착시키지 못했고 그에 대한 문제제기조차 없는 형편이다. 워낙 공공성·공익성 확립에는 관심이 없었던 세력이 건국 초기부터 공적 부문을 온통 장악하여 사적 이익 추구의 장으로 만들었기 때문이다. 우리가 그들을 수구 기득권세력이라고 부르게 된 연유이기도 하다.

공공성·공익성만 실종된 게 아니다. 인류의 역사 발전과정을 통하여 '민주공화국'이라는 제도 안에 담은 사회적 가치들, 즉 자유·평등·인권·연대의 가치들 중 그 어느것도 제대로 공유하고 있지 못한 실정이다. 그런 긍정적 가치보다는 이기적 보신주의와 경쟁의식과 질서의식만 갖고 있을 뿐이다. 민주공화국의 구성원들인 국민에게 자유·평등의식, 그리고 연대·인권의식을 갖도록 해야 할 교육과정이 오히려 사회구성원간의 치열한 경쟁의식과 타율적 질서의식만을 형성시켜왔기 때문이다. 즉 한국의 교육과정은 나라의 정체성으로 규정한 민주공화국의 구성원을 길러내는 게 아니라 그것을 배반하는 의식을 가진 구성원을 길러내고 있는 것이다. 그 위에 암기 위주의 교육, 주입식 교육으로 '왜?'라는 질문을 통한 토론을 배제하여 힘의 논리를 제어할 수 있는 합리적 이성을 키우지 못했다.

사회구성원들에게 합리적 이성이 결핍되고 그들이 긍정적 가치를 공유하지 못할 때, '다름'의 관계는 서로를 부정하는 관계로만 설정된다. 공익과 진실이라는 목표를 놓고 서로 다른 의견이 합리적 논거를 통해 경쟁하는 대신에 서로가 서로를 극복해야 하는 부정의 관계로만 설정되는 것이다. 서로 용인하는 경쟁대상은 설자리가 없고 내 편이 아닌 모든 사람이 극복대상이 되어야 한다. 강자·다수집단에게 소수자는 아주 쉬운 극복대상이 되고 인권침해의 희생자로 전락할 위험에 놓이게 된다.

사회민주화와 더불어 약화되긴 했지만 여전히 이 땅을 지배하는 극우반공주의와 지역패권주의는 사상과 이념의 차이와 출신지역의 차이를 억압·배제·차별의 근거로 삼는 극우·수구세력의 아주 편리한 무기로 작용하고 있다. 지역패권주의가 출신 지역의 '다름의 관계'를 적대적 우열관계로 환치시켜 다른 지역 출신을 '묻지 마' 식으로 차별하고 배제한다면, 극우반공주의는 국가보안법의 예를 통해 알 수 있듯이 나와 다른 견해를 가진 사람들을 배제하고 억압하며 사람들에게 그런 행동에 동의할 것을 강요한다. 즉 동의하지 않는 것은 모두 부정하도록 요구받는 것이다.

이러한 이분법적 사고를 강요한 냉전이데올로기는 '다름＝틀림'의 등식을 강고하게 했다. 우리는 사회생활 속에서 '같다'의 대칭어인 '다르다'(different)와 '맞다'의 대칭어인 '틀리다'(wrong)를 뒤섞어 사용한다. 그것이 어법상 잘못임을 알고 있는 사람들조차 일상생활에서는 그 잘못을 고치지 않고 계속 사용하고 있을 만큼 내면화되어 있다. 이와 같은 다름＝틀림 등식의 내면화는 사회구성원들이 자유의 반대를 불안이나 무질서라는 식으로 반응하는 것과 같은 구조를 갖는다. 사회구성원들에게 자유의 반대가 무엇이냐고 물으면 억압이라고 정답을 내놓기도 하지만, 실제생활에서는 자유의 반대가 마치 불안이나 무질서인 양 반응하여, 사회적 약자나 소수자의 자유나 사회정의의 요구를 안보와 질서의 이름으로 억압하는 데 동의한다. 분단상황을 이용한 기득권세력이 자유를 주장하기보다 자유(세계)를 지킨다는 명목으로 안보의식과 질서의식을 강조한 데서 비롯된 결과이다.

다름＝틀림의 등식은 사회구성원에게 옳은 내(우리) 편과 틀린 네(너희) 편의 가름을 추동하고 나(우리)와 너(그들) 사이의 다름의 관계를 옳음/그름, 우/열의 관계에서, 선/악, 정상/비정상의 적대적 대칭관계로 증폭시킨다. 결국 소수자, 약자는 소수자, 약자라는 그 자체로 인권침해에 노출된다. 그 위에 '까라면 까라' 식의 군사문화가 상징하는 힘의 논리가 관철되면서 옳은 나(우리 편)와 틀린 너(너희 편)를 전제하는 다름＝틀림의 등식은 더욱 강력하게 자리잡고, 집단에 기댄 이기주의자들이 양산되는 한편, 자기성숙의 모색을 위한 긴장을 다수·강자 지향의 패거리주의의 품속에서 이완시킴으로써 사회문화적 소양을 함양하지 못하게끔 한다. 옳은 나(우리 편)를 전제하는 다름＝틀림의 등식이 타자만을 대상화함으로써 자아를 성찰의 대상으로 삼지 않도록 작용하는 것인데, 동시에 획일적 문화를 강화함으로써 소수자에 대한 반인권적 토양을 굳게 한다.

소수자 인권을 위해서도, 사회구성원들이 자기성숙의 모색을 위한 긴장을 위해서도 우리는 이 다름＝틀림의 등식을 허물지 않으면 안된다. 똘레랑스 사상은 이러한 허구적인 등식을 허물기 위한 적절한 무기가 될 것이다. 왜냐하면 다름＝틀림의 등식이 불러일으킨 인간행위에 대한 반성적 성찰이 낳은 게 바로 똘레랑스 사상이기 때문이다.

똘레랑스(tolérance)의 사전적 의미는 다른 사람이 생각하고 행동하는 방식의 자유에 대한 존중, 그리고 다른 사람의 정치적·종교적 견해에 대한 존중을 뜻한다. 즉 나와 다른 남을 '다른 그대로' 용인하라는 이성의 소리로서, 나와 성(性) 또는 성징이 다른 사람, 사상과 이념이 다른 사람, 신앙이 다른 사람, 피부색·문화·언어가 다른 사람과의 관계에서 차이를 차별이나 억압의 이유로 해서는 안된다는 것이다.

본디 사람은 자기와 아주 똑같은 사람이 존재하는 것도 끔찍스럽게 여기지만, 자기와 다른 사람을 반기는 것도 아니다. 자기와 비슷한 사람을 만나면 차이를 찾으려 애쓰고, 자기와 다른 사람을 만나면 자기와 같지 않다고 문제를 제기한다. 이런 이중성은 남에 비해 자기가 우월하다는 점을 확인하면서 만족해하는 인간의 저급한 속성에서 비롯된 것이다.

합리적 이성에 눈뜬 사람은 나와 다른 사람, 나와 다른 문화를 만날 때 서로 장점을 주고받으려고 노력한다. 또 어제의 나보다 오늘의 내가, 오늘의 나보다 내일의 내가 더 성숙하기를 기대하며 자신의 내면과 대화하고 싸운다. 그러나 이성에 눈뜨지 못한 사람은 자기완성이나 성숙을 위해 노력하는 대신 남과 비교하고 스스로 우월하다는 점을 확인하기 위해 애쓴다. 어제도 오늘도 내일도 남보다 내가 우월하다는 점을 의식적·무의식적으로 확인하려고 남과 끊임없이 견주는 것이다.

자기성숙을 위해 내면과 대화하지 않는 사람에게 스스로 우월하다고 믿게 해주는 것은 그의 소유물이며, 그가 속한 집단이다. 즉 소유물과 소속집단은 인간 내면의 가치나 이성의 성숙과는 무관하다는 공통점을 갖는다.

물신이 지배하는 사회에서 사회구성원들은 인간의 내면적 가치에 관심을 기울이지 않는다. 오직 '무엇을 소유하고 있는가'에만 관심을 두고 서로 비교하면서 경쟁한다. 우리 조상은 곳간에서 인심 난다는 말을 남겼지만, 오늘날엔 통하지 않는다. 한국사회의 곳간에 재물이 차 있는 게 분명한데 사람들은 옛날에 비해 여유있는 인심을 보이기는커녕 더 야박해졌다. 불확실한 미래에 대한 불안심리도 있겠지만, 경쟁의식이 더 심하게 작용하기 때문이다. 오늘도 사회구성원들은 텔레비전 화면을 통해 "당신의 능력을 보여주세요" "대한민국 1퍼센트의 힘" "당신이 사는 곳이 당신이 누구인지 말해줍니다" 따위의 광고를 무심코 바라보면서 소유를 선망하고 있다. 모두 남보다 많이 소유하면서 만족해하는 인간의 속성을 겨냥하는 이런 광고에 대해 사회구성원들은 거부감이나 위화감을 느끼지 않는다. 이런 광고를 일상적으로 보면서 자라나는 청소년들이 어떤 가치관을 가질 것인지에 대한 문제제기조차 찾을 수 없을 만큼 이 사회의 물신은 공격적인데, 이런 사회에서 소비능력이 없거나 부족한 사람들은 박탈감을 느끼는 정도에서 머물지 않고 아예 사람대접을 받지 못한다. 쪽방촌에 사는 사람에게 "당신이 사는 곳이 당신이 누구인지 말해줍니다"라는 말은 잔인하기까지 하다.

가난이 죄가 되는 사회에서 내놓을 학벌이 없고 내세울 집안이 없고 배경이 없는 사람들은 경멸과 차별의 대상이 되어 마땅하다. 가난한 자, 장애인, 여성, 동성애자, 외국인 이주노동자는 손쉬운 차별의 대상이다. 가진 자, 비장애인, 남성, 이성애자, 내국인의 우월성을 확인시켜주는 소수자, 약자가 되어주어야 한다. 소유물에 집착하는 사람일수록 자신이 속한 집단의 우월성에 집착하는 경향을 갖는다. 내가 속한 집단은 항상 옳거나 정상이고 남이 속한 집단은 항상 그르며 비정상이라고 주장한다. 틀린 소수자집단은 사회에서 배제되고 추방되거나 차별의 대상이 되어 마땅하다. 소수자는 다수·강자집단의 우월성을 확인하기 위해 필요하다.

가령 일상생활 속에서 다수를 차지하는 이성애자들은 동성애자들을 억압하거나 차별한다. 동성애자는 그렇게 태어난 존재일 뿐이건만 이성애자들은 동성애자들에 비해 자신이 '정상'이라는 우월성을 확인하며 동성애자들을 억압하거나 차별하는 데 동의하는 것이다. 동성애자는 사회에 따라 그 비율이 4~12%로 나타난다고 한다. 이성애자들이 이성애를 스스로 선택한 것이 아니듯이, 동성애자들도 그렇게 태어나는 존재일 뿐 스스로 선택한 게 아니다. 무릇 잘못된 행동이나 발언에 대해서는 비난할 수 있으되 존재에 대해서는 비난할 수 없는 법이지만 동성애자들은 소수라는 이유로 비난과 왕따의 대상이 되어야 한다. 이 사회에서 동성애자들은 자기의 성적 정체성을 스스로 부정하라는 사회적 폭력 앞에 놓여 있다.

지하철에서 옆자리에 앉아 있는 동남아 출신 이주노동자에게 '어이, 그래 한달에 얼마 벌어?'라고 거리낌없이 반말을 건네는 사람들에겐 분명 이주노동자들에 대한 내국인의 우월감이 담겨 있다. 개인적으로는 내놓을 장점이 없는 사람일수록 우월한 집단에 귀속된다는 점을 애써 강조하는 경향을 갖고, 여기에 인종적 편견과 차별의식이 번질 위험이 도사리고 있다. 세계를 떠다니는 인간 부초, 이주노동자들이 이 땅에 정주하면 안된다는 정부당국자의 발상에는 단일민족, 혈통보존이라는 전근대적 사고 이외에 제3세계 출신 이주노동자들에 대한 차별의식이 분명히 자리잡고 있다. 동남아시아나 아프리카의 제3세계 사람들에 대한 한국인의 우월감은 백인들에 대한 비굴한 태도와 동전의 양면을 이룬다. 실제로 제3세계 사람들에 대해 우월감을 표시하는 사람일수록 비굴할 정도로 제1세계와 백인을 선망한다. 이주노동자들에겐 자신의 우월함을 확인하기 위해 은근한 친근감을 드러내는 척하는 게 고작이지만, 백인에게는 받는 것도 없이 간까지 내줄 양 친절을 베푼다. 그러한 점은 미국에는 마냥 바치기를 하면서도 아무런 문제의식을 느끼지 못하는 반면, 굶주리는 북한에 대해서는 퍼주기라고 떠들어대는 것에 부화뇌동하는 모습과 상통한다. 이 땅은 우리가 우리 조상에게서 물려받은 게 아니다. 우리 자손에게서 잠깐 동안 빌렸을 뿐이다. 이 땅의 진짜 주인인 그들이 이 땅에서 미등록노동자들의 후예를 제외시키라고 요구하지 않았다.

신앙의 다름은 사람들에게 나와 너의 관계를 우열관계를 넘어 선악관계로 증폭시키는 위험을 안고 있다. 나는 선인데 너는 악이라는 것이다. 이러한 선악구분은 사회구성원들의 이성의 성숙단계가 낮을 때 사상의 다름에 대해서도 똑같이 나타난다. "내 사상이 옳고 너의 사상이 그르다"에서 멈추는 것이 아니라 "내 사상은 선인데 너의 사상은 악이다"로 발전하는 것이다. 악은 이 사회에서 없어져야 한다. 따라서 감옥에 가두거나 죽음을 강요한다. 국가보안법의 존재는 이러한 맥락에서의 성찰을 요구한다. 국가보안법이 현존한다는 것은 한국사회에 사상적 반신불수 상태에 있는 사람이 적지 않다는 것과 그만큼 사회구성원들의 이성의 성숙단계가 아주 낮은 데 머물러 있음을 증언한다. 양심에 따른 병역거부를 용인하지 못하는 것도 마찬가지이다.

"나는 당신의 견해에 반대한다. 그러나 나는 당신이 그 견해를 지킬 수 있도록 끝까지 싸울 것이다." 18세기의 계몽사상가 볼떼르의 이 말은 나와 다른 사상에 대한 똘레랑스를 상징적으로 말해주고 있다. 나와 반대되는 견해를 죽이거나 감옥에 처넣기 위해 끝까지 싸우는 게 아니라 그 견해가 지켜질 수 있도록 끝까지 싸우겠다는 그의 선언은, 나와 반대되는 의견을 죽이기 위해 노력하는 한국사회, 즉 국가보안법을 갖고 있는 우리에게 왜 그래야만 하는가라는 물음을 제기한다. 그는 이렇게 답한다. "우리들의 부싯돌은 부딪쳐야 빛이 난다"라고. 즉 서로 다른 견해가 표현되어 부딪칠 때 진리가 스스로 드러난다는 것이다. 다시 말해, 나와 다른 견해를 다르다는 이유로 없애려고 하는 것은 내 견해의 정당성을 밝히기 위해서도 옳지 못한 행위가 된다. 17세기 인문주의자인 바나주 드 보발(Basnage de Beauval)은 "견해의 대립을 통해 이성을 눈뜨게 하지 않으면 인간을 오류와 무지로 몰아가는 자연적 성향이 지체없이 진리를 이기게 된다"고 했는데, 이 말이 바로 21세기초 한국사회의 모습을 설명해주고 있는 게 아닐까.

유럽 땅에서 나와 다른 남을 다른 그대로 용인하라는 똘레랑스 사상은 16세기에 같은 하나님의 자식이면서 신·구교로 분열되어 서로 잔인하게 죽이고 전쟁을 일으켰던 인간행위에 대한 반성적 성찰의 산물로 비롯된 것이다. 우리는 20세기에 같은 민족이면서 사상과 체제가 다르다는 이유로 서로 잔인하게 죽였고 전쟁을 일으켰다. 그러나 우리는 아직 상대방을 탓하거나 냉전상황을 탓하고 있을 뿐이다. 다르다는 이유로 인간이 얼마나 잔인해질 수 있으며 집단적 광기에 몸을 맡길 수 있는가에 대한 반성적 성찰이 아직 부족한 것이다. 우리는 나와 다른 사상, 나와 다른 신앙과 양심을 가진 사람들에 대한 인권침해에 기꺼이 동의하거나 무관심으로 방관해왔다. 근본주의와 극단주의는 항상 집단적 광기의 위험을 안고 있다. 무관심과 방관은 집단적 광기에 대해서도 무관심과 방관을 낳는다. 이 사회에서 차이는 차별의 징검다리 없이 곧바로 인권침해를 불러왔다.

지역주의는 이 사회의 이성의 성숙단계가 얼마나 낮은가를 알게 해준다. 사람은 누구나 누워서 죽을 자리는 선택할 수 있으나 태어나는 자리는 선택할 수 없다. 그럼에도 이 사회에서는 지리산의 이 자락에서 태어났느냐, 저 자락에서 태어났느냐는 대단히 중요하고 심지어는 일생동안 따라다니는 천형처럼 받아들여지기도 한다. 오늘날 한국사회에서의 "너, 전라도 사람이지?"라는 말이 나찌 치하에서의 "너, 유태인이지?"라는 말에 버금가는 폭력임을 부인할 수 있을까? 성징의 차이에 대해 그러하듯이 선택할 수 없는 출생지의 차이에 대해 시비를 걸고 왕따를 할 수 있는 사회에서 각자가 선택하는―비록 사회화 과정을 통해 규정된다고 하더라도―사상과 신앙의 다름에 대한 시비걸기와 차별은 당연한 일일 것이다.

한국사회의 고질적인 병인 지역주의를 극복하고 분단을 극복하기 위해서도 나와 다른 사상·체제·이념·신앙·출생지·성징·피부색을 다른 그대로 받아들이라는 똘레랑스 사상이 중요한 사회적 가치로 정착되어야 한다. 그럴 때 획일적 사회에서 다양성이 존중되는 사회로 길이 열릴 수 있을 것이다. 똘레랑스는 기본적 인권보장을 위한 일차적 조건인 동시에 문화국가를 지향하기 위한 전제인 것이다.

3. 맺는말

재소자들과 미등록 이주노동자들의 인권상황은 그 사회의 인권현실을 알게 해주는 정확한 가늠자 중의 하나다. 재소자들은 죄값을 치른다는 이유로, 사람들의 눈에 띄지 않는 곳에 갇혀 있기 때문에 더욱 인권 사각지대에 처할 위험이 막대하다. 실상 그들의 인권상황은 그 사회가 인간에게 허용하는, 즉 더 밑으로 떨어질 수 없는 최저 한계선상에 있다. 미등록 이주노동자들도 마찬가지다. 사람들의 눈에 띈다는 점에서 재소자들과 다르지만 사람들의 눈에 띈다는 것 자체로 그들의 인권이 보호받는 것은 아니다. 오히려 내국인들과 일상적으로 부딪히기 때문에 극우적 시각에 더욱 쉽사리 노출된다. 결국 소수자에 대한 사회의 시각이 어떤가에 따라 그 사회의 인권상황은 규정된다. 한국사회가 한국사회 구성원들의 의식의 반영인 것처럼, 한국사회의 인권상황은 한국사회 구성원들의 인권의식·연대의식의 반영인 것이다. 교육과정을 통하여, 대중매체를 통하여 사회구성원들이 연대의식과 인권의식을 갖도록 국가와 시민사회가 함께 노력해야 한다.

제도와 사회구성원의 의식은 서로 꼬리를 무는 관계에 있다. 소수자 인권에 대한 사회구성원의 의식이 고양되면 소수자 인권을 위한 제도화가 가능하며, 제도화는 다시 사회구성원의 의식을 고양시킨다. 이 점에서 국가인권위원회의 역할은 특히 중요하다. 시민사회의 일부로 작용할 수 있는 국가기관이기 때문이다. 소수자들의 권익을 대변하여 그들의 인권을 신장하기 위해 앞장설 때 민주화투쟁의 열매로서 제 구실을 다하게 될 것이다.

사회의 진보와 발전의 목표란 결국 사회적 불평등과 소외노동의 고통을 줄이고 사회구성원 모두 인간다운 삶을 영위하도록 하는 데 있을 것이다. 항상 불평등과 고통의 일차적 희생자가 되기 쉬운 소수자들을 얼마나 배려하고 환대하는가는 우리가 앞으로 지향해나갈 사회의 모습과 관련하여 가장 기본적이며 중요한 잣대가 될 것이다. 한 사회의 보편적 인권보장은 소수자 인권을 위한 필요조건이며, 소수자들의 인권이 존중받는다는 것은 그 사회의 보편적 인권이 지켜지는 충분조건이다.

북한 인권문제와 동북아 평화

이 성 훈

1. 들어가며

2003년 4월 제네바에서 열린 제59차 유엔 인권위원회에서 북한 인권결의안이 채택되었다. 이를 계기로 북한의 인권문제는 한국사회에서 큰 정치적 쟁점으로 부각되었고 북미 및 북일 관계에서도 중요한 의제로 자리잡았다. 그 정치적 배경이나 의미와 상관없이 이제 북한의 인권문제는 핵문제와 함께 남북관계의 기본성격과 미래를 결정하는 한 축이자 한반도 및 동북아시아 평화의 주요 변수로 등장했다.

2004년 현재 동북아지역 평화질서의 유지와 평화체제의 수립에 가장 시급한 도전은 단연코 북핵문제이다. 그러나 북핵문제가 북미간의 물리적 충돌이 아니라 종국에 정치적으로 평화롭게 해결된다고 가정 또는 전망할 경우 북한 인권문제는 장기적으로 볼 때 북핵 이후 동북아 평화의 중요한 관건이 될 것으로 예상된다. 사실 일본과 미국의 대표단은 베이징 6자회담 의제에 북한 인권문제를 포함시켜야 한다는 주장을 자주 피력해왔다. 비록 이 주장이 공식화되지는 않았지만 여기에는 6자회담 과정 및 그후 미국과 일본의 대북정책의 기본적인 시각이 반영되어 있다고 보인다.

　북한 인권문제는 핵문제에 비해 그 폭발성의 강도는 작지만 국내 및 국제정치적으로 적지 않은 파급력을 지니고 있다. 북핵문제는 6자회담에 참여하는 이해당사국, 특히 북한과 미국의 정치적 결단과 타협에 의해 전향적으로 해결될 수 있는 가능성이 존재하지만 북한 인권문제는 그 특성상 북한과 미국, 또는 남북한의 문제로 축소 또는 환원할 수 없기 때문이다. 이는 인권이 지닌 보편성의 특성과 오늘날 인권이 국제정치에서 작동하는 방식 때문에 그렇기도 하다.

　이제 북한 인권문제는 한반도의 통일과 평화의 과제와 동시에 풀어가야 할 과제가 되었다. 즉 북한 인권문제는 통상적인 주권국가 사이의 문제이면서 동시에 외세에 의해 분단된 민족통일에 관한 문제이자 자본주의와 사회주의라는 두 정치경제체제간의 문제이기도 한 것이다. 따라서 이렇게 복합적인 성격을 지닌 북한 인권문제를 제대로 다루기 위해서는 총체적인 접근이 필요하다. 이 글은 이런 특성을 고려하면서 유엔 인권결의안을 계기로 새로운 국면으로 전개되고 있는 북한 인권문제를 동북아공동체 즉 동북아지역의 인권과 평화와 연관해서 고찰해보고자 한다.

2. 유엔 인권위원회 결의안의 배경과 의미

　작년 북한 인권결의안이 유엔 인권위원회 차원에서 채택된 것은 인권위원회 역사상 처음 있는 일이었다. 그러나 유엔 인권위원회의 하급기관이면서 정부대표가 아닌 26명의 독립적인 인권전문가에 의해 구성된 유엔 인권소위원회는 이미 지난 1997년과 98년에 이와 비슷한 내용의 인권결의안을 채택한 바 있다. 따라서 이번 결의안은 98년 이후 북한의 인권상황이 개선되지 않았다는 것을 인권소위원회의 상급기관인 인권위원회가 재확인한 것이라고 해석할 수 있다.

작년 유엔 인권위에는 약 10여개 국가에 대한 결의안이 상정되었다. 그 가운데 수단, 짐바브웨 및 체첸 결의안은 다수결에 의해 부결되었고 북한, 벨라루스, 투르크메니스탄 등은 다수결에 의해 채택되었다. 북한과 투르크메니스탄 결의안은 유럽연합이, 벨라루스는 미국이 주도하였다.

아래의 표에서 보듯이 북한 인권결의안은 시민정치적 권리를 중심으로 북한의 인권현실을 지적하고 나서 유엔의 다양한 인권관련 기구와의 협력을 통해 인권개선에 나설 것을 촉구하고 있다.

2003년 유엔 인권위원회 북한 인권결의안 개요

〈전문〉
- 모든 유엔 회원국들은 인권과 기본적 자유를 신장·보호하고 다양한 국제적 장치들에 의해 부여된 의무를 이행할 책무가 있음.
- 북한은 시민적·정치적 권리에 관한 국제협약, 경제·사회·문화적 권리에 관한 국제협약, 아동권리협약, 모든 형태의 여성차별철폐에 관한 협약의 당사국임.
- 북한이 상기 4개 협약의 이행에 관해 제출한 보고서들을 주목하고 적기에 보고서를 계속 제출하도록 권장함. 또한 북한이 제출한 보고서들에 관한 아동권리위원회와 인권이사회의 심사결과 보고서도 주목함.
- 북한내 불안정한 인권상황과 특히 최근의 진전에도 불구하고 상당한 비율의 아동과 그들의 신체적·정신적 발달에 여전히 영향을 미치고 있는 아동 영양실조에 깊은 우려를 표명함.

- 모든 인권과 전국민의 기본적 자유를 보장하는 것은 북한정부의 책임이라는 점을 재확인함.
- 남북한 화해과정의 효과적인 지속에 대한 중요성을 강조하고 이러한 관점에서 최근의 진전을 주목함.
- 인권분야에서 구체적인 진전으로 이어질 수 있는 건설적인 접근을 촉진하기를 기대함.

〈본문〉

1. 북한내 조직적이고 광범위하며 중대한 인권침해에 깊은 우려를 표명함.
   - 사상, 양심, 종교, 의견, 표현, 평화적 집회 및 결사, 정보접근에 대한 자유 제한, 자유로운 이동 및 해외여행 제한 ● 고문 및 기타 비인간적 차별, 공개처형, 정치적 이유에 의한 사형, 수많은 수용소, 광범위한 강제노동, 자유가 박탈된 사람들의 권리존중 미약 ● 장애아동에 대한 부당대우 및 차별 ● 계속되는 여성인권 및 기본적 자유에 대한 침해

2. 북한당국이 국제사회가 독립적으로 북한내 인권침해 상황을 파악할 수 있도록 여건을 조성하지 않은 점을 유감스럽게 지적하며 북한정부의 시정 노력을 다음과 같이 촉구함.
   - 고문방지협약과 인정차별철폐협약 등 미가입 국제협약의 비준과 이미 가입한 국제협약에 따른 의무 이행 ● 상기 관련 정보 제공 ● 아동권리위원회와 인권이사회의 권고사항 이행 ● 특히 인도적 사유로 다른 국가로 이동한 북한주민들에 대한 처벌과 그들의 출국을 수감, 비인간적 또는 굴욕적인 처우, 혹은 사형으로 처리하는 반역처리의 자제 ● 유엔 인권체제와 협조, 특히 식량권, 고문방지, 종교 및 불관용, 자의적 구금 담당 특별보고관, 강제적 또는 비자발적 실종에 관한 실무그룹 및 국제인권기구 등과 협조 ● 외국인 납치와 관련된 모든 미해결 사안의 명쾌하고 투명한 해결 ● 국제적으로 인정된 노동기준 준수

3. 불안정한 인도적 상황에 관한 보고에 관한 깊은 우려를 표명함.

4. 북한에 대한 인도적 지원이 소요와 인도적 원칙에 따라 전달될 수 있도록 북한당국이 인도적 기구, 특히 유엔 전문기구 등이 자유롭게 방해를 받지 않고 북한내 모든 지역에 접근할 수 있도록 허용함.
5. 인도적 지원, 특히 식량원조가 인도적 원칙에 따라 분배되고 국제 인도적 단체들의 대표들이 이러한 분배를 감독하고 망명의 기본적 원칙의 존중을 보장하기 위해 북한을 여행하도록 허용할 것을 국제사회가 북한정부에 계속 촉구하도록 요청함.
6. 유엔 인권고등판무관실이 인권분야 기술협력 프로그램을 설치할 목적으로 북한당국과 포괄적인 대화를 갖고 새롭게 발견된 내용과 권고사항을 차기 유엔 인권위원회 회의에 제출하도록 요청함.
7. 북한 인권상황을 (2004년) 제60차 유엔 인권위원회 회의에서 같은 의제하에 우선적인 문제로 계속 다루도록 결정함.

 북한인권을 논의하는 데 가장 어려운 점은 북한의 인권현실에 직접 접근할 수 있는 수단이 제한되어 있다는 것이다. 따라서 독립적인 단체에 의해 직접 조사된 신뢰할 만한 보고서가 아직 없다. 지금까지 많은 북한 인권관련 보고서가 있었지만 대부분 특정 현실에 촛점을 맞추거나 과장하여 총체적 모습과는 다소 거리가 있었다. 따라서 북한인권에 대한 논의에는 이념적 코드에 맞게 현실을 구성하는 '장님 코끼리 만지기' 식의 문제점이 있어왔다. 유엔 인권위 결의안도 예외는 아니라고 보인다.
 그럼에도 유엔의 북한 인권결의안은 이제 북한 인권문제가 북한의 국내문제 또는 남북한의 민족문제만이 아니라 국제적인 인권문제가 되었다는 데 가장 큰 의미를 지닌다고 본다. 이러한 변화는 유엔으로 대표되는 국제사회가 북한의 인권문제에 좀더 많은 관심을 가지게 되었다는 긍정적 측면을 가진다. 그러나 이 문제를 인권에 대한 '순수한' 관심이 아닌 정치적 또는 이념적 목적으로 이용하고자 하는 시도 또한 국내 및 국제사회에서 동시적으로 나타나고 있다.

다른 나라에 대한 결의안과 비교해볼 때 북한 인권결의안은 국내외적으로 적지 않은 논란을 불러일으켰다. 주된 이유는 채택시기가 이라크사태 및 북핵사건과 맞아떨어졌기 때문이었다. 필자가 만난 유엔 인권위 취재 외신기자와 국제인권단체 활동가 대다수는 "왜 올해 북한인가"라는 질문을 던지곤 했다. 즉 미국의 이라크 침공 의도에 대한 의구심과 비판적 시각을 갖고 있던 이들은 이라크·이란과 함께 미국에 의해 3대 '악의 축'으로 지목된 북한에 대한 인권결의안을 결코 우연이나 별개의 사건으로 보지 않았던 것이다. 게다가 미국이 근 10년간 연례행사처럼 추진하던 중국 인권결의안을 이라크 침공에 대한 '묵인'의 댓가로 '포기'하고 또 유럽연합이 수년간 제기하던 이란에 대한 결의안을 뚜렷한 이유없이 '포기'함에 따라 북한 인권결의안에 대한 이중잣대 시비와 음모론이 더욱 크게 부각되었다.

결의안 표결 직전의 토론은 그러한 분위기를 잘 드러내준다. 북한정부 대표는 투표 전 발언에서 "이번 결의안 내용은 조작과 거짓으로 가득 차 있으므로 전적으로 배격한다"며 "결의안이 통과될 경우, 유럽연합과의 관계와 유엔 인권위의 정상적인 활동에 부정적 영향을 미칠 것"이라고 강하게 반발하였다. 북한의 동맹국인 중국도 "최근 북한과 유엔 인권기구 및 유럽연합 사이에 인권분야에서 많은 협력이 있었다"고 전제하면서 "그러한 상황에서 이런 비난조의 인권결의안은 최근의 한반도 평화와 안정을 위한 국제적 노력에 부정적 영향을 끼치는 역효과를 가져올 것"이라며 반대의사를 분명히 밝혔다. 이외에도 북한의 전통적인 우방국 꾸바와 시리아는 "서방국가가 북한 인권상황 개선에 진심으로 관심이 있다면 하루 빨리 미국의 대북 경제봉쇄조치를 철회해야 한다"는 요지의 북한 지지 발언을 했다. 이러한 일련의 발언에는 미국이 이라크 침공을 정당화하는 명분으로 대량살상무기 이외에도 인권회복과 민주주의 수호를 이용했듯이 북한 인권결의안은 상황에 따라서는 '미국의 북한 목조르기와 침공의 명분'으로 이용될 수 있다는 우려를 반영하고 있다.

북한정부의 반응은 작년 나라별 결의안의 대상이 된 대다수 국가의 반응과 크게 다르지 않아 보인다. 거의 예외없이 해당 정부는 주권의 절대성 또는 내정불간섭 논리를 내세워 유엔 인권위 결의안의 정당성을 부정하는 반응을 보였다. 이러한 반응을 제대로 이해하기 위해서는 유엔 인권위 내에서 나라별 결의안의 역사와 배경을 이해할 필요가 있다. 나라별 결의안은 한 국가내의 인권침해가 매우 심각하여 국제적인 관심과 협력이 요청되는 경우에 유엔 인권위에서 채택한다. 이 제도는 인권의 보편성, 즉 인권이 더이상 주권국가의 국내문제가 아니라 국제사회의 관심사라는 인식을 반영하고 있다. 유엔은 이 제도를 통해 1979년 아르헨띠나를 필두로 칠레 등 여러 남미 군사정권에 의해 자행된 대규모 인권침해를 비판하고 압력을 가해왔다. 이후 남아공의 인종차별정책, 팔레스타인 문제가 집중적으로 다루어졌고 이라크, 이란, 부룬디, 미얀마 등 전세계의 여러 나라로 그 범위가 확대되었다. 제네바의 인권전문가들은 보통 나라별 결의안 채택을 병원에 입원하는 것으로 비유한다. 유엔 인권위원회는 환자의 증세를 진단하고 입원을 결정하는 배심원의 역할을 하는 셈이다.

절대 다수의 인권단체는 나라별 결의안을 국제사회의 압력을 효과적으로 동원할 수 있는 유용한 제도로 환영해왔다. 반대로 인권상황이 열악한 국가들은 이를 정치적으로 부담스럽게 여겨왔고, 결의안의 대상에 오른 국가들은 외교력을 총동원해서 명단에서 빠져나가고자 노력해왔다. 결의안을 논의하는 과정에서 인권 특별보고관 등 유엔의 인권기구와 인권단체는 인권피해자를 대신한 검사의 역할을 하고 해당 국가는 피고의 입장이 된다. 그런데 문제는 피고가 배심원의 역할을 한다는 데 있다. 왜냐하면 정부간 기구인 유엔의 성격상 인권침해국도 유엔 인권위의 위원국이 될 수 있고 따라서 피고의 위치에 처한 정부의 대표가 자신에 대한 결의안의 채택 여부를 판단하는 권한을 가지기 때문이다. 그러므로 이 제도의 정당성과 효율성 문제가 발생한다. 인권침해자인 국가가 인권의 보호와 증진을 논의하고 결정하는 모순적 상황이 발생하는 것이다. 이러한 인권위의 정치적 성격 때문에 나라별 인권결의안과 관련하여 항상 인권위의 독립성과 중립성에 대한 적지 않은 논란과 시비가 있어왔다.

이러한 이유로 인해서 국제엠네스티를 비롯한 대다수의 공신력있는 국제인권단체들은 북한 인권결의안에 대해 즉각적인 환영성명을 발표하지 않았다. 인권이 냉혹한 국제정치의 장에서 얼마나 자주 그리고 쉽사리 강대국, 특히 최근 미국에 의해서 정치적으로 악용되는지 숱하게 목격한 국제인권단체들은 조심하지 않을 수 없었던 것이다.

사실 이중잣대 시비 또는 음모론은 유엔 자체 그리고 유엔 인권위의 정치적 성격을 알고 나면 결코 놀랄 일은 아니다. 필자를 포함해서 제네바의 대다수 인권관계자들은 유엔 인권위가 겉에서 보는 것과 달리 가장 정치적인 유엔기구라고 하는 데 대체로 동의한다. 즉 유엔 인권위는 인권이라는 보편적 가치와 국익이 충돌하고, 인권을 명분으로 국익이 경쟁하고 타협하는 다자간 외교의 현장이다. 인권외교에는 국익 증대를 위해 인권을 이용하는 현실외교와 외교적 수단을 이용해 인권을 증진시키는 인권운동의 양면이 포함되어 있다. 따라서 인권위의 결의안에는 원칙으로서의 인권과 현실로서의 정치가 뒤섞여 있다. 그러므로 유엔 인권위 결의안을 인권에 관한 절대적 권위를 가진 중립적이고 초국가적인 국제기구의 법적·도덕적 판단이라고 침소봉대할 필요가 없다. 그렇다고 거꾸로 결의안을 강대국 특히 미국과 유럽연합의 정치적 음모로 단순히 환원하는 것도 바람직하지 않다고 본다.

유엔 결의안의 가장 큰 약점이자 결함은 북한 인권을 북한의 내부문제로 한정해서 파악한 일방적 시각에 있다. 대부분의 인권침해가 그러하듯이 침해현상 자체는 한 국가의 영토 안에서 발생하지만 원인은 국내와 국외적인 요소의 복합인 경우가 많다. 기근으로 인한 식량부족에서 기인한 먹을 권리, 즉 식량권 같은 경제사회적 권리나 발전권의 경우가 더욱 그러하다. 예를 들어 수백만 북한주민의 영양실조와 기아문제를 단순히 북한의 정치경제체제 문제로 환원해서 북한정부만을 비난하는 것은 객관성이 결여된 접근으로 보인다.

특히 탈냉전 이후 지속된 경제봉쇄조치에 따른 체제존속에 대한 위기감과 악화된 북한의 에너지위기 등 안보 및 경제개발과의 연관성에 대한 고려 없이 인권을 독립변수로 취급해 분리해서 다루는 방식은 현실성이 매우 떨어진다. 물론 이러한 지적이 역으로 '북한의 모든 인권문제가 환경재난 또는 미국의 경제봉쇄조치에서 기인한다'거나 '북한이 요구해온 북미불가침협정이 맺어지면 북한 인권문제가 자동적으로 해소 또는 해결된다'는 또다른 환원론을 정당화하는 것으로 해석되어도 안된다. 결국 북한의 인권문제를 이해하고 개선책을 찾기 위해서는 국내외적 요인 모두와 안보와 경제개발 등 인권을 둘러싼 구조적 측면을 복합적으로 고려할 필요가 있다.

3. 인권결의안 통과 이후의 상황

인권결의안이 통과되자 북한정부가 작년 11월로 예정된 유엔 경제·사회·문화적 권리에 관한 국제규약(ICESCR)의 이행에 관한 보고서 심의를 거부할지 모른다는 우려가 유엔 안팎에서 있었다. 그러나 우려와 달리 북한정부는 대규모 대표단을 제네바에 파견하여 보고서 심의에 성실하게 임했고 심의중 위원을 북한에 초청 제의하는 등 적극적 자세를 보였다. 그리고 올해 6월 1일로 예정된 아동권리협약에 관한 보고서 심의의 경우는 심의 이전에 아동권리위원회의 위원을 초청하는 등 한층 적극적인 협력의사를 표명하고 있다. 한편 북한정부는 유엔 인권고등판무관실에 공문을 보내 작년 유엔 인권위의 대북 인권결의안의 정당성을 인정하지 않으므로 협력할 수 없다는 입장을 분명하게 피력하였다.

이러한 북한정부의 이중적 자세에 대해 일부에서는 유엔 인권위의 결의안을 피하기 위한 목적이라고 해석하기도 한다. 즉 북한은 '북한이 가입한 국제인권협약에 따른 의무를 성실히 수행하고 있으며 관련 유엔 인권기구와 적극적으로 협력하고 있다'는 이미지를 심어, 유엔 인권위의 결의안을 부정하는 것이 유엔 인권기구와의 협력 자체를 부정하는 것이 아니라는 것을 부각시키고자 한다는 것이다. 특히 유엔을 통해 식량을 비롯한 대규모 인도주의적 지원을 받고 있는 북한의 입장에서는 명분도 쌓고 실익도 챙기는 일석이조의 전략이라는 것이다. 이러한 정치적 해석의 진실 여부를 떠나 일단 국제인권협약에 대한 북한의 적극적 협력자세는 크게 환영할 만한 사실임이 분명하다. 북한은 인권위원회와의 협력은 거부하지만 다른 유엔 인권기구와의 협력을 통해 인권을 개선하겠다는 정치적 의지를 간접적으로 표명하고 있기 때문이다.

한편 인권단체의 경우 국내에서는 불교의 인도주의 지원단체인 '좋은 벗들'이, 국제적으로는 국제엠네스티가 북한의 식량권에 대한 인권보고서를 최근 발표하였다. 같은 주제에 대해 비슷한 시기에 발표된 두 보고서는 식량권을 북한의 대다수 주민이 당면한 가장 시급한 인권문제로 파악하고 이에 대한 개선책을 권고하고 있다. 이 두 보고서는 인권이 정치화되는 것을 매우 경계하면서 인권이 인도주의적 지원의 전제조건이 아니라 국제사회가 더욱 적극적인 인도주의적 지원을 통해 북한의 인권 보호와 증진에 기여해야 한다고 주장하고 있다.

한편 2003년 11월 미국 의회에 상정된 이른바 '북한자유법안'(North Korea Freedom Act)은 북한 인권문제가 유엔 차원뿐만 아니라 미국의 대북한정책에서 중요한 역할을 하고 있다는 것을 잘 보여준다. 올해 초에 발간된 미국무성의 연례 인권보고서의 북한인권 비판 또한 미국의 대북한정책의 기본 시각을 반영하고 있다. 특히 '북한자유법안'은 '북한에서 정권교체가 없이 인권의 근본적 개선이 없다'는 근본주의적 접근법을 반영하고 있으며 인권을 인도주의적 지원의 전제조건이자 정권교체 또는 체제변혁의 지렛대로 간주하고 있다는 점에서 국내외적으로 많은 우려를 자아내고 있다.

이라크에서 핵은 물론 아무런 대량살상무기를 발견하지 못했음에도 불구하고 상당수의 미국국민이 부시정권의 이라크 침공을 지지 또는 추인했다는 사실은 인권이 대량살상무기만큼의 파괴력을 지닐 수 있다는 것을 역설적으로 보여주고 있다. 이라크사태는 초강대국이 이제 인권과 민주주의를 명분으로 유엔 안전보장이사회의 승인 없이도 다른 주권국가를 무력으로 침공할 수 있다는 부정적 '인도주의적 개입'(humanitarian intervention)의 선례를 남겼다. 이런 변화된 국제정치

흐름 속에서 '북한자유법안'은 '악의 축'으로 지목된 북한을 제2의 이라크로 만들려는 미국의 패권적 동북아시아 전략의 일부라는 우려가 제기되고 있는 것이다.

앞에서 살펴보았듯이 작년의 결의안 통과 이후 여러 행위주체에 의해 다양한 방향으로 북한인권을 둘러싼 국면이 전개되고 있다. 올해 유엔 인권위에서의 북한인권에 대한 논의와 결의안은 새로운 국면을 조성할 것으로 예상된다. 이러한 변화된 상황을 염두에 두고 이 문제와 관련된 다양한 행위자가 북한인권의 개선을 위해 어떠한 역할을 할 수 있는지 종합적으로 검토하면서 몇가지 제안을 하고자 한다.

4. 한국과 국제사회의 역할

한국정부의 역할

북한 인권문제의 개선은 당사국으로서 열쇠를 쥐고 있는 북한정부의 정치적 의지가 일차적으로 중요하지만 한국 정부와 시민사회 그리로 유엔을 비롯한 국제사회 또한 긍정적인 역할을 할 수 있다.

먼저 한국정부는 자신의 과거 경험을 바탕으로 북한정부가 유엔을 전략적으로 활용하여 인권개선의 계기로 삼을 수 있도록 필요한 지원을 아끼지 말아야 한다. 특히 한국정부는 90년대초 이전의 군사독재시절 유엔 인권위에서 많은 국제인권단체에 의해 인권침해국으로 비판을 받아왔다는 사실을 상기할 필요가 있다. 실제로 남한의 인권운동은 인권개선을 위해 유엔 인권기구를 나름대로 적극적으로 활용해왔고, 2001년 출범한 국가인권위원회는 대표적 사례로 들 수 있다. 인권고등판무관실의 다양한 프로그램에 대한 특별 재정지원과 북한이 적극적 관심을 보이고 있는 인권조약위원회를 적극적으로 활용해 인권 대화와 협력의 제도적 틀을 발전시킬 필요가 있다.

인권개선을 위해 외부적 압력은 필요하지만 내부의 개혁을 근본적으로 대체할 수는 없다. 특히 인권을 자유롭게 논하고 행동을 표출할 수 있는 시민사회가 부재한 북한의 현실에서 북한정부가 정치적 태도를 바꾸어 인권에 좀더 긍정적인 정책을 수립하는 데 우호적인 외부환경을 조성하는 것이 필요하다. 동시에 그동안 별도로 진행되어온 통일, 안보 및 남북 경제협력 정책을 인권의 관점에서 통합적으로 접근하는 방식을 개발할 필요가 있다. 인권을 모르거나 외면하고는 통일정책의 정당성과 실효성을 담보하기가 갈수록 어려워지기 때문이다.

한편 작년 결의안 통과에서 노무현 참여정부의 표결 불참결정을 둘러싸고 적지 않은 논란이 있었다. 사실 한국정부는 유럽연합이 추진한 결의안에 대해 사전에 알고 있었고 협의에 참여했지만 분명한 입장 없이 마지막 순간까지 애매한 태도를 견지했다. 국가안전보장회의(NSC)에서 최종 결정된 불참결정에 대해 당시 정부는 '전략적 선택'이라고 주장했다. 그러나 당시의 정황과 이후의 대책을 보면 불참결정은 임기응변의 성격이 강하고 오히려 '전략적 무선택'에 가깝다고 보여진다. 필자가 보기에 한국정부는 아직도 북한 인권문제를 다루는 기본 철학과 원칙 그리고 이에 따른 체계적인 중장기 정책과 전략을 마련하지 못하고 있다.

이러한 현실은 현정부의 인권외교에 대한 비전의 부재와 실천적 역량 부족을 반영하고 있다. 사실 한국정부는 지금까지 북한의 인권문제를 독립변수가 아니라 통일 및 안보와의 연관 또는 종속변수로 다루어 왔다. 이러한 입장은 지금까지 인권을 국가안보와 경제성장의 걸림돌로 간주했던 과거 군사정권 논리의 연장선상에 있다고 보여진다. 따라서 유엔 같은 국제무대에서 한국정부는 인권에 대해 소극적 입장을 취해왔다. 그 결과 한국정부는 인권외교에 대한 전문적 역량을 갖추지 못했고 북한 결의안 논의가 마침 새 정부 출범시기와 맞물리면서 이에 대해 제대로 대처할 수 없었다고 보인다. 지금부터라도 한국정부는 북한 인권문제의 계기를 적극적으로 활용하여 인권외교의 기본정책과 중장기적 전략을 개발할 필요가 있다.

국내 인권단체의 역할

현단계의 정치적 환경에서는 한국정부보다 한국의 인권단체가 더 많은 역할을 할 수 있다고 본다. 이제 한국의 시민사회, 특히 주류 인권단체가 더 적극적으로 북한의 인권개선을 위해 나서야 한다. 그러나 공동의 행동에 나서기에 앞서 극복해야 할 내부적 과제들이 있다.

일부 인권단체가 보여온 폐쇄적 민족주의 감정에 기댄 '북한 눈감아주기' 또는 냉전적인 반북정서를 등에 업은 '북한 때리기' 모두 북한의 실질적인 인권개선과 평화통일에 결코 도움이 되지 않는다. 특히 북한 인권문제에(만) 전념하는 인권단체와 남한 인권문제에(만) 전념하는 인권단체 간에 서로의 이해와 신뢰를 구축하기 위한 열린 대화가 필요하다. 어느정도의 좌편향과 우편향은 사상과 이념의 다양성 및 관용의 차원에서 인권운동에 필요하고 바람직하다. 양자는 공통의 기반을 만들어서 아직 과거 냉전이데올로기에 취해 있는 극우와 극좌세력이 한국시민사회를 이념투쟁의 장으로 몰아가는 것을 방지해야 한다.

철저하게 피해자의 눈으로 현실을 보면, 민족·체제·이데올로기를 넘어서서 모든 인권피해자에 대한 연민과 공감이라는 보편적 인권감수성을 공유할 수 있다. 이를 바탕으로 관심은 있어도 역량의 한계와 과거의 관성 때문에 미처 실천하지 못하는 영역을 다른 단체가 대신하고 있다는 역할분담론의 관점에서 서로에 대한 이해와 수용이 가능하다고 본다. 이를 위해서는 '내 편 아니면 적'에서 '적이 아니면 친구'라는 좀더 적극적인 발상의 전환이 필요하다고 본다.

이렇게 상호신뢰와 연대로 맺어진 국내의 인권단체들은 몇가지 연대사업을 전개해볼 수 있다. 먼저, 식량지원 같은 인도주의적 지원을 통한 북한의 인권개선 노력을 국내외에서 강화할 필요가 있다. 물론 식량배급의 투명성과 효율성을 높여야 하지만 그것이 전제조건이 되어 정치적 무기로 악용되지 않도록 해야 한다. 굶어죽어가고 영양실조에 걸린 사람들에게는 인권에 대한 백마디 말보다 한끼의 밥이 더 절실히 필요하다. 국내뿐만 아니라 북한 인권결의안을 추진하고 지지한 나라들을 대상으로 북한 인권개선의 위해 인도주의적 지원을 증대하라고 결의안에 근거해 요청할 수도 있다.

둘째, 탈북자문제를 우선적으로 다룰 필요가 있다. 탈북자문제는 북한 내부의 식량난과 관련이 있지만 일단 중국으로 들어온 탈북자는 인신매매와 노예제 등 온갖 인권침해의 피해자가 된다. 이와 관련하여 중국당국이 탈북자를 북한으로 강제송환하는 것을 중지하고, 탈북자에게 조속히 난민 지위를 부여하거나 안전지대를 설치하는 등의 조치로 중국에서의 탈북자 인권침해를 제도적으로 방지하는 문제를 유엔 인권위에서 강력히 거론할 필요가 있다. 탈북자문제 같은 국경을 넘는 국제적 인권문제는 유엔 같은 기구가 좀더 효과적으로 다룰 수 있다고 본다. 그러나 '북한자유법안'처럼 탈북을 의도적으로 조장하거나 주중 외국대사관 잠입 같은 이른바 '기획망명' 시도는 사태의 개선보다는 악화를 가져올 수 있다. 동시에 탈북자문제의 구조적 해결을 위해 북한 내부의 식량난과 경제위기 해소에 국제사회가 적극적으로 움직일 필요가 있다.

셋째, 북한인권과 관련하여 국내에서도 해야 할 일이 많다. 우선 국내에 들어온 탈북자들의 인권보호와 증진이다. 이들이 탈북 동기와 상관없이 한국사회에서 보통사람과 같은 수준의 인권을 누릴 수 있도록 특별한 관심을 기울여야 한다. 이와 함께 남북한의 반인권적 악법의 개혁도 동시에 추진할 필요가 있다. 특히 북한의 인권개선을 위해서라도 하루 빨리 남한의 국가보안법은 폐지되어야 한다. 그동안 국가보안법은 오히려 북한의 인권현실을 제대로 알고 운동을 펼치는 데 걸림돌로 작용해왔다. 사형제도와 양심에 따른 병역거부 문제도 유엔의 기준과 권고에 따라 시급히 개선되어야 한다. 북한 인권결의안을 채택한 유엔 인권위 산하의 여러 제도와 인권이사회는 한국정부에 오래 전부터 국가보안법을 폐지할 것을 권고했고 한국의 여러 반인권적 법과 제도의 개선을 요구해왔다. 유엔을 통한 북한 인권개선전략을 위해서라도 남한의 인권현실을 유엔이 설정한 국제기준 이상으로 하루 빨리 끌어올리는 것이 더욱 중요해진다. 한국의 인권현실이 국제수준으로 올라갈수록 북한의 인권문제에 대해서도 한층 자신감을 가지고 대할 수 있기 때문이다.

넷째, 이런 과정에서 공신력있는 국제인권단체의 참여를 더욱 적극적으로 이끌어내는 것이 중요하다. 현재 국제적 공신력을 지닌 국제인권단체들은 북한 자체에 대한 접근의 어려움과 정치적 도구화에 대한 우려 때문에 북한 인권문제를 적극적으로 다루는 것을 꺼리고 있다. 북한 인권문제가 지닌 복합적 성격을 고려하여 북한 인권문제만을 다루는 단체만이 아닌 여러 나라 인권문제나 특정 주제를 전문적으로 다루는 국제인권단체의 폭넓은 참여가 필요하다. 이를 통해 일부 특정단체의 이념적 편향을 극복할 수 있고 좀더 효과적인 여론과 재원 동원을 통한 씨너지효과를 창출할 수도 있다.

한편 인권을 남북 평화통일의 입장에서 좀더 적극적으로 활용해야 한다. 지금까지 남북한 당국과 대다수 정치인들은 인권을 통일과 경제발전의 장애 또는 장식 정도로 이해해온 경향이 있다. 그러나 지금부터는 남북한 정부 모두 유엔이 설정한 국제적 인권기준을 통일과정에서 적극적으로 활용할 필요가 있다. 즉 '어느 체제가 더 우월하냐'는 체제경쟁이 아니라 '남북한 모두 국제기준에서 얼마나 낙후되어 있느냐'는 자기반성적 접근이 필요하다. 그렇게 함으로써 인권이 통일과정에서 정치화 또는 수단화하는 것을 막고 안전장치 또는 나침반의 역할을 할 수 있을 것이다.

국제사회의 역할

국제사회의 경우 한국 정부와 인권단체를 측면지원하는 역할을 수행하는 것이 필요하다. 특히 미국, 유럽, 일본에 있는 인권단체의 경우 그들의 '순수한' 북한 인권문제에 대한 관심이 자국의 외교정책이나 정치세력의 이해관계에 따라 정략적으로 이용될 가능성을 경계해야 한다. 따라서 독자행동보다는 공동의 목표와 전략하에 한국 인권단체와 공동캠페인을 전개하는 것이 요구된다.

특히 베이징 6자회담에 참여하는 당사국들은 한국정부와 함께 북한 인권개선을 위한 우호적 국제환경을 조성하는 역할을 해야 한다. 여기에는 유엔과 유럽연합이 함께하는 것도 긍정적으로 고려할 만하다. 무엇보다도 한반도의 핵위기를 평화적으로 조속히 해결하는 과제가 급선무이다. 이 문제의 해결 없이 인권만 주장하는 것은 공염불에 불과하다. 국가체제 자체가 위협에 처한 상황에서 국가안보보다 국민 개개인의 인권을 우선시할 국가는 없기 때문이다. 즉 '북한의 핵무기개발 포기와 체제안전 보장'을 통해 한반도 긴장의 구조적 요인을 하루 빨리 제거해야 한다. 이 과정에서 인권을 적극적으로 활용하는 지혜를 발휘할 필요가 있다. 체제안전을 인간안보의 관점에서 보면 인권이 체제안전의 중요한 요소가 되기 때문이다.

5. 다자간 포괄적 안보논의 제도를 통한 인권개선

앞에서 언급한 다양한 제안을 하나의 제도적 틀로 묶는 작업은 개별사업과 마찬가지로 중요하다. 사실 둘은 상호보완적인 성격을 지닌다. 예를 들어 1970년대 냉전시기 서방과 소련 사이에 맺어진 헬싱키협약과 유사한 형태로 안보·경제협력 및 인권을 하나의 묶음으로 협약을 맺는 방식을 한반도 상황에 맞게 적용해볼 만하다. 이 모델의 관점에서 보면 북한인권, 남북경제협력, 한반도 핵위기, 평화통일 및 동북아 평화와 안정은 하나의 패키지로 묶인다. 이는 인권의 상호의존성, 즉 인권을 민주주의, 평화 및 발전과 함께 접근해야 한다는 원칙에도 부합한다. 이러한 틀에는 국가를 대표한 정부뿐만 아니라 시민사회 특히 인권단체의 참여가 보장되어야 하고, 국가인권위원회도 이 틀 속에서 중요한 역할을 할 수 있을 것이다. 지역차원에서 다자적이면서 종합적인 대화협력의 제도적 틀이 부재한 동북아의 정치현실에서 이러한 시도는 초기에 우여곡절을 겪겠지만 궁극적으로는 신뢰증진과 갈등예방의 효과를 얻을 수 있다. 이러한 접근은 인권의 정치화를 방지하면서 인권이 국가간 긴장과 갈등의 원인이 아니라 지역내 협력과 안정의 주춧돌 역할을 할 수 있는 가능성을 높여줄 것이다.

물론 북한을 비롯해서 주변 당사국이 이러한 틀을 수용하기까지는 상당한 시간이 걸릴지도 모른다. 그러나 중요한 것은 북한 인권문제가 북한 내부의 문제로 그치는 것이 아니라 동북아 전체 더 나아가 동아시아 전체의 평화와 안정과 직결된 문제라는 것이다. 따라서 유엔을 통한 북한 인권논의를 북한만이 아닌 동북아 또는 주변 당사국의 모두의 인권을 개선하는 제도의 발전으로 연결시키는 장기적 구상과 전략이 필요하다. 특히 유엔의 국제인권기준에 비해 매우 낙후된 동북아지역의 인권현실을 고려할 때 유엔을 통한 다자적 접근은 일석이조의 효과를 가져올 수 있다.

이러한 접근은 예언자적 신앙인의 모범인 안중근의 '동양평화론'으로 그 뿌리가 소급될 수 있고 최근 국내외에서 활발히 논의되고 있는 '동북아중심국가론' 또는 '시민사회 주도의 동북아공동체론'과도 직간접적으로 연결된다. 더 넓히면 '동북아문명론'으로까지 확대해볼 수도 있다. 즉 대응하기에 따라서 북한 인권문제는 우리의 역사적 상상력을 통해 위기가 아닌 호기가 될 수도 있다. 이럴 때 비로소 북한의 인권문제는 한국사회를 분열시키고 남북관계를 악화시키는 양날의 칼이 아니라 축복받은 원죄(blessed sin)가 될 것이다.

제 3 부
한국의 경제와 동북아시아

한국의 미래를 비추는 세 개의 거울

우 정 은

1. 들어가며

경제성장의 단계마다 하나의 지배적인 관념이 있으며, 그것은 특정한 지리적인 의미를 담고 있다. 동아시아 국가들이 세계 각국에서 소비할 저렴한 완제품을 대량으로 생산해내는 값싼 노동력의 무제한 공급이라는 날개를 달고 '도약'할 때, 공간조직에 있어 선호된 발상은 '수출특별구역' 혹은 '경제특별구역'이었다. 이 특구들 안에는 디킨즈(Dickens) 소설에 나옴직한 공장들이 자리잡고 앉아 먼 지역의 시장수요에 맞추기 위해 쉴새없이 돌아갔으며, 이 공장을 다스리는 규정과 규제는 해당 나라의 다른 곳에서 통용되는 것과는 거의 무관한 것들이었다. 이 구역들과 그것들을 설치한 국민경제는 일종의 '질병예방지대'를 형성하여, 분리된 채로 있는 게 최상이라고 여겨진 두 세계가 섞이지 않도록 해주었다. 종종 억압적이고 보호무역주의적인 국내사회와, 자유세계경제의 다른 어떤 곳보다도 더 자유방임적이기 일쑤인 분방한 특별구역들이 그것이다. 이 유형의 공간형태──마산 수출자유지역이 가장 좋은 예이다——는 산업발전의 초기단계에서 한국에 많은 공헌을 했으며, 동아시아의 (때로는 명목상 사회주의국가인) 개발도상국들에서 재연되고 있음을 볼 수 있다.

오늘날 새로운 유행은 '거점경제'(hub economy)라는 관념이다. 동아시아——더 정확히 말해 동북아시아——가 제조업중심에서 써비스중심 경제로 옮겨가고 자본과 상품 시장이 충분히 자유화됨에 따라, 공간조직의 주도적 양식으로서 '특별경제구역' 대신 '거점'이라는 개념이 들어섰다. 홍콩에서 싱가포르·중국·타이완·일본·한국까지, 모두들 자기네 땅에 거대한 거점경제가 대규모 성단(星團, clusters)의 형태로 자리잡기를 바란다. 이런 식이라면 결국 우리는 금융·운송·물류 거점들의 성단이 생겨나는 것을 보게 될 것이며, 이들 전체는 전지구적 비즈니스를 행하는 하나의 거대한 지역복합체가 될 것이다. 예외없이 이 거점들은 아시아·태평양의 여러 지역에 일종의 '관문'(gateway) 구실을 할 것이다. 국민경제에서 '경제특구'에 해당하는 것이 초국적 경제에서는 '거점'이다.

거점이 여러 나라에 공통되는 일반적인 개념이라는 사실은——이 지역의 정부들은 아마도 서로의 장기적인 전망과 계획에서 아이디어들을 따오느라 바빴을 것이다——여러가지 문제를 제기한다. 첫번째 분명한 문제는 이 경제거점 모델이 홍콩이나 샹하이(上海), 싱가포르 같은 고도로 국제적인 도시들의 경우에는 대단한 의미가 있겠지만, 서울 주변의 지역들에서도 과연 통할까 하는 것이다. 가령 경제거점을 위한 탄탄한 물적 기반을 건설하는 것도 문제지만, 이는 그나마 가장 쉽게 극복할 수 있는 문제이다. 이보다 더, 특히 30년이라는 한 세대 안에서 극복하기 어려운 것은 (대규모 기관투자가의 존재와 세계 수준의 주식시장이라는) 금융자원의 상대적 결여와 (다른 거점경제들에 비해) 법률·회계·예측 분야의 최고급 인재의 상대적 부족이며, 세계주의문화의 부재는 더 해결하기 어려운 점이다. 그렇지만 이 어느 것도 새로운 문제는 물론 아니다. 한국의 정책입안자들은 '거점경제' 계획 전체에 신참자로서의 어려움이 들어 있음을 잘 알고 있다. 그러나 바로 이 정책입안자들은, 지난 40년간 한국의 산업화 과정에서 그랬던 것처럼, 단호한 의지와 꼼꼼한 계획 및 금융자원을 통해, 그리고 많은 창조력을 발휘함으로써 한국의 경제적·문화적인 불리함을 극복하길 희망하고 있다.

거점경제가 원칙적으로 가능하다면, 논리적으로 다음 문제는 태평양 서쪽 연안 즉 아시아 쪽의 북동지역에 금융·운송·물류 거점이 정확히 몇개나 들어설 여지가 있는가, 그리고 동북아시아의 경제거점이 되려는 경쟁에서 한국에 어떤 상대적 잇점이 있는가 하는 점이다. 이 물음에 대한 답은 물론 중국의 성장전망에 달려 있다. 중국의 급속한 경제성장이 정상궤도를 유지하고 중국연안이 광대한 내륙지역에 성장의 동력을 공급한다면, 그때는 아마도 중국으로 가는——한국의 관문들을 포함한——갖가지 관문들이 생겨날 여지가 많다. 중국인들은 자기 집으로 통하는 문이 많으면 좋다는 말을 즐겨 한다. 홍콩, 샹하이와 함께 한국은 소위 대중화권(大中華圈)을 이루는 광대한 집의 많은 문 가운데 하나가 될 수 있다. 즉 중국의 경제세력권으로 통하는 동문(東門)이 되는 것이 미래의 한국 모습일 가능성이 크며, 이는 역사적으로도 한국에 생소한 역할은 아니다. 하지만 이 점에 관해서는 나중에 더 논할 기회가 있을 것이다.

이 글에서는 기본적인 문제들로 돌아가서, 한국이 거점경제가 된다는 것이 현실적으로 무슨 의미가 있는지, 나아가 한국이 샹하이와 홍콩의 중국인들과 싱가포르의 화교들이 그들의 도시에 대해 구상하고 있는 그런 유형의 거점경제들을 육성하기 위해 노력하는 것이 실제로 옳은지를 묻고자 한다. 바꾸어 말하면, 한국이 거점경제라는 관념을 통째로 받아들이기 전에 참된 공개토론이 있어야만 한다는 것이다. 왜냐하면 '거점경제'란 다름아닌 대규모 사회공학을 함축하며, 해당 나라의 경제적·문화적 지형에 심대한 변화를 초래할 의향까지 포함하는 것이기 때문이다. 다행히도 창비의 이번 기획은 그런 방향으로 한발짝 다가가는 계기가 될 것이다.

'거점경제' 같은 사회적·경제적 비전은 한 국가의 집단적인 자기정체성에 기반을 두게 마련이다. 그것은 한 국가가 상상하는 자기의 모습, 그리고 자기가 속한 세계의 바람직한 모습을 미래로 투사한 것이다. 이를테면 홍콩의 금융·운송·물류 거점의 광대한 비전은——홍콩이 사실상 국제도시임에도 불구하고——더 '중국적'이 되려는 욕구에 입각하고 있다. 홍콩이 철저하게 상업적인 중계항이라는 자기 모습에 만족스러워한다는 점은 유명한 사실인데, 이는 영국이 통치한 한 세기와 중화인민공화국으로부터 정치적으로 격리된 반세기가 남겨준 유산이다. 그렇기 때문에 홍콩은 오늘날 중국적이 됨으로써 세계를 중국으로 인도할 완벽한 거점이 될 '여유'가 있는 것이다. 샹하이는 홍콩의 반대모습이다. 사실상 중국도시로서의 샹하이는 자유분방한 자본주의 방식을 제어하고 결국에는 절멸시키는 고통과 억압을 통해 얻어진 것이었다. 샹하이는 숨막히는 공산주의를 반세기 동안 견뎌내고서야, 과거 샹하이가 항상 자신의 모습으로 여겼던 국제도시를 다시 표방할 권리를 얻었다. 싱가포르 또한 해상무역으로 번창한 유서깊은 중계항 도시지만, 영국에서 독립한 후로 중국 편향이 강하기는 해도 다민족적인 정체성을 보존하려 애써왔다. 리 콴유(李光耀)가 자랑하는 '아시아적 가치'란 본질적으로는 또하나의 중국판 세계주의에 질서와 기율을 부여하려 한 교묘한 시도였다.

달리 말해 홍콩과 샹하이 및 싱가포르는 근본적으로 중국의 목에 보석처럼 걸려 있는, 우리가 한때 '매판'도시라고 일컫던 도시들이다. (운송거점으로서 타이완의 까오슝高雄은 비중은 덜할지 몰라도 중국의 또하나의 매판도시라고 볼 수도 있지만, 정치상황을 고려할 때 이런 얘기는 은밀하게나 할 수 있는 이야기다.) 이 도시들은 중국과 세계 사이에 탄탄히 자리잡고 있으며 기꺼이 대중화권의 일부가 되고자 한다. 매판세력이 되는 것은 이 도시들의 피내림이자 정체성의 주요 부분이며 최종목적(telos)으로, 그들은 이러한 과거에 기초해 자신들의 미래를 쉽게 그려볼 수 있다.

반면 한국의 최종목적이란, 정말로 그런 것이 있다면, 무엇인가? 일찍이 헨리 제임스(Henry James)는 미국인으로 사는 것은 복잡한 운명이라고 단언했는데, 내 생각에 이는 어떤 국적에도 해당되는 말일 것이다. 그렇지만 역사상 바로 이 시기에 한국인으로 사는 것은 확실히 곤혹스런 일이다. 한국은 민족분단의 속박에 묶여 있고, 따라서 자신의 미래를 구상하기가 어렵다. 하나의 분단국가로서 비교적 폐쇄적인 국내경제를 배경으로 제조업 기반의 산업화에 착수하는 것과, 금융자본과 다국적 화물의 통과지점이라는 미래를 기획하는 것은 전혀 별개의 문제이다. 분단국가가 세계를 향해 손을 뻗을 수는 있지만, 세계가 분단국가를 향해 손을 내밀 가능성은 적으며, 특히 긴장과 위험으로 가득한 분단일 경우에는 더욱 그렇다. 민족분단이 산업화의 광포한 질주를 방해할 필요는 없었지만──오히려 냉전상황에서는 이 나라의 대규모 경제적 동원을 조장하기까지 했을 것이다──이제 민족분단은 21세기 한국의 미래를 만들어가는 데 주된 장애물이 되고 있다.

카를 맑스는 독일의 사회적·경제적 전망에 관해서, 영국이 독일에 미래의 거울을 비춰준다는 유명한 말을 한 적이 있다. 한국이 미래의 거울을 유심히 들여다볼 때, 어떤 모습이 보이는가? 나는 이제부터 '거점경제'에 대한 논의에서 암시한 한국의 미래에 대한 세 가지 가능성, 각기 별개이면서도 서로 연결된 가능성들을 제시하려고 한다. 나는 그것을 한국의 미래를 비추는 세 개의 거울이라고 부르며, 각각의 배후에 놓인 정치경제학적 논리를 파헤칠 것이다.

2. 전지구적 논리, 국제적 정체성

보통 '거점'(hub, 바퀴통)경제는 바퀴살 세 개――금융·운송·물류――로 충분하며, 앞서 논의된 중국의 항구도시들도 마찬가지다. 그렇지만 한국의 경우, 금융의 바퀴살이 단연코 약해서 한국의 거점구상에 전지구적인 금융중심(financial center)을 포함시킬 가치가 있을까 싶을 정도이다. 하지만 금융중심은 전지구적 한국의 꿈을 구성하는 재료 그 자체이다. 금융중심은 평범한 도시를 전지구적 도시로 만들고, 그 주민들을 우아하고 명민하며 세계주의적이고 부유한 인간들로 공인해주는 요인이다. 컨테이너항과 공항터미널을 아무리 많이 세운다고 해도 그것들이 합쳐져 전지구적 도시를 이루는 것은 아니다. 그리고 전지구적 도시가 최소한 하나라도 있지 않으면 전지구적 국가도 있을 수 없다.

금융중심들의 새로운 전지구적 네트워크는 과거의 것과 확실히 다르다. 흩어져 있는 역외금융중심(offshore banking centers, 국제금융에서 비(非)거주자간의 거래를 위한 조세·외환관리 등 각종 우대조치와 그 영업거점을 제공한다―옮긴이)들과 국가적 금융중심들의 이중구조 대신에, 새로운 네트워크는 뉴욕과 런던에 사령탑(commanding heights)을 둔 비용절감 체계(lean system)이다. 뉴욕과 런던은 막대한 금융자원과 인재들의 보고(寶庫)이며, 따라서 금융중심으로서 다른 도시에 의해 대체될 수 없다. 이들 전략적 고지 아래에는 다국적 금융회사들이 업무를 볼 수 있는 소수의 전략적 도시들이 있으며, 다음으로는 자본의 흐름을 감시하고 채권을 발행하며 '관문' 역할을 할 수 있는 다른 도시들이 있다. 즉 다음과 같은 그림을 떠올려보면 되겠다. 전략적 고지 아래에 가령 유로화 통용지역(euro zone)의 중심지인 프랑크푸르트 같은 일련의 전략도시들이 있을 수 있다. 홍콩은 중국과 국제 자본시장을 연결하는 도시이며, 토오꾜오는 일본국민이 가진 세계 최대규모의 채권·저축·연금 자산을 저장하는 도시이다. 그 다음에는 전략적 가치가 작음에도 불구하고 '관문' 기능을 하는 싱가포르, 씨드니, 토론토, 쌍빠울루 같은 도시들이 있다. 신속한 금융자유화, 대규모 은행통합과 합병, 활발한 채권시장의 계속적인 발전이 이루어진다면, 서울은 제3등급의 이 '관문' 도시에 속할 수 있을 것이다. 이것은 또한 법적·제도적 하부구조만이 아니라 물리적 하부구조까지 엄청난 정밀검사 및 수리가 전제되는 대규모 개입이다. 샹하이의 경우를 생각해보자.

아직 샹하이는 정말 중요한 금융중심이 될 수는 없다. 완전태환(完全兌換)이 가능한 통화와 믿을 만한 법률 및 회계 체계가 없는 한 그렇다. 그런데 앞으로 언젠가는 중국의 금융거점이 되어서, 중국인구의 1/3과 제조업 생산의 절반을 차지하는 양쯔강 유역의 7개 지방에 자본을 공급하게 되기를 바라는 이 도시는 무엇을 하고 있는가? 지난 10년 동안 고속도로·교량·대중교통을 포함하여 샹하이의 기반시설을 개선하는 데 4백억 달러 이상을 쏟아부었다. 외국 투자가들은 277억 달러를 추가로 지불했으며, 그 가운데 작년 한해에 들어간 돈만 해도 50억 달러이다. 한때 '동양의 빠리'라고 불린 상하이는 현재 (적어도 특정 지역들에서는) 건축상의 경이를 이룬, 놀랄 만큼 아름다운 도시이다. 세계무역기구(WTO) 가입에 발맞추어 중국에서 금융제도가 자유화되는 즉시, 상하이는 별 어려움 없이 전지구적 도시이자 금융거점으로 탈바꿈할 것이다.

중국과 동남아시아로 통하는 관문으로서의 홍콩이 금융거점으로서 갖는 무수한 잇점 가운데 하나는 말레이시아, 싱가포르, 인도네시아 사람들이 홍콩에 있는 미국이나 일본계 은행에서 돈을 빌릴 수 있다는 사실이다. 게다가 훌륭한 항구, 적절한 항구관리, 알맞은 항구행정제도, 그리고 법치(영미식 관습법에서 유래한 법이라는 점이 더욱더 큰 잇점이다)가 겸해질 때, 홍콩은 마침내 거의 완벽한 거점경제 도시가 된다. 이 만만찮은 과거와 현재로도 충분하지 않다는 듯이, 홍콩은 앞으로 보험·재보험·벤처자본과 아울러 연·기금 운용의 중심이 되겠다는 대망을 품고 있다.

홍콩의 성공비결은 중국이 전반적으로 홍콩에 경제간섭을 하지 않고 '1국 2체제' 정책을 유지해왔다는 사실에 있으며, 얼마간의 미미한 정치적 간섭이 있다 해도(1997년 이전에 예측했던 것보다 훨씬 덜한 정도의 간섭이다), 이 간섭이 무엇보다도 안정성과 예측성을 갈망하는 금융자본의 이익에 딱히 저해되는 것이었는지는 분명하지 않다.

이와는 대조적으로 한국이 미래에 동아시아 거점이 되고 따라서 국제적 정체성을 획득하는 데 있어 최대의 걸림돌은 안정된 안보환경의 부재이다. 가장 근본적으로는, 서울/인천이 '동양의 빠리'가 되기는커녕 북한의 협박대로 '불바다'가 될 수도 있는 상황에서, 언덕 위에 빛나는 금융도시란 있을 수 없다. 투자자들이 갈망하는 안정성 대신에 몇 년마다 핵문제로 인한 엄청난 대치상태가 반복돼서, 생각할 수 없는 일—북한에 대한 정밀제한공격(surgical strike)—을 미국이 생각하도록 만드는 곳에서, 국제적인 경제거점이란 불가능한 것이다. 2003년 핵 대치상태로 말미암은 긴장으로 한국의 외국인 투자가 반으로 급락했다는 사실은 그다지 놀라운 일이 아니다. 통상적으로 기업의 회계가 다른 나라보다 더 단기적인 미국 쪽의 투자가 71.7% 줄었는데, 미국의 기업환경이 나쁘다는 것만으로는 다 설명될 수 없는 규모다. 유럽연합의 투자는 24% 줄었다. 일본의 투자는 조금 증가했지만, 아마도 엔화 강세가 반영되었을 것이다.

적합한 도시 하부구조, 자유주의 금융정책, 적절한 기업 물류를 갖춘 제3등급 '관문'거점도시 중 하나가 되는 것이 한국으로서 이룰 수 없는 일이라고는 생각하지 않는다. 하지만 한반도의 분단으로 쉴새없이 야기되는 긴장을 만족스럽게 해결하지 못하는 한, 한국이 그 일을 해내기 어렵다는 것은 의심할 나위가 없다(영어 원문에서는 한국, 한반도 등 다양한 뜻이 'Korea'라는 한 단어로 쓰인다. 여기서는 맥락에 따라 필요한 경우에 한해 한반도로 옮긴다-옮긴이). 한반도가 결국 하나로 통합되거나 연방국가가 되거나 아니면 '1국 2체제'의 틀로 존속할 수도 있겠다. 그러나 앞으로 어느 쪽으로 해결되더라도, 한국 바깥의 세계인들에게 한국이 기업을 경영하기에 안전한 곳이라고 납득시키는 것이 있어야 한다. 달리 말해 이 분단된 나라에서 오랫동안 자취를 감춘 근원적으로 한반도적인 정체성이 없을 때, 한국은 국제적인 정체성도 결국 얻을 수 없을 것이다.

3. 중화세계질서의 논리, 지역적 정체성

경제 혹은 금융 거점보다 훨씬 더 그럴듯하고 실현가능한 것은 운송거점으로서의 한국의 가능성이다. 인천 부근의 영종도는 항공과 해상 교통이 연결될 수 있는 곳이며, 흔히 말하듯이 인구가 백만 이상인 도시 43곳이 비행거리 2시간 이내에 있는 그런 곳이다. 거점으로서의 영종도는 10억 이상의 표적시장(target market)에 항공편과 화물운송편을 제공할 잠재력을 갖고 있다. 가벼운 첨단기술 화물을 인천항으로 싣고 와 화물수송기로 나른다는 구상이다. 그리고 좋은 점은 모든 일의 시작과 끝을 한자리에서 볼 수 있다는 것이다. 즉 항만·공항이 있어서 영종도 주변에는 (금융구조보다 제공하기가 훨씬 더 쉬운) 필요한 모든 하부구조를 갖춘 물류중심이 가능하고, 일단 물류·유통 지향의 회사들이 영종도에 자리잡기만 하면, 아마도 결국에는 다국적기업들의 집중지역으로 발달해나갈 것이며, 그곳에서 번창하는 기업에 자금을 조달하는 다국적은행의 지점이 몇군데 생길 것이다. 이런 점에서 영종도 거점은 푸뚱(浦東) 국제공항과 와이까오챠오(外高橋) 자유무역지역, 양샨(洋山)의 수심 깊은 항만을 결합함으로써 샹하이 물류거점이 이미 이룩한 모습을 좀더 작은 규모로 재현할 수 있을 것이다. 마찬가지로 광양-부산 권역(belt)은 까오슝이나 중국 북부를 일본 해안이나 태평양의 동쪽 연안 즉 아메리카 쪽과 연결하는 운송거점이 될 수 있다. 적절한 정부지원이 따른다면, 이곳은 규모가 더 작을지는 몰라도 또하나의 로테르담이나 싱가포르가 될 수 있을 것이다.

이 모든 일은 또한, 중국이라는 경제적 자석 주위를 선회하는 경제권 속에 한국이 통합되는 것을 전제로 한다. 이는 한국경제의 비교적 단기적인 전망과 장기적인 전망 모두를 보더라도 한국에 꼭 불리한 일은 아니다. 단기적으로 보자면, 워싱턴이 세계무역기구 규정의 자구와 정신을 당당하게 위배하겠다고 나서는 데서도 예증되는, 현 국제무역 질서의 불안정성에 대해 중국이 일종의 보호 울타리를 제공해주기 때문에 유리하다. 자유주의적인 케이토(CATO)연구소의 최근 연구에 따르면, 미국 하원의원 435명 중 15명, 상원의원 100명 중 22명만이 '자유무역주의자'로 간주될 수 있다. 워싱턴은 또한 미국의 무역정책을 고분고분한 국가들에 대한 보상으로 이용하는 노선을 더욱 공공연하게 택하고 있으며, 미국의 대외정책을 지지하는 국가들에 대해서는 무역적자를 감수할 의사도 더욱 강하게 표명하고 있다.

부시행정부의 출범으로, 특히 9·11사태의 여파로 전지구적 무역질서가 여러 면에서 큰 타격을 입었다면, 효과적인 보호수단을 제공할 유일한 의지처는 지역내 무역일 것이다. 가령 북미국가들은 북미자유무역협정(NAFTA)의 거대한 역내시장에, 유럽국가들은 유럽연합에 시선을 돌릴 수 있다. 마찬가지로 동아시아는 중국에 의지할 수 있으며, 중국의 크기를 감안한다면, 동아시아의 지역기구들이 유럽의 알파벳 조합(EU, NATO 등)을 닮든 안 닮든 그것은 별반 중요한 문제가 아니다. 국제적·지역적 기구들의 관찰자들이 지역주의의 형식적 발현에만 눈이 어두워 미처 알아차리지 못한 사이에, 이미 동아시아에서 복잡한 역사적·지정학적 현실에 적합한 대단히 독특한 형태의 지역조직이 생겨났는지도 모른다.

그 한 측면은 아시아태평양경제협력기구(APEC)나 아세안지역안보포럼(ARF) 같은 형식적인 지역기구에 꼭 의존하지 않고도 급속하게 서로 연결되고 있는 지역공동체(regionalism)의 출현이다. 나는 현재 협상중인 쌍무적 자유무역협정들의 점점 더 울창해지는 수풀에 의해 형성되는, 법률상이 아니라 사실상의 지역공동체가 존재하고 있다고 주장하고자 한다. 일정한 수의 쌍무적 자유무역지대가 형성되는 순간, 동아시아에는 즉시 사실상의 지역시장이 존재하게 될 것이다. 왜 그렇게 되는가? 경제적 지역공동체가 유럽에서 마침내 가능했던 데는 숱한 이유가 있는데, 바로 그 점에서 동아시아에서는 공식적 지역경제공동체란 가능하지 않다. 20세기에 그토록 엄청난 슬픔과 고통을 가져온 민족주의를 제거하려는 고심의 결단이 유럽연합의 핵심에 있다면, 대체로 동아시아에는 바로 이런 의지가 결여되어 있으며 아직 민족주의가 생명을 다하지 않은 것이다. 또한 유럽과 달리 동아시아에는 집단행동을 통해 미국의 압도적 힘에 맞서려는 의지도 없다. 무엇보다도 동아시아는 너무나 공통점이 없는 지역이어서 국가들은 서로 극히 다른 발전단계와 이질적인 정치체제를 가지고 있다. 이처럼 두드러진 다양성에서는 통합의 실질적인 가능성이 생겨나지 않는다. 이렇게 본다면, 동아시아 지역공동체의 자원과 모습은 유럽연합이나 남미공동시장(Mercosur)이나 북미자유무역협정과는 크게 다를 수밖에 없다.

무엇보다도, 새로 출현중이며 아직 이름붙여지지 않은 동아시아 지역공동체란 전통적인 중화세계질서에 속하는 방대한 지역을 포괄한다. 중국의 동쪽으로는 한국과 타이완을 포함하고 남쪽으로는 베트남, 태국 북부, 싱가포르, 그리고 인구의 약 30%가 중국계인 말레이시아의 주요 부분을 포함한다. 인도네시아와 필리핀도 중국계 소수민족 기업가들을 통해 이 지역질서권에 통합되어 있는데, 이들은 자신들이 시민권을 지니고 있는 해당 국가의 국부 중 매우 큰 몫을 틀어쥐고 있다. 일본조차도 미국과 서구를 지향하는 대신에 점차 이 '새로운 (오래된) 세계질서'의 일부가 될지도 모른다.

장기적으로 전지구적 시장의 부침(浮沈)에 맞서 안정성과 울타리를 제공해주는 것은 아마도 중국시장일 것이다. 아시아개발은행연구소(Asian Development Bank Institute)가 행한 동아시아 무역에 관한 신뢰할 만한 계량경제학적 예측에 따르면, 중국은 앞으로 20년 동안 미국에 대해 막대한 무역흑자를 계속 축적할 것이고, 이것은 타이완·한국·일본 같은 비아세안 국가들에 대한 엄청난 무역적자 및 싱가포르나 말레이시아 같은 아세안 국가들에 대한 좀더 작은 규모의 무역적자에 의해 상쇄될 것이라고 한다. 달리 말하면, 결국 중국은 피터(미국)에게서 빼앗아 폴(대중화권의 주변국가들)에게 주는 형국이 될 수 있다는 것이다. 이런 상황이 워싱턴이 감수할 만한 것인지 아닌지는 물론 토론거리지만, 중요한 것은 동아시아 지역공동체가 분리된 민족국가들을 형식적으로 조직하는 문제라기보다는 중국 주변의 국가들을 광대한 중국시장에 통합하는 문제라는 점이다.

인천 항만/공항은 이 새로 출현하는 지역질서의 맥락에서 볼 때 유효하다. 그러나 또한 인천 거점이 북한경제를 전지구적 무역질서에 통합시키는 조율된 노력과 짝지어진다면 더더욱 유효할 것임에 틀림없다. 인천은 두 개의 한국을 묶는 거점이 될 수 있다. 이를 제대로 이해하기 위해서는 이제까지 다루지 않은 운송거점의 측면, 즉 두 한국을 연결하는 철도에 관심을 돌려야 한다.

4. 민족적 논리, 한반도 정체성

한반도종단철도(TKR)가 완성되어 시베리아횡단철도(TSR)와 연결될 경우에는 유럽시장에 접근하는 비용이 절반으로 줄어들 것이다. 또한 북한에서 생산된 재화가 인천으로 운송되어 여러 목적지를 향해 선적될 것이다. 만약 한반도의 절반이 아닌 전체를 위해 기능한다면, 전략항구로서 인천의 가치는 대단히 높아질 것이다. 현대가 지금 개성에서 개발하고 있는, 백 개 이상의 기업을 유치할 수 있는 대규모 산업공단을 고려하면, 인천 거점의 논리는 더욱 분명해지고 거의 불가피한 일이 된다.

북한을 한국의 거점경제로 끌어들이는 것은 헛된 몽상일지도 모른다. 그러나 이 몽상이 미래의 정치경제학 기획의 핵심적인 부분이라는 점은 의문의 여지가 없다. 북한을 끌어들이지 않고 번영하는 초국적 거점경제를 건설하는 것은 아마도 궁극적으로 가능하지 않을 것이다. 절름발이인 나라는 똑같이 절름발이 거점경제만을 낳을 수 있을 뿐이다. 대중화권(大中華圈) 연안의 항구도시들은 그들의 목표지점에 대한 확고한 인식을 가지고 날개를 펼칠 수 있다. 반면에 서울과 인천은 오직 자신들의 잘려진 날개를 응시하면서, 변덕스러운 정치적·군사적 변화에 따라 끝없이 협상해야 하는 여러 다양한 목표지점을 놓고 궁리할 수 있을 따름이다.

이것은 한국의 거점을 두 개의 한국을 화해시키는 데 기여하는 방식으로 생각할 필요를 보여준다. 이는 서로 절연된 두 경제의 통합에서 결과적으로 이익이 될 조건들을 충분히 사고하는 것을 의미한다. 이런 점에서 동북아개발은행(Northeast Asian Development Bank, NEADB)의 설립 제안은 큰 의미를 지닌다. 동북아개발은행의 목적은 예를 들어 두만강지역 개발프로그램 같은 장기적인 지역투자 프로그램을 조정함으로써 동북아시아지역의 경제적 통합을 촉진하는 것이다. 두만강지역 개발프로그램이 아직 별 진전을 이루지 못한 것은 현찰이 너무 부족해서이기도 했다. 동북아개발은행에 대한 반대는 통상의 흔해 빠진 이야기들인데, 아시아개발은행(ADB)과의 기능 중복을 우려하는 일본의 목소리나 세계은행의 노력과 중복되는 것을 염려하는 미국의 목소리 등이 그것이다. 그러나 지역개발은행들이 있어야 하는 요체는 국제개발기구들이 지구 전체를 효과적으로 감당할 수 없다는 점, 심지어 아시아조차도 아시아개발은행이 혼자 감당하기에는 너무 크다는 사실에 있다.

　더구나 최근 아시아개발은행은 남아시아의 개발계획에 더 힘을 기울이고 있는데, 이 지역을 이제까지 소홀히 취급해왔다는 (정당한) 비판을 받았던 것이다. 또 아시아개발은행의 촛점은 대규모의 물리적 하부구조의 재원을 대주던 데서 교육·보건·빈곤퇴치·환경보존을 지원하는 쪽으로 바뀌었다. 이는 동북아시아의 하부구조 발전에 커다란 구멍을 남겼고, 이것을 메울 동북아개발은행과 같은 기구의 필요성은 절실해졌다. 문제는 재정 자금을 가진 일본이 동북아개발은행 구상에 동의하도록 설득하는 일인데, 이는 불가능한 일이 아니며, 특히 일본의 대북한 배상의 잠재력과 연결될 수 있다면 가능성은 더 커진다. 1965년 일본과 한국의 관계정상화와 그에 따른 5억 달러의 차관은 마닐라의 아시아개발은행 설립과 동시에 이루어졌다. 동북아개발은행의 출범이 북일관계의 타결과 동시에 이루어지기를 상상하는 것은 지나친 일이 아닐 터이고, 어쩌면 시베리아에서 북한을 거쳐 일본까지 천연가스관을 연결할 가능성이 이에 도움이 될 수도 있겠다.

　이제 '거점경제' 발전의 국제적·지역적 논리로부터 그것의 민족적 논리로 옮겨와 거기에 정면으로 촛점을 맞춘다면, 거점경제는 한국의 여러가지 문화적 가능성을 열어주는 것이기도 하다. 계속되는 군사적 대치와 독재체제에 저항하는 오랜 투쟁의 유산이, 분명 동아시아에서 가장 활기찬 시민사회의 하나를 남한에서 만들어냈다. 자기 땅에서 핵전쟁이 벌어질 가능성에 부딪혀 유럽에서 가장 크고 정치적으로 가장 힘있는 평화단체(녹색당)를 포진해낸 곳이 다름아닌 서독이었듯이, 민주적이고 평화지향적인 규범이 뿌리내리게 된 곳은 바로 남한이다. 한국의 이러한 민주적 정체성은 모습을 드러내는 데 오랜 시간이 걸렸지만, 오늘날은 풀뿌리조직들과 네트워크들, 특히 세계의 방대한 네트워크인 인터넷의 복합적이고 대단히 효율적인 그물망을 통해 광범위하게 공유되며 유지되고 있는 정체성이다. 오늘날 한국학생들은 화염병을 던지는 대신 촛불시위를 하며 밤샘을 한다. 또 폭동진압 경찰과 싸우는 대신 미국의 일방적 행동에 대해서, 특히 한국과 관련된 부분에 대해서 맹렬한 반대의사를 밝혀 여론을 형성한다. 어쨌든 한국의 시민사회가 엄청나게 잘 조직되어 있고 그 활동가들 및 중간층 시민들이 힘겹게 획득한 민주시민으로서 자신들의 권리를 지키는 데서 매우 목청이 높다는 사실은 부인할 길이 없다.

민주적 규범이 오늘날의 한국인들을 규정하는 것이라면, 세계도 그 점을 이해하고 있다. 한국은 오늘날 시민들이 미국 수정헌법 제1조(표현의 자유 보장조항―옮긴이)의 권리를 미국인들보다도 더 자유롭게 행사하는, 벌집 쑤셔놓은 것처럼 활기찬 곳이라는 인상을 세계의 다른 나라에 심어왔다. 또한 열광적 응원의 날개를 펼쳐 한국축구팀이 월드컵에서 과거에 이르지 못했던 높이까지 이를 수 있도록 떠메고 간, 바로 그 못말리는 '붉은악마'들은 세계 초강국 미국의 정책에 동의하지 않을 때에도 전혀 말을 꺼리는 법이 없다. 한국의 정치문화에 일어난 일은 민족주의와 민주주의적 규범의 강력한 융합인데, 이것은 활동가 수준에서만이 아니라 중간층 시민이나 전문가들의 경우도 마찬가지다. 다른 나라들에서는 민족주의적 규범들의 붕괴가 일어나고 있으며, 실로 일본이나 독일처럼 전쟁의 유산으로 민족주의가 금기어로 되어버린 나라들에서는 그런 규범들은 생각할 수도 없는 것이다. 그러나 한국에서는 민족주의가 마침내 진보적이고 민주주의적이 될 수 있었다. 또 당연히 한국의 생기 넘치는 대중문화가 존재한다. 과거에는 미국의 대중문화가 동아시아를 지배했다면, 최근에는 '한류(韓流)'가 이 지역, 특히 중국을 휩쓸고 있다.

결국 미래의 큰 그림을 그려보는 커다란 프로젝트라면 정말 진정한 한반도적 정체성 위에 근거해야 한다. 한국의 정책입안자들이 합당한 사회공학의 청사진을 만들 작정이라면, 당연히 미래의 거점을 구상함에 있어 가장 중요한 촛점은 북한에 일정한 혜택을 가져다주는 하부구조 개발이며, 그럼으로써 북한을 남한과 세계에 더 가깝게 끌어당기는 것이다. 이를 통해 민주적 규범들에 충실한 세계주의의 문화를 건설할 수 있을 것이다.

외국기업과 은행들을 끌어들이는 것 외에도 한국정부는 문화적 적소(適所, niche)에 대해 더 창조적으로 생각하면서 세계를 이 적소, 즉 충분히 민주적이고 시민적인 문화이자 싹트기 시작한 대중문화로 끌어들일 수 있을 것이다. 한국은 돈을 버는 거점만이 아니라 전세계의 민주주의적 실천의 심화를 위한 거점이 될 수도 있으며, 이 둘이 항상 서로 배타적인 것은 아니다. 한국은 초국적인 비정부기구들, 국제기구들, 국제교육기구들, 지역개발은행들의 거점이 될 수 있다. 예를 들어 한국은 얼마든지 동북아개발은행의 유치국이 될 수 있는데, 마찬가지로 전지구적 경제개발기구들도 유치할 수 있다. 어쨌든 경제개발은 한국인들이 아주 잘해온 것 중 하나이다. 한국에는 유엔대학 체계의 일부인 헬싱키의 와이더(WIDER)와 매우 비슷한 개발연구소가 생길 수 있다. 또한 한국은 나라의 위상을 높이는 방편으로 역시 유엔과 연결된 일련의 인권·시민활동·환경 관련 조직들을 유치할 수 있을 것이다.

5. 맺는말

이 글의 단순한 전제는 장기적인 사회계획은 언제나 그 민족의 자기

정체성 및 그 민족이 자신을——10년, 20년, 30년 후의 자신을——어떻게 상상하기를 원하는가 하는 점에 근거해야만 한다는 것이다. 나는 거점경제를 위한 한국의 야심찬 계획이 한국의 세 가지 서로 다른 미래와 정체성으로 나누어진다고 주장했다. 금융과 재정에 대한 강조는 서울이 전지구적 도시가 되는 것을 필요로 하고, 그 주민들이 과거에 꿈꾸었던 것보다 훨씬 더 세계주의적이 될 것을 요구한다. 운송과 물류 거점에 대한 강조는 한국의 지역경제로의 통합을 부각시키며, 그것은 어느 점으로 보나 중국에 중심을 둘 것이고, 따라서 현대 한국을 전통적인 중화질서와 유사한 질서에 재편해넣을 것이다. 그렇지만 두개의 한국과 시베리아를 통한 육상수송에 촛점을 맞추고 보면, 미래에 대해 전혀 다른 거울이 나타난다. 그것은 동아시아에서 가장 떠들썩하고 생동하는 민주적 문화 중 하나를 가진 나라에서 자랄 수 있는 미래이며, 또한 민족통일에 대한 강한 열망과 맺어진 미래이다. 미래의 세 개의 거울에 비친 상들은 상호배타적인 것은 아니다. 한국이 통일된다면 이 상들은 합쳐져 일관된 하나의 전체상을 형성하게 될 것이다. 그것이 어떻게 가능할까?

한국의 민중을 움직이는 민주주의와 민족주의라는 한쌍의 규범을 고려한다면, 비핵화된 한반도를 향해 밀고 나가는 것——이는 한반도의 안보가 워싱턴의 면밀한 감시하에 안정화되려면 필수조건인바——그래서 결국 중립적인 한반도를 만들어내는 것도 생각할 수 있는 일이다. 중립적인 한반도가 동북아시아에 존재한다면 매우 바람직한 일일 것이다. 중립은 쌍방통행로이다. 그것은 두 방향 모두 진행이 가능하며, 사실 경제적으로는 온갖 방향으로 나아간다. 세 개의 거울이라는 발상에서 보자면, 중립은 세 가지 미래 모두를 가능하게 한다. 중립국 스위스가 민간금융으로 성공한 것과 똑같이, 중립은 더 국제화되길 원하는 한국에 진정한 복이 될 것이다. 그것은 또한 운송거점의 완벽한 무대가 되며, 국제기구들에도 완벽한 무대이다. (이것이 바로 유엔이 부분적으로 스위스에 자리잡고 있는 이유이다.) 무엇보다도 중요한 것은, 중립적 한국은 철저하게 파괴적인 20세기 역사라는 사지(死地)로부터 평화롭고 번영하는 새로운 한국, 남북간의 평화로운 공존이 한참 지속된 후에 마침내 통일된 한반도를 건져낼 것이라는 점이다.

〔김정미 옮김〕

동북아시대 신구상

이 수 훈

1. 신구상의 배경

'평화와 번영의 동북아시대'를 열자는 최상위 국정목표와 무관하지 않게 노무현정부 들어 '동북아' 담론이 무성하다. 동북아[1]는 각종 학술회의의 주제, 시사교양지의 기획의제, 학술지의 주제로 각광을 받고 있다. 노무현정부는 국가발전전략인 '동북아경제중심'을 추진하는 한편, 그와는 별개로 노무현으로 표상되는 세력이 추구하는 역사관과 세계관을 담은 새로운 인식론을 요구하는바 그것을 '동북아시대 신구상'으로 명명하게 되었다.[2]

우여곡절을 겪고 정리된 동북아시대 신구상에는 적어도 세 가지 배경요인들이 작용하였다고 본다. 열거하자면, 첫째 한반도 분단과 북한문제, 둘째 중국 요인을 위주로 하는 북방축의 등장, 셋째 미국과의 관계 재정립 이슈가 그것이다.

첫째, 한국에 동북아시대론이 각별한 의미를 지니는 것은 한반도의 분단과 북한이라는 존재 때문일 것이다. 한반도는 분단을 극복하고 남북관계를 진전시키지 않고서는 다음 단계로의 도약이 불가능한 형편이다. 그래서 동북아 관념이 매력이 있으며, 적실성도 있는 것이다. 만약 우리에게 남북관계라는 짐이 없다면 우리도 일본이나 중국처럼 동아시아론으로 충분할 일이며,[3] 특히 동남아지역 국가들과 긴밀하게 맺고 있는 경제관계를 고려할 때 굳이 동북아를 고집하여 마치 동남아를 배제하는 듯한 인식론을 제기할 이유가 없는 것이다. 북한은 우리의 업보이며, 남북문제는 타자가 해소해줄 사안이 아니라 바로 우리가 가능한 역량을 모아 주도성을 발휘해야 할 문제이다. 한국이 동북아시대를 부르짖는 데는 이같은 자신만의 절박한 이유가 있다.

둘째, 중국의 고도성장과 자본주의 세계시장 내부의 중심행위자로서의 변신이 아니라면 동북아시대론이 불필요하다. 즉 중국 요인이 없었다면 한국에서 동북아시대론은 나오지 않았을 것이라고 봐도 무방하다. 탈냉전기에 접어들어 우리는 지난 50여년간 잃어버렸던 북방을 회복했다. 중국은 말할 것 없고, 러시아도 무시하지 못할 한반도 주변 강국으로 자신을 수습한 결과이다. 북방축 혹은 대륙세류의 등장은 한반도에 엄청난 중압으로 작용하지만, 동시에 운신의 폭을 넓혀준다는 측면도 있다. 한국은 동북아라는 새로운 역동적 공간을 오직 자신만의 이익을 극대화하는 방향으로 활용하겠다는 것이 아니라 역내 모든 국가들의 평화와 공동번영에 이바지하는 방향으로 활용하겠다는 것이 동북아시대 구상이다.

셋째, 파괴적인 한국전쟁을 치른 후 공고해진 냉전체제로 말미암아 냉전기 한국의 중심은 미국이었다. 일본도 미국의 하위파트너로서 한국의 중심을 구성했다. 즉 지난 50년간 한국은 이들 해양축에 의존해 역사를 꾸려왔다. 앞에서 주목한 북방의 회복과 북방축의 등장은 자연히 기존의 해양축 일변도의 노선에 변화를 촉구하게 되었다. 당연히 대미관계 재정립 이슈가 제기되었다. 한반도가 소용돌이에 들고 분단체제가 동요하는 데는 이같은 세계체제 권력의 재편이 한몫을 했다. 해양축과 북방축이 맞닿아 만들어내는 동북아의 역동성은 한반도에 문자 그대로 위기를 불렀다. 동북아시대론은 이 위기를 돌파하여 분단을 극복하고 자신이 주도하는 역사를 꾸려가겠다는 포부를 담고 있다.

이 글은 이같은 배경 아래 등장한 한국의 동북아시대론에 대해 필자 나름의 인식론을 펴는 것을 목표로 삼는다. 다음 절에서는 신구상의 쟁점들을 검토할 것이다. 그런 다음 좀더 구체적인 신구상의 내용을 안보, 경제, 문화, 자원 및 환경 등 네 영역으로 나누어 살펴볼 것이다. 글을 맺으면서 신구상의 포부 혹은 열망을 밝힐 것이다.

2. 동북아시대 신구상의 쟁점들

동북아시대의 도래

20세기 후반, 특히 1970년대 초부터 세계질서에 중요한 변화가 오기 시작했다. 이 변화는 제2차 세계대전 이후 미국 주도 아래 구축된 세계질서의 해체를 예고했다. 전후 세계질서의 해체에 이바지한 한 요인이 바로 일본을 위시한 동아시아 국가들의 급속한 경제성장이었다. 일본은 이미 1960년대 중반에 세계경제의 중심부로 진입했고, 이후 1990년대초 거품붕괴 때까지 세계경제대국으로서의 위상을 지녔다. 일본에 이어 한국, 타이완, 홍콩, 싱가포르 등 동아시아의 소국들이 1970년대부터 기적 같은 고도 경제성장을 이루어내었다. 이들 국가들은 미국 중심의 세계시장에 대한 상품수출을 통해 경제성장을 이루었다. 그와 동시에 일본을 중심으로 하는 동아시아 역내 경제통합도 서서히 이루어지기에 이르렀다.[4] 이에 따라 대서양 중심의 세계경제 축이 태평양 연안으로 이전하기 시작했다.

　이러한 거대한 변화에 결정적으로 작용한 요인은 20세기말 중국의 등장이었다. 중국은 1979년 이래 개혁·개방 정책을 지속하여 연평균 약 10%의 고도 경제성장을 달성하였다. 중국의 이같은 고도성장이 지속될 수 없다는 전망은 빗나갔고, 대내외적인 환경의 어려움에도 불구하고 최근 5년간 연평균 8%대의 경제성장을 지속하고 있다. WTO 가입 첫해인 2002년에는 8% 성장, 세계 5위 대외교역, 세계 2위 외환보유고, 세계 1위의 외국인투자 유치를 기록한 바 있다.[5] 2003년에는 싸스(SARS) 영향에도 불구하고 8%대 성장을 달성하는 위력을 과시했다. 공식적으로 사회주의를 표방함에도 불구하고 중국이 자본주의 세계경제 속에 급속히 통합된 점이나 세계자본이 중국으로 대거 진출한 사실은 1989년 이후 진행된 탈냉전 흐름과 큰 연관을 갖는다. 자본의 지리적 재배치를 핵심적 내용으로 하는 세계화(globalization) 흐름도 무시할 수 없는 변수였다. 지식정보화의 물결도 간과할 수 없는 세계사적 변화였다. 탈냉전·세계화·정보화의 물결은 세계체제의 지정학과 지경학 및 지리문화(geoculture)를 근본적으로 바꾸었다.

　이같은 20세기말, 금세기초 세계체제의 지정학적·지경학적·지문화적 재편 과정 속에서 동북아지역은 세계경제의 가장 역동적인 지역으로 부각되고 있으며 북미, 유럽과 더불어 세계경제 3대 중심축의 하나를 구성하고 있다. 그리고 그 역동성은 앞으로도 세계경제의 견인차 역할을 담당할 가능성을 높여준다. 자본과 기술, 생산과 물류가 동북아에 집중되어 동북아는 이제 세계경제의 견인차가 되고 있는 것이다. 동북아는 전세계 생산의 1/5을 차지하고 있으며, 한·중·일 3국에 16억의 인구가 살고 있다. 이는 EU 인구의 4배에 달한다. 대서양시대에 동북아는 지리적으로 변방에 머물러 있었지만 세계화와 지식정보화 혁명으로 이제는 변방의 불리를 단숨에 극복할 수 있을 뿐만 아니라 21세기 새로운 세계의 중심으로 떠오르고 있다. 이러한 사실들에 더해, 점증하는 동북아 역내 교역량, 자본이동, 인적교류 등의 지표로 비추어볼 때 역내 경제통합이 가속화되고 있으며, 이는 동북아시대가 엄연한 현실임을 입증한다고 말할 수 있다. 또한 향후 한층 더한 무게로 다가올 동북아시대를 준비할 다양하고도 복잡한 과제를 우리에게 던지기도 한다.

어떤 지역이 정치경제적 역동성을 보이고 경제적으로 통합된다는 것은 일단 긍정적인 사태전개라고 말할 수 있다. 정체되어 있는 것보다야 낫겠기에 그렇다. 그러나 역동성과 통합이 온통 장밋빛 현실을 표상하는 것은 아니며, 역내 모든 집단이나 행위자들에게 나은 삶을 보장해주는 것도 아니다. 달리 보면 역동성은 복잡성과 불안정을 동반하는 특징을 가지며, 그 결과 경쟁의 격화와 정치문화적 갈등을 야기하기도 한다. 경제적으로 역동적이고 통합되고 있는 어떤 지역이 경쟁과 갈등을 순조롭게 관리하여 공동체로 나아가는 경우는 역사적 예외에 속하고, 오히려 내적 동란이 일어나 그 역동성과 통합을 해체시킨 경우가 더 흔하다. 한·중·일 삼국을 포함한 동북아의 16세기말과 19세기말 역사만 잠시 반추해보아도 그렇다. 그런 내적 분란이 일어나면 정치적 파편화, 경제적 역동성의 분말화, 문화적 상호소원(疎遠)의 구조화 등의 후유증이 뒤따랐고, 그 후유증을 치유하는 데 엄청난 시간이 들었음을 상기할 만하다. 평화가 전제되지 않은 번영이 없었으며, 번영은 평화의 경제적 토대였음을 동북아의 역사로부터 배워야 한다.

동북아지역은 한국전쟁 이후 반세기에 걸쳐 비록 냉전체제 아래이긴 했지만 평화를 구가했으며, 그런 평화의 바탕 위에 앞서 언급한 대로 놀랄 만한 경제적 번영을 구가해왔다. 그런 결과 21세기초 점증하는 역내 경제통합과 상호소통에 대한 강력한 지향이 일어남에 따라 평화의 기반 위에 공동번영의 동북아시대를 다시 한번 열 수 있는 기회를 맞고 있는 것이다. 그런 기회에 대한 대응 가운데 동북아시대론을 정립하는 일이 포함될 것이며, 동북아시대를 열기 위해 국가적으로 방책을 세우자는 우리의 구상도 그 기회에 부합하는 일이라고 하겠다.

아시아의 복원

일단 동북아시대라는 개념은 '경제중심' 프로젝트와는 달리 경제 이외의 다양한 영역을 포괄하고 있다. 동시에 동북아시대는 새로운 역사관과 세계관의 탐색을 지향하고 있다. 여기서 최근 16세기에서 18세기에 걸친 동아시아 경제사에 대한 획기적 연구동향을 소개하고자 하며,[6] 이 작업이 서구중심주의적 역사관과 세계관을 극복하고 우리의 인식체계 속에 '아시아의 복원'을 도모하는 데 이바지할 것으로 기대한다. 이는 동북아 3국에 공통된 과제이기도 하지만, 그 속에서 특히 '변방의 역사'를 살아온 우리로 하여금 그런 역사상을 극복하고 자주적 역사를 만들어가는 기초가 되기도 할 것이다.

잘 알려져 있다시피 안드레 군더 프랭크(A. G. Frank)는 초기 종속이론가로서 서구세계가 자본주의 세계경제의 중심(metropole)에 해당된다고 주장해왔던 사람이다. 그런 그가 이전의 주장을 뒤집고 18세기 말까지의 비유럽지역, 특히 중국과 인도의 경제성장을 높이 평가하고 세계경제의 중심이 아시아에 있다고 하며, 18세기 말까지의 유럽은 유라시아 세계경제의 주변부에 지나지 않는다고 주장하기에 이르렀다.[7] 이런 그의 주장은 세계관에 대한 획기적 전환을 의미하는 것으로서 상당한 충격으로 받아들여지고 있다. 그의 인식 전환은 새로운 연구동향에 의해 크게 영향받았다. 즉 미국 학계를 중심으로 아시아, 특히 중국의 경제사에 관한 재검토가 진행되어, 적어도 18세기 말까지는 중국이야말로 세계경제의 중심이며, 16~18세기 사이에 인구증가나 일인당 GDP 성장률에서 중국이 서구에 비해 결코 뒤지지 않았음이 밝혀지고 있다.[8] 그들의 연구는 18세기말 영국에서 산업혁명이 일어나기 이전의 중국과 서구의 경제를 비교하면 시장경제의 발달, 농업의 상업화, 소위 프로토(proto) 공업화의 진전 등 여러 측면에서 양자 사이에 큰 격차가 없었다고 주장하고 있다. 따라서 영국에서 최초로 산업혁명이 일어났던 것은 그전에 영국경제가 다른 지역에 비해 발전했기 때문이 아니라, 말하자면 우연의 일치로 일어난, 포머런즈에 의하면 '거대한 갈림'(the great divergence)으로 이해된다.

이들 연구의 주된 관심이 산업혁명까지인 것에 대해 일본의 스기하라 카오루(杉原薰)는 이러한 연구동향을 수용하면서 20세기까지의 동아시아 경제사 장기동향을 지금까지와는 전혀 다른 관점에서 분석한 논문을 발표했다.[9] 스기하라는 여기서 OECD의 '개발쎈터'를 거점으로 한 매디슨의 장기통계분석[10]에 의거하여 20세기까지의 동아시아 경제사를 1500년부터 1820년까지, 1820년부터 1945년까지, 1945년 이후 등 세 시기로 구분하여 분석하고 있다.

스기하라 논문의 요지를 요약하면 다음과 같다. 첫째, 제1기와 제3기에서는 동아시아 경제성장이 서구(미국·캐나다를 포함)를 상회하고 있으며, 다만 제2기에만 역전됐다. 둘째, 동아시아 공업화의 패턴은 서구가 자본집약적·자원집약적인 데에 반해 노동집약적이다. 셋째, 동아시아의 이러한 패턴은 제1기의 농업을 중심으로 한 '근면혁명'[11]을 기반으로 한 공업화로 파악할 수 있다. 넷째, 지금까지의 역사적 경험에 비추어 비(非)서구지역의 공업화 방향은 서구적인 패턴보다 동아시아적인 패턴이 더 적합하다.

이처럼 최근에 많은 경제사가들이 동아시아의 복원을 주장하기에 이르렀다. 20세기 후반에 일어난 동아시아지역의 급속한 경제성장, 20세기 말부터 전개된 중국의 거대한 변화 등의 현실에 직면하여 이러한 동향의 역사적 배경을 규명할 필요성이 이들 연구를 출현시켰다고 볼 수 있다. 지금 동아시아의 복원은 주로 경제사 분야에 한정되어 있고, 또한 이들 연구에 여러가지 문제점이 있는 것은 사실이나 앞으로 이러한 연구경향이 점점 강화될 것으로 예상된다.[12]

특히 일본의 조선사 연구자 미야지마 히로시(宮嶋博史)는 이같은 연구성과에 대한 비판과 더불어 경제적 분석 외에도 정치적·사회적 요인들에 대한 분석을 요구하면서 16~18세기 아시아의 경제적 번영을 가져온 기본요인의 하나가 평화의 유지였다고 판단한다.[13] 그리고 국내적으로나 대외적으로 평화를 유지할 수 있었던 요인은 말할 것도 없이 정치적인 것이었다. 16세기 말에서 17세기 전반에 걸친 동아시아의 동란은 경제적으로 성장국면이던 시기에 발생했으므로 그 원인을 경제적 측면에서 파악할 수 없다는 것이다. 이 동란이 종식된 후 동아시아의 장기적 평화가 실현되고 그것이 경제성장을 지탱했던 것이다.

동아시아 과거사에 대한 이같은 연구동향은 두 가지 함축을 갖는다. 하나는 평화와 번영의 상호관계성에 관한 것이다. 과거사에서도 평화와 번영은 어느 하나가 무너질 때 다른 쪽이 위협받으며, 어느 하나가 확보될 때 다른 쪽이 뒤따랐던 것이다. 또다른 함축은 굳건한 서구중심주의적 역사관과 세계관이 극복될 학술성과가 제출되고 있다는 점이며, 이는 동북아시대론이 크게 자극받을 사실이라고 하는 점이다. 이 연구는 앞으로 좀더 실증적인 연구물이 축적되어야 할뿐더러, 이런 흐름에 대한 독해가 아시아주의라는 또다른 형태의 중심주의로 이어져서도 안되겠고, 배타적 지역주의로 발전되어서도 곤란하다는 점을 항상 염두에 두지 않으면 안된다. 기존의 서구중심주의 역사관과 세계관을 '아시아의 복권'을 통해 극복하여 자신이 꾸려가는 역사의 기틀을 마련하되 개방과 상호소통을 전제로 삼는 진정한 보편주의를 추구해야 할 것이다.[14]

그런 지점으로 나아가기 위해 평화와 번영의 동북아시대를 논의하는 것이며, 일상적 긴장과 갈등으로 고통받는 분단의 당사국으로서, 여러 시기에 걸쳐 '변방의 역사'를 살아온 민족으로서 한반도 문제를 동북아와 연계하여 열린 동북아시대를 지향하는 한편, 평화와 번영에 기초한 '아시아 통합'을 지향하는 일은 세계사적 흐름과 부합할 뿐만 아니라 미래를 준비하는 대비책일 것이다.

강조할 점은 '변방역사 극복론'이 국가지도자에 의해 주창되고 특히 '중심'론이 과도하게 표출되고 있는 점은 안팎의 경계대상이다. '중심'이라는 용어는 이미 중국으로부터 우려와 문제제기의 대상이었고, 일본 지식인들도 달갑잖은 반응을 보였다. 중심론이 과포장되어 중국을 불필요하게 자극한 탓이다. 일본은 일본대로 중심론에 대해 부정적이다. 그래서 '중심'이 쎈터가 아니라 허브 개념이라고 아무리 강조해도 오해가 풀리지 않는다. 변방역사 극복론도 중심지향적 매혹에 빠질 위험이 항존한다. 변방역사 극복론은 우리도 남들같이 중심이 되겠다는 일방적 사고보다는 주변의 장점은 살릴 수 없는지, 주변의 시각에서 안팎을 정돈할 슬기는 발휘할 수 없는지 등에 대해 고민하지 않으면 안된다는 지적[15]을 경청해야 할 것이다.

'동북아'란 무엇인가

동북아[16]란 무엇인가라는 질문은 예사로운 것이 아니다. 동북아를 일단 하나의 지역으로 파악할 때, 과연 지역은 어떻게 접근되어야 하는가? 지역이라는 말 속에는 무엇보다도 지리적 차원이 분명 담겨 있다. 하지만 지역은 지리적 개념을 넘어선다. 말하자면, 명쾌하게 객관적으로 구획되는 '아무개' '아무개' 지역이란 없다. 다른 모든 개념과 마찬가지로 지역 역시 인식주체의 이해관계와 관심에 따라 그 정의가 변한다. 그렇기 때문에 지역의 개념화에는 항상 인위성·자의성·임의성이 개입하여 그 명료성을 흐렸다. 이런 점에서 지역연구라는 지적 범주의 특이성을 잠깐 살펴보는 일은 매우 적절하다.

간단하게 말해서 지역연구는 강자의 약자에 관한 연구다. 지역연구는 권력과 물질적 부가 넘치는 공간에서 그 권력과 부를 더욱 확대하기 위한 전략적 목적을 갖고 다른 공간들을 탐하기 위하거나 그 탐함을 정당화하기 위해 고안된 학술적 기획이다. 그렇기 때문에 지역연구는 19세기 유럽(특히 프랑스와 영국)에서 시발하여, 20세기 중엽 미국에서 제도화되는 한편 전성기를 구가하였고, 20세기 후반에는 일본에서, 그리고 문민정부 이후 한국에서도 활기를 띠고 실행되어온 학술기획이다. 19세기에는 유럽 열강의 식민주의와 제국주의 '사업'의 문화 일환이었고, 20세기 중엽 이후에는 미국 헤게모니 사업의 문화 일환이었으며, 일본도 이 반열에서 한 위치를 차지하고 있다. 지역연구는 수탈과 지배라는 원죄적 속성을 품고 있기에 도덕적 문화기획이 되기가 무척 어렵다. 지역연구의 이같은 출발지형은 지역 개념화와도 깊은 내적 관련을 맺어왔다.

지역연구가 2차대전중 미국에서 하나의 개념으로 등장한 이후 미국이 세계적 패권을 장악하면서 지역연구는 미국 내에 광범위하게 제도화되었다.[17] 미국이 패권적 지위를 점한 결과 그리고 그 패권을 유지하기 위해 세계 전지역에 대한 전문지식과 전문가를 필요로 하였다.

당시 미국의 권력과 물질적 부(富)가 지역연구를 태동시켰고, 지역연구는 역으로 미국의 권력과 물질적 부를 정당화해줄 것이었다. 하나의 지적 범주로서 지역연구가 등장하고 제도화되는 사회경제적 요구와 정치적 동기가 명백하였던 셈이다. 지역연구는 미국 국가의 방대한 외교활동과 미국 기업들의 초국가적 경영 이해관계, 그리고 냉전의 발발에서 기원을 찾을 수 있겠다. 따라서 미국패권하 지역연구는 미국이 세계시장에서 전지구적 교역과 투자의 흐름을 재구조화한다는 경제적 차원과 패권자로서의 미국이 통제하는 지정학적 이해관계라는 두 차원에 의해 크게 영향받았다.[18] '지역'도 바로 이러한 미국의 패권적 지배와 통제의 필요에 따라 자의적으로 구획화되고 재정의되었다. 우리가 오늘날 지구상의 이런저런 지역을 그렇게 명명하는 데는 지리학적 이유도 자명한 이유도 없다. 그것은 오직 팽창하는 유럽세계경제의 지리문화적 부산물이요[19] 특히 2차대전 이후 미국 패권이 저지른 세계에 대한 역사적이자 지정학적인 재파편화의 결과다.

한국에서 다수 학자들의 관심을 받고 있는 동남아를 예로 들어 이 논점을 살펴보자. 필자는 한국에서 엄격한 의미의 지역연구가 동남아 지역 연구에서 출발하였다고 주장하는데, '동남아'(Southeast Asia)라는 지역만 하더라도 그 말이 2차대전중 그곳에 주둔한 연합군사령부의 명명으로 광범위하게 사용되기 시작하여 미국 패권기간중 냉전의 전략적 관심, 그리고 투자와 교역패턴의 재조정 차원에서 형성된 바가 크다. 따라서 '동남아'라는 명명 속에는 역내 거주 '민(民)'의 다종족성, 다종교성, 다언어성, 다식민맹주성 등의 중요한 지리문화적 요소들은 대체로 무시되고, 당시 세계체제 패권자의 현실적 요구만이 담겨졌다. 실제로 버마, 태국, 말라야, 인도차이나, 인도네시아, 필리핀 간에는 도로나 통신 연계가 거의 없었다는 사실을 상기할 만하다. 그렇기 때문에 지리적 인접성이 반드시 인접한 정치체들간의 연결을 진전시키지 않으며, 사실 이 단위들은 식민모국의 천연자원 공급지로서, 주변부시장으로서 유럽 열강들과의 연계성이 훨씬 높았다는 점을 염두에 둘 필요가 있다. 이것이 시사하는 바는, 가령 우리가 '동남아'지역을 긴 역사를 갖는 지역으로 상정하여 추적해보고자 할 때 그 용어가 바로 2차대전 이후 미국패권의 창출체라는 사실에 봉착해서는 그 의도가 쉽사리 무산된다. 2차대전의 전장을 피해간 아메리카 대륙만 이러한 재구분과 재정의가 일어나지 않았을 뿐 지구상의 거의 모든 위치에서 그런 일이 벌어졌다.[20] 미국패권 아래서 세계가 재구분되고 지역이 재정의되었을 뿐만 아니라, 분석단위도 재정의되는 중대한 결과를 초래하였다.

미국과 동남아의 관계에서 보듯이, 지역은 강자들의 "지적 범주"이거나 그들의 "정치적 고안", 아니면 "문화적 창안"이었다. 이런 용어들에는 공통적으로 이전에 인식되지 않았거나 심지어 존재하지 않았던 세계의 일부가 "발명"되었다는 뉘앙스가 풍기는데, 실제로 아프리카의 역사학자 무딤베(V.Y. Mudimbe)가 『아프리카의 발명』이라는 책을 통해 이를 적절하게 지적한 바 있다.[21] 이는 강자들의 정신활동 혹은 학술활동의 차원에서 해당되는 일이지만, 실제로는 강력한 공간이 약한 공간으로 넘치면서 벌어지는 온갖 활동의 결과에 따라 지역들이 끊임없이 유동적인 모습과 이름으로 구축되고 재구축되어온 세계사의 입증이기도 하다. 그래서 지역을 개념화하고자 할 때는 무엇보다도 역사적이고 세계적인 시각을 채택할 필요가 있다.

이 점에 대해서는 아리프 딜릭(A. Dirlik)의 연구를 참조할 만한데, 그는 아시아·태평양이라는 지역이 팽창하는 "유럽 세계경제"의 역사적 창조물이며, 아·태가 하나의 지역으로서 성립하는 과정도 유럽의 창안물이라는 인식을 보여주고 있다. 특히 이 지역이 형성되는 과정에 구축되는 모순구조를 강조하고 있는바, 이 모순구조는 "지역현실을 구성하는 인간활동의 공간적 시간적 움직임들을 물리적인 범주들 속에다 담아들이고자 하는 하나의 추상적 표상"22)이라는 점을 감안할 때 포착이 가능하다는 주장이다. 아·태가 역사적 산물이자 세계체제적 산물이며, 더불어 아시아적 지향들이 뒤엉킨 구조라고 한다면 그 속에는 부단히 변화해온 현실이 담겨져 있었을 것이며, 그 경계와 구조가 끊임없이 유동적이었을 터이다.

우리가 흔히 사용해왔고 지금도 사용하고 있는 '동아시아'라는 관념도 딜릭의 문제제기에서 자유롭지 못하다. 물론 동아시아는 관례적으로 한·중·일 삼국을 지칭하는 개념으로 흔히 사용하고 있다. 그러나 한국, 타이완, 홍콩, 싱가포르 등 아시아 소국들의 기적 같은 고도성장 이후 세계은행은 『동아시아의 기적』(*The East Asian Miracle*)이라는 단행본을 발간하면서 '동아시아'라는 개념을 경제중심적이고도 현대 서양인들이 즐겨 사용하도록 만들어버렸다. 발전문헌에서는 특히 라틴아메리카와 대비시켜 사용되는 경향을 보였다. 또한 이런 맥락에서 사용되는 동아시아 개념에는 북한이 배제되기 일쑤인데,23) 강력한 미국중심주의적 지리문화 편향이 배어들어 있음을 간파할 수 있다.

다른 한편 동아시아를 동북아와 동남아를 포괄하는 개념으로 사용하는 지식인들도 많다. 이들은 특히 타이완을 매개로 동남아를 포괄하는 시각을 선호한다. 구체적으로 '아세안+3' 체제가 급속한 물결을 타고 제도화되고 있는데 한국이 매개자로서 역할을 하는 데 주변세력 즉 동남아의 지지는 중요한 동력이 될 수 있다. 지금 중국과 일본은 동아시아를 주장하면서 서로 동남아를 자신의 주도하 지역질서에 끌어들이기 위해 경쟁하고 있는 형편이다. 따라서 우리도 남북관계 진전이라는 과제를 감안하여 동북아를 표방하되 동남아지역과의 협력을 경시하지 않는 복안이 필요하다.

이에 비해 아시아·태평양이라는 관념은 앞서 딜릭이 지적한 속성들 외에도 해양아시아 혹은 태평양연안을 강조하는 용어이다. 미국과 일본에서 여전히 널리 사용되는 개념이기도 하다. 태평양의 아시아 방면 연안뿐만 아니라 그 반대 쪽도 포함되기 일쑤인데 APEC이 생생한 예가 될 것이다. 김대중 전대통령은 개인적으로 이 개념을 선호해 '아태재단'을 설립하여 정치 재기를 꾀했고, '아태'라는 용어를 앞에 붙인 여러 회의체를 만들기도 했다.

노무현정부가 사용하고 있는 동북아라는 관념은 일단 동아시아나 아시아·태평양과 차별적인 개념이다. 물론 동북아라는 관념이 노무현 대통령 개인이나 그에 자문하는 지식인들의 발명품은 아니다. 과거에도 동북아는 안보분야와 연관지어 흔하게 사용되어왔으며 김대중정부 말기에는 '동북아 비즈니스 중심국가' 구상이 제기되기도 했던 것이 사실이다.[24] 그럼에도 불구하고 노무현정부가 내세우는 '동북아'가 새삼스럽게 의의를 지니는 점은 그 관념이 한결 포괄적일 뿐만 아니라 새로운 가치관과 역사의식을 담아내고자 하는 데 있다. 현정부의 동북아 관념은 '비즈니스'를 포함한 경제를 중시하지만 동시에 그런 협소함을 넘어서고자 하는 인지 개념으로서, 개방적이며 관심영역이나 추진사업에 따라 유연하게 경계지어지는 범주이다.

따라서 그 관념은 기존에 군사안보적 함축을 지닌 동북아, 미국중심적이면서 일본중심적인 동북아 관념을 뛰어넘고자 하는 것이다. 그런 맥락에서 노무현정부의 동북아 관념은 '새로운 공간적 상상력'(a new spatial imagery)을 표상한다고 할 수 있으며, 미국 헤게모니체제의 해체와 중국의 본격 등장이라는 거대한 세계사적 움직임에 부합하고자 하는 비전을 담고자 하는 것이다. 동아시아나 아태 개념이 한반도의 북쪽, 즉 북한을 배제하는 한계를 갖는 데 비해 동북아는 내재적으로 한반도 전체가 포함되는 강점을 갖는다. 동북아는 한반도, 중국 대륙, 일본을 위주로 하는 대륙아시아를 강조하며 몽골과 극동러시아를 포함하지만 그런 지리적 차원의 범주 설정을 부단히 경계하고자 하는 상상력인 것이다.

동북아시대와 한국

왜 한국이 이 시점에서 동북아시대를 열자고 표방하고 나서야 하는가? 한국은 어떤 장점을 갖고 동북아시대를 주창할 수 있는가? 한국이 동북아시대를 표방하는 데는 이유와 근거가 있다.

첫째, 왜 한국이 동북아시대를 열자고 나서야 하고 실제 나서고 있는가 하는 문제를 검토해보자. 단도직입적으로 말해서 경제적 이해관심과 안보적 이해관심이라는 이중적 이유 때문이다. 앞에서 언급한 한반도 분단문제와 중국 요인이 이유인 것이다. 한국은 미국과 일본이 표출하는 해양세력의 충동과 욱일승천의 기세로 급부상하는 중국이 표출하는 대륙세력의 충동에 샌드위치가 될 지경에 있다. 이것이 바로 세계체제의 거대한 전환이 한국(한반도)에 가하는 압박이다. 이런 세계체제적 논리를 인식하지 못하고서 한국의 장래를 인식하기는 무망하다. 이 거대한 도전은 한국을 위기로 몰아가고 있으며, 이 위기를 기회로 바꾸어놓지 못하면 미래가 매우 불투명해진다는 점은 새삼 강조할 필요가 없다.

세계경제 속에 구축되고 있는 여러 거점경제(hub economy) 가운데 한국에도 가능한 한 빨리 여러 거점경제를 구축해야 하며, 그것이 새로운 국제정치경제 논리에 부응하는 길이다.[25] 노무현정부가 추진하는 거점경제 전략이 바로 이런 세계적 흐름을 타자는 것이다. 우리도 홍콩, 상하이, 싱가포르, 타이완 같은 지역적이면서 세계적인 거점을 확보해야 하며, 이를 통해 경제발전을 꾀하자는 전략인 것이다. 이에는 물류, 금융, R&D, 첨단산업의 거점 구축과 그를 통한 세계시장에서의 경쟁력 확보를 위시한 다양한 기획들이 포함된다.

거점경제 구축전략을 통해 경제발전을 추구하는 데도 안보가 위협받고 분단된 상태로 인해 긴장이 일상화되어 있고서는 그 전략이 성공하기 어렵다. 한반도의 분단문제가 해소되지 않고서는 경제발전이든 정치민주화든 항상 장애물을 안고 있는 셈이다. 안보위협이 제거되어야 경제발전이 있을 수 있는 것이다. 그런데 한반도 분단문제는 근래의 북핵사태를 포함해 이미 국제화된 측면을 강하게 띠고 있는 것이 엄연한 현실이다. 종국적으로 한반도 문제는 분단의 당사자들이 매듭지어야 하겠지만 그 과정에서 관련 강대국들로부터 협조를 끌어내야 하는 것은 바로 이 현실 때문이다.

동북아시대론은 북한을 필연적으로 삽입함으로써 동북아의 틀 속에서 남북관계를 진전시키고, 그런 진전된 한반도 정세 덕택에 동북아지역 전체에 안보위협이 불식된다는 사고를 담고 있다. 그리고 경제관심과 안보관심을 분리된 사안으로 사고하지 말고 복합적으로 사고하자는 취지도 들어 있다. 거점경제 구축전략과 한반도 평화체제 구축전략이 서로 얽혀 있다고 보자는 것이다.

인천을 예로 들어 살펴보자. 인천은 현정부가 추진하는 경제거점 가운데 우선순위에 있다. 인천은 특히 물류거점으로서, 동북아의 관문으로서 이미 상당한 인프라를 갖추고 있다. 이같은 인천 경제거점 전략을 북한 개성공단 개발사업과 연계시켜 보자는 것이다. 경의선이 연결되고 개성공단에 남한기업체들이 진출하여 생산한 상품을 인천공항이나 항만을 통해 중국으로 수출하는 기획은 매우 유효하다. 우정은의 제안대로 "인천 거점이 북한경제를 전지구적 무역질서에 통합시키는 조율된 노력과 짝지어진다면 더더욱 유효할"[26] 것이다. 인천을 두 개의 한국을 묶는 거점으로 삼자는 것이다. 두 동강이인 채로 변화무쌍한 국제정세에 따라 흔들리면서 속절없이 목표지점을 수정해야 하는 반국(半國)주의적 거점경제 전략이 아니라 한반도 거점전략이라고나 할 차원의 전략을 통해 두 개의 한국을 화해시키는 데 기여하는 방식으로 생각하지 않으면 안된다는 그의 논리가 설득력있게 다가온다.[27]

둘째, 한국은 어떤 근거를 갖고 동북아시대를 주창할 수 있는가? 평화와 공동번영의 동북아시대를 여는 데서 주도성을 발휘하기 위해서는 다른 나라가 구비하지 못한 장점을 갖고 있어야 함은 두말할 나위가 없다. 흔히 지리적 매개자 가능성, 과거의 희생자, 중일간의 중재자 역할, 패권적 야망이 없다는 점 등이 꼽힌다. 그러나 좀더 중요한 근거는 강력한 근대적 정치사회 발전의 기반이라고 본다. 평화와 공동번영은 민주주의와 시민사회의 발전 없이는 확고하게 자리잡을 수 없다. 한국은 과거 개발독재에 저항하면서 정치적 민주화에 성공했을 뿐만 아니라 대단히 역동적인 시민사회를 창출했다. 민주화의 경험과 시민사회의 역동성이 한국이 가질 수 있는 장점이자 근거이다. 노무현정부의 등장 그 자체가 바로 이런 민주화와 대단히 활성화된 시민사회가 없었다면 아예 불가능했을 것이다. 한국의 민주적 정체성은 오늘날 평화지향적 규범을 강하게 추동하고 있으며,[28] 인터넷과 휴대폰의 대중적 확산을 수단으로 매우 효과적인 의사표현을 하고 있다.

2002년 월드컵에서 나타난 대중적 열기는 한국팀에게 불가능을 가능으로 만들게 하는 하나의 동력으로 표현되었으며, 그것 자체로 세계를 감동시키고 한국에 뿌리내린 민주적이면서 역동적인 시민사회의 단면을 생생하게 입증하기에 충분했다. 촛불시위 역시 그런 맥락에서 조망이 가능한데 평화지향, 민주화, 자기정체성, 시민문화, 대중문화가 융합되어 나타난 한국의 대중정치문화적 지형을 표상해주고 있다. 한국은 이런 장점으로 인해 평화와 번영의 동북아시대론을 펼칠 수 있는 강력한 근거를 갖게 된 것이다. 기존의 고정관념적이면서 하드웨어 차원의 강대국이 아니라 인류보편적 가치지향과 새로운 시대적 흐름에 부합하는 정치사회적 충동이 강렬하게 일어나는 소프트웨어적 강국에서 담대한 비전을 제시하고 협력을 주창하는 것은 전혀 이상한 일이 아닌 것이다.

3. 동북아시대 신구상의 내용

평화와 안보협력

동북아시대 신구상의 키워드는 평화, 공동번영, 통합, 상호소통, 자원협력 등이다. 이들 가운데 평화야말로 최상위의 개념이자 핵심 중의 핵심이다. 이는 우리가 북핵문제로 인해 심각한 위협을 받고 있는 당면한 현실을 반영하는 차원을 넘어, 중장기적으로 한반도와 동북아에 평화체제를 구축해야 한다는 당위와 함께 21세기 벽두를 암울하게 하는 테러와 전쟁에 대한 인류사적 관심의 반영이라는 사려가 담겨 있다. 갈등과 긴장, 폭력과 대항폭력, 불신과 적대의 악순환을 청산하고 평화와 번영, 대화와 통합의 선순환을 이끌어내야 하는 것은 한반도의 과제이자 동북아의 과제이며, 나아가 세계적 과제인 것이다.

그같은 악순환은 분단국인 우리에게 가장 위협적이며 따라서 가장 절박한 문제를 제기한다. 악순환의 고리를 끊겠다고 나선 노무현정부는 문제를 한반도에 국한시키지 않고 지역적이고 국제적인 층위로 접근하고 있다는 점에서 평화라는 화두가 예사로운 성격이 아닌 것이다. 분단국에서 평화의 발신음을 높이 쏘아올린다는 점이 의미있는 일이고, 한반도 문제를 해소하지 않고서는 동북아에 평화가 정착될 수 없고 동북아에 평화가 없는 한 세계질서가 안정될 수 없다는 문제의식이 의미를 갖는 것이다.

이런 맥락에서 북핵문제의 평화적 해결을 통한 한반도 평화 창출과 공고화는 반드시 이루지 않으면 안될 필요조건이라고 할 수 있다. 북핵문제의 평화적 해결과정에서 국제적 대화의 레짐을 제도화하는 노력이 병행되어야 하며 그런 대화의 틀을 동북아안보협력체제로 발전시켜나가겠다는 사고가 반드시 필요하다. 분단된 한반도가 동북아 평화의 허브가 될 수 있다는 발상은 이래서 가능한 것이다. 한반도가 자신의 갈등과 긴장을 해소하는 과정에서 동북아 역내 평화의 가교 역할을 해낼 수 있는 것이다.

그런 결과 동북아에 평화공동체가 실현되는 토대를 마련할 수 있다. 냉전시대의 제로썸적인 국가안보로부터 새로운 동북아시대의 협력적 국제안보를 구축하기 위하여 남북한을 포함한 역내 국가간의 '공동안보'를 실현시키는 중장기적 안보협력 프로그램을 펼쳐나가야 하는 것이다. 유럽에서 성공한 것을 동북아라고 실현시킬 수 없다는 사고는 현상유지를 통해 이득을 보는 세력의 것이지 평화지향적 세력의 사고가 아니다.

경제협력[29]

노무현정부의 동북아경제중심 추진전략은 동북아지역이 세계경제의 중심적 성장엔진으로 부상하는 가운데 한국도 이러한 역내 지경학적 공간을 최대한 활용하여 국가발전을 도모하자는 전략이다. 동북아에서 거점경제 전략이 급부상하는 가운데 경쟁이 심화되고 있는 현실 속에서 한국도 새로운 발전전략 추세30)를 타지 않을 수 없다. 여기에는 물류, 금융, 핵심산업, 기술혁신의 선진화를 통한 거점경제 전략이 주를 이루고 있다. 예컨대 경제자유구역을 동북아 비즈니스 거점지역으로 개발하고, 금융관련 제도를 선진화하여 한국 금융시장을 동북아 국제금융의 허브로 육성한다는 전략인 것이다. 전자의 선봉에 인천이 있고, 후자의 선봉에 서울이 자리잡고 있다. 앞서 논급한 바와 마찬가지로 이 전략을 추진하되 북한을 끌어안는 상상력이 필요하다. 남북 경제교류협력을 촉진시켜 경협의 거점을 개발하고, 남북간 산업, 물류, 정보통신축의 형성을 추진해야 하는 것이다. 예컨대 개성공단 사업을 적극 추진하여 남한 기업들이 대거 진출하고, 인천 물류거점을 활용하여 중국을 위시한 세계시장의 개척에 나서는 것이다. 남한만 발전해서는 안되고 북한을 포함한 한반도 전체의 발전을 꾀하는 방향으로 추진되어야 하는 것이다.

그러나 동북아시대 신구상은 단순한 국가발전전략을 넘어서는 역내 구상이며 유럽이 그랬듯이 역내 협력과 통합을 통한 공동번영을 주된 내용으로 삼고 있다. 동북아지역에는 이미 경제협력과 통합이 진행되어왔다. 그리고 근년에 들어 그런 추세에 가속도가 붙었다. 이제 협력을 더욱 심화시키고 통합의 제도적 기반을 구축할 때가 온 것이다.31)

한·중·일 경제협력을 제고하고 동북아지역에서 우호적인 외교통상 환경을 조성해나가는 일은 기본에 속한다. 시장통합을 이루어내기 위해 역내 자유무역협정(FTA) 체결을 위한 중장기적인 외교통상적 노력에 더해 쌍무적 FTA 체결에 박차를 가해야 할 것이다. 한국이 역내 경제협력과 통합을 강조하기 위해서는 내부적으로 경제제도 및 관행의 지속적 혁신을 통한 제도적 인프라를 세련화해야 한다.

　동북아 제반 협력사업들을 추진하기 위해서는 역내 금융기구의 설립이 필요하다. '동북아개발은행'은 역내 개발사업들의 자금 지원에 필수적이고, IMF에 버금가는 역내 금융기구도 경제통합의 실질적 진전에 필수적이다. 미국이 반대한다고 손을 놓는 것은 동북아 통합에 소극적이라는 말과 같다. 미국이 반대하면 반대하지 않도록 하는 방안을 고안해야 하며, 금융제도의 기반이 없이는 역내 협력과 통합이 수포로 돌아갈 공산이 크다는 점에 유의해야 한다.

상호소통과 문화교류

　평화와 공동번영은 '문화적 정체성'이라는 아교(bond)로 접착될 때 동북아공동체 형성의 기초가 되고 목표가 된다.[32] '하나의 동북아'를 구축하기 위해서는 "교감하고 화해하는 문화"라는 강력한 지향이 없이는 불가능하다. 문화적 교감과 정서적 화해가 이루어져야 평화와 공동번영의 가치를 현실로 만들 수 있는 것이다. 이러한 내용의 문화적 정체성은 역내 주민들간의 상호소통과 문화적 교류가 활발해져야 확보될 수 있다. 상호소통, 증대된 교류와 접촉을 통한 교감의 제고를 꾀하되 차이를 인정하고 포용하는 힘을 갖출 노력을 기울이지 않으면 안된다. 즉 화이부동(和而不同)이거나 혼성적 정체감인 것이다.

　한·중·일 삼국만 하더라도 여전히 배타성과 상호소원이 더 지배적이다. 여기에 북한이나 러시아와 몽골이 방정식에 대입되면 문화적 정체성 문제는 대단히 복잡해진다. 역내 배타적이고 폐쇄적인 자국중심주의적 분위기를 쇄신하기 위해 문화적 상대주의와 개방주의를 채택해야 한다. 경제적 번영과 평화라는 가치도 개방과 타인에 대한 이해심과 포용 노력이 없이는 얻기가 힘들다. 동북아에는 문화적 정체성을 과거로부터 재창출하기보다는 새롭게 만들어가야 하는 측면이 더 강하다. 그러기 위해서는 과거와의 화해, 현재에 대한 성찰, 미래세대의 인적·문화적 교류의 촉진이 필요하다.

근년에 대중문화 분야에서 역내 상호교류가 매우 활발하다. 이는 미래세대를 하나로 묶는 데 크게 이바지한다. 어느 한 국가로 치우치지 않고 진정으로 상호 교류하는 그런 방향으로 대중문화의 교류가 증폭되어야 할 것이다. 문화콘텐츠의 공동개발사업 같은 것도 문화교류와 협력의 좋은 예가 될 것이다.

무엇보다도 동북아 공동의 역사를 다시 쓰는 일이 필요하다. 이는 미래세대의 교육에 꼭 필요한 일이거니와 부가적으로 동북아 지식인 사회를 한데 아우르는 데 이바지할 수 있다. 정치논리에 의해 왜곡되게 씌어진 역사를 바로잡는 일을 필두로 근대역사에 대한 유럽중심주의 역시 반드시 수정해야 한다. 그래서 '아시아의 복원'이 일어나야 하며 그에 따라 근대역사상이 바뀌어야 한다. 이런 구체적 사업들을 통해 동북아공동체의 정신적 기초가 될 문화적 정체성을 키워나가야 할 것이다.

에너지 및 환경분야 협력

필자는 동북아 관념을 사용했을 때 지리적 범주 문제도 중요하거니와 어떤 분야인가라는 차원도 중요하다고 강조해왔다. 그리고 동북아 관념을 사용할 때는 자원 및 환경 분야를 포착하기 때문에 그 의미가 있다고 말해왔다.[33] 특히 동북아시대론은 북한문제를 구조적으로 내재화시켜 접근한다는 장점이 있다고 주장해왔는데, 북한문제 가운데 에너지위기를 염두에 두어왔다.[34] 그리고 북한의 에너지위기가 북핵문제와 긴밀하게 연관되어 있기 때문에 동북아 에너지협력사업을 통해 북한 에너지위기에 대한 방책을 세우고 추진하자고 주장해왔다.

이라크전을 포함해 지금 전세계적으로 석유를 위시한 자원전쟁이 치열하게 전개되고 있다. 21세기 치열한 자원확보 전쟁에 대응하기 위해서라도 동북아 역내 에너지 및 환경협력 사업을 추진할 필요가 있다. 중국은 성장의 속도로 보아 앞으로 에너지 수요가 크게 늘어날 것이며, 한국과 일본도 에너지자원 조달 다원화 및 에너지 형태의 청정화 과제에 직면해 있다. 이를 위해서는 러시아를 적극적으로 끌어들여 에너지 협력사업들을 벌이는 것이 가장 현실적이다. 기실 동북아라고 했을 때는 러시아가 그 인식론의 구도 속에 들어온다는 장점이 있는데 바로 이같은 자원협력 분야에서 러시아의 위상이 빛을 발하는 것이다.

극동 러시아에는 무한정이라 할 만큼의 원유와 가스가 있다. 이를 개발하여 역내에 조달하는 그런 협력사업은 러시아에게 이로울 뿐만 아니라 이에 참여하는 모든 국가와 자본에게 이득을 주는 그런 윈-윈 성격을 갖는다. 따라서 에너지협력사업은 시급하게 추진하지 않으면 안될 이유와 장점을 고루 갖추고 있다. 현재 미국은 압도적 군사력을 지렛대로 삼아 중동뿐만 아니라 중앙아시아 여러 지역에 정치군사적 영향력을 확장해나가고 있는데, 그 주된 동기가 에너지와 관련되어 있다는 의견이 많다. 이에 대해서도 대응을 해나가지 않으면 미국의 일방주의를 방치하는 셈이 되기 때문에 동북아 자원협력 분야에는 시급하고도 구체적인 사업들이 전개되어야 한다.

좀더 구체적으로 살펴보자면, 대체로 동부시베리아와 사할린 지역의 원유나 천연가스를 개발해 국가간 운송관 건설을 통해 에너지자원의 협력을 추진하자는 방안이다. 이와 관련해서는 이미 제안되거나 검토 및 추진단계에 들어있는 방안이 여럿 있다.[35] 한반도에 연관되는 방안들을 크게 나누어보면 두 갈래인데, 한 갈래는 시베리아에서 중국을 거쳐 한반도의 서해로 해서 인천까지 연결하는 방안이고, 다른 한 갈래는 사할린에서 극동러시아를 거쳐 한반도 동해안까지(북한을 경유해) 가스운송관을 건설하는 방안이다. 구체적 방안들에 대한 세세한 논의는 이 글의 범위를 벗어나는 일이지만 한가지 분명히 강조해야 할 점은, 이 문제에 관해서도 북한을 반드시 사고의 지평에 포함시켜야 한다는 것이다.36) 즉 동북아 에너지협력사업에 북한을 포함시키자는 것이며, 그것이 북한의 개혁·개방에 이바지하는 방향으로 구체적 사업을 추진하자는 것이다.

북한핵문제를 비롯해 북한의 총체적 위기는 어떻게 보면 북한이 겪어온 에너지난과 직결되어 있다.37) 북한의 에너지난이 해소되지 않으면 핵문제는 근본적 해결이 어렵다. 북한이 전력난을 겪는 한 발전소 건설을 명분으로 내세워 핵프로그램을 지속할 수 있기 때문이다. 난항을 겪고 있는 금호지구의 경수로 건설사업이 좋은 예가 될 것이다. 말할 것도 없이 농업의 부활이나 산업의 재건 역시 에너지난이 해소되어야 그 실마리가 잡힌다. 김대중정부의 햇볕정책, 특히 2000년 남북정상회담은 북한에 대한 이 문제 해결의 강력한 메시지 덕택에 추진되고 이루어졌다는 개연성이 있는데 김대중정부의 역량상 북한 전력문제에 접근할 수 없었다. 북핵문제가 다자간회담을 통해 해결되는 과정에서 핵포기의 대가로 북한의 체제보장과 국제사회의 경제지원이 마련된다면 후자의 핵심에 북한에너지난 타개의 **근본적**이고도 구조적 방안이 위치지어져야 할 것이다. 그렇지 못할 경우 **북한당국**은 총체적 위기를 타개할 수 없으며, 비록 미국으로부터의 공격이 없더라도 체제유지가 구조적으로 어렵게 될 것이며, 그렇게 되면 북한당국은 다시 핵프로그램에 기댈 수밖에 없는 상황이 재연될 가능성이 높다.

에너지 사용은 환경문제와 직결되어 있다. 동북아지역은 현재 세계경제의 중심축을 이루며, 특히 개발이 활발한 지역이다. 지역이 경제적으로 역동성을 가진 만큼 환경문제가 의도하지 않은 주요 이슈로 등장하고 있음은 많은 분석가들이 지적하는 바이다. 화석연료의 과다사용에 따른 대기오염은 이미 한 국가의 문제가 아니라 역내 문제로 확대되어 나타나고 있다. 중국 동북지역과 북한이 과다하게 사용하는 무연탄과 갈탄은 산성비를 유발하는데 이 역시 역내 공통의 문제로 부각되고 있다. 이것이 중국 내륙과 몽골에서 급속하게 진전되고 있는 사막화에서 비롯된 황사 문제와 겹칠 때 역내 거주민들이 겪는 공해 피해는 더이상 방치할 수 없는 수준에 이른다.

동북아시대론이 이같은 역내 생태환경문제까지 보듬어내지 않으면 시대에 뒤처지고 인류보편의 비전으로 승화될 수 없다. 환경문제를 완전하게 반전시키기에는 현실적 여건이 아직 미숙하다. 개발과 성장의 의지를 꺾을 만큼 동북아지역의 발전수준이 성숙하지 못하기 때문이다. 그렇다고 해서 21세기의 화두인 생태문제를 외면할 수는 없는 일이다. '지속가능한 발전' 즉 개발과 환경보존을 어떻게 조화시킬 것인가에 대한 고민이 동북아지역에서도 심각하게 제기되어야 마땅하다. 그것은 결국 에너지 사용과 환경문제의 연관성 문제로 귀결된다. 따라서 동북아에너지협력사업을 환경협력사업과 불가분의 관계로 설정하면서 추진하는 방안을 강구해야 한다.

동북아에너지협력사업의 구체적 방안으로 제시되어 있는 극동러시아 가스개발과 운송관 건설에 의한 역내 소비는 곧바로 환경문제에 대한 관심을 담아내는 사업이다. 청정에너지에 속하는 가스 개발 및 조달사업이기 때문에 동북아지역에 새로운 현안으로 등장한 역내 환경문제에 이바지하는 효과를 갖기 때문이다. 이에 더해 환경협력사업들도 부가적으로 펼쳐야 한다. 정부간 차원의 기존 회의들을 활성화하고 제도화할 뿐만 아니라, 민간부문에서 진행되고 있는 매우 다양한 환경관련 교류, 대화, 포럼, 네트워킹, 구체적 사업들을 활성화시키고 체계화해야 한다.

4. 신구상의 포부

한국은 지난 50여년간 미국과 일본을 중심으로 하는 가운데 역사를 꾸려왔다. 이른바 해양축 혹은 남방축을 중심으로 그 변방에서 편향된 역사를 담아나왔던 것이다. 말할 것도 없이 이 시기 사회주의를 표방한 북방과는 적대와 대결관계를 유지했다. 냉전체제가 무너지고 바로 그 북방이 우리 역사의 구체적 지평 속으로 들어왔다. 북한은 '남북기본합의서' 체결에 따라 화해와 협력의 대상으로 설정되었으며, 중국 및 러시아와 공식적인 외교관계를 맺었다. 6공 북방정책의 성과라면 성과였다. 그리고 중국은 2003년 현재 한국의 수출상대국 제1위로 탈바꿈했다. 러시아와도 경제관계가 날로 깊어지고 있다. 북방축이 우리의 주소록 상단을 차지하게 된 것이다. 이것이 동북아 지정학과 지경학의 변화요, 지리문화의 변화이기도 하다.

그 결과 한국은 전통적 남방축과 새롭게 부상한 북방축의 틈새에서 국가전략을 새롭게 짜야 할 형편에 놓여 있다. 이 두 축의 중간에서 샌드위치가 되느냐, 그 역동적 공간을 활용하여 국가발전 차원에서 진일보할뿐더러 동북아의 평화와 번영에 이바지하는냐라는 압박이 우리에게 가해지고 있다. 동북아시대 신구상은 바로 이런 문제에 대한 고민을 담고 있다.

이 고민은 곧장 한미관계를 재정립하는 문제로 직결된다. 한국이 미국과의 동맹을 즉각 폐기할 수도 없고 그래서도 안된다. 미국이 제공하는 안보우산을 인위적으로 벗어던질 이유가 없다. 그러나 한미동맹의 현주소가 전과 다르다는 점 역시 인정해야 한다. 한미동맹은 예전 같지 않아 크게 훼손된 것이 사실이다. 훼손된 한미동맹을 복구해야 한다, 한미동맹을 강화해야 한다는 목소리가 높다. 깨진 한미동맹을 현실로 수용하고 그에 따라 적절한 대응을 세우는 것이 바람직하지, 과거에 매달리는 태도는 역동적인 국제정세에 대한 약시(弱視)의 소산이자 한국사회의 문화적 지형변화를 읽어내지 못한 구태의 결과다.

미국은 자신의 국익에 따라 이미 주한미군의 재배치 문제를 정리한 상태다. 달리 일방주의가 아니라 이런 행동들이 일방주의의 소산이다. 한미관계 재정립 문제는 주한미군 재배치, 방위조약 수정, 용산기지 이전, SOFA개정 등의 복잡한 문제를 포괄하고 있다. 이런 각론적 사안들은 전문성을 갖고 체계적으로 대처할 필요가 있다. 거시적 차원에서 보자면, 우리는 당분간 해양측과의 동맹과 동북아에 새롭게 창출되는 다자주의라는 두 바퀴를 타고 갈 수밖에 없다. 그것을 균형과 긴장으로 임하는 한편, 실력을 키우는 것이 바람직한 대응이다. 동북아시대 신구상의 최대 과제가 바로 이 내용과 관련되어 있다.

여기서 남북관계를 고려해야 하는 부가적 부담이 우리에게 있다. 어떻게 할 것인가. 요동치는 동북아 정세 속에서 우리는 남북관계를 진전시키고 그를 통해 동북아의 안정과 평화에 이바지하는 책략을 세워야 한다. 북한을 동북아라는 한반도 상위의 틀 속에 내재화시켜 인식하고 동북아 수준에서 접근하는 인식론을 기초로 삼자는 것이다. 남북관계 진전과 동북아협력사업이 서로 불가분의 관계를 맺고 있다는 인식론을 세워야 하는 것이다. 북한이라는 '장애물'을 동북아 다자주의 틀 형성의 구조적 요인으로 삼자는 발본적 포부를 담아야 하는 것이 동북아시대 신구상이다. 즉 분단을 부담으로만 여기지 말고 평화를 가꾸어야 할 압박으로 사고하는 입장도 얼마든지 내세울 수 있다는 말이다.

마지막으로, 동북아시대 신구상의 원대한 포부는 우리가 평화와 공동번영의 동북아공동체 구축에 적극적 역할을 하겠다는 것이다. 동북아에 공동체를 구축해야 항구적인 평화를 담보할 수 있고, 공동번영을 구가할 수 있기 때문이다. 그 결과 동북아에 궁극적으로 중심도 없고 주변도 없는 민주화되고 균형잡힌 세계를 건설하겠다는 것이 동북아 신구상의 장기적 포부다. 이런 포부를 실현하기 위한 전제로서 필요한 동북아 역내 제반 협력사업들은 앞절에서 밝혔다.

노무현정부가 동북아와 더불어 표방하는 탈중앙과 분권분산 노선은 대내적 프로젝트이면서 곧장 역내 공통의 프로젝트로 변한다는 점을 간파해야 한다. 역사상 처음으로 강고한 국가주의와 폐쇄적 민족주의를 넘어 탈중심을 추구하겠다는 발상이며 안팎을 동시에 공략하겠다는 방책인데, 이는 우리만의 기획이 아니라 동북아 전체의 기획이라는 것이다. 이는 곧장 역내에 일고 있는 대국주의의 새로운 기운을 단호하게 거부하고, 역내 모든 삶의 단위들간에 강고한 수평적 네트워크를 지향하자는 움직임으로 연결된다. 국가주의적 발상, 국가주의와 친화력이 강한 민족주의적 열망, 대국주의에의 유혹, 대국주의가 흘러가기 쉬운 패권주의적 열망은 한결같이 공동체 구축의 장애물로서 부단히 경계해야 할 역내 공통의 기류다. 이 기류에 대항하기 위해 크게는 열린 지역주의 정신을 높이기 위해 노력하되, 국가가 아닌 지역과 도시 간에 복잡하게 얽힌 일상적 소통과 교류의 수평적 네트워크를 구축하는 것이 동북아시대 신구상의 포부다.[38]

| 주 |

1) 동북아 외에도 관련된 용어로 동북아중심국가, 동북아경제중심, 동북아시대, 동북아공동체 등이 집중적으로 사용되고 있다.
2) 이수훈 「동북아시대 신구상」, 대통령자문 정책기획위원회 제1회 국정토론회 보고서, 2003.
3) 최원식이나 백영서도 '동아시아론'을 제기하면서 분단체제 극복과제를 그 기초로 삼는데, 적어도 필자의 '동북아시대론'과 입장과 내용이 일치하고 있다(최원식 「동아시아론: 한반도 분단을 평화적으로 해소할 '제3의 선택'」, 『현대사상 키워드 60』 신동아 2004년 1월호 부록 298면). 다만 필자는 당분간 동북아 관념이 동아시아론보다 이런 내용을 담아내는 데 더 적실성이 높다는 입장을 갖는다.
4) 신광영 『동아시아의 산업화와 민주화』, 문학과지성사 1999, 제2장.
5) 외교통상부 「주요 외교현안 정보제공」, 외교통상부 2003.7.1.
6) 안드레 G. 프랭크 지음, 이희재 옮김, 『리오리엔트』 이산 2003; Wong, Bin, *China Transformed*, Ithaca: Cornell University Press 2000; Pommeranz, Kenneth, *The Great Divergence*, Princeton: Princeton University Press 2001; Sugihara, Kaoru, "The East Asian Path of Economic Development: A Long-term Perspective," *Discussion Papers in Economics and Business*, Osaka University 2000. 필자는 이 연구동향이 내세우는 주장에 전적으로 동의하지는 않으나, 대단히 흥미로운 문제제기임에 틀림없다는 입장을 견지하며 후속 연구작업을 지켜볼 필요가 있다고 느낀다.
7) 안드레 G. 프랭크, 같은 책.
8) Pommeranz, 같은 책; Wong, 같은 책.
9) Sugihara, 같은 글.
10) Maddison, Angus et al., *The World Economy: A Millennial Perspective*, Development Centre of the OECD 2001.

11) 영국의 산업혁명(industrial revolution)에 대해 비유적으로 사용되는 industrious revolution의 번역이며, 일본의 저명한 인구사 연구자 하야미 아끼라(速水融)에 의해 제창된 개념이다.
12) 미야지마 히로시「근대를 다시 본다: 동아시아사의 관점에서」,『창작과비평』 2003년 여름호.
13) 미야지마 히로시, 같은 글, 277면.
14) '세계사 새로쓰기'라고도 불리는 이 연구동향을 추동하는 개별국가에 속한 연구자들의 욕망을 간과해선 안된다. 중국의 역할을 강조한 프랭크의 저술에 대한 중국인들의 열광, 그리고 최근 중국의 비판적 지식인 사이에서 조공체제를 재해석해 중화제국질서를 탈근대를 위한 전근대적 자산으로 삼으려는 노력도 나타나고 있다. 미국의 연구에 결정적 근거를 제시한 일본인들의 노력도 의도하든 않든 중국을 대신한 일본의 역사 속에서의 중심적 역할을 강조한 것이라는 점을 지적해둘 필요가 있다. 이 부분에 대해서는 백영서의 코멘트를 받았음을 밝힌다.
15) 이러한 문제의식은 백영서가 주도한 결과이며, 최원식도 그의 동아시아론에서 적극 수용하고 있는 실정이다(최원식, 앞의 글).
16) 동북아시아(Northeast Asia)라는 말도 2차대전 이후 냉전기의 개념이며 미국의 고안라고 볼 때, 영어를 그대로 번역하면 '북동아시아'로 사용하는 것이 더 충실하다. 실제 일본에서는 '북동아시아'라는 영어가 동북아 대신에 사용되는 실정이다(강상중「동북아시아 공동의 집과 북일관계」,『창작과비평』2003년 가을호, 48면). 여기서 아시아를 애초에 어떻게 범주화할 것인가에 대해 궁구해야 하는데, 남북으로 생각하느냐 동서로 생각하느냐에 따라 범주가 달라지고 표현도 달라진다. 아시아는 문화나 지리를 감안할 때 남북의 잣대보다는 동서의 잣대가 더 우세하다고 보이는데, 일단 동아시아와 서아시아의 양분이 성립된다. 그렇다면 동아시아와 서아시아가 생겨나고, 후속적 관형어에 따라 동아시아에 관한 하위단위는 북동아시아와 남동아시아라는 개념이 더 적실하다.
17) 야노 토루「지역연구란 무엇인가?」1993, 김경일 편『지역연구의 역사와 이론』 문화과학사 1998.

18) Palat, Ravi, "Fragmented Visions: Excavating the Future of Area Studies in a Post-American World," *Review*, Vol. 19, No. 3, 1996.
19) 아리프 딜릭「아시아·태평양권이라는 개념」,『창작과비평』1993년 봄호.
20) Palat, 같은 글, 1996, 276~79면.
21) 야노 토루, 같은 글 59면에서 재인용.
22) 아리프 딜릭, 같은 글, 291면.
23) 앞서 인용한 최원식의 동아시아론에는 북한이 핵심적으로 포함되어 있다.
24) 김원배「동북아 중심구상의 재검토」,『창작과비평』2003년 여름호, 28면.
25) 우정은「한국의 미래를 비추는 세 개의 거울」『창작과비평』2003년 여름호.
26) 우정은, 같은 글, 22면.
27) 강상중도 2002년 9월 북일 정상간 '평양공동선언' 의미의 하나로 북한을 동북아라는 상위의 틀 속에 편입시킨 점을 들고 있다(강상중, 앞의 글). 그는 동시에 '평양선언'이 와다 하루끼가 제안해왔고 자신도 주장해왔던 "동북아 공동의 집" 정신을 충실하게 반영하고 있다고 보면서 소중하게 평가한다. 한국의 지식인들 사이에는 "동북아 공동의 집"에 대해 감정적 거부감이 있는 것이 현실인데, 이는 과거 일본인들이 동아시아를 침략하면서 '대동아공영권'을 내세운 사실과 즉각 연결시키기 때문이다. 이런 문제 역시 동북아시대 신구상사업을 통해 풀어야 할 과제에 속한다.
28) 우정은, 같은 글.
29) 이 분야는 필자의 전문영역도 아닐뿐더러 참고할 방대한 문헌이 있기 때문에 상세한 논의를 생략한다.
30) 우정은, 같은 글.
31) 박제훈「동북아 경제통합의 쟁점과 제도적 기초」, 대통령자문 정책기획위원회『평화와 번영의 동북아시대 신구상』심포지움 발제문, 2003.
32) 이희옥「동북아시대 시민사회와 문화교류」, 대통령자문 정책기획위원회『평화와 번영의 동북아시대 신구상』심포지움 발제문, 2003.
33) Lee Su-Hoon, "A Proposal for Natural Resources Cooperation in Northeast

Asia," IFES Forum, 2003, http://ifes.kyungnam.ac.kr/ifes/ifes/eng/default.asp

34) 이수훈「북한문제의 에너지적 차원」,『현대북한연구』제6권 제1호, 2003.

35) Paik, Keun-Wook, "Sino-Russian Oil and Gas Cooperative Relationship: Implications for Economic Development in Northeast Asia," Paper prepared for Northeast Asia Cooperation Dialogue XIII Infrastructure and Economic Development Workshop, Moscow, October 4, 2002.

36) 필자는 주요 신문과 시사주간지의 칼럼을 통해 여러차례 이 문제에 대해 일반론은 물론 아주 세부적인 제안도 한 바가 있다.

37) 이수훈, 앞의 글.

38) 이 글은 필자가 이전에 발표한 논문들(이수훈「동북아시대 신구상」, 대통령자문 정책기획위원회 제1회 국정토론회 보고서, 2003; Lee, Su-Hoon, "A New Initiative on Peace and Prosperity in the Era of Northeast Asia," paper presented to International Symposium on "Peace and Prosperity in the Era of Northeast Asia" Organized by the Presidential Commission on Policy Planning, December 5, 2003)로부터 내용의 상당 부분을 차용하였지만, 창비의 이번 단행본 기획을 위해 새롭게 집필되었음을 밝힌다.

동북아중심 구상의 재검토

김 원 배

1. 재검토의 필요성

2002년 정부가 내놓은 '동북아 비즈니스 중심국가' 구상은 노무현 정부가 들어서면서 개념적 차원에서 다소 혼란을 겪고 있다. '비즈니스 중심국가'에서 '경제중심국가'로, 다시 '경제중심'으로 용어가 바뀌고 있다. 이러한 혼란은 작년 재경부 주도하에 동북아구상을 작성할 때 어느정도 예견되었던 것이기도 하다. 동북아구상과 같은 국가의 장기전략이 광범위한 여론수렴과 심도있는 토론 없이 이루어질 수 없음에도 불구하고, 정부 일정과 연계하여 다소 조급하게 추진된 것이 사실이다. 정부의 동북아구상은 여러가지 차원에서 문제점을 노정하고 있는데, 그중에서도 동북아구상의 핵심적인 내용을 구성하는 중심의 성격과 내용이 명확하게 정의되지 않은 것이 가장 큰 문제점이다.[1] 중심의 성격과 관련해 정부안에서 읽어낼 수 있는 것은 한국의 유리한 지경학적(地經學的) 입지를 활용해 동북아에서 발생하는 새로운 기회를 한국으로 흡수하겠다는 의지이다. 그러나 이러한 기회를 한국으로 흡수하기 위해서는 주변국과 어떻게 연대·협력하고 동북아의 주요 거점지역들과 어떠한 분업구조를 갖출 것인가에 대한 면밀한 검토가 필수적임에도 불구하고, 정부의 구상에서는 자유무역협정과 같은 일반적인 동북아 협력전략만이 포함되어 있어 구체성을 결여하고 있다. 마찬가지로 중심의 내용에서도 물류, 다국적기업 지역본부(최근에는 연구개발), 금융을 포괄하고 있으나 각각의 기능에 대한 판단기준이 명확히 제시되어 있지 않아 개념적 혼란이 지속되고 있다. 이 글에서는 동북아중심의 성격과 내용이라는 두 가지 문제를 중점적으로 검토함으로써, 정부가 추진하고자 하는 동북아경제중심 전략에 대한 논의를 본격화할 수 있는 단초를 마련하는 동시에 이러한 전략적 논의를 실천에 옮기기 위한 과제에 대해 살펴보고자 한다.

2. 동북아 중심인가 거점인가

동북아의 지리적 범위는 논자에 따라 상이하지만 대체적으로 한·중·일 3국을 중심으로 북한, 러시아의 일부와 몽골을 포함한다.[2] 인구와 경제규모, 군사력에서 볼 때 동북아에서 중국과 일본이 중심을 자처하는 것은 수긍할 수밖에 없다. 냉전체제의 붕괴 이후 동북아의 신질서 형성에서 중국과 일본은 경쟁적으로 주도권을 행사하려 하고 있고, 이 과정에서 한국은 나름대로의 틈새를 찾지 않으면 주변으로 전락할 가능성이 농후하다. 이러한 관점에서 여러 논자들이 한국의 활로 모색을 위해 동북아 거점전략을 주장해온 것이 저간의 사정이다.[3] 일본의 1/10, 중국의 2/5에 해당하는 경제규모를 가진 한국의 입장에서 보면 중국과 일본 간의 경쟁과 협력, 그리고 이들 양국과 북미 및 유럽 간의 경제교류에서 발생하는 중력을 적절히 활용하는 틈새전략을 취할 수밖에 없을 것이다. 부언하면 중국과는 가격경쟁력에서 일본과는 기술경쟁력에서 열세인 한국으로서는 경쟁에 치우친 전략보다는 협력을 통한 전략이 좀더 유효하다. 또한 체제이행기에 있는 러시아는 풍부한 자원과 군사력을 갖추고 있어 한반도의 통합과 동북아 신질서 형성에 영향력을 행사할 수 있는 위치에 있는 만큼, 한국은 러시아와 여타 동북아국가들과의 교류협력을 중개하고 활용하는 적극적인 역할을 모색할 수 있을 것이다. 특히 최근 시베리아 및 러시아 극동의 에너지자원을 확보하기 위한 동북아 여러 나라들간의 치열한 경쟁을 감안할 때 러시아를 무시하고 동북아 협력을 논의할 수 없다. 중장기적인 관점에서 보면 한국의 동북아 거점전략은 러시아와 북한이 동북아 경제에 편입된 구도를 상정하고 준비되어야 한다.

한국이 취할 수 있는 틈새전략의 첫번째 준거는 동북아에서의 지리적 위치이다. 역사적으로 한반도의 지리적 위치는 우리에게 많은 시련을 가져다준 것이 사실이지만, 역으로 그만큼 우리가 처한 지리적 위치의 전략적 중요성을 일깨워주는 증거이기도 하다. 틈새전략의 두번째 준거는 한국의 경제적·문화적 중간적 위치이다. 한국은 경제발전 수준에 있어 일본과 중국 및 기타 체제이행국가의 중간에 있다. 중간에 위치해 있다는 것은 우리가 소극적인 정책을 펼칠 때 약점일 수도 있으나, 적극적인 가교역할을 수행할 경우에는 강점이 될 수 있다. 문화적 측면에서도 중국은 일본보다 한국을 더욱 가깝게 여기고 있고, 일본은 중국보다 한국을 가깝게 여기고 있어 매개와 가교의 역할을 담당하는 데에 유리한 여건을 조성해주고 있다. 세번째 준거는 비교적 양호한 교통통신 기반시설과 상대적으로 좁은 국토에서 발생할 수 있는 네트워크 잇점이다.

요약하면 동북아에서 새롭게 형성되고 있는 지경학적 공간에서 우리의 입지를 확고하게 굳힐 필요가 있으며, 이러한 목적을 달성하기 위해서는 주변국과의 협력체계를 더욱 능동적으로 구축해나가야만 한다. 경제강국인 일본과 부상하는 중국경제 사이에 위치한 한국의 입장에서 협력체계란 중심과 주변이라는 이분법적 사고를 적용할 수 있는 상황은 아니며, 오히려 다중심(多中心)과 다주변(多周邊)이라는 네트워크 체제를 상정하고 이에 부응하는 협력과 연대를 추구하는 것이 더 현실적이다. 따라서 정부에서 내건 동북아경제중심이라는 용어보다는 경제협력과 교류의 중심이라고 부르는 것이 적절하다. 향후 형성될 동북아의 경제통합을 가정해본다면, 한국의 가교역할을 더욱 부각시키는 경제협력 중심을 대외적으로 천명하는 것이 바람직할 것이다. 후술할 중심지의 내용에서 논의되겠지만, 한국이 비교우위를 가진 부문 또는 기능에서 주변지역과 상호의존성을 심화하면서 네트워크 체제를 구축해나갈 때만이 한국의 중심성이 확보될 수 있을 것이다.

물론 중심성은 기본적으로 경제력이나 군사력과 같은 경성적(硬性的) 힘에 기초할 수밖에 없지만, 부분적으로는 세계적 또는 지역적 규범이나 질서 정립에 기여할 수 있는 지식·도덕·문화 등 연성적(軟性的) 힘에 근거할 수도 있다.[4] 특히 열린 네트워크 체제에서 네트워크 작동의 실질적 기반을 제공하는 것이 플랫폼임을 주목한다면, 연성적 힘의 중요성을 쉽게 이해할 수 있다.[5] 경성적 및 연성적 힘에 근거한 중심성의 확보는 결국 주변국가와의 협력과 연계를 통해 그들이 가진 자산과 장점을 우리가 가진 장점과 특색에 효과적으로 접목해 활용하는 데에 달려 있다고 할 수 있다. 이러한 관점에서 유럽의 소강국인 네덜란드와 동남아의 도시국가인 싱가포르의 경험은 우리에게 시사하는 바가 매우 크다. 네덜란드가 유럽의 물류중심 및 경제거점으로 도약한 배경에는 지리적 입지나 물리적 시설기반뿐만 아니라 네덜란드 국민의 언어구사 능력, 비즈니스 관행, 다문화 경영능력이 근저에 작용하고 있다는 사실을 간과할 수 없다.[6] 유럽에서 네덜란드가 가진 중심성은 앞에서 언급한 유형·무형의 자산과 적극적인 대외연계전략의 결과로 얻어진 것으로 해석할 수 있다. 또한 외부변화를 적기에 감지하고 유효한 대응책을 마련하면서, 주변국과의 협력관계를 구축해온 싱가포르의 경험에서도 배울 바가 많다.

3. 물류인가, 금융인가, 아니면 R&D인가

2002년 7월에 재경부가 작성한 초기안에서는 동북아 비즈니스 중심을 물류와 다국적기업 지역본부 그리고 금융중심이라는 세 가지 기능적 차원에서 파악했다.[7] 한편 2003년 신정부에서의 논의결과는 다국적기업 지역본부 개념에서 IT산업 관련 연구개발기능을 부각시켰다.[8] 앞서 논의한 중심의 성격과 관련한 개념적 혼란과 더불어 한국이 우선적으로 추구해야 할 중심지의 기능이 과연 물류인지, 연구개발(R&D)인지, 금융인지에 대해 합의가 충분히 이루어졌다고 볼 수는 없다.[9] 일부 전문가들은 물류기능을 우선적으로 추진하면서 단계적으로 R&D 지역본부, 그리고 금융으로 확대해나가야 한다고 주장하고 있으며, 다른 전문가들은 금융중심을 우선적으로 추진하는 것이 바람직하다고 주장하고 있다.[10] 이밖에도 물류, R&D, 금융의 세 가지 기능을 동시에 추구해야 한다는 견해도 있으며,[11] 극단적으로는 물류가 먼저냐 금융이 먼저냐에 대한 논의 자체가 무의미하다는 견해도 있다.[12]

이러한 다양한 견해는 한국이 처한 현실에 대한 인식의 차이와 미래에 대한 기대가 상이하여 발생하는 현상으로 이해할 수 있다. 또한 논의 자체의 무의미성을 일깨우는 지적도 일리가 있다. 즉 진정한 동북아의 경제거점이 되기 위해서는 근본적으로 우리 국민 모두의 의식과 발상의 전환이 필요하며, 이것은 기능적 선택의 문제보다 우선한다. 그러나 한정된 시간과 제한된 자원의 배분을 다루는 정책의 차원에서는 어떤 기능에 우선순위를 두고 지원할 것인지가 여전히 중요한 과제이다. 정책적 선택과정에서 어떤 기능에 더욱 집중할 것인가는 한국이 지닌 비교우위 또는 경쟁우위, 경제적 파급효과, 그리고 실현가능성이라는 세 가지 기준에서 검토해볼 수 있을 것이다. 아래에서의 논의는 위 세 가지 기준을 중심으로 물류, 금융, R&D의 우선순위를 검토하고자 한다.

물류에서 활로를 찾아야 한다

물류중심 우선을 주장하는 논거로는 첫째, 동북아의 역내외 교역증대에 따른 물동량의 수송수요를 흡수할 수 있는 한국의 지리적 입지우위이다. 동북아지역은 경제규모에서 유럽연합, 북미자유무역지대 다음으로 세계경제의 한 축으로 부상하고 있고, 한국은 부상하는 동북아 경제권의 지리적 중심에 위치하고 있다. 서울을 중심으로 반경 1200km 내에 약 7억명의 인구가 살고 있고, 이는 유럽대륙의 3억 5천만 인구의 두 배에 달하는 규모이다. 특히 중국경제의 고속성장에 따른 북미·유럽행 화물의 증가는 당분간 중국 자체의 항만능력으로 처리하기 어려워 부산·광양을 포함한 동북아의 거점항만에서 환적이 이루어질 것으로 보인다. 인천공항도 반경 3000km 이내에 43개의 인구 백만명 이상 도시가 포진하고 있어 이 지역내 연계항공체제만 갖춘다면 북미 또는 유럽행 여객이나 화물의 환승·환적의 거점공항이 될 수 있다.

둘째, 물류산업이 전체 경제에서 차지하는 비중이 결코 작지 않아 경제파급효과가 클 것이라는 점이다. 물류중심국가로 불리는 네덜란드의 경우 물류산업의 직접적인 부가가치 창출효과는 GDP의 약 16%에 이른다고 한다.[13] 물론 물류산업만으로 국가경제를 주도할 수는 없으나 물류와 밀접하게 관련된 전자상거래 및 여행·관광·유통·금융·법률 및 업무써비스 등을 고려하면 간접적 파급효과는 상당할 것으로 추정해볼 수 있다.

셋째, 이미 부산·광양항이 중국향/발 화물의 환적지로 자리잡고 있고(부산항과 광양항의 2002년도 환적 물동량 비율은 각각 41% 및 29%), 인천공항의 화물환적 및 여객환승 비율이 2002년 평균 각각 50%와 12%에 이르고 있다.[14] 정부가 계획하고 있는 바와 같이 공항 활주로와 항만 선석(船石)의 확충이 조기에 이루어지고 가격과 써비스 경쟁력이 제고된다면 동북아 물류거점으로 자리잡을 수 있을 것이다. 요약하면, 비교우위와 경제적 파급효과 그리고 실현가능성 측면에서 물류에 집중하는 것이 동북아에서 한국의 위상을 새롭게 정립하는 데 가장 유리하다는 논지이다.

금융중심도 가능하다

금융을 우선적으로 육성해야 한다는 주장은 경제중심지의 핵심기능이 곧 금융기능이며, 금융의 뒷받침 없이는 한국경제의 도약이 불가능하다는 인식에 근거하고 있다. 부언하면 제조업중심 경제에서 써비스 및 지식기반 경제로의 이행에 있어 금융산업이 경제성장의 새로운 동력을 이끌어낼 수 있다는 것이다. 금융중심론자들은 경제파급효과에서도 고부가가치산업인 금융과 관련산업의 발전은 국가경제발전에 획기적인 기여를 할 수 있다고 주장한다.[15] 또한 국제금융중심지로 정착되면 한국의 국제적 위상도 높아져 동북아경제에서 영향력 증대를 가져올 수 있다고 평가하고 있다. 문제는 한국 금융산업의 비교우위와 금융중심지 실현가능성에 있다. 일부 전문가들의 주장에 의하면 한국경제의 규모로 보아 금융수요가 결코 적지 않으며, 채권시장의 경우 아시아 최대규모라고 한다. 실제로 한국 주식시장은 아시아에서 일본 다음가는 규모이며, 금융기관의 대형화도 진행중이어서 금융중심지의 가능성이 높다고 한다.[16] 중국의 WTO 가입, 북한의 예상되는 개방 등 동북아의 경제자유화 추세는 이 지역의 금융써비스 수요증대로 이어져 우리에게 기회요인으로 작용하게 될 것이라는 기대도 금융중심지 주장의 논거로 제시되고 있다. 중국의 미성숙한 금융산업과 강력한 구조조정을 시행하지 못한 일본의 금융산업에 비해 한국의 금융산업은 외환위기 이후 구조조정을 거쳐 상당한 경쟁력을 갖추어가고 있다는 점에서 한국이 비교우위를 가진다는 주장이 가능하다. 그러나 한국 금융부문의 낮은 수익률, 금융기관의 실질적 정부소유, 금융감독체제의 문제, 자본거래에 대한 과도한 규제, 법률·회계·신용평가 등 전문지원 써비스의 미발달 등은 분명히 한국의 비교열위 요인임을 금융중심 찬성론자들도 인지하고 있다.[17]

금융중심론에 회의적인 시각은 우선 한국경제의 낮은 국제화 수준, 국제규범에 못 미치는 금융 및 비즈니스 관행, 금융자본의 소규모 등에서 한국이 뉴욕이나 런던과 같은 국제금융쎈터를 인위적으로 육성한다는 것은 가능하지 않다고 보고 있다. 1990년대 이후 세계 3대 금융중심지의 하나인 토오꾜오의 지위가 하강한 것은 일본경제의 침체도 원인이지만 일본경제의 민족주의적 성향이 한몫을 했다는 지적도 있어 국제규범의 수용과 더불어 전략적 탈국가화의 중요성을 일깨워주고 있다.[18] 경제의 세계화가 심화되고 있는 상황에서 자본력을 구비하고 국제적인 규범 설정을 선도하거나 새로운 금융기법을 창출할 역량이 없는 경우 종합적인 국제금융중심을 새롭게 구축한다는 것은 거의 불가능하다고 볼 수 있다. 물론 채권거래나 선물거래에 특화된 금융쎈터를 조성하는 것은 가능하다고 하더라도 국가경제에 미치는 파급효과는 제한적일 수밖에 없을 것이다.

R&D도 바람직하다

물류 우선이냐 금융 우선이냐의 논의에 덧붙여 연구개발(R&D) 기능에 미래를 거는 주장도 있다. 이러한 주장은 연구개발비용 지출총액에서 중국에 비해 결코 뒤떨어지지 않고 도시국가인 싱가포르나 중국의 주요 도시지역보다 연구개발 인력규모에서 월등히 앞서 있다는 사실을 근거로 내세우고 있다.[19] 그러나 중국의 풍부한 연구인력, 비교적 높은 기초과학기술 수준, 그리고 최근 세계 유수기업의 중국내 R&D 기능 투자를 감안하면 한국이 동북아의 R&D 거점이 된다는 것은 실현가능성이 높지 않다고 할 수 있다.[20]

금융부문과 마찬가지로 특정 산업이나 부문에 특화된 R&D 기능에서의 동북아거점은 가능할 수도 있을 것이다. 예를 들면 한국의 기존 비교우위가 IT산업을 포함한 일부 제조업에 있고 IT관련 제품의 시장수요가 세련되어 있는 만큼 신제품의 시험장소로서 한국이 고유한 역할을 할 수도 있을 것이다. 양호한 IT관련 산업의 성장전망과 엄청난 규모의 동북아시장 수요를 고려해본다면, IT관련 신기술의 개발, 제품 및 부품·소재 개발, 디자인, 마케팅 등에서 한국이 일정한 거점역할을 수행할 수 있을 것으로 기대된다.[21] 물론 이러한 기대는 일본과의 기술격차를 줄이면서 동북아지역 내 산업연대를 구축하는 개방화 노력이 수반되어야만 실현가능할 것이다.

　이상의 기능적 우선순위에 대한 초보적 논의를 요약하면 동북아중심지 전략에서 우선적으로 추진해야 할 기능은 물류라는 결론이 가능하다. 그러나 물류기능을 집중적으로 육성한다고 해서 금융이나 IT 분야 R&D 거점 조성을 포기하자는 의미는 아니다. 물류거점, R&D거점 및 금융거점의 조성은 한국의 제조업중심 경제에서 지식기반 경제로의 구조전환이라는 더욱 근본적인 시각에서 단계적으로 그리고 복합적으로 추진될 필요가 있다. 다시 말하면 현재 제조업 제품의 수출을 통한 발전전략이 한계를 노정하고 있는 만큼 써비스 수출로 전략수정이 필요하다는 것이다. 이러한 전략적 방향수정에서 유념해야 할 부분은 우리가 가진, 또는 단기간 내에 갖출 수 있는 핵심적인 자산이 무엇인가를 제대로 파악하는 것이다.

　숙련노동력과 비교적 잘 구비된 생산시설 및 사회간접자본이 제조업중심 경제에서 한국의 자산이었다고 한다면, 향후 상당한 규모의 배후지를 필요로 하는 지식기반 써비스경제에서 갖추어야 할 자산은 주변국 시장정보에 정통하고 다문화(多文化) 경영능력을 갖춘 고급인력과 배후지 경제공간을 활용할 수 있는 물리적·제도적 기반이라고 할 수 있다. 물류중심이건 금융중심이건 IT거점이건간에 한국의 경제규모 자체로는 동북아의 중심역할을 수행하기는 불가능하므로 경쟁국이기도 한 주변국과의 연계 및 결합을 통한 배후지 확보가 필수적이다. 동시에 확장된 경제공간을 경영할 수 있는 정보와 지식기반 그리고 주변국가에 쉽게 접근할 수 있는 교통·통신시설을 갖추어야만 나름대로의 중심성을 확보할 수 있을 것이다. 부언하면 동북아 주요지역과 밀접한 상호 의존관계로 구축된 네트워크 공간을 형성하고 그러한 공간을 경영할 수 있는 능력이 곧 한국의 핵심적인 자산이 되어야 한다는 말이다. 이를 위해서는 제도적 차원에서 동북아지역내 관세, 출입국 관련절차 등 장벽의 해소, 기술표준화 및 거래관행의 병합성을 제고하여 지역내 거래비용을 최소화하는 노력도 동반되어야만 할 것이다.

위와 같은 제반 조건을 충족시키면서 동북아 경제네트워크에서 중심성을 확보하는 과정은 많은 시간과 노력을 요구한다. 그러나 중국의 부상과 일본의 침체로 인한 동북아 신경제질서의 태동, 한반도의 안보 불안, 국내의 정치·사회적 변화 등 우리를 둘러싼 대내외 정세가 매우 긴박한 상황에서 모든 조건을 만족시키면서 동북아의 중심성을 확보한다는 것은 거의 불가능하다. 선택과 집중이 불가피한 것이다. 필자의 입장에서는 앞서 언급한 바와 같이 물류기능을 우선 육성하는 전략이 가장 타당하다고 본다. 금융기능의 육성을 위해서는 한국사회의 제도적 개선이 선행되어야 하고, 국제규범을 수용할 수 있는 개방적 자세가 갖추어져야 하기 때문에 더 많은 시간이 요구된다. 동시에 2002년 국회에서 통과된 경제자유구역에 관한 특별법은 장소 특정적인 개방전략인 만큼, 물류나 지역산업클러스터와 같이 장소와 밀접한 관계를 가진 기능이 경제자유구역의 설립취지에 부합한다고 할 수 있다. 부분적으로는 IT관련 새로운 연구개발기능, 국제업무 및 관광·위락기능을 경제자유구역 내에 유치할 수도 있을 것이다. 그러나 일부에서 제기한 바와 같이 이미 형성된 국내 타지역의 연구개발기능을 경제자유구역으로 옮긴다는 것은 국가적 차원에서 비효율적일 뿐만 아니라 지역간 형평성에도 배치되는 발상이라고 할 수 있다.

4. 무엇을 해야 하는가

앞서 논의한 바와 같이 한국을 동북아 물류거점으로 육성해야 한다는 당위성은 충분히 존재한다. 문제는 이를 어떻게 실현할 것인가이다. 가장 먼저 해야 할 일은 교통 및 통신·정보 인프라를 구축하는 동시에 최상의 물류써비스 체계를 구축하는 것이다. 2004년에 부분적으로 완공될 고속철도를 기반으로, 장기적으로 인천(서울)—광양—부산으로 이어지는 한국의 삼각 물류플랫폼을 건설하고 이를 기초로 생산, 연구개발, 금융 및 비즈니스, 문화·관광 기능을 유기적으로 결합한다면 정부의 경제중심 구상은 더욱 실천가능한 전략이 될 것이다.[22] 우선적으로 인천공항, 부산항과 광양항에 이러한 조건이 구비되면 물류운송기업들이 이들 물류거점 주변으로 몰려들 것이고 그에 따라 금융, R&D, 관광 등의 업종이 부차적으로 발생하여 복합적인 비즈니스 거점의 형성이 가능하게 될 것이다. 그러나 항만과 공항시설의 확장으로 물류중심지를 육성하는 것만으로는 한국이 동북아의 비즈니스 거점이 될 수는 없다. 시설을 운영하는 써비스체제의 질적 수준의 제고 없이는 성공을 보장할 수 없다.

실제로 2003년 화물연대의 파업과 태풍 매미로 인한 피해 등으로 부산항의 환적물동량은 감소하였고, 급기야 부산항은 세계 3위 컨테이너항에서 5위의 컨테이너항으로 밀려났다.[23] 태풍 같은 천재의 경우는 불가항력이라고 하더라도 화물연대 파업 같은 제도적 문제는 정부와 해당업계 그리고 전문가들 간에 근본적인 문제해결을 위한 모색과 사전대책이 있었다면, 부산항의 추락은 방지할 수 있었을 것이다. 좀더 장기적으로 보면 중국에서의 환적화물 유치는 중국내 항만 확장으로 점차 어려워질 것으로 예상되므로 부산·광양항의 물류거점전략도 단순히 국내 수출입물동량이나 환적화물 유치에서 벗어나 해당지역의 사회·경제기반을 활용하여 물류부가가치를 생산할 수 있는 복합적 기능의 항만으로 전환되어야 할 것이다. 요약하면 부산항과 광양항의 가격경쟁력뿐만 아니라 써비스경쟁력의 제고가 시급한 문제라는 인식을 가지고 이에 대한 대책을 강구할 필요가 있다.

그러나 우리 내부의 경쟁력 제고에 못지않게 중요한 것은 대외연계와 협력을 통한 배후지 확보를 위한 과제이다. 동북아 물류거점이건 금융의 중심지이건간에 그 역할의 중요도는 배후지의 크기에 달려 있다. 분단상태에 있는 한국으로서는 당장 북한 및 중국 동북3성 그리고 러시아 극동지역을 포괄하는 경제적 배후지를 확보하는 것은 불가능하다. 그러나 점차적으로 북한이나 러시아와의 경제협력을 확대하고, 중국이나 일본과는 기존의 경제관계를 심화시켜나가는 노력이 일관성 있게 추진되어야만 한다. 대외연계와 협력을 성취하기 위해서는 아전인수식 중심지 전략이 아니라 주변지역과의 동반 발전을 위한 국제협력이 필수적이다. 물류거점 육성에서 보면, 단기적으로 동북아지역내 항만이나 공항과의 연계협력체제를 갖추는 노력과 함께 장기적으로 육상교통의 연결이 이루어져야 한다. 러시아정부가 적극적인 관심을 표명하고 있는 시베리아 횡단철도와 한반도 종단철도 연결사업이나 중국정부가 관심을 가진 중국철도와의 연결은 한국정부에서 좀더 능동적으로 대처하여 한국의 물류거점 역할을 유라시아로 확대할 필요가 있다.

이러한 물리적 기반시설의 구축 못지않게 중요한 것은 동북아지역에 제도적으로 동질적인 경제공간을 구축하는 노력이다. 한·중·일 자유무역지대 형성을 목표로 하여, 우선적으로 한·중·일 3국의 경제특구간에 무역과 투자의 자유화 및 물류의 표준화를 추진할 필요가 있다. 우리의 노력 여하에 따라 장래에는 북한과 러시아의 경제특구도 이러한 특구간 네트워크체제에 편입시킬 수 있을 것이다. 또한 국가적 차원의 국제협력뿐만 아니라 국지적 차원에서의 지방간 연계·협력전략도 동북아의 지경학적 구도에서 매우 중요함을 인식해야 한다. 세계경제가 앞으로 몇개의 핵심도시지역을 중심으로 견인될 것이라는 주장이 힘을 얻고 있는 만큼, 동북아의 핵심도시지역과 다방면에서의 연계·협력방안을 마련하는 것도 매우 긴요한 과제이다.[24] 특히 지방과 외국지방 간의 국지적 협력은 현재 정부에서 중점적으로 추진하고 있는 균형발전전략과 결부시켜볼 때 매우 중요한 실천적 함의를 가진다. 중앙주도의 균형발전은 지방의 중앙의존적 양태를 지속시킬 가능성이 높고, 무리한 균형정책은 국가경쟁력을 약화시킬 수도 있다는 점에서 진정한 지방분권과 분권에 기초한 지방의 대외통상 및 교류에서의 독자적 역할을 강화하는 방안을 모색하는 것이 필요하다.[25]

마지막으로, 그러나 실질적으로 가장 역점을 두고 지속적으로 추진해야 할 과제는 제도와 관행의 개혁이다. 이는 현재 한국이 당면하고 있는 잠재성장력의 약화와도 밀접하게 관련되어 있는 문제이다. 신정부 출범 이후 동북아경제중심 전략이나 산업혁신전략 등이 의욕적으로 추진되고는 있으나 실질적인 성과가 미미한 것은 구호와 실천 간의 간극이 존재하기 때문이다. 일례로 2003년 한국으로의 외국인 직접투자는 전년대비 29%가 감소한 65억불에 그쳤다. 이러한 외국인 직접투자 감소는 물론 세계적인 경기침체 및 이라크전쟁 등 외부적 요인에 기인한 바도 있으나, 이웃 중국의 2003년 1천150억불의 외국인 직접투자 유치실적을 감안하면 외부 탓으로 돌리기에는 무리가 따른다.[26] 원만하지 못한 노사관계나 비개방적 사고, 정책의 투명성과 일관성 미흡 등 우리의 약점을 극복하려는 좀더 솔직하고 적극적인 노력이 긴요하다. 또한 가시적인 성과에만 집착하여, 하드웨어에 치중된 개발에 편향된다면 한국이 동북아의 거점이 되는 것은 불가능하다. 여기에서 길게 언급할 수는 없으나, 한국사회는 현재 과거의 관행과 제도가 무너지고 있는 반면 새로운 관행과 제도가 정착되지 못하고 있는 제도적 공백기에 처해 있다. 또한 일부 제도적인 개혁에도 불구하고 의식과 관행은 이를 따르지 못하는 시차적 모순을 안고 있다. 민주화의 과정상에 있는 한국사회에서 단기간에 앞에서 언급한 약점을 극복할 수는 없겠지만, 정권교체와 관계없이 제도와 관행, 그리고 의식개혁은 확고하고 지속적으로 추진되어야만 한다. 더욱 근원적으로는 한국사회의 폐쇄성을 극복하기 위한 노력이 있어야만 한다. 앞서도 언급한 바와 우리가 가진 지경학적 잇점을 살리는 길은 세계 여러 나라와 동북아국가들의 사람과 문화를 포용하고 융합시킬 수 있는 능력이다. 닫힌 민족주의나 국수주의는 우리의 선택이 아니다. 개방적 문화를 기초로 한 협력과 상생의 패러다임을 선도하는 것만이 중소국의 약점을 극복하고 연성적 힘에 근거한 중심성을 확보할 수 있는 길임을 유념해야 한다. 이를 위해서는 정부뿐만 아니라 기업·시민·학계가 모두 참여하는 동북아포럼을 동북아경제중심추진위원회가 주관이 되어 운영하고, 광범위한 의견수렴을 거쳐 우리 사회의 근본적 문제를 개혁할 수 있는 추진방안과 함께 실현가능한 과제부터 실천해나가야 할 것이다. 예를 들면 2003년에 지정된 인천, 부산·진해 및 광양만권 경제자유구역에서는 국내법의 규정에 구속되기보다는 '자유'구역 지정의 취지에 걸맞게 교육·의료시장의 과감한 개방과 내외국인을 망라하는 인재유치정책을 실시하는 것이 절실하다.

| 주 |

1) 중심의 성격과 내용 그리고 대외협력전략 외에도 전면적 개방이냐 혹은 부분적 개방이냐의 선택, 중심지 개발에 대한 재원조달 등이 정부의 동북아구상에서 문제로 지적될 수 있다.
2) 협의의 동북아는 중국 동북 및 화북지역과 몽골, 러시아 극동, 한반도 및 일본으로 정의되며, 주로 일본에서 이러한 지역범위를 채택하고 있다.
3) 남덕우 전총리나 김재철 무역협회장 등이 대표적인 예이다.
4) 경성적 및 연성적 힘의 역할에 대해서는 Robert O. Keohane and Joseph S. Nye, "Introduction," *Governance in a Globalizing World* (Cambridge: Brookings Institution Press 2000) 참조.
5) 플랫폼은 언어뿐 아니라 공통적인 행동을 이끌어내는 금융·기술·문화 기준 같은 각종 기준을 지칭한다. 에컨대 마이크로쏘프트의 윈도우즈는 가장 많이 이용하는 PC 플랫폼이며, 비자와 마스터카드는 전자상거래 및 금융결제 플랫폼이라 할 수 있다.
6) Jean-Pierre Lehmann and Jonathan Story, 「한국의 지정학적 및 지경학적 전략선택과 유럽의 교훈」, 홍철·김원배 편저 『21세기 한반도 경영전략: 지경학적 접근』 (국토연구원 1999) 363~408면 참조.
7) 재정경제부 외 「동북아 비즈니스 중심국가 실현방안」(2002.7.29).
8) 대통령자문 정책기획위원회 「평화와 번영의 동북아시대 신구상」(2003.9).
9) 정부에서는 세 가지 기능 모두에서 거점화하겠다는 의지를 표방하고 있다. 대통령자문 정책기획위원회(2003).
10) 김원배 「동북아 비즈니스 중심지의 성격과 의미」, 『국토』 2002년 9월호 41~47면; 김기환 「한국은 동북아 금융중심지가 될 수 있다」, 『World Village』 1호(월간조선사 2002) 98~106면.
11) 이창재 『동북아 비즈니스 거점화 전략의 기본방향』(대외경제정책연구원 2002).
12) 대통령자문 정책기획위원회(2003) 78면.

13) 남덕우 『동북아로 눈을 돌리자』(삼성경제연구소 2002) 50면.
14) 임진수 「동북아 항만허브화 전략」, 경제사회연구회 『동북아 중심국가 건설연구 워크샵 결과보고서』(2003) 85~104면: 조우현 「허브코리아로 가는 길: 인천국제공항의 잠재력」, 『World Village』 1호 130~36면.
15) 김기환 「한국은 동북아 금융중심지가 될 수 있다」, 『World Village』 1호 98~106면.
16) 서울파이낸셜포럼 「아시아 국제금융중심지로서의 한국: 비전과 전략」(2002).
17) 안형도 「동북아 금융중심지화 전략」, 경제사회연구회, 앞의 책 105~20면.
18) Saskia Sassen, "Global financing centers," *Foreign Affairs* 1999년 1-2월호 75~87면.
19) 이창재, 앞의 책 96~98면.
20) 임덕순 「동북아 R&D 허브 구축방안」, 경제사회연구회, 앞의 책 325~48면.
21) 강홍렬 「정보통신 아시아 허브국가: 정보통신전략 수정의 제안」, 경제사회연구회 『동북아 경제중심국가 건설연구 워크샵 결과보고서』(2002) 145~66면.
22) 김원배 「동북아 비즈니스 거점국가 실현을 위한 지역협력방안」, 경제사회연구회, 앞의 책(2003) 283~308면.
23) KOTRA 집계에 의하면, 2003년 상하이항은 1천128만TEU를 처리하여 세계 3위로, 션전항은 1천65만TEU로서 세계 4위로 부상한 반면, 부산항은 1천40만TEU로 세계 5위로 밀려났다고 한다(『조선일보』 2004.1.11).
24) 거대도시지역의 역할에 관해서는 Allen J. Scott ed., *Global City-Regions: Trends, Theory, Policy* (Oxford University Press 2001) 참조.
25) 김원배 「균형발전과 국가경쟁력」, 『국토』 2003년 10월호 77~88면.
26) 산업자원부 2003년 외국인 직접투자 실적(www.mocie.go.kr), 『조선일보』(2004. 1.15).

동북아시대 남북경협의 성격과 발전방향

이 남 주

1. 남북경협의 새로운 의미

남북경협은 1988년 남한정부의 '대북경제개방조치' 발표와 1991년 12월 남북기본합의서 체결을 계기로 시작되었다. 그러나 교역규모는 2002년에야 6억 달러를 넘었을 정도로 초기의 기대만큼 빠르게 진전되지는 않았다. 특히 1993~94년 북한의 NPT(핵확산금지조약) 탈퇴로 인한 북미관계의 악화, 1996년 동해안 북한 잠수함 침투사건 등으로 교역규모가 감소했다. 이는 남북경협이 정치적 변수의 영향으로부터 자유로울 수 없음을 보여준다.

그러나 한반도에서 냉전적 대립이 청산되지 않았던 것에 비해 동북아 정치·경제구조는 근본적인 변화를 겪었다. 중국의 개혁개방정책, 소련의 붕괴 등으로 동북아에서 한국전쟁 이후 유지되어오던 지역내 국가들 사이의 정치·군사적 대립은 크게 약화되었다. 정치관계의 개선은 동북아에서 무역·투자 등의 경제교류도 빠르게 증가시켰다.

이러한 상황에서 2000년 남북정상회담은 동북아에서 냉전체제의 잔재를 청산하고 동북아 협력이 새로운 발전단계로 진입하게 되는 계기를 만들었다. 물론 중국과 대만 사이에도 냉전적 대립은 존재하나 이는 더이상 동북아 국가들 사이의 교류를 가로막는 인위적 장벽이 되지는 않고 있다. 최근 우리 사회에서 '동북아시대'라는 화두가 등장한 것은 이러한 상황변화를 배경으로 하는 것이다. 즉 '동북아시대'란 다른 지역블록과 대결하는 것이 아니라 냉전적 구도 속에서 서로 반목하고 대립하던 동북아에서 협력과 공존의 새로운 질서가 만들어지고 그 속에서 모든 동북아 국가들이 새로운 발전의 기회를 갖게 되는 시대를 의미한다.

물론 '동북아시대'가 의미하는 바는 아직 명확하지 않다. 우선 '동북아'라는 지리적 개념은 일본에서는 잘 사용되지 않고 있으며 중국의 경우는 동북지역과의 연계를 강조하는 제한적 의미를 가지고 사용되고 있는 등 동북아 범위를 확정하는 것도 쉽지 않다. 따라서 '동북아시대'가 함의하는 시대정신을 제시하는 것은 더욱 어렵다.

그럼에도 불구하고 우리가 '동북아시대'라는 표현을 자연스럽게 사용하는 것은 무엇보다도 남북관계의 획기적인 변화로 냉전대립으로 인해 정치·경제·문화 등 모든 면에서 커다란 희생을 강요당했던 한반도가 동북아 냉전체제의 청산과 협력을 주도하는 것을 통해 새롭게 도약할 기회를 발견할 수 있었기 때문이다. 다만 '동북아시대'에 한반도의 중심적인 역할은 다른 주변국들에 대한 우월적인 지위에 의한 것이 아니라 동북아시대를 여는 데 한반도가 결정적 열쇠를 쥐고 있다는 역사적 상황에서 비롯된 것이다. 즉 '동북아시대'란 당장 어떤 객관적인 실체를 반영하는 개념이기보다는 실천을 통해서 구체화시켜야 할 개념이라고 할 수 있다.

그리고 '동북아시대'라는 화두의 등장은 남북경협의 의미를 더욱 중요하게 만들었다. 이제 남북경협은 남한에서 경쟁력을 상실한 사양산업의 이전이나 북한에 대한 인도적 지원이 아니라 한반도, 나아가 동북아의 경제지도를 새롭게 그리는 사업으로 발전하고 있다. 또한 남북경협의 확대를 통한 지역경제통합의 가속화는 동북아 평화체제 건설에도 유리한 조건을 만들어줄 수 있다. 이제 남북경협은 정치·군사적 환경변화의 종속변수에 머무르는 것이 아니라 한반도와 동북아의 새로운 미래 설계에서 적극적인 의미를 가지게 되었다고 할 수 있다. 따라서 이 글에서는 남북경협이 새로운 발전단계를 접어든 과정을 검토하고 '동북아시대' 남북경협의 전략적 방향을 제시하고자 한다.

2. 남북정상회담 이후 남북경협의 전개

남북의 정상이 2000년 6·15 공동선언에서 "경제협력을 통해 민족경제를 균형적으로 발전시킨다"고 합의한 이후 남과 북은 모두 경제협력에 적극적인 태도를 보였다. 물론 남북정상회담 이전에도 교역규모는 1991년 1억 달러, 1995년 2억 달러, 1997년 3억 달러, 2000년 4억 달러로 꾸준히 증가하면서 남북경협이 일시적인 것이 아님을 확인시켜주었다. 그러나 정상회담 이전까지 남북경협의 한계는 〈표 1〉에 잘 나타난다.

첫째, 남북교역에서 제네바합의에 따른 대북 중유지원, 경수로사업 및 금강산관광사업 관련물자 등 비거래성 교역 비중이 높다는 것이다. 이 비중은 1995년 3.8%에 불과했으나, 2000년에는 46%까지 증가했다. 비거래성 교역 비중이 커진 것은 정부 사이의 협력사업이 증가한 결과지만 동시에 같은 기간 거래성 교역(상업적 매매거래 및 위탁가공

교역)이 크게 감소한 결과이다. 거래성 교역은 1995년에 2억7630만 달러까지 증가했으나 1998년에는 1억4269만 달러로 감소했다.

둘째, 남북경협에 참여하는 업체당 교역규모도 1994년 이후 지속적으로 감소하는 등 대부분의 경협사업이 영세성을 면치 못하고 있다는 점이다. 1999년 업체당 평균 교역규모는 32만5000 달러로 1993년의 1/4 수준에 불과하다. 이는 거래성 교역의 감소와도 관계가 있다. 그리고 협력사업의 경우도 경수로사업(1억 143만 달러)만이 그 규모가 1억 달러를 상회하며, 순수 민간사업 중에는 평화자동차사업이 재투자로 사업규모가 5000만 달러를 넘은 것을 제외하고는 1000만 달러를 넘는 사업이 없다.

또한 남북경협의 씨너지효과가 미흡했다. 비거래성 교역의 대부분은 경제적 씨너지효과 창출보다는 경수로 건설, 식량난 해소 등 정치적 필요에 따른 사업에 집중되었다. 정치성이 덜한 민간교역의 경우에도 사정은 크게 다르지 않다. 상업적 매매거래에서 북한으로부터의 반입은 농림수산물 등과 같이 성장성이 낮은 품목이 주류를 차지했으며, 위탁가공교역의 경우도 반입품 중 섬유류가 차지하는 비중이 90%를 넘는 상황이다. 그리고 경제적 상호보완성을 적극적으로 활용할 수 있는 협력사업의 경우는 사업승인 수가 1997년 5건, 1998년 9건으로 정점

〈표 1〉 남북경협의 추세

(단위: 백만 달러, 개)

	1991	1992	1993	1994	1995	1996	1997	1998	1999	2000	2001	2002	2003
교역액	111	173	187	195	287	252	308	222	333	425	403	641	724
업체수	56	77	121	136	236	319	356	419	516	536	506	432	481
비거래성교역					11	14	55	78	144	184	167	298	(312)
협력사업승인					1		5	9	1	2	5	2	2

주: 2003년 비거래성교역은 11월까지의 합산.
자료: 통일부(www.unikorea.go.kr)

에 달한 이후 급격하게 감소하여 1999년 1건, 2000년 2건에 불과했다.

남북정상회담 이후에도 남북경협은 양적인 측면에서 이러한 문제점이 뚜렷하게 개선되고 있지는 않다. 물론 거래성 교역은 2000년에는 241백만 달러, 2001년에는 236백만 달러로 정상회담 이전 최고수준에 접근하였으며, 2002년에는 343백만 달러, 2003년에는 4억 달러에 가까운 수준으로 빠르게 증가하였다. 그러나 협력사업승인 수는 2001년 5건, 2002년 2건, 2003년에는 2건으로 뚜렷한 증가를 보여주지 못하고 있으며, 업체당 교역규모도 약간의 증가세를 보여주고 있으나 영세한 상태를 벗어난 것은 아니며 교역구조에서도 뚜렷한 변화는 발생하지 않고 있다.

그러나 질적인 측면에서는 정상회담 이후 주요 협력사업으로 떠오른 남북 철도·도로 연결, 개성공단 건설사업 등은 그 경제적 효과가 지금까지의 경협사업을 훨씬 능가하는 것이다.[1] 뿐만 아니라 이들 사업들이 남과 북이 각각 분리된 상태에서 경제발전을 지향하는 것이 아니라 한반도 경제공동체를 촉진시키는 길이 열렸다는 의미에서 남북경협은 새로운 단계로 진입하고 있다고 할 수 있다.

이러한 변화는 현대그룹의 특수한 역할이 있기는 하지만 주로 남북 정부 사이의 협의에 의해 주도되고 있다. 남북정상회담 이후 남북은 2000년 7월부터 12월까지 네 차례의 장관급회담을 거치면서 철도 및 도로 연결, 전력협력, 개성공업단지 건설, 임진강 유역 수해방지사업 등을 남북경협의 핵심사업으로 선정했다. 그리고 같은 해 12월에 남북경협사업에서 제기되는 실무적인 문제들을 협의·해결하기 위한 '남북경제협력추진위'(이하 경추위) 1차회의가 열리는 등 남북경협은 구체적 추진단계로 들어가기 시작했다. 지금까지 남북경협 관련되어 진행되고 있는 회의는 〈표 2〉에 정리되어 있다.

⟨표 2⟩ 남북경협 관련 주요 회의(2003년 12월까지)

명칭	1차회의	개최횟수	주요내용
남북경제협력 추진위원회	2000.12.27 ~30	7회	장관급회담의 합의 및 위임에 따라 남북의 경제교류와 협력의 주관
남북경제협력제도 실무협의회	2002.12.11 ~13	4회	남북경협의 원활한 진행을 위한 제도 보장에 관한 실무 논의
남북철도·도로연결 실무협의회	2002.9.13 ~17	3회	연결시기와 방법, 연결공사와 관련된 남측의 자재·장비 제공 등의 사안을 논의. 8차의 실무접촉 진행.
남북개성공단건설 실무협의회	2002.10.30 ~11.2	1회	착공식, 통관·통신·검역, 관리 세부규정 등에 대한 협의. 2차의 실무접촉 진행.
남북해운협력 실무접촉	2002.11.18 ~20	3회	민간선박들의 상대측 영해통과와 안전운행에 관한 해운합의서 채택 논의
남북원산지확인 실무협의회	2003.12.17 ~20	1회	원산지확인 합의서 이행 및 원산지확인 절차와 관련된 세부기준 논의
남북청산결제 실무협의	2003.12.17 ~20	1회	청산결제에 관한 합의서의 이행을 위한 실무문제 논의

주: 표는 필자 정리

그러나 2001년에 들어서면서 북한정권에 비판적인 부시행정부의 등장, 9·11 테러사건의 발생 등으로 원래 2001년 2월에 개최되기로 예정되었던 경추위 2차회의가 2002년 8월에야 열리는 등 남북경협은 난항에 빠지기도 하였다. 2001년의 남북교역규모도 2000년보다 감소하였다. 그러나 남북경협의 침체 상황은 그리 오래가지 않았다. 2002년 4월 평양을 방문한 대통령특사 임동원과 김정일의 회담에서 합의된 사업을 적극적으로 추진할 것을 확인하면서 남북경협은 다시 활력을 찾기 시작했다. 특히 김정일은 임동원에게 경의선 및 개성-문산 도로연결 외에 동해의 철도·도로 연결까지 주장하는 등 남북경협에 적극적인 자세를 보였다.[2)]

그리고 2002년 8월 경추위 2차회의가 개최되어 경의선 및 동해선의 철도·도로 연결을 병행 실시하며, 철도는 2002년 내에 도로는 2003년까지 연결하며, 개성공단 건설의 2002년내 착공을 추진하고, 투자보장 및 이중과세방지 등 경제협력의 제도적 보장을 위한 4개의 합의서를 가능한 빠른 시간 내에 발효한다는 데 합의했다.

이에 따라 남북정상이 합의한 후 2년여 만인 2002년 9월 18일 남과 북은 각각 경의선·동해선 철도 및 도로 연결 착공식을 가졌다. 그리고 2003년 3월까지 네 차례의 철도·도로 연결 실무접촉을 통해 연결시기와 방법, 연결공사와 관련된 남측의 자재·장비 제공 등의 사안을 논의하여 4차 접촉에서 남북은 경의선·동해선 철도의 궤도연결공사를 3월 말 군사분계선에서부터 자기쪽 방향으로 동시에 재개하기로 하는 내용의 합의서를 발표하였고 2003년 6월 14일 남북철도궤도 연결행사를 경의선, 동해선 철도 연결지점에서 공동으로 개최하였다. 그리고 2003년 2월 14~16일에 동해선 임시도로가 개통된 이후 금강산 육로관광도 본격적으로 실시되기 시작하였다. 또한 2003년 12월에는 경의선, 동해선 연결구간에 대한 상호방문이 진행되는 등 철도·도로 연결사업은 본궤도에 오르고 있다.

개성공단사업은 2002년 11월 20일 북한 최고인민회의 상임위원회가 '개성공업지구법'을 채택하여 개성공단사업 추진을 위한 법적인 기초를 마련한 이후 남북 사이에 본격적인 논의가 진행되었다. 2002년 12월 6~8일에 열린 개성공단건설 2차 실무접촉에서는 착공식 개최, 임시도로(개성-문산) 개통, 통신·통관·검역 등 3개항에 대한 합의서를 채택했다. 2003년 2월 21일에는 경의선 임시도로를 이용하여 개성공업지구 육로사전답사가 실시되고 6월 30일에는 착공식이 개최되었으며 7월 21일에서 8월 8일 사이에 1단계 100만평에 대한 측량, 토질 조사를 완료하였다. 북한도 이에 발맞추어 2003년 10월 1일 개성공업지구 노동규정 및 세금규정을 발표하는 등 개성공단사업과 관련한 세부 제도를 정비하였다. 현재 개성공단 사업은 2006년 상반기까지 공장 입주를 목표로 진행되고 있다.

철도·도로 연결사업 및 개성공단개발사업 외에도 남북경협의 제도적 환경을 개선하기 위해서 경제협력제도 실무협의회가 열리게 된 것도 중요한 의미를 갖는다. 경추위 3차회의의 결정에 따라 2002년 12월 11~13일에 열린 남북경협제도 실무협의회 1차회의는 특별한 성과를 거두지 못했으나, 2003년 7월 29~31일에 개최된 2차회의에서는 '남북 사이에 거래되는 물품의 원산지확인 절차에 관한 합의서'와 '남북 사이의 청산결제에 관한 합의서'를 채택하여 남북 직접교역을 활성화할 수 있는 제도적 장치를 마련하였다. 또한 2002년 12월 25~28일 열린 제2차 남북해운협력 실무접촉에서 양쪽 해상항로를 민족 내부항로로 인정하고, 상대방 해역을 운항하는 선박의 자유로운 통신을 보장하는 등의 내용을 담은 '남북해운합의서'를 채택하고 서명했다. 이로써 운송을 외국 선박에 의존할 수밖에 없었던 상황을 개선해 물류비용을 크게 줄이며 남북교역을 더욱 활성화하는 길을 열었다.

앞에서 살펴본 것처럼 정상회담 이후에도 남북경협이 순탄하게 진행된 것만은 아니다. 대부분의 주요 사업은 예정된 일정에 비해 늦게 진행되었으며 금강산 관광사업의 경우는 수익성 문제로 존폐의 기로에 서기도 하였다. 여기에는 남과 북의 사업추진 방식에 대한 이견도 중요한 원인이 되고 있으나 북한 핵문제 등 외부환경의 영향이 더욱 크게 작용하였다. 그러나 이러한 문제들에도 불구하고 지금까지 남북경협이 양적으로 질적으로 지속적으로 발전해온 점은 남북경협이 이미 독자적인 동력을 형성하였음을 보여준다.

3. 남북경협 추진동력의 강화와 제약요인

특히 2003년 남북경협은 많은 어려움 속에서 진행되었다. 북한은 1월 NPT 탈퇴와 4월 플루토늄 재처리시설 가동을 선언하고, 미국은 3월 이라크에 대해 군사공격을 감행하여 패권주의적 경향을 뚜렷이 보이면서 한반도의 핵위기가 더욱 심각한 상황을 발전하였다. 뿐만 아니라 남한 내부에서는 현대비자금 사건으로 현대그룹이 매개가 되어 진행되던 주요 남북경협사업에 대한 불안감이 증가하였다.

그러나 이러한 적지 않은 어려움에 직면하고 있지만 남북은 경협사업의 추진에서 비교적 일관된 태도를 유지하고 있다. 북한은 이라크전쟁과 관련한 남한의 군사적 조치에 반대하며 10차 장관급회담을 연기했지만 이후에는 다시 대화를 제안했고, 남한도 핵문제의 돌출에도 불구하고 이를 수용했다. 특히 2003년 8월 서울에서 개최된 경추위 6차 회의에서는 상품 및 임가공거래를 직접거래방식으로 더욱 확대한다는 데 남북이 합의하였으며 2003년의 교역규모도 안정적인 증가추세를 유지하였다. 이는 남북경협에 대한 남과 북의 태도에 커다란 변화가 있었기 때문에 가능한 것이었다.

우선 남북경협에 대한 북한의 적극적인 태도는 90년대 이후 북한의 경제적 상황과 이를 극복하기 위한 꾸준한 노력을 고려하면 예상할 수 없었던 것이 아니다. 그동안 북한의 경제개혁에 대한 논란이 적지 않으나 북한은 나름대로 개혁과 개방을 지속적으로 시도해왔다. 물론 이 노력은 대외환경과 내부정치구조의 제약으로 지금까지 뚜렷한 성과를 거두지 못했다.[3] 그러나 그 과정에서 북한은 점차 제한적인 개혁개방의 한계를 인식하고 더욱 대담한 접근방식을 채택하기 시작했다. 특히

2002년 7·1경제관리개선조치, 9월의 '신의주특구법', 11월의 '개성공업지구법'과 '금강산관광지구법'의 채택 등 일련의 변화가 이를 잘 보여주고 있다. 북한의 현재 정치체제나 경제체제 아래에서 이같은 새로운 개혁조치가 성공을 거둘지는 아직 불확실한 상황이지만 적어도 이 조치들이 새로운 경제적 시도를 제한된 공간에 가두려는 과거의 자세에서 탈피한 점은 부정할 수 없다.[4]

북한정부는 최근 경제관리개선조치가 시장경제원리의 도입을 주요 내용의 하나로 한다는 점을 명확하게 밝히기 시작하였다. 6월 10일자 조선중앙통신 논평에서는 3월부터 종래의 농민시장을 '종합시장'으로 개편하여 공업품도 거래할 수 있도록 하였다고 보도했다. 그리고 2003년 12월 22일 『조선신보』에 의하면 종합시장에서 한도가격 내에서 수요와 공급 관계에 따라 가격이 결정되며, 각 기업은 부산물로 생산된 생필품의 30% 내에서 시장판매를 인정하였다고 한다. 이러한 변화는 1970년대 말과 80년대 초 중국의 경제개혁 조치와 유사한 것이다. 특히 종합시장에 대한 설명과정에서 과거에는 금기시되던 '경제개혁'과 '시장'이라는 표현이 사용되어 관심을 끌었다.

북한의 개혁의지가 적극적일수록 북한에 남북경협의 중요성은 더욱 높아질 것이다. 일부에서는 중국이 북한의 경제적 후원자가 될 수 있다는 의견도 있지만 이는 쉽지 않다. 물론 중국은 1996년 이후 전략적인 고려에서 북한에 석유·식량 등 주요 전략물자를 무상 또는 우대조건의 차관으로 공급하며 북한경제가 붕괴상태에 빠지지 않도록 하는 데 중요한 역할을 하고 있다. 그러나 중국은 경제의 양적인 성장에도 불구하고 GNP의 30~50%(3000억~5000억 달러)로 추산되는 국유기업 및 금융기관의 부실채권, 1000만명을 훨씬 넘는 도시실업 및 1억 5000만명에 달하는 농촌의 잉여노동력 등의 문제를 해결하기 위해서 많은 시간이 필요하며 다른 국가의 경제성장을 지원할 여력은 많지 않다. 반면 북한에 자금·기술·시장을 제공할 수 있는 여력이 있는 미국·일본의 경우는 정치적 문제가 해결되기 이전에 북한경제에 직접적인 도움을 주지 않을 것이다.

따라서 현재 북한 경제발전에 새로운 동력을 제공해줄 수 있는 유일한 세력은 남한인데, 만약 남북경협이 지지부진한 상태에서 벗어나지 못한다면 북한 경제개혁의 결과는 불을 보듯이 뻔하다. 특히 가격현실화를 통해 생산을 촉진하겠다는 것을 주요 내용으로 하는 북한의 경제관리개선조치는 공급 능력의 확대가 따르지 않으면 인플레이션 등 부작용만 양산하고 좌절될 가능성이 높은데, 남한은 빈사상태에 빠진 북한경제의 공급능력을 빠르게 회복시켜줄 수 있는 가장 유력한 지원세력인 것이다.

정상회담 이후 남한에서도 남북경협에 대한 인식에 커다란 변화가 발생했다. 과거 남북경협은 북한에 대한 인도주의적 지원의 한 형태이거나 남한에서 경쟁력을 상실한 노동집약적 산업의 이전 정도로 인식되었다. 그러나 남북정상회담 이후 등장한 남북 철도·도로 연결 및 개성공단개발 등의 사업은 한국경제의 미래에 새로운 상상의 공간을 제공했다. 이는 기존 성장모델이 한계에 도달하고 새로운 돌파구를 찾아야 할 필요성과 결합되면서 남북경협을 더욱 중요하게 만들었다.

금융위기를 겪은 한국경제는 현재 여러 측면에서 개혁과 전환을 요구받고 있지만 외부로부터 제기되는 도전 중 가장 중요한 의미를 갖는 것은 중국의 부상이다. 최근 중국 대외개방의 가속화와 저임금노동력을 이용한 제조업의 빠른 성장은 한국경제에 생산기지 중국 이전에 따른 구조조정이라는 새로운 과제를 던져주었다.[5] 반면 하이테크산업의 경우 반도체·휴대전화 등에서는 경쟁력을 가지고 있으나 전체적으로 미국·일본 등의 선진기술을 따라잡기는 어려운 상황이며 오히려 곧 중국과의 힘겨운 경쟁에 돌입할 것으로 예상된다. 이에 따라 한국경제는 호두까기에 낀 호두 신세에 비유되기도 한다.

이러한 현실에서 남북경협은 남한경제의 새로운 돌파구로 받아들여지고 있다. 우선 남북경협은 제조업 공동화 추세를 완화시킬 수 있다. 북한에 대한 투자도 남한에는 제조업 공동화를 의미하는 것이지만 중국이라는 거대한 시장에 빨려드는 것에 비해서는 남한경제와 더욱 긴밀한 내적 연계를 유지할 수 있다. 이와 관련해서는 개성공단건설이 중요한 의미를 가지는데 2003년 8월까지 섬유·신발·전기·기계 등 분야의 1064개 업체가 입주희망서를 제출하는 등 중소기업의 개성공단 개발에 대한 관심이 크게 높아지고 있다. 그리고 2003년 8월 25일 실시된, 개성공단에 입주를 희망하는 150여개 업체 대표들의 공사현장 방문에서도 가까운 거리, 양질의 노동력 등의 이유로 긍정적인 반응이 많아 연내입주를 요구하는 목소리까지 등장했다(『매일경제』 2003.8.27). 이보다 더욱 중요한 것은 남북경협이 과거에는 생각하기 힘들었던 새로운 성장요인을 창출할 수 있다는 점이다. 예를 들면 남북 철도 및 도로 연결을 통한 물류산업의 발전은 한계에 도달한 굴뚝형 제조업을 대체하는 한국경제의 새로운 성장동력의 하나가 될 수 있다.

이처럼 정상회담 이후 남북경협은 남과 북에서 각각 한계에 부딪힌 기존 발전모델을 대체할 새로운 발전모델을 만드는 사업으로 발전하고 있으며, 그 적극성도 크게 높아졌다. 그러나 남북경협에는 여전히 적지 않은 제약요인이 존재한다. 그 제약요인으로 경협과 관련한 법적·제도적 장치의 미비, 북한의 개혁개방 의지, 그리고 정치 혹은 군사적 긴장 등이 지적되어왔다. 앞의 두 가지는 남북경협의 발전과 북한의 개방의지 강화로 인하여 점차 해결의 길이 보이고 있으나, 마지막 요인은 좀처럼 해결 가능성을 보이지 않고 있으며 종종 군사적 긴장이 고조되어 남북경협은 물론이고 우리 민족의 생존까지 위협하고 있다.

북미관계는 2002년 10월 부시대통령의 특사 켈리의 평양방문 때 북한이 핵개발 계획을 인정한 이후 급속도로 악화되면서 남북경협의 발목을 잡고 있다. 미국은 북한 핵개발에 대한 제재로 11월 14일 KEDO(한반도에너지개발기구)를 통해 북한에 대한 중유제공 중단을 선언했으며, 북한은 12월 12일 핵동결 해제와 핵시설 재가동 선언, 2003년 1월 10일 NPT 탈퇴선언 등으로 대응하여 북미 사이의 전면적 대결구도가 형성되었다. 물론 2003년 4월 베이징에서 북·미·중의 3자회담이 열리고 그후에 6자회담이 열리면서 북미의 군사적 충돌에 대한 우려는 어느정도 줄어들며 대화국면이 조성되었음에도 불구하고 북한과 미국의 입장 차이가 좁혀질 조짐은 보이지 않고 있다.

미국은 북한이 핵동결과 핵개발 폐기선언 이전에는 북한에 어떤 당근도 제공할 수 없다는 입장이고, 북한은 핵개발 폐기는 에너지개발 계획 포기에 대한 경제적 보상과 북미관계정상화를 포함하는 실질적인 체제보장과 함께 이루어져야 한다는 입장이며 이들 사이에 절충점이 쉽게 찾아질 것으로 보이지 않는다. 여기에 미국 내에서 협상의 필요성을 인정하는 온건파와 군사적 수단의 동원도 불사하여야 한다는 강경파 사이의 대립이 상황을 더욱 복잡하게 만들고 있다. 따라서 남북경협은 앞으로 상당기간 북한 핵문제라는 화약고를 안고 갈 수밖에 없는 상황이다.

4. 동북아시대 남북경협의 전략적 방향

그렇다면 북한의 핵문제가 완전히 해결되기 전에 남북경협사업은 어떻게 전개되어야 할 것인가라는 문제가 남는다. 경우에 따라서는 1993~94년 핵위기에 따라 경협사업이 침체에 빠졌던 역사가 되풀이될 가능성도 배제할 수 없다. 그러나 현재 남북경협이 갖는 경제적·정치적 의미는 과거와 비교할 수 없을 정도로 중요해졌기 때문에 남북경협은 북한과 미국 사이의 정치·군사적 문제가 해결된 후에나 발전될 수 있다는 소극적인 태도보다는 남북경협을 이러한 상황을 극복하기 위한 새로운 동력으로 삼는 전략이 필요하다. 핵위기가 극단적으로 악화되기 전에는 핵문제 해결 선행론보다는 핵문제 해결과 남북경협을 병행하는 것이 필요하다는 것이다.

단기적으로 남북경협은 북한이 극단적인 선택으로 나아갈 가능성을 줄일 수 있으며, 북한이 국제사회와 새로운 협력체제를 구축하는 매개 역할을 하며 핵문제 해결에 유리한 조건을 만들 수 있다. 나아가 남북경협은 외부적으로는 동북아에서 한반도의 평화를 보장할 수 있는 역량과 구조를 발전시키고 내부적으로는 경제공동체의 형성을 가속하여 외부상황의 변화에 대응할 수 있는 민족 내부의 역량을 강화하는 방향으로 발전하여야 한다.

냉전체제가 붕괴된 후 진행된 동북아 질서재편은 북미관계의 악화라는 변수를 제외하면 남북경협에 불리한 것은 아니다. 정치적으로 북미관계를 제외하면 과거 적대적 관계였던 남한과 중국·러시아의 관계, 남북관계 등이 우호적 관계로 변화했으며 북일관계도 납치문제 등 적지 않은 난관이 존재하나 2002년 정상회담이 열리는 등 진전을 보인 바 있다. 더욱 중요한 것은 동북아가 세계에서 가장 경제성장이 빠른 지역에 속하며, 동시에 역내 경제교류가 활성화되고 있다는 점이다. 세계은행의 「2000/2001 세계발전보고」의 통계에 따르면 1990~99년 사이 고소득국가를 제외한 중·저소득국들의 평균성장률은 3.3%인데 동아시아·태평양지역의 성장률은 7.4%에 달했다. 그리고 각국의 무역총액에서 역내교역이 차지하는 비중도 증가하여 2000년 기준으로 한국 24.9%, 북한 38.9%, 중국 23.2%, 몽고 69.9% 일본 14.9%, 러시아 9.4%를 차지했다.

이러한 변화에 조응하여 동북아의 평화체제 발전의 동력도 증가하고 있다. 예를 들면 이라크전쟁에 대해 중동사회가 분열된 것에 비해서 북한에 대한 미국의 군사력 사용에 대해 한반도 주변국들은 경제적 이유이건 정치적 이유이건 반대하는 입장을 가지고 있다. 이러한 힘이 북한과 미국으로 하여금 입장 차이에도 불구하고 다시 대화 테이블에 나오게 만들었다고 할 수 있다.

남북경협은 이러한 변화추세를 더욱 공고히하는 방향으로 발전해야 한다. 이와 관련하여 '동북아경제중심'이라는 용어는 조심스럽게 사용할 필요가 있다. 이 말이 외부세력에 대한 경쟁적 의미로만 제시될 때는 동북아 내의 협력을 저해할 수도 있다.[6] 특히 물류중심론, 금융중심론, IT산업중심론 모두 이러한 성격이 강하다. 물론 이들이 한국경제의 새로운 성장동력이 될 수 있다는 점에 큰 이견은 없을 것이다. 그러나 협력을 전제로 하지 않는 중심론은 내부적 전략으로는 의미가 있으나 동북아라는 수식어를 붙이고 외부를 향해서 선포할 성격의 것은 아니다. 따라서 동북아시대에 부합하는 발전방향을 모색한다는 점을 중시하면 '동북아중심론'이나 '동북아허브론'과 같이 경쟁적 측면을 부각하기보다는 '동북아협력'이라는 측면에서 접근하는 것이 더욱 중요하다.

이는 단순히 표현상의 문제만은 아니다. 현재 냉전체제라는 특수한 조건에서 비교적 성공적으로 이루어진 미국시장에 의존한 수출주도형 경제발전은 이미 한계에 직면하였으며, 한국경제는 동북아 및 동남아 등 역내시장의 확대 속에서 새로운 발전의 동력을 구해야 할 필요가 있다. 한국의 미국 및 일본시장에서의 점유율은 최근 10여년간 각각 3%대와 5%대에서 정체되어 있으며 중국은 2003년 한국의 최대 수출시장으로 떠올랐다. 따라서 남북경협도 다른 국가들에 대한 경쟁적 우위만 추구해서는 안되며 동북아의 공동발전과 평화의 새로운 기회를 제공한다는 점에 촛점을 맞추어 다른 국가들의 참여를 유도할 수 있어야 한다.

이러한 효과가 가장 큰 사업으로는 동북아에서 에너지협력, 철도 및 도로 연결 등 사회간접자본 네트워크의 건설사업을 들 수 있다. 동북아 사회간접자본 네트워크의 건설은 동북아 경제통합의 수준을 한 단계 높이고 역내시장 규모를 증가시켜 새로운 경제성장 동력을 제공하는 데 커다란 기여를 할 수 있을 것이다. 그리고 세계에서 에너지 수요가 가장 빠르게 증가하고 있으며 에너지의 외부의존도가 높은 이 지역에서 역내 에너지자원의 개발과 효율적인 에너지 수급구조의 형성을 위한 협력의 필요성이 높아지고 있다. 이와 관련하여 남북 철도·도로 연결사업, 가스관 연결사업 특히 천연가스 파이프라인의 연결이 매우 중요한 의미를 갖고 있다.

이는 러시아가 한반도종단철도와 시베리아횡단철도에 기울인 관심에 잘 나타난다.[7] 쎌리그 해리슨(Selig S. Harrison)은 러시아의 사할린 부근에 있는 천연가스를 북한을 관통해 남한에 공급하는 운송관 건설로 북한의 핵문제도 해결하고 주변국들의 경제적 이익도 증가시킬 수 있다고 했다.[8] 중국의 경우는 철도연결사업에 경쟁적 관계가 있으나 이 사업이 장기적 경기침체에 빠져 있는 중국 동북부의 발전을 위해서는 필수적이기 때문에 반대로 일관하지는 않을 것이다. 특히 2003년 들어서면서 중국정부는 동북3성 개발을 중점사업을 채택하였으며 중국의 원 쟈빠오(溫家寶) 총리는 2003년 10월 '아세안+3' 회의에 참석한 동북아 3국정상들의 회담에서 중국의 동북3성 개발에 적극 참여해줄 것을 요청한 바 있다. 미국·일본은 당분간 정치적 상황의 제약을 받겠지만 이 협력사업이 본격적으로 전개된다면 새로운 물류망에서의 주도권과 시베리아 지역의 자원확보를 위해 적극적으로 참여하지 않을 수 없을 것이다.

내부적인 측면에서 남북경협은 민족 내부의 새로운 갈등요인을 증가시키는 것이 아니라 단결과 발전을 촉진하는 것을 가장 중요한 방향으로 삼아야 한다. 이러한 측면에서 보면 과거 남북경협을 비교우위에 기초한 남북한 경제구조의 상호보완에 주로 촛점을 맞추던 논의를 극복할 필요가 있다. 분단체제 아래서 형성된 남한의 과도한 무역의존도는 경제위기를 재생산하고 있으며, 북한의 폐쇄적이고 중앙집권적인 자원분배 체제는 현재의 비효율적인 경제구조를 초래했다. 따라서 각각의 비교우위 즉 남쪽의 자본과 기술, 북쪽의 자원과 노동력을 결합하는 경제협력사업은 내부시장을 확대하고, 자립적인 민족경제의 형성을 촉진할 수 있다는 점에서 의미를 가진다. 그러나 현재 남북경협을 현재 상황에서의 비교우위의 활용이라는 각도에서만 접근하는 것은 몇가지 문제가 있다. 우선 남한과 북한 사이에 수직적 분업체제를 형성하여 새로운 불평등구조를 형성할 우려가 있고 이에 대한 북한의 거부감도 크다. 예를 들면 '개성공업지구법' 4조에 "사회의 안전과 민족경제의 건전한 발전, 주민들의 건강과 환경보호에 저해를 주거나 경제기술적으로 뒤떨어진 부문의 투자와 영업활동은 할 수 없다"고 명시한 것도 이러한 우려를 반영하는 것이다. 장기적으로 보면 남북경협만이 아니라 동북아 국가들 사이의 경제협력도 많은 정치·사회적 갈등을 낳을 우려가 있는 미국과 중남미의 경제관계나 과거 동아시아에서 일본과 다른 국가들 사이의 경제관계와 같은 수직적 분업체제보다는 수평적인 경제발전, 협력모델을 모색하는 노력을 기울일 필요가 있다.

또한 이러한 접근은 경제적 효과에도 한계가 있다. 즉 중국의 노동집약적 산업의 빠른 성장을 고려하면 북한의 노동집약적 산업이 국제시장에서 경쟁력을 확보하기가 쉽지 않다. 결국 북한의 노동집약적 산업은 내수시장의 기반이 있거나 남한과의 근접성으로 인해 잇점을 확보할 수 있는 일정기간에만 경쟁력을 가질 것이며 장기적으로는 성장에 한계가 있을 것이다. 현재 남북협의를 통해 개성공단의 노동자 임금은 57.5달러로 확정되어 한국 노동자의 10% 이하의 수준에 불과한데 이러한 임금수준은 북한의 경제개혁과 개방이 안정적으로 추진된다면 장기간 유지되기 힘들 것이다. 따라서 노동집약적 산업을 중심으로 하는 협력은 한계상황에 직면한 남한의 중소기업에는 활로를 제공해줄 수 있을지 몰라도 새로운 발전동력을 제공하기 어렵다.

따라서 남북경협, 특히 정부 차원의 협력사업은 한반도 경제공동체의 질적 수준을 더욱 높일 수 있는 사업에 촛점을 맞추어야 한다. 이와 관련해서는 개성공단개발사업과 IT기술산업에서의 협력이 중요한 의미를 가지고 있다. 개성공단사업은 사양사업의 북한 이전이 아니라 동북아에서 특화된 산업단지로 발전시키는 방향을 견지하여야 하며, IT산업에서의 협력도 노동비용 절감 차원이 아니라 선도기술의 개발과 상품화를 주요 내용으로 해야 한다.[9] 이들 사업은 직접적으로 수익을 창출할 수 있다는 점에서 남북경협의 지속적인 추진에 기여할 것이다. 지금까지 수익성이라는 측면에서는 좋은 결과를 낳지 못해 경협에 대한 부정적인 인식이 증가되어왔다. 따라서 남한 기업은 정치적인 접근으로 경제문제를 해결하려는 태도를 버리고, 북한도 남한을 일방적인 지원자로 바라보는 타성에서 벗어나 경제적 효과를 극대화하기 위한 협력을 진행해야 한다.

5. 남북경협과 민족공조

동북아시대 남북경협은 주변국들의 참여를 적극적으로 이끌어낼 수 있는 사업, 남북협력의 씨너지효과를 극대화할 수 있는 사업을 추진해 한반도 경제의 질적 발전계기를 만들고 동북아 평화체제 건설의 기반조성을 목표로 하여야 한다. 그러나 이러한 사업은 남북이 민족공조라는 원칙을 확고하게 견지하지 못하면 주변 상황의 변화에 따라 언제든지 위기에 직면할 수 있다. 이는 선언적으로 민족공조가 합의되었을지 몰라도 실질적인 실현이 쉽지 않은 것과 관계가 있다.

북한은 체제안전에 대한 문제는 미국과 대화를 통해서 해결하고 경협문제는 남한과 논의하는 전략을 채택하고 있으며 이 두 가지가 충돌될 경우 전자를 더욱 중시하는 경향을 보여왔다. 이는 체제안전에 대한 특별한 고려라는 차원에서 이해될 수 있지만 북한의 경제개혁에 대한 일관성과 남북협력 의지에 대한 불신감을 증가시켜 남북경협의 효율성을 떨어뜨리고 경제적 고립의 심화를 초래했다.

남한은 1998년 경협에 대한 정경분리 원칙을 제시하고 이 원칙을 비교적 일관되게 견지해왔으나 여기에도 근본적인 한계가 있다. 즉 민족공조와 한미동맹의 충돌이 그것이다. 냉전시기에 북한에 대한 봉쇄와 전쟁억제를 목표로 형성된 한미동맹관계가 동북아 질서의 재편과 충돌하고 있다는 점은 명확하다. 참여정부는 이러한 상황을 반영하여 한미동맹관계 재조정을 거론하고 있으나 아직 구체적인 방향을 제시하지 못하고 있다. 이는 미국으로부터 심각한 안보위협을 받고 있는 북한의 불신감을 증가시키기 쉽다.

더욱 비극적인 것은 이러한 문제해결이 상당부분 미국의 한반도정책에 의해 좌우된다는 점이다. 현상황에서 남북협의가 한반도의 정치·군사적인 문제해결에서 주도권을 행사하기 힘든 것은 부인할 수 없다. 이는 역으로 남북이 경제협력에 더욱 일관된 자세로 임하는 것을 한층 중요하게 만드는 이유가 된다. 남북의 연대를 촉진할 수 있는 가장 중요한 사업이 남북경협이기 때문이다.

현상황에서 남한은 미국의 군사적 수단을 통한 문제해결 유혹에 대해 확고하게 반대하고 북한도 핵카드의 지나친 사용과 같이 남북민중의 대립을 격화하는 행위는 자제하여 남북협력의 최소한의 공간을 확보하여야 한다. 다음으로 남북은 이미 제기된 경제협력의 안정적인 추진에 힘을 집중하여 앞으로 3,4년 내에 성과를 내어야 할 것이다. 이를 통해 남북민중 사이의 상호신뢰와 공동이익을 증진시키고 또한 분단체제에 왜곡된 남과 북의 정치·사회적 상황을 조정할 수 있는 환경을 조성하여 남북이 더욱 높은 단계의 협력을 위한 토대를 구축해야 한다. 이는 반세기 동안 분단의 고통과 전쟁의 위협에서 살아온 남북민중의 최소한의 요구일 것이며 이러한 요구에 부응하지 못한다면 어떤 정치세력도 그 정당성을 상실할 수밖에 없을 것이다.

| 주 |

1) 2002년 11월 내놓은 보고서에서 전경련은 개성공단의 가동을 통해 북한은 2010년 경까지 41억8000만 달러의 직접적 외화 수입을 포함해 총 154억1000만 달러의 경제적 효과를 얻을 것으로 전망했다. 국토연구원도 개성공단의 경제가치를 분석한 자료에서 공단이 완성될 경우 북쪽 17만명의 고용창출 효과와 함께 남북을 합쳐 모두 722억 달러의 경제적 효과를 거둘 수 있을 것으로 내다봤다(『한겨레』 2002.12.4).
2) 동해선 연결에 대한 북한의 적극적인 태도는 2001년 7월과 2002년 8월 북러정상회담에서 러시아의 강력한 요청에 따라 시베리아횡단철도(TSR)와 한반도종단철도(TKR)의 연결사업에 합의한 결과이다.
3) 이에 대해서는 이남주 「북한 개혁의 '이륙'은 가능한가」, 『창작과비평』 2001년 여름호 참조.
4) 특히 가격현실화를 주된 내용으로 하는 7·1경제관리개선조치는 북한경제 전체에 적지 않은 영향을 주고 있는 것으로 알려진다. 이 조치의 부정적인 결과로는 인플레이션이 지적되고 있는데 가격이 현실화되는 과정에서 인플레이션의 발생은 피하기 힘들며, 꼭 부정적인 것만은 아니다. 그리고 이 조치가 자원분배의 효율을 높이는 긍정적인 결과를 가져오고 있다는 관측도 적지 않다.
5) 홍콩을 통한 투자와 현지 재투자가 포함된 중국측 통계로는 한국기업의 대중투자는 금융위기로 1999년 13억 달러까지 줄어들었으나 2001년에는 21억 달러로 증가했다. 한국의 통계로는 2002년 1~8월의 대중국투자액은 9억7054만 달러로 2001년의 총투자액 6억9714만 달러를 초과하는 등 대중국투자가 빠르게 증가하고 있다. 그리고 한국은행의 통계에 따르면 2001년 한국의 대중국투자에서 1차산업 0.9%, 3차산업 12.6%인 데 비해 2차산업은 86.5%를 차지했다.
6) 이는 동북아 국가들의 경제발전이 주로 국가주도형 발전에 의해 촉진되었다는 점을 고려하면 더욱 우려되는 문제이다. 윤영관 「동북아시아 자유무역지대의 국제정치와 한국」, 『창작과비평』 2002년 봄호 66면 참조.

7) 한반도종단철도와 시베리아횡단철도의 연결도 동북아 물류중심을 지향하기보다는 중국횡단철도와 보완적 관계를 맺어야 한다. 연결사업이 순탄하게 진행될 경우에도 한반도종단철도를 통해 운송되는 물동량은 지역내 물동량의 일부이며 그 중심이 되는 것은 아니다. 교통개발원의 연구도 철도연결 이후 한반도종단철도를 이용하는 물동량에 대해 동유럽의 경우는 전체 물동량의 10~20%, 서유럽은 5~10%, 중국 동북부는 12.5~25%로 예상했고, 일본의 경우는 한국의 1/2~1/3로 예상했다. 김훈『남북간 철도연결에 따른 수도권 및 지역간 철도망의 정비방향(1단계)』, 교통개발연구원 2002 참조.

8) 쎌리그 해리슨「북핵협상 전망과 가스운송관」,『창작과비평』2002년 겨울호. 그러나 가스운송관, 송유관 건설 문제는 경제적 효율성에 대한 평가의 어려움과 복잡한 정치·안보적 변수의 존재로 합의에 도달하기는 쉽지 않을 것으로 보인다. 특히 현재 러시아라는 단일 공급자를 상대로 수요국인 중국과 일본의 치열한 경쟁을 벌이고 있어 상황은 더욱 복잡해지고 있다.

9) 2002년 통일원의 한 연구보고서는 대북투자의 단계별 전략으로 수출경쟁상품의 생산확대를 위한 투자, 북한 내수시장을 겨냥한 경공업분야 투자, 사회간접시설 및 기술집약부문 투자라는 3단계 전략을 제시했다(김영윤 외『남북경제공동체 형성을 위한 대북투자방안』, 통일연구원 2003년). 이는 경제적 측면에서 타당성을 가진 전략이나 남북경협의 특수한 성격을 고려하면 무조건적인 단계별 접근보다는 전체 남북경협의 발전을 촉진할 수 있는 핵심사업의 경우에는 병행적 접근도 필요하다.

제 4 부

동북아시대 한국사회의 중·장기 전략과 단기적 과제

기 획 좌 담

동북아시대 한국사회의 중·장기 전략과 단기적 과제

김 석 철 • 명지대 건축대학장, 아키반 건축도시연구원 대표
박 세 일 • 서울대 국제대학원 교수, 전 청와대 정책기획수석비서관
백 낙 청 • 서울대 명예교수, 계간 『창작과비평』 편집인
성 경 륭 • 국가균형발전위원회 위원장, 한림대 교수

한국사회의 발전전략을 찾아서

백낙청 • 저희 창비는 '21세기의 한반도 구상'이라는 큰 주제로 2003년 여름호부터 3회에 걸쳐 연속기획을 하고 있습니다. 창비로서는 이런 연속기획이 처음인데 21세기가 열리는 마당에 뭔가 한반도를 위한 새 구상이 우리 사회에 필요하다고 생각했고, 거기에 일조하려는 뜻에서 이런 기획을 마련했습니다. 그래서 첫번째는 '동북아경제중심의 가능성과 문제점'이라는 제목으로 여름호에 특집을 했고요, 두번째로 지난 가을호에서 '평화체제와 평화운동'이라는 제목의 특집을 꾸몄고, 이번에 '한국사회의 발전전략을 찾아서'라는 세번째 특집을 하면서 그 일부로 '동북아시대 한국사회의 중·장기 전략과 단기적 과제'라는 주제로 좌담을 갖게 되었습니다. 무언가 현실적인 과제와 밀착된 논의를 해보려는 게 이번 연속기획의 취지인데, 어떤 분들은 창비가 참여정부의 의제설정을 따라가는 것이 아니냐 하는 얘기도 합니다만, 사실은 정부의 의제설정이라는 것도 원래 사회 안에서 논의되던 것을 이어받은 면이 있고, 우리가 보기에 그중에서 의미있고 중요하다고 생각하는 것이 있다면 지식계에서 당연히 논의해서 비판할 것은 비판하면서 서로 주고받는 관계가 형성되는 것이 바람직하다고 생각합니다.

그래서 한국사회의 발전전략을 얘기할 때, 국가균형발전위원회 위원장을 맡고 계신 성경륭 교수님이 이 자리에 오셨습니다만, 정부의 균형발전전략이라든가 지방분권구상 같은 것도 우리 나름의 독자적인 입장에서 점검하는 기회가 되기 바랍니다. 물론 성교수께서는 위원회나 정부를 대표한다기보다 개인 자격으로 자유롭게 말씀해주시기를 기대하지만요. 다른 참석자들도 은퇴한 교수인 저를 포함해서 전부 교수입니다만, 실제로 현장의 실무경험이랄까 실물의 움직임에 대해 직접·간접으로 경험이 많고 경륜이 있는 분들로 모셨습니다. 독자들을 위해서 소개를 드리면 박세일 교수님은 원래 서울대 법대 교수를 하시다가 첫번째 문민정부인 김영삼정부에서 정책기획수석으로 청와대에서 일하셨습니다. 그후에 다시 교직에 돌아오셔서 지금은 서울대 국제대학원에서 가르치시는데 '법과 경제'가 전문분야이지요. 김석철 교수님은 지금은 명지대학교를 비롯해서 이딸리아의 베네찌아대학, 미국 컬럼비아대학 등에서 건축학 교수로 재직중이십니다만, 원래 건축가이자 도시설계자로서의 경력이 훨씬 오래되었고 실제로 국내외의 수많은 건물과 도시를 설계하신 분입니다. 그리고 성경륭 교수님은 한림대 교수이자 방금 소개드린 대로 대통령자문 국가균형발전위원회 위원장으로 근무하고 계십니다. 저 자신은 사실 이런 자리에서 장기 발전전략을 얘기할 어떤 특별한 분야의 전문성이 있는 사람이 못 됩니다. 전공이 문학이지만 창비 편집에 오래 관여하다보니까 다른 분야에 기웃거리는 데 이골이 났다면 나서……(웃음) 이번에 비중있는 분들을 모시게 됐으니까 제가 나가서 사회를 봐줬으면 좋겠다는 주문을 편집위원들로부터 받은 거지요.

토론과정에서 그동안 창비 나름으로 지녀온 문제의식이랄까 이런 것을 반영해줬으면 좋겠다는 주문도 있었습니다. 물론 여기 계신 분들이 모두 창비를 잘 아시고 또 대개는 기고하신 경험도 있으신만큼 저의 특별한 역할이 필요한지는 모르겠습니다. 다만 면피를 하는 뜻에서 첫머리에 조금 길어지더라도, 이 주제와 관련된 창비 나름의 문제의식이랄까 또는 많은 창비 독자들이 기대하는 점을 염두에 두고 제가 한두 가지 문제제기를 할까 합니다.

창비의 몇가지 문제의식

첫째로 제목에 '동북아시대'가 나오는데, 동북아보다 공간적으로 더 넓혀서 세계 전체를 본다면 지금은 세계화시대라는 말이 아마 여러 사람들이 들먹이는 표현이겠지요. 그리고 세계화의 높은 파도랄까 광풍 같은 것에 우리가 어떻게 적응하고 살아남을까 하는 것이 절박한 문제인데, 동북아시대 한국사회의 발전전략을 얘기할 때도 그런 맥락을 감안해야 할 것입니다. 그런데 그동안 창비에서는 그러한 세계화의 현실에 적응할 것을 강조하면서도 항상 세계화라는 대세의 장기적인 전망은 무엇인가, 이것이 인류를 어디로 끌고 가며 과연 얼마나 계속될 것인가에 관심을 기울여왔습니다. 박세일 교수님도 어느 글에서 세계화라는 것이 순기능만 있는 것이 아니라 역기능도 많다는 점을 지적하셨고, 세계화를 "약육강식의 시장의 승리"로 규정하기도 하셨더군요. 세계화의 대세가 과연 어떤 성질이냐 하는 것을 장기적인 안목으로 짚어보는 작업이 중요하다고 생각합니다. 창비에서는 자본주의적 근대에 대해서 우리가 한편으로는 근대에 적응하면서 근대를 극복하려는 '이중과제'를 지니고 있다, 그런데 '이중과제'란 두 개의 과제가 병행한다는 뜻보다는 적응과 극복이 단일과제의 양면이라는 뜻으로 써왔습니다. 세계화의 대세에 우리가 한편으로 적응하면서 뭔가 근본적으로 극복해야 할 필요가 있다는 문제의식을 제기한 셈인데요. 이 명제에 동의를 하시든 안하시든 이를 의식한 논의가 되었으면 하는 바람입니다.

둘째로 동북아시대 자체와 관련해서, 동북아가 세계경제에서 성장이 가장 활발한 지역으로 떠오르면서, 특히 중국경제가 발전하면서 그것이 한국경제에 대해서는 새로운 기회이자 위기도 된다는 점은 많이들 지적합니다. 사실 세계화에 대한 근본적인 문제제기와도 관련되는

데, 지금과 같은 식의 세계화가 진행되다보면 결국 지구환경이 감당할 수 없는 사태가 오지 않을까, 그것이 구체적인 현실로 드러나는 것이 동북아시대가 아닐까 하는 점을 우리가 심각히 생각해봐야겠습니다. 중국처럼 저렇게 엄청나게 크고 인구가 많은 나라가 이제까지 미국이 해오던 발전방식, 그것을 답습한 동아시아의 선진국 일본, 그리고 그 뒤를 따라온 한국으로 이어지는 기존의 패턴에서 근본적으로 달라짐이 없이 계속 성장한다면 이것이 동북아뿐 아니라 인류 전체가 도대체 감당할 수 있는 사태일까 하는 거지요. 그래서 동북아시대라는 것은 단순히 한국이나 한반도가 여기에 적응해야만 하는 문제가 아니고, 좀더 친환경적인 발전의 새 패러다임이 동북아에서 자리잡지 못한다면 인류 전체가 위험에 처할 수밖에 없는 고비라고도 말할 수 있습니다. 그런 차원의 동북아시대 논의에 창비로서는 특별한 관심을 갖고 있습니다.

셋째, 한반도 문제를 두고서는 창비 지면에서 분단체제론이라는 것을 많이 논의해왔는데, 이것은 남과 북이 흔히 말하기로 체제가 다른 사회지만 좀 다른 차원에서는 분단체제라는 하나의 체제 속에 얽혀 있는 사회들이고, 이 분단체제를 극복한다는 것은 단순히 통일만 하면 되는 것이 아니고 통일하는 과정에서 현재의 남과 북 어느 쪽보다도 더 나은 사회가 한반도에 건설되어야 그것이 진정한 분단체제의 극복이라는 것이지요. 더 나은 사회라고 하면 여러가지 기준이 있겠습니다만 가령 빈부의 격차, 성차별 이런 것이 완전히 철폐되지는 않더라도 지금보다는 줄어들고, 문화적인 다양성도 증대되는 그런 과정이라고 해야겠지요. 우리 제목에 중·장기 전략과 단기적 과제라는 말이 나옵니다만, 아주 길게 봐서 세계체제에 대한 장기적인 전망을 갖고 그에 따른 장기적인 전략을 설정하면서, 단기적으로는 우리가 통일되기 전이라도 당장에 해야 할 이런저런 과제를 거론하고, 동시에 한반도에서의 분단체제 극복이라는 것은 당장의 과제보다는 더 장기적이지만 세계체제의 장기적 변혁에는 못 미치기 쉬운 중기(中期) 정도의 과제로 설정할 수 있습니다. 그러나 단기·중기·장기로 구별하는 것은 과제를 세 토막으로 잘라서 따로따로 해나가자는 것이 아니고, 정반대로 동시에 수행해야 할 다양한 차원의 과제들이 단기·중기·장기에 걸쳐 각기 달리 성취될 성격임을 제대로 인식하고 식별해서, 그 과제들을 해결하려는 우리의 노력이 상충하지 않고 이론적인 통일성과 현실적 대응력이 높아지게 하려는 의도라고 해야겠지요.

일반적으로 한국의 지식인들이, 저 역시 그런 경향이 있지 않은가 스스로 반성을 하는데, 현실적인 실행과 동떨어진 그림을 그리거나 또는 단편적인 비판을 하는 것은 잘하는데, 정말 현실 속에서 직접 일해본 경험이 제한되고 실무하는 사람들과 상호소통하는 폭이 좁은 탓인지, 지식인으로서 어떤 장기적인 목표를 설정하고 끈질기게 추구하되 이를 위해 중기적으로는 무엇을 달성하고 또 단기적으로는 어떤 식으로 일을 해나갈지에 대한 종합적인 경륜이 부족한 것 같습니다. 오늘 참석하신 세 분은 그러한 다수의 지식인들과는 다른 경험과 경륜을 가진 분들이라 믿고, 이 좌담이 중·장기 전략과 단기적인 과제를 동시에 얘기하는 생산적인 토론이 되리라 기대합니다. 좌담의 취지를 말씀드리고 독자들에게도 알려드리기 위해서 좀 장황하게 말씀드렸습니다. 이제부터의 진행은 우선 세 분께서 한마디씩 들머리 발언을 간략히 해주신 다음에 자유롭게 토론을 벌였으면 합니다. 우선 박세일 교수님부터 말씀해주시죠.

박세일 • 저는 21세기 한반도의 미래구상이 아주 시의적절한 토론 주제 같아요. 지금 우리 사회는 국가발전의 중·장기 과제에 대해서 고민하고 생각해보는 조직이나 사람들이 별로 없는 것 같습니다. 오히려 옛날 박대통령 때는, 아마도 장기집권과도 관련이 있겠지만(웃음), KDI(한국개발연구원) 같은 데서 국가의 중·장기적인 발전에 대해 나름대로 생각했습니다. 그런데 민주화되고 세상이 바빠져서 그런지 단기적인 것은 많은데 중·장기 과제를 생각해보는 기회가 별로 많지 않고 그런 사람이나 조직도 많지 않은데 오늘 그런 기회를 가지게 되어서 아주 의미있게 생각합니다.

새로운 공간전략을 마련하자

김석철 • 지난 30여년간 도시를 계획하고 연구해온 사람으로서 지금 이야말로 한반도를 전면적으로 다시 기획해야 할 때라고 생각합니다. 개항과 일본의 강점으로 이어지는 반세기 동안 한반도는 이전과는 다른 엄청난 변화를 겪었습니다. 한반도가 닫힌 공간구조를 갖고 있다가 부산·원산·인천·목포·신의주의 5개항을 개항하고 이 5개항과 서울을 연결하는 철도라인을 부설한 그 공간체제가 크게 보면 지금까지 이어지고 있습니다. 해방이 되고 곧이어 분단이 되면서 미국 및 일본과의 관계 위주로 한반도의 공간구조가 또 한차례 변화해 경부선을 축으로 산업투자가 집중적으로 이루어지면서 수도권집중이 될 수밖에 없었죠. 미국·일본과의 관계는 과거부터 밀접한 것이므로, 결국은 중국의 개방과 개혁에 어떻게 대처해야 하느냐 하는 점이 지금에 와서 동북아라는 말을 얘기하게 되는 이유거든요. 중국의 개혁과 개방이 한반도에는 중요한 기회라고 생각합니다. 지금의 한반도 공간구조는 한계에 봉착해 있는데 마침 중국에서 그런 엄청난 변화가 생기면서 한반도가 한단계 도약할 수 있는 계기가 된 것이죠. 그래서 미국과 일본을 위주로 한 지금까지의 공간구조를 넘어 한반도 공간전략을 근본적으로 다시 생각해야 할 때라고 봅니다.

성경륭 • 저는 원래 중앙과 지방, 국가와 사회 같은 국내문제에 관심을 갖고 있었는데 80년대 말부터 90년대 초에 유럽통합이 진행되고 89년 에이펙(APEC, 아시아태평양경제협력체)이 창설되고 90년대 초 나프타(NAFTA, 북미자유무역협정)가 체결되는 것을 보면서 관심이 두 가지로 분리되어왔는데, 이번 좌담기획안을 보고 또 백교수님이 보내주신 좌담관련 이메일을 보면서 상당히 신선한 자극을 받았습니다. 저는 개인적으로 국가균형발전위원회 일을 하면서 국내적인 흐름과 국제적인 흐름이 별개가 아니라는 생각을 가지고 있던 차였습니다. 제가 위원회 일을 하면서 제일 유심히 살펴보는 나라가 프랑스인데, 프랑스는 1789년 대혁명을 통해 세계에서 가장 강력한 중앙집권 국가를 만들었어요. 이런 국가가 산업화정책을 펴니까 중앙정부의 수도인 빠리를 중심으로 사람과 자원이 모여들었어요. 1947년인가에 『빠리와 프랑스의 사막』(*Paris et le Désert français*)이라는 책이 출판되는데, 프랑스가 어떤 형국이냐면 빠리는 오아시스 같은 곳이고 나머지는 다 사막화되어 있다는 것이에요. 그런 자기비판이 나온 뒤 프랑스는 63년에 국토균형정책을 수행하는 DATAR라는 총리 직속기관을 만들어서 지난 40년 동안 빠리에 모여 있는 공공기관들을 전부 분산했어요. 선진국에서는 보기 힘들 정도로 인위적이고 강력한 정책으로 수도 빠리 인구가 지난 70년대부터 전체인구의 18%선에서 안정화되고, 오히려 프랑스의 변방 인구가 빠른 속도로 늘어나게 되었어요. 그러니까 인구면에서는 균형발전이 이루어진 것이죠. 그런데 이 흐름이 특이하게도 유럽통합과정과 직결되어 있다는 걸 알게 됐어요. 프랑스와 함께 유럽통합을 주도하는 독일은 중세 봉건제도를 오랫동안 유지하고 있었고 그것이 연방제로 나아갈 수 있는 토양이 되어 일찍부터 분권형 국가였던 데 비해, 중앙집중형 국가였던 프랑스는 60년대 이후 40년간 분산정책을 추진해 수도권 집중현상을 해소하고 국토균형발전을 이룬 것이죠. 만일 그러지 않았다면 프랑스는 어떻게 되었을까요? 유럽통합이 진행되면서 빠리는 점점 비대해지고 나머지 지역은 점점 말라갔을 테죠.

동북아지역의 한·중·일은 2차대전 후에 미국과 수직적으로 연결되는 구조였어요. 한·중·일의 발전정도가 다르니까 수평적인 연계, 교류, 상호의존 부분은 상당히 취약했죠. 그러다가 중국이 발전하면서 근래에 상당히 빠르게 세 나라 사이의 교역과 교류가 늘어나고 있는데, 아직은 세 나라가 아세안(ASEAN, 동남아시아국가연합) 수준에도 못 미치지만 통합이 많이 진행되고 있다고 생각해요. 나중에 통합의 외형이나 형식이 어떻게 될지는 아직 알 수가 없는 상태지만요. 이런 변화의 와중에 한국사회는 서울 중심의 집중형 구조와 강력한 중앙집권체제가 그대로 유지되고 있습니다. 5백만명 이하 되는 도시국가를 제외하면 제가 알기로 우리나라의 수도권 인구 비율은 세계 최고 수준입니다. 작년 연말 기준으로 면적은 국토의 11.8%인데 인구는 47.2%예요. 2000년 수도권 인구는 46.3%인데 2002년에는 47.2%로 증가했어요. 매년 인구가 20만명씩 수도권으로 이동하는데다가 바깥에서 들어오는 인구보다 내부에서 늘어나는 인구가 지금은 더 많아요. 젊은층이 학교나 취업 때문에 대거 몰려오고 이들이 출산까지 하니까 수도권은 공룡처럼 끊임없이 비대해지고 있습니다. 그래서 분산작업도 하고 지역의 자생력을 높이는 산업정책, 지역발전정책 등을 펴면서 지역균형이 이루어지는 상태로 변화시키려고 하죠. 그러지 않으면 국내적으로도 문제가 생기고 나중에 동아시아 전체의 통합성이 증가될 때 서울 이외의 다른 지역은 역할을 할 수 없게 되겠죠. 현재 부산도 제가 보기에 매우 취약한 경제구조를 가지고 있어 독자적인 경제권은 아닌 것 같습니다. 대구도 그렇고 광주도 그렇습니다. 이 두 가지 이슈를 같이 사고하고 연결시켜야만 올바른 국가발전 비전과 전략을 만들 수 있지 않을까 하는 생각을 가지고 있습니다.

백낙청· 오늘 좌담의 제목에 비추어 아무래도 현정부의 국가균형발전 전략을 짚고 넘어가야겠는데 성교수님의 발언을 통해 그 문제가 자연스럽게 제기된 셈입니다. 자유롭게 토론해주시지요.

자주적이고 민주적인 세계화란

박세일· 세계화에 대한 시각을 먼저 좀 정리할 필요가 있을 것 같습니다. 요즘 세계화, 반세계화 하는 식의 대립적인 논의가 많은데 제 생각에 그것은 바람직한 접근은 아닌 것 같습니다. 저의 1차 결론은 우리가 세계화의 흐름은 타야 한다는 것입니다. 인류의 역사를 보면 물질적 부의 급격한 증대는 최근 2, 3백년간의 아주 예외적인 현상이라고 볼 수 있어요. 과거에는 인류가 물질적으로 어려운 상황이었지만, 지난 2, 3백년간 지역시장에서 국가시장으로, 세계시장으로 시장이 확대되고, 인간과 인간의 교류가 확대된 것이 고도성장을 낳았는데 그런 의미에서 세계화는 엄청난 기회임에 틀림없습니다. 그리고 세계화에 참여하는 경우가 참여하지 않는 경우보다 훨씬 더 빠른 경제성장을 이룰 뿐만 아니라 국가간 소득격차를 축소하는 데도 기여를 합니다. 지금 인류가 대략 60억인데 상위 10억이 선진국 즉 세계화가 상당히 진전된 나라에 살고, 세계화에 막 참여하려는 나라들에 약 30억 정도가 삽니다. 우리나라도 거기에 속하고, 사회주의권에 있다가 시장경제권에 들어온 나라, 신흥개발도상국들도 모두 여기에 포함됩니다. 그리고 나머지 20억은 아직 근대화도 시작하지 않은 나라들로서 내전이 진행되기도 하는 등 여러가지 사정으로 세계화와 아무 관계없이 살고 있습니다. 지난 10년간 통계만 봐도 상위 10억명이 사는 선진국의 연평균 소득증가율은 약 2% 정도 됩니다. 그런데 시장경제에 참여하여 세계화의 물결을 타려는 그 밑의 30억이 사는 나라들은 과거 10년간 소득이 연평균 약 5% 정도씩 증가해왔습니다. 이 두 그룹 사이에는 소득격차가 줄어들고 있으나 그 밑의 20억이 사는 저소득의 적빈한 나라들은 지난 10년간 매년 연평균 소득이 1%씩 감소해왔습니다. 그러니까 세계에서 제일 잘사는 국민과 못사는 국민 간의 격차는 계속 커진다는 것입니다. 최근의 통계를 보면 전세계 최고 부자 2백명의 재산이 20억 인구의 연간소득의 합계보다 많을 정도로 격차가 심합니다. 세계화에 진입해서 나름대로 대외지향적인 경제발전을 이룩하려는 나라는 어떤 형태든간에 상당히 빠른 성장을 보여 물질적으로 풍요해지고 있고 빈곤의 문제에서 해방되고 있습니다. 그래서 저는 우리가 세계화의 흐름을 타야 한다고 보고 있어요.

다만 이때 조심해야 할 것이 있습니다. 먼저 저는 우리가 세계화를 하되 자주적인 세계화를 해야 된다는 점을 강조합니다. 세계화를 해도 자기 나름의 발전구상이나 발전전략을 세우는 것이 매우 중요합니다. 근대화는 서구화가 아니듯 세계화는 미국화가 될 수 없습니다. 세계화 시대에 무조건 선진국의 제도나 정책을 카피해서는 실패한다는 거죠. 그런 의미에서 소위 글로벌 스탠더드(global standard)라는 것이, 진정으로 인류에게 보편타당성을 가지는 것도 있지만 상당부분은 미국적

스탠더드가 무조건 강요되는 경우도 많습니다. 그러나 미국적 풍토 속에서 작동할 수 있는 법과 제도가 수정 없이 들어올 때는 현실적으로 작동하지 못할 뿐만 아니라 상당한 부작용을 내기도 합니다. 그래서 글로벌 스탠더드 중에서 우리가 받아들일 부분과 받아들이지 않을 부분, 토착문화와 결합해서 발전시킬 부분과 그렇지 않은 부분을 선별할 수 있는 안목을 가져야 세계화에 성공한다는 의미에서 저는 자주적 세계화가 중요하다고 생각합니다. 또 하나는 민주적 세계화인데 세계화가 가져올 수 있는 이득을 국내에 상당부분 잘 배분하려는 노력을 해야 한다는 겁니다. 이것은 상당히 중요합니다. 아까 세계화가 국가간의 소득격차를 줄인다고 말했습니다. 그런데 세계화가 한 나라 안의 소득격차에 미치는 영향을 보면 두 가지로 나타나는데 소득격차가 벌어진 나라가 있고 줄어든 나라가 있습니다. 그렇기 때문에 한 나라의 국정운영을 하는 사람들이나 정책입안자들이 세계화의 흐름을 타면서 국제경쟁력을 높이고 세계로 나아가는 것은 좋으나 국내에 낙후된 부분이 발생하고 격차가 발생할 가능성이 있다는 것을 알고, 사전에 적절히 대처하고 사후적으로도 파이를 함께 나누려는 노력을 하지 않으면 안된다는 것입니다. 따라서 세계화는 자주적 세계화와 민주적 세계화 두 부분이 보완되어야 성공할 수 있지 않을까 합니다.

백낙청 • 세계화 얘기는 제가 먼저 꺼냈습니다만 우리가 세계화 문제만 가지고 원론적인 얘기를 너무 길게 하는 것보다는 구체적인 과제를 토의하면서 세계화에 대한 각자의 의견을 말하는 것이 더 능률적이지 싶어요. 말씀하시는 중에 박교수께서도 참여정부에서 구상하는 균형발전 문제를 건드리신 것 같아요. 다시 말해서 세계화의 과정이 어느 정도 자주적·민주적인 것이 되려면 내부의 불균형이 개선되는 쪽으로

가야 한다고 하셨는데, 모르겠습니다. 국가별 경제성장의 수치로 말한다면 세계화 과정에서 득보는 나라들이 더 많다고는 하겠지만 박교수님도 지적했듯이 각 나라 안의 살림살이를 들여다보면 경제성장을 하면서도 빈부격차는 확대되는 경우가 많고 미국조차 그래요. 또 세계경제 속에서 위상이 낮은 나라일수록 그 점에서 더 불리해지지 않은가 싶습니다. 한국의 경우는 말씀하셨듯이 중간그룹이라고 할 수 있는데, 세계화에 잘 적응하면서 좀더 건전한 사회를 만들기 위해서는 내부갈등을 줄이고 불균형을 해소하는 쪽으로 가야겠지요. 성교수께서 프랑스의 경우 국내문제 해결과 유럽통합이 연결되어 있고, 우리도 동북아 지역통합의 맥락에서 서울 중심의 일극체제를 극복해야 한다고 하셨는데, 물론 동감입니다. 다만 세계화 논의와 관련해서 성교수께 질문하고 싶은 것은, 현정부에서 국민통합과 국가경쟁력 강화라는 두 가지 과제를 동시에 해결하겠다고 하지 않습니까? 그런데 이것이 세계화의 엄혹한 현실을 충분히 감안한 건지 아니면 그냥 그렇게 됐으면 좋겠다는 바람직한 그림을 그려보는 건지……(웃음) 그런 것을 여쭤보고 싶군요.

성경륭ㆍ박교수님의 큰 흐름을 타야 한다는 말씀에는 공감합니다. 다만 세계화라는 큰 흐름과 자주적인 세계화, 민주적 세계화라는 목표 사이에서 일국이 어떻게 대응하느냐 하는 게 문제예요. 세계화라는 흐름 속에서 개별국가가 대응해야 할 문제가 있는데, 일종의 거버넌스(governance)적인 측면에서 보면 개별국가를 넘어서는 지역 거버넌스, 또 글로벌 거버넌스가 있겠죠. 대응이나 전략 차원에서는 그것을 동시에 볼 필요가 있다는 생각이 들어요. 개별국가들이 조약으로 집합적인 대응을 하기도 하지만 지금 큰 흐름은 지역통합인데, 저는 주변국들과의 공존적 세계화가 필요하다고 봐요. 과거 산업주의시대 혹은 제국주의시대에는 시장이 군사적인 약육강식으로 나타났고, 세계화의 진행과 함께 국제정치학에서 일부 리얼리즘을 신봉하는 그룹도 그러한 약육강식을 강조하고 있죠. 미국의 네오콘(neo-cons, 신보수주의자)들의 대응에서 그런 흐름을 확인할 수 있습니다. 세계를 화해하고 협력하는 구조로 만드는 흐름과 무력으로 자기들 질서를 강요하는 흐름이 있을 수 있는데, 개별국가들이 세계화 속에서 관계를 맺는 방법에서 두 가지 양상이 나타날 수 있다고 봐요. 그래서 공존적 세계화와 갈등적 세계화로 나눌 수 있다면 지역공동체가 집합적으로 공존할 수 있는 방안에 대해서도 논의했으면 합니다.

지금 저희는 국민통합과 국가경쟁력 두 가지 목표를 추구하고 있는데 사실 어마어마하게 큰 목표지요. 지금 생각은 대략 이렇습니다. 인구집중이 진행되니까 수도권과 비수도권 사이의 대립구도가 생기고, 비수도권 내에서도 부산·대구·광주 등 광역대도시와 그외 지역 사이의 불균형이 있어요. 게다가 중앙집중체제이기 때문에 중앙정부와 지방정부와의 모순이 있어요. 그런데 정치적으로 드러날 때는 이것이 과거 독재시대의 유산으로 영·호남의 지역주의로 나타나 영남정권, 호남정권이 서곤 했죠. 지금은 영남 사람이 호남과 충청도 표를 얻어서 대통령이 됐는데, 최근에 본인이 나는 영남사람도 아니고 호남사람도 아닌 묘한 입장에 있다는 얘기를 하셨지요. 저는 영·호남의 갈등보다 훨씬 더 구조적이고 근본적인 모순이 수도권과 비수도권의 격차와 대립, 또 중앙집권화된 구조와 왜소한 지방 사이의 갈등이라고 봅니다. 이런 불균형과 갈등구조가 존재하는 한 엄격한 의미의 국민통합은 어렵지 않을까 해요. 그래서 일차로 지역간의 불균형을 조정하기 위해 몇가지 수단을 생각하고 있습니다. 예를 들면 낙후도(落後度)를 측정해서—대개 낙후된 지역들은 태백산맥과 지리산 일대의 산악지역과 농업을 주로 하는 전남북, 충남, 경남북의 일부 지역이지요—낙후도가 높은 지역에 대해서는 별도의 재정지원과 기반을 갖추게 하는 정책을 통해서 지역의 경제적 자생력을 높이고 지역간 격차를 줄이려는 것이죠. 61년부터 지금까지 약 40년 동안 이루어진 불균형 성장을 교정하는 데에는 시간이 상당히 걸리리라고 봅니다만 지역간 불균형을 줄임으로써 국민통합을 이루는 단초를 마련하자는 것이 하나 있고요.

또 하나는 국가경쟁력인데 새로운 국가발전전략이라고 보는 부분이죠. 과거 한국의 경제성장은 중국의 개방화 초기단계와 비슷했어요. 한국전쟁 이후 저급기술을 사오고 차관을 빌려오고 여기에 싼 노동력을 덧붙여 단순가공산업을 했던 거죠. 그래서 지금까지 발전해왔는데, 다음단계 발전의 핵심은 무엇일까 할 때 저는 혁신(innovation)일 거라고 봐요. 각 기업들이 혁신을 일으켜 새로운 기술과 새로운 제품, 새로운 공정을 개발하고 인적 자본을 육성해야 합니다. 국민 개개인의 기술능력과 교육수준을 강화해 인적 자원 수준을 높이고 기업에선 새로운 R&D(연구개발)가 일어나고 여기에 국내의 자본이 결합하는 그런 새로운 방식이 아니면 다음단계로 도약하기는 어려운데, 바로 한시간 거리의 중국에 값싼 노동력이 널려 있기 때문이죠. 세계화시대에는 자본의 유동성이 극대화하는 방향으로 가기 때문에 자본을 한사코 잡아놓을 수가 없어요. 가령 삼성 같은 국내기업이 애국심이나 민족주의만으로 먹고살 수는 없잖아요. 경쟁이 심화되고 기업이 살아야 한다면 현재로선 값싼 노동력을 찾아 바깥으로 나갈 수밖에 없죠. 그래서 국내자본이 높은 교육을 받은 고급인력과 결합되어 많은 혁신과 연결되는 구조를 만들어내야 한다고 봐요. 그런 일반적인 과정 중의 하나로 지역혁신체계(Regional Innovation System)라고 부르는 것이 있어요.

제가 최근 유럽에 가서 보니 거의 모든 나라의 키워드가 혁신이고, 또 지역발전전략에 있어서도 어떻게 지역단위에서 지역혁신체계를 만들어내느냐 하는 것이 문제였습니다. 지역혁신체계는 대개 지방대학이 중심이 되어 거기에 지방의 기업, 지자체, 지역의 다양한 연구소 등이 결합해서 아주 활발한 상호작용, 공동학습, 혁신창출과 활용 등이 일어나는데 이것이 집약적으로 나타난 곳이 미국의 씰리콘 밸리라든지 각종 싸이언스 파크라든지 또 무슨 리써치 파크라든지 하는 것이에요. 씰리콘 밸리는 자생적으로 생긴 것이지만 나머지는 거의가 정부와 지자체가 의도적으로 싸이트(site)를 조성하고 조건을 만들어주고 있죠. 저희들이 지금 역점을 두는 사업은 바로 이런 것들입니다. 지금 지역이 다 죽어가고 사람도 기업도 모두 서울로 모이니 시간이 걸리더라도 지역단위에서 새로운 R&D를 이루어내고 대학과 기업이 결합된 클러스터(cluster)가 형성될 수 있도록 돕는 작업을 하자는 것이죠. 이를 통해서 지역경제가 살고 이것이 전체 국민경제와 연결이 되어서 국가경쟁력을 높이는 길이 가능하지 않겠는가 생각하고 있습니다.

지역균형발전과 국가경쟁력 동시달성의 전략은 있는가

백낙청 · 세계화의 대세 속에서 한국경제가 종전 방식으로는 한계에 도달했다는 것은 아까 김교수께서도 첫머리에 지적하신 일이고 뭔가 전국적으로 균형잡힌 새로운 모델로 전환해야 한다는 말에는 원칙적으로 다 동의하시리라 믿습니다. 그런데 제가 질문했던 것은, 우리가 경쟁에 쫓기면서 살아남기에 급급하다보면 어떻게 하는 게 나은지를 뻔히 알면서도 못하는 경우가 있지 않습니까? 그러니까 국내상황만 본다면 이제는 지방분권도 해야 하고 균형도 잡아야 하고 뒤떨어진 고장에 대해서 적극적인 시정조치를 해서 보조도 더 해줘야 하지만, 세계화의 험한 파도가 몰아치는 한가운데서 그런 것을 수행할 수 있는 현실적인 계획과 경륜이 있는가라는 거지요. 가령 국가균형발전을 위한 방안으로 '선 지방육성, 후 수도권 계획적 관리'라는 걸 내거시지 않았어요? 거기에 입각해 이번에 특별법안이 마련되었는데 벌써부터 수도권에서 반발이 심하지 않습니까? 수도권에서는 오히려 역차별이라고 들고나오는데, 수도권의 집단이기주의랄까 하는 것도 분명히 작용하고 있습니다만, 다른 한편으로는 세계화의 대세 속에서 우리가 수도권 집중을 통해 그나마 일정한 경쟁력을 갖추었는데 비록 그 전략이 한계에 다다랐다고는 하지만 믿을 만한 대책도 없이 수도권의 경쟁력마저 깨버리면 되겠느냐는 명분도 있을 것 같거든요.

성경륭 • 혹시 자원을 수도권에 집중해서 키워야 하는데, 지방에다 분산시킴으로써 뒤처진다는 말씀이십니까?

백낙청 • 지금 수도권에서 반발하는 분들의 입장을 제가 정확하게 알고 있는 건 아니고요. 어쨌든 수도권 집중육성이라든가 영호남간의 발전의 격차라든가 농촌과 도시 사이의 격차, 이 모든 것이 그 자체로 바람직한 장기전략은 못되지만, 우리 사회가 어떤 단계에서 세계화에 적응하며 경쟁력을 갖추기 위해서 해온 결과인 건 사실이지요. 지금은 경쟁력 차원에서도 어떤 한계에 도달했다는 점은 인정하는데 이것을 해소하는 정부측의 구상이 얼마나 신뢰를 줄 수 있는지를 한번 논의해보자는 거지요.

박세일 • 아주 중요한 문제를 제기하셨는데 제 생각을 간단히 말씀드리겠습니다. 국내 불균형과 불평등 문제를 세계화시대에 어떻게 다룰 것인가 하는 문제는 한편으로는 경쟁과 효율을 추구하면서 다른 한편으로는 형평과 정의, 국민통합을 어떻게 할 것인가 하는 문제입니다. 저는 세계화시대에 한국사회의 톱(top) 부분을 세계의 톱 부분과 일치시키는 노력이 우선 급하다고 봅니다. 동시에 국내에서 뒤떨어진 부분을 국내 최고로 끌어올리려는 전략이 필요하다고 봐요. 서울대의 문제는 서울대가 국내 대학들과 격차가 큰 것이 문제가 아니라 세계 최고수준의 대학에 못 미치는 것이 문제라고 생각합니다. 서울대는 세계 최고대학과의 격차를 줄이려고 노력해야 하고, 동시에 서울대와 차이가 있는 대학은 서울대 수준으로 끌어올리려는 노력을 해야 합니다. 기본시각과 철학을 그런 식으로 잡아야 할 것 같아요. 형평이라든가 불평등 문제에 대해 관심있는 분들 중 많은 경우 올라간 층은 끌어내리고 밑에 있는 것은 끌어올리고 하는 식으로 문제를 풀려고 하는데 그러면 안된다고 보는 거죠. 서울대는 세계 최고수준의 대학과 경쟁할 수 있는 우수 인재를 과연 길러내고 있느냐에 촛점을 맞춰 나아가는 것이 저는 바람직다고 생각하는데요. 다만 이 그 과정에서 세계 최고수준을 향해 앞서가는 자를 정부가 지원할 필요는 없다고 봅니다. 그것은 민간의 자원과 민간의 활력을 가지고 시장 메커니즘 속에서 얼마든지 해낼 수가 있습니다. 정부는 앞서가는 그룹에 대하여 불필요한 규제나 발목 잡는 일만 안하면 좋겠습니다. 규제완화를 통하여 민간의 자원이나 활력이 동원될 수 있도록 만들면 되는 거죠. 정부가 가지고 있는 제한된 자원을 가지고 신경써야 할 것은 뒤떨어진 부분을 끌어올리는 작업입니다. 이것이 세계화시대에 국민통합을 꾀하고 국가경쟁력을 높이는 하나의 기본방향이지 않을까 합니다.

백낙청 • 여기에 서울대 안 나온 사람은 저 하나뿐인데, 그나마 저도 서울대 교수로 오래 재직하다가 얼마 전 퇴임을 했으니 이 좌담이 서울대 문제를 논하기에 적절한 구성은 아닌 것 같아요.(웃음) 지금 박선생님이 말씀하신 것도 충분히 설득력있는 주장인데, 다만 서울대가 세계 일류대학 수준에 가지 못하는 이유 중의 하나로 서울대와 나머지 대학들의 격차가 너무 크다는 점도 지적됩니다. 그래서 그 격차를 줄이는 것 자체가 서울대의 경쟁력을 높이는 작업이라는 논리도 있어요. 서울대 경우는 하나의 비유인데, 한국사회의 공간전략에 관해 말한다면 수도권의 경쟁력을 줄이지 않으면서 지방을 키우고 그래서 균형을 잡아주는 일이 필요하다는 데 모두들 동의하실 텐데, 과연 그런 방향으로 가고 있는가, 그리로 가기 위해 어떤 방법이 필요한가 하는 거지요. 가령 김석철 교수는 지난번 창비(2003년 가을호)에서 새만금에 대한 구상을 밝히면서 수도권 문제를 길게 언급하진 않으셨지만, 수도권집중이 지나쳐서 전국이 황폐화되는 문제점을 지적하며 '지역중심'을 만드는 것과 '지역분배'는 다르다고 하셨지요. 구체적으로 어떤 생각이신지요?

김석철 • 박교수님이 얘기했던 세계화 문제와 성교수님이 얘기했던 수도권과 지방의 균형발전 문제를 하나의 시각으로 같이 진행했으면 하는데요. 세계화를 우리가 좀 추상적인 화두같이 생각하지는 않는지요? 세계화라는 것은 이미 박정희 대통령이 수출입국을 지향할 때 시작된 겁니다. 수출액이 1900억 달러면 산업적으로 이미 세계화가 크게 이루어진 것입니다. 국제적인 교역과 교류뿐 아니라 의식 속에서 한반도에 국한됐던 관심이 세계 전체로 나아가는 것도 세계화죠. 제가 보기에 한국 사람들은 세계화가 많이 됐습니다. 베네찌아에 있으면서 보니 그들 대부분이 한국의 분단을 몰라요. 이라크전쟁이 한창일 때도 관심이 없어요. 축구할 때나 다른 나라에 관심이 있지 정작 전세계 사람들이 다 오는 도시에서 세계에 대한 관심이 없습니다. 우리는 굉장히 관심이 많잖아요. 그러니까 의식의 세계화는 상당부분 이루어졌는데, 문제는 경제의 하드웨어인 도시의 세계화가 이루어지지 않은 것이에요. 지방분권 혹은 균형발전을 얘기할 때 세계화라는 관점에서 먼저 봐야 하지 않을까 합니다. 그런데 세계화가 계속 진행되어왔지만 정작 그것이 한반도 공간전략에 큰 영향을 미치게 된 것은 중국으로 인해서입니다. 따라서 지금 모든 것을 다시 생각해보자는 것이죠. 세계화의 관점 속에서 한반도 전략을 구상할 때 중국을 가장 중요한 상대로 보자는 거예요. 앞으로 우리가 진행하는 어떠한 산업도 중국과의 경쟁관계에 놓이게 되어 있거든요. 일본이나 미국의 경우에는 우리가 뒤를 따라가는 것이었고 거기에서 넘쳐나오는 것을 받으면 되니까 그렇게 심각할 게 없었는데 중국과의 관계는 전혀 다릅니다. 세계화의 문제와 중국의 문제와 한반도의 균형발전 문제는 같이 생각해봐야 할 문제입니다.

수도권정책의 취지와 고민

박세일 · 아까 제가 교육문제를 예로 들었습니다만 수도권 문제도 마찬가지라고 봅니다. 앞으로 동북아중심국가를 만든다 할 때 중심지에 있는 대도시로서 모든 것이 제대로 갖춰져 있고 세계도시로서의 국제 경쟁력을 가지고 있는가? 금융허브를 만든다 하는데 과연 외국인들과 그들의 가족이 여기 와서 살고 즐길 수 있는가? 제조업뿐만 아니라 첨단 써비스와 교육의 중심지를 만든다고 하는데 서울이 과연 그러한 쎈터 역할을 할 수 있는 사회·문화적 인프라가 있는가? 이런 차원에서 서울의 국제경쟁력을 높이는 방안을 우선 깊이 생각해야 하는데, 이를 위해서는 정부가 특별히 새로운 투자를 하지 않아도 민간부문이 투자할 수 있도록 불필요한 규제는 풀어야 서울을 세계적인 도시로 만들 수 있다는 것이지요.

백낙청• 예. 서울대를 얘기하실 때 그것이 요점이었는데 제가 다른 방향으로 끌고 갔던 것 같습니다. 그러니까 서울대처럼 앞서 있는 부분은 정부가 지원해줄 필요가 없고 민간이 나서서 하도록 하고 나머지 균형잡아주는 일은 정부가 해야 한다는 취지셨지요. 이런 원칙에 비춘다면 정부의 지역균형정책도 수도권에 대해서는 더이상 지원을 안하겠다 하면 모순될 것이 없는데, 비판하는 사람들은 정부가 지원을 안하는 정도가 아니라 각종 규제를 통해 발목을 잡는다고 주장하고 있지요. 실은 수도권에 대한 지원이 없다고 할 수 있는지도 의문이긴 하지만요.

성경륭• 저는 박교수님 말씀에 논리적으로는 거의 동의합니다. 세계화가 진행되고 있고 이제는 우리가 세계화를 이념적으로 동의하느냐, 또는 인식의 수준이 어디까지 되느냐에 관계없이 어쨌든 우리가 대응해나가야 하는 것이지 인정하기 싫다고 존재하지 않는 것은 아니죠. 그 속에서 앞선 부문은 시장 메커니즘으로 가고 뒤처진 부문은 국가가 이끌자는 것도 저는 정확한 말씀이라고 보는데, 다만 국내상황이 생각보다는 좀더 복잡한 것 같습니다. 최고수준에 있는 부문에서는 규제를 푸는 것은 물론이고 국가적 자원도 더 집중해달라고 요구합니다. 모든 중요한 것을 다 해달라고 하더라고요. 재정지원은 안해줘도 되니까 꼭 필요한 규제만 하고 더는 하지 말아달라, 이게 아닌 것 같습니다. 서울 주요 대학의 어느 학장님을 어떤 토론자리에서 만났는데 "당신들 지방대학만 키워서 어떻게 하려고 하느냐? 잘나가는 데는 밀어서 더 잘나가게 해야지" 그런 얘기를 하시더라고요. 지방을 돕는 것은 낭비 비슷하게 효율성이 낮고, 긴급한 자금을 잘못 써서 투자효율을 떨어뜨리는 것으로 보는 시각이 많은 것 같습니다.

둘째는 규제를 완화하는 문제인데, 지방을 키우는 아주 강력하고 효과적인 정책이 작동이 안되는 상태에서 규제를 풀면 어떻게 될까요? 지금 수도권을 규제하는 장치가 많이 있습니다. 공장총량제도 있고, 대학은 손도 못 대고, 몇 업종을 제외하고는 기업의 신규설립이 안되는 등 굉장히 강력한 억제장치가 있는데도 계속 늘어나요. 이 빗장을 푼다면 통제하기 어려운 상황이 올 거라고 생각합니다. 저희 위원회가 세운 모델은 지방을 무작정 지원하는 것이 아니고 일종의 내셔널 미니멈(national minimum)을 정하는 거예요. 그래서 중요한 분야의 국민 최저선, 즉 어느 지역에 살더라도 도로라든지 교육, 의료부문 등에서 이 최저선을 충족할 수 있도록 하고 복지정책이 필요할 때 국민 최저선 원리를 적용하자는 거죠. 그것 외에는 철저하게 효율성과 경쟁력을 중심으로, 아까 말씀드린 대로 지역단위의 혁신능력을 증진해서 중·장기적으로는 국가재정에 대한 의존성을 줄일 수 있도록 하는 것이 정책의 기본틀입니다. 다만 문제가 되는 것은 현실에서 앞서나가는 부분이 국가 공공재정을 더 달라고 하는 것, 또 지방에 대한 투자를 낭비요인으로 보면서 규제를 풀라고 하는 것 등입니다. 국가균형발전특별법이 수도권을 규제하는 것이라며 반발하는 움직임이 있는데, 거기에는 지금 중국이 뜨는데 빨리 우리를 풀어주고 지원해야지 왜 낭비하는가, 이런 것이 있어요. 상당부분은 자기들 이해관계와 연관되지만 밖으로 내세우는 논리는 구국(救國)이죠. 우리가 열심히 잘 벌어서 세금 내고 지방 살려줄 테니 간섭하지 말라는 거예요. 그런 사고와 논리이기 때문에 저희들이 대화하고 풀어나가는 것이 참 어렵습니다.

그리고 이제까지 수도권에 대해서는 규제 일변도로 해왔는데 효과가 별로 없었죠. 공장이 덜 설립된 것도 아니고, 난개발이 안된 것도 아니고, 인구유입을 줄인 것도 아니고…… 그나마 규제장치가 없었다면 더 엉망이 됐겠지만 큰 성과는 없었던 것 같아요. 저희들은 수도권 정책을 4단계로 생각하고 있습니다. 첫번째는 수도권 인구의 안정화·적정화입니다. 수도권 인구가 작년 말 기준으로 47.2%인데 인구가 적정 수준으로 안정화되지 않으면 도저히 수도권과 지방 사이의 격차와 갈등문제를 해결할 수가 없어요. 그래서 진행하는 정책이 신행정수도 건설, 공공기관이전 정책 등입니다. 두번째로 서울시에 있는 민간기업들이 지방으로 이전하면 인쎈티브를 제공하는 정책이 인구안정화 정책과 관련되어 있어요. 인구안정화 정책과 병행해서 일정 시차를 두고 수도권 규제개혁을 해야 하지 않을까 합니다. 규제개혁은 필요성과 효과성을 따져서 체계적으로 하려고 합니다. 세번째가 과학적인 도시계획과 관리를 하자는 것입니다. 서울이라는 곳은 산동네도 있고 공장도 있고 주거지와 함께 학교와 술집도 있어요. 강남을 제외한 나머지 지역에 이런 문제가 있기 때문에 수도권 주민들의 삶의 질과 쾌적성을 증진하는 것을 3단계의 과제로 생각하고 있어요. 네번째가 수도권의 경쟁력 부분입니다. 저희들 생각은 양적으로 팽창하는 수도권이 아닌 인구 개개인의 생산성, 부가가치, 효율성 등을 높이는 쪽으로 가야 한다는 것입니다. 예를 들어서 싱가포르 인구가 3백만명 정도인데 비슷한 규모의 부산이 싱가포르와 어디에서 차이가 나느냐 하면 결국 인구 1인당 생산성이죠. "계속 규제를 완화해라, 공장도 더 짓겠다, 더 생산해서 나라를 위해 봉사하겠다"라는 서울과 경기도의 일부 주장에 대해 "우리는 생각이 다르다, 여러분들은 인구가 늘어나는 것을 전제로 해서 정책을 펴길 바라는데 그것은 부동산을 가진 일부 사람들의 이익에 봉사할지는 모르지만 생활자와 나라 전체의 입장에서는 절대 생산적인 것이 아니다, 그러니까 인구를 안정화하는 문제에 대해서 합의를 해주시면 다음에 생산성을 높이고 경쟁력을 증진하는 문제에 대해서는 국가가 적극적으로 협조하고 뒷받침하겠다"라는 입장이죠.

수도권집중 해소의 다른 길은 없는가

김석철 • 1970년에 바로 이 자리(한국프레스쎈터)에서 '서울마스터플랜 1980' 전시회를 했습니다. 당시 자동차는 20만대, 인구는 4백만 이상으로는 서울이 확대되지 않아야 된다는 전제하에 마스터플랜을 짰습니다. 여의도 마스터플랜 책임자로 일한 이듬해에 서울 마스터플랜의 시안을 만들어 전시했던 것입니다. 여의도 마스터플랜은 4대문 안의 서울이 너무 과밀하니까 미래를 대비해서 새로운 도심을 만드는 것이었는데, 그때 저는 서울의 마스터플랜을 먼저 만든 후에 해야지 여의도를 도시로 만드는 도시공학적 방법만 갖고는 안될 것이며 나아가 한반도의 공간전략 아래 이걸 해야 하는 것이 아니냐고 했는데 그게 무시가 됐어요.

성경륭 • 그때 그것이 채택이 됐으면 이런 문제는 없었을 텐데요.(웃음)

김석철 • 당시 제가 생각한 것은 여의도에 신도심을 만들고 서울의 구도심과 신도심을 선형(線形)으로 연결해서 인천까지 끌고 나가 바다에 닿게 하는 안이었어요. 국토 전체를 놓고 봤을 때, 그리고 앞으로 2,30년 후까지도 서울 인구는 4백만 정도가 이상적이라고 본 것은 국토의 어느 부분에 지나치게 인구가 집중한다는 얘기는 곧 불균형을 초래하게 마련이기 때문이었지요. 이걸 하면 저것이 가게 마련이고, 이것이 가면 저것이 움직이게 마련이니까 4백만으로 유지하는 것이 전체적으로 놓고 볼 때 바람직하다는 거였죠.

　분단 이후 서울로의 인구집중이 더 강화되었는데 일제시대와 비교해보면 엄청납니다. 저는 인구집중의 가장 큰 원인을 분단이라고 봅니다. 해방 전의 기록들을 보면 공업분산이라든지 인구분산이라든지 교육분산 같은 것이 철저하게 이루어져 있습니다. 중요한 학교들이 원산·평양·대구·전주 등에 고루 세워졌습니다. 여의도계획 이후 33년 지난 오늘 좌담을 하면서 새삼 느끼는 건 경제관료들이 결국 수도권집중을 주도해왔다는 겁니다. 당장에 효율적이니까요. 그러나 정부는 10년, 20년 후를 내다보고 어느 것이 더 타당한가를 살펴야겠죠. 민간에서는 그렇게 하기가 어려워요. 더구나 중국의 산업화·도시화가 엄청난 규모로 이루어져 우리와 경쟁하고 또 어떤 부문에서는 앞서가는 상황에서는 근본적으로 다시 생각해야 할 요소들이 많지 않은가 합니다. 예를 들어 지금 인천항을 계속 증설하지만 앞으로 늘어날 물류를 봐서는 인천항만으로는 부족합니다. 결국 수도권집중의 맹점이, 인천항만 잘되니까 계속 키운다는 것인데 이러면 단순히 물류만을 담당하는 항만으로 전락하고 말아요. 로테르담(Rotterdam)같이 물류가 2단계, 3단계로 가서 부가가치를 높이려면 적절한 도시공간이 이어지고 인구이동이 뒤따라야 하는데, 우리는 당장 잘되는 데만 투자해 수도권으로 집중한 것이 지금까지의 정책이었어요. 국토의 균형개발, 인구의 적절한 배분, 미래를 내다보는 큰 틀 속에서 중국이라는 강력한 경쟁자를 염두에 두고 보는 시각도 있어야 합니다. 그런 점에서는 다들 수도권이 중국과 경쟁하려면 지금도 부족하다, 더 키워야 한다 하는데 과연 그런지는 모르겠어요. 울산·포항의 경쟁력은 어떤 점에서는 수도권보다 우수합니다. 부산·광양은 물류클러스터도 강력하고 세계경쟁력도 가지고 있죠. 군사정부가 경부선 축으로 개발을 집중하지 않고 포항제철을 광양이나 목포에 건설했으면 사정이 전혀 달라졌을 거예요. 저는 상황이 달라진 이 싯점에서 한반도 공간전략을 다시 기획해야 하지 않겠는가 생각합니다.

백낙청 • 좀더 구체적으로 들어가서 방금 성교수께서 말씀하신 수도권정책, 또 그것의 아주 중요한 표현의 하나로서 신행정수도 건설안, 이런 것에 대해서는 어떻게 보시나요?

김석철 • 아까 말씀하실 때 빠리를 예로 드셨는데 기본적으로 프랑스는 농업국가입니다. 물론 다른 큰 산업도 있지만 기본적으로 모든 사람들의 의식을 지배하는 국가의 큰 틀이 그렇습니다. 그렇기 때문에 역사적으로 계속 중앙집권이었고, 중앙집권이 오래 계속되면서 몸은 시골에 살아도 사람들의 의식은 항상 빠리에 가 있었어요. 그런데 빠리가 과밀해지고 일종의 불균형을 초래하니까 빠리를 일 드 프랑스(Ile de France)라는 이름으로 확대합니다. 그러니까 수도권을 더 키워서 빠리 집중을 희석해버린 겁니다. 지금 중국도 그런 방향으로 가고 있는데 만약 자유로운 인구이동을 허가했다면 뻬이징(北京)과 샹하이(上海)엔 엄청난 사태가 생겼을 겁니다. 그런데도 지금 샹하이 인구의 10%에서 15%가 유랑민 즉 번지가 없는 사람들입니다. 서울 인구를 4백만으로 제한을 하자 해도 결국 1천1백만까지 왔듯이 그렇게 모여든 것이죠. 만약 그렇게 끊임없이 유입된다면 뻬이징과 톈진(天津)과 탕산(唐山)을 묶는 메가폴리스 정책을 펴 오히려 뻬이징을 키워버리는 것도 방법입니다. 샹하이도 난징(南京)까지 포함해 인구 3천5백만 정도로 키워버리면 모든 산업정책, 경제정책들이 그것을 하나의 단위로 생각하게 돼요. 한편 우리나라의 경우 인구가 3백만은 되어야 지방분권이 가능한 스케일이 되는데 50만 제주도가 지방분권을 말하고 균형발전을 주장하는 것은 무리입니다. 그러니까 정치적 고려에 의해서 갈가리 나누어진 지방분권 자체도 문제가 있고, 일극으로 과도하게 집중되어 있는 것도 문제거든요. 결국 수도권집중과 지역불균형을 해결하자면 세계화된, 자기 스스로의 몫을 할 수 있는 경제권으로의 재편이 먼저 필요합니다. 가령 부산의 경쟁력을 키우려면 광양과 하나가 되어야 합니다. 지방분권의 주체인 도(道) 단위의 분화를 오히려 바꾸어야 할 때입니다. 그것이 큰 장기전략이 아닌가 해요. 그중 하나가 수도권을 확대하는 것이고요. 따라서 행정수도 이전은 수도권을 현재 상태로 둔다는 전제하에 진행하는 것이기 때문에 장기전략이 될 수 없어요. 장기전략이라면 1백년 사이에 엄청나게 달라진 한반도의 여러가지 여건을 새롭게 생각하는 것이 되어야 하지 않을까 생각합니다.

백낙청 • 너무 큰 얘기를 하다보면 막연해질 우려가 있어서 제가 좀 끼어들까 하는데요. 김교수께서 수도권을 오히려 키우면서 문제를 해결한다고 할 때는 지방에도 자생력을 갖는 큰 규모의 권역들이 생기는 것을 전제로 하고 있는데 거기에 대해서 나중에 더 구체적으로 말씀해주시고요. 또 수도권을 키워서 문제를 해결한다는 것이 구체적으로 어떤 것인지도 좀 설명이 필요할 것 같군요. 짐작컨대는 서울과 인천이 커지면서 그 사이의 농촌이 다 없어지고 하나의 거대한 도시구역이 자리잡아버린 것과는 다른 발상일 텐데, 구체적으로 어떻게 다른지가 궁금하고요. 또하나는 어떤 개혁을 추진하건 우리의 실행능력을 감안해야 하는데, 좋은 발상이 오히려 빌미가 돼서 수도권집중을 심화시키고 일극체제를 더 강화하는 결과를 초래할 우려가 다분하지 않겠는가 하는 생각도 드네요.

김석철· 일 드 프랑스 계획이나 베이징·텐진·탕샨을 묶는 계획은 도시와 농촌의 공존을 전제로 전체적인 전략을 새로 수립하는 겁니다. 수도권 총량규제를 하면서 정작 난개발로 인한 전면도시화를 방치하는 것은 문제입니다. 동해안을 따라 강원도와 경상북도와 울산까지를 묶는 동해경제권과 부산에서부터 광양·여수로 이어지는 경제권과 목포에서 새만금까지 이어지는 경제권을 생각할 수 있습니다. 마찬가지로 수도권은 동쪽으로는 춘천, 북쪽으로는 휴전선까지 포함하고 남으로는 대전 일대까지 포함하는 권역을 생각하되 수도권 내부를 재조정하고 특화하자는 것입니다. 애초에 공단을 만들 때 포항·울산·구미가 지금과 같이 중공업·철강·전자로 특화되지는 않았습니다. 역시 시멘트도 들어가고 섬유도 들어가고 이것저것 다 들어가다가 어느 단계에서 서서히 산업 클러스터로 되었어요. 수도권도 수원의 전자산업을 아산까지 확장하는 그런 전략이 필요하지 않을까 합니다. 만약 그렇게 될 경우에 저는 서울 중심의 수도권 인구가 1천5백만까지 간다고 봅니다. 결국 범위를 한정하고 끝까지 억제하기보다는 오히려 범위를 확대해서 농촌지역을 살리자는 겁니다. 지금까지 했던 정책 중에 그린벨트 정책같이 잘된 것은 없다고 봅니다. 그마저 없었다면 아수라장이 됐을 거예요. 제가 말씀드린 제2, 제3의 그린벨트를 만들면서 도시권역을 확대해가면 수도권 인구를 1천5백만 정도로 묶어두지 않을까 생각합니다.

백낙청 • 그런데 수도권 인구가 이미 2천만이 넘어서 있는데 1천5백만으로 줄인다는 말씀이세요?

김석철 • 아닙니다. 1천5백만이라는 것은 수도권의 핵심지역인 서울 주변의 인구죠. 수도권을 지금 크기의 1.5배로 확대해도 인구는 10%도 늘지 않습니다. 수도권을 키우면서 중심을 강화하면 전체적으로 좀더 낮은 밀도를 유지할 수 있고 도시와 농촌이 수도권 안에 공존하면서 경쟁력을 키울 수 있습니다. 수도권을 여러 곳으로 나눠서 볼 때 춘천 같은 데는 수도권에 편입시킨다 하더라도 인구가 많지 않지만 새로운 IT산업을 일으킬 수 있고, 인구는 적지만 연세대 분교가 감으로써 일종의 산·학 클러스터를 이룬 원주같이 수도권에 가까운 대학에서는 산·학 클러스터가 가능합니다. 그러나 아주 특화되기 전에는 지방대학에서의 산학협동은 아직 어렵습니다. 제 생각은 수도권 인구를 1천5백만 정도로 집중시키면서 오히려 외곽으로 밀어내는 거죠. 인구가 수도권에 2천만이 있어서 문제가 아니라 한곳에 몰려 있어서 문제예요. 지금 서울과 경기도 사이를 넘나드는 교통량이 하루에 이백만인데, 이것은 엄청난 비효율이거든요. 노동문제 때문에 나라가 아주 어려워진 것처럼 말하지만 물류비용이 노동비용보다 훨씬 많습니다. 전국토의 공간구조 자체가 이만한 경제규모를 감당할 수 없을 정도로 비효율적이어서, 기업들을 조사해보면 노임보다는 물류비가 훨씬 많이 나갑니다. 노임 좀 덜 주려고 애쓸 필요 없이 균형발전전략만 제대로 세우면 이 문제를 해결할 수 있습니다.

백낙청 • 훌륭한 구상이 나왔을 때 어떻게든 실현되도록 해보려 하지 않고 우리 실력에 그게 되겠느냐고 미리부터 '비판적'으로 나오는 태도는 제가 아주 혐오하는 지식인의 악습입니다만(웃음) 적극적인 자세를 가지면 가질수록 현실적 여건과 우리의 역량을 냉정하게 점검해볼 필요가 있는 것도 사실입니다. 꼭 김교수 구상대로 안 가더라도 그런 방향으로 어떤 큰 그림을 그려서 밀고 나간다고 할 때 우리 내부의 사회 씨스템이라든가 인재 풀(pool)이라든가 이런 것이 지금보다는 훨씬 향상되어야 할 건 분명하지요. 그런 측면은 어떻게들 보시나요? 김교수의 구상 자체에 대해서도 다른 의견이 있으면 말씀해주시고요.

행정수도 이전과 공론형성

박세일 • 제가 보기에 행정수도 이전문제의 경우 정책결정과정에서 정치적 요소나 고려가 과도하게 나타나고 있는 것 같아요. 민주화시대에는 개별정책에서의 정치적 고려가 과거 권위주의시대 때보다 더 심한 것 같아요. 정책결정과정의 또다른 특징으로 이익집단들의 참여가 많다는 것입니다. 사실 이는 민주화 과정에서 나타나는 불가피한 측면이지만 기본적으로 이익집단은 부분이익을 대표합니다. 제가 보기에 현재 정책결정과정에서 전문가집단의 참여는 과거보다는 훨씬 줄어들었어요. 그런데 전문가는 전체이익을 대변하는 사람입니다. 그리고 무엇보다도 그 사안에 대해서 가장 정확하게 아는 사람입니다. 전체와 개별의 문제를 같이 이해할 수 있는 사람들이 전문가라고 한다면 앞으로의 정책결정과정에서 이익집단의 얘기는 자세히 듣되 정치적 고려는 줄이고 최종적인 결정을 전문가들의 공론에 따라서 하는 것이 옳다고 생각해요. 그런데 행정수도 이전문제에서 실제로 국가 전체의 이익이라는 관점에서 전문가들의 충분한 연구와 논의가 뒷받침되었는가 하는 데엔 자신이 없습니다. 그래서 선거과정에서 나온 하나의 공약이라 하더라도 무조건 집행하는 것이 아니라, 한번은 전문가들의 철저하고 치밀한 검토를 거쳐서, 즉 공론화 과정을 통하여 확정하는 것이 옳지 않은가 생각합니다. 저는 여론과 공론을 구별합니다. 여론은 영어로 얘기하면 퍼블릭 오피니언(public opinion), 다수의 견해입니다. 저는 공론을 퍼블릭 저지먼트(public judgement)라고 번역을 합니다만, 그 분야 전문가들이 심사숙고한 의견을 공론이라고 봅니다. 그런데 우리 사회는 정책결정과정에서 여론에 많이 의존하는 경향이 있습니다. 여론에 따라서 정하면 국가정책결정자들은 뭣하러 그 자리에 앉아 있느냐 하는 얘기가 나오는 것입니다. 옛날 조선시대만 해도 선비들의 공론에 따라서 나라의 정책방향을 정하지 않았습니까? 그 과정에서 국시(國是)가 나오는 것이지요. 오늘날 전문가들에 대한 존중이 많이 퇴색되고 있는데 그것을 빨리 고쳐야 된다고 봅니다. 그런 차원에서 행정수도 이전문제도 사전단계로 전문가들의 다방면적인 의견 수렴과 검토가 반드시 있어야 한다고 생각합니다.

백낙청 · 이 문제에 관해서는 사실 여론조차 제대로 수렴되었다고 보기는 어렵지 않습니까? 원래 박정희 대통령 때 행정수도 이전구상은 분단체제의 고착을 전제하고 박대통령이 영구집권하는 것을 전제로 주로 안보상의 이유에서 대전 근방으로 이전한다는 계획이었는데, 사회가 민주화되고 분단체제 전체가 변모하고 있는 이 싯점에서 충청지역으로 간다는 전혀 다른 계획이 과연 얼마나 충분한 검토가 있었는지 저도 의문입니다. 물론 인구분산, 지방분권 등의 명분 자체를 부인하는 건 아니지만요.

성경륭 • 박교수님이나 백교수님 말씀은 참 따가운 지적입니다. 그러나 일단 대통령선거에서 국민들의 투표에 의해서 일차검증이 됐다고 판단할 수 있을 것 같고요. 다른 하나는 이번에 법안이 제출되었는데, 만약 국회에서 통과가 안되고 보류되거나 하면 여러가지 다각적인 논의를 하게 되겠죠(신행정수도특별법은 2003년 12월 29일 국회 본회의에서 통과되었다—편집자). 전문가들 의견도 듣고 극단적인 경우에는 이 사안만 놓고 국민투표를 할 수도 있을 텐데, 그것은 예측할 수 없고요. 지금 신행정수도 건설은 부지선정의 기준, 신행정수도의 구성요소 등 여러 측면에서 많은 연구가 진행되더군요. 제가 읽은 책 중에 하바드대학의 그레고리 헨더슨(Gregory Henderson)이 1968년에 쓴 『한국, 소용돌이의 정치』(*Korea: The Politics of the Vortex*)가 있는데, 헨더슨은 그 책에서 나름대로 우리의 역사를 개관하고 박정희 3공화국까지 분석하고 있어요. 그분은 권력이 집중된 곳에서 인구와 자원을 빨아들이는 현상을 소용돌이 같은 것이라고 봐요. 한국역사에서는 중앙집권이 너무 강해 중앙과 서울로만 사람이 몰려들어 조선시대에는 당쟁으로 엄청나게 죽고 해방 이후에도 마찬가지였죠. 재미있는 것은 이 책의 마지막 장이 분권화에 관한 것이에요. 68년 당시에 놀랍게도 이 문제를 해결하는 방법이 분권화에 있다고 본 것이죠. 저는 헨더슨이 인용하는 정치학자의 글을 많이 읽었지만 90년대 중반까지 한번도 정치학자의 입으로 분권화를 얘기하는 사람을 만나본 적이 없습니다. 그런데 저희가 맡고 있는 공공기관 분산배치는 정확하게 헨더슨의 소용돌이 원리를 거꾸로 하는 겁니다. 중앙정부가 갖고 있는 권력과 권한을 지방으로 보내는 것이 분권이고, 그 위치를 옮기는 것이 분산인데, 두 가지가 다 인구분산, 자원분산에 효과가 있다고 보는 것이죠. 다만 이것을 보는 경제학자들의 시각과 여러 분야의 전문가의 시각이 있을 텐데 아까 말씀하신 대로 종합적인 검토과정이 좀더 필요하다는 점은 인정합니다.

백낙청 • 헨더슨이 한국사회에서 중앙으로 몰리는 현상은 잘 지적했습니다만, 제가 볼 때 조선시대부터 한국은 원래 그런 사회라는 점을 너무 강조하지 않았나 합니다. 조선왕조가 그 시대의 다른 나라들에 비해 중앙집권이 두드러진 나라이긴 하지만, 오늘날의 수도권 일극중심체제와는 거리가 먼 사회였지요. 아까 김교수가 지적하셨듯이 심지어 일제하 식민지 상황에서도 지금 같지는 않았어요. 그런데 세계화에 따른 경쟁이 격화되면서 후진국일수록 수도권에 집중해서 대응하기에 급급하다보니 좀더 균형잡힌 장기전략을 세울 수 없다는 일반적인 현상에다가, 한국은 분단으로 인해서 그것이 더 악화된 것이지요. 그래서 이 문제를 풀어가려면 역시 분단체제를 허물어가는 과정과 세계화에 적응하는 과정 속에서 균형발전을 어떻게 이룰 것인가 하는 종합적인 접근을 해야 되는데, 우리 정부가 과연 그런 종합적 접근을 하고 있는가 하는 거지요. 가령 청와대 안의 위원회들만 하더라도, 국가균형발전 문제와 지방분권, 지속가능한 발전, 동북아경제중심 추진, 이런 것들이 전부 상호연결된 과제인데 위원회들이 따로따로 구성되어 있거든요. 이런 문제를 종합하는 일은 박교수님 지적대로 여론에 맡길 수 없는 문제고 전문가들의 철저한 검토가 필요하지만, 그렇다고 각분야의 전문가들이 전체이익을 고려하고 판단할 수 있는지도 의문이에요. 말하자면 종합적으로 사고할 수 있는 기본적인 교양과 경륜을 갖춘 전문가들이 필요한데, 우리가 정책결정과정에서 정치적인 고려를 너무 앞세우는 문제도 있습니다만 사실은 정말 제대로 기능할 수 있는 전문가집단이 거의 없다는 문제도 있지 않나 싶어요.

김석철 • 저는 행정수도 문제가 처음 거론됐을 때 이건 안되는 것이니까 생각할 필요가 없다고 쉽게 봐넘겼습니다. 77년 행정수도 마스터플랜 초기에는 참여를 안했지만 주요 중심지구 설계에는 참여를 해서 전모를 볼 수 있었는데 그때도 이건 불가능하다고 생각했어요. 기업들이 참여해야 하는데 기업들은 안 가려고 했습니다. 더 심각하다고 느낀 것은 외국공관원들이 갈 생각이 없었다는 겁니다. 지금 서울에 와 있는 상당수 대사들의 경우 서울이 세계적 도시가 아니기 때문에 가족이 안 따라옵니다. 제가 주한 이딸리아 대사와 친한데 항상 하는 말이 아이들이 보고 싶다는 것이죠. 그러니까 지금의 서울은 더 세계적인 도시가 되어야 하는데 오히려 반대로 가고 있어요.(웃음) 정부청사는 이미 과천으로 가 있는 것 아닙니까? 그러니까 지금 옮긴다는 것은 청와대를 옮기겠다는 겁니다. 대통령 관저가 가고 외국공관이 간다는 얘기지요. 관공서를 그냥 분산하는 것하고는 다른 겁니다. 행정수도를 이전한다는 것이 무엇을 뜻하는지 잘 모르는 채로 지금 논의가 이루어지고 있는 것 같아요.

성경륭 • 행정수도 이전이란 기본적으로는 청와대와 행정부가 다 가는 것이죠. 외국공관은 그들 선택에 맡겨야 할 것이고요. 사법부와 입법부는 각 기관의 판단을 존중해야 하겠지만, 입법부는 함께 이전하는 것이 국정운영의 효율성을 위해 필요하다고 보는 것 같습니다. 외국공관들의 경우 불편함이 없도록 기본여건을 잘 만들어주어 같이 이전할 수 있도록 하는 것이 필요하다고 생각해요.

김석철 • 불편함이 없다고 말씀하시지만……

성경륭 • 그러나 신행정수도 건설의 의사결정 주체가 우리이기 때문에 외국공관들의 불편을 이유로 행정수도 이전이 곤란하다고 하는 것은 문제가 있다고 봐요. 외국공관들의 의견을 존중해야 하겠지만 그 기관들이 불편하다고 해서 우리들이 결정을 안하거나 미룰 수는 없는 것이지요.

김석철 • 그것은 주체성이라기보다 잘못 생각하는 거죠. 외국공관들은 바로 행정부 근처에 있어야 해요. 세계화시대에는 결국 다국적기업이 얼마나 참여하느냐에 한 국가의 성패가 달려 있습니다. 거기에 유리한 토대를 만들어야죠. 이만한 세계화를 이루어 세계적으로 경쟁하고 중국과 경쟁을 하고 동북아경제중심을 한다면서 외국공관이 오든 안 오든 자기들이 판단할 문제라고 하면 곤란하죠.

성경륭 • 우리가 그런 요소를 고려하는 것과……

김석철 • 서울에 오는 외국공관원도 가족을 못 데리고 오는 상황인데 새로 만든 도시라면 오죽하겠느냐 하는 겁니다. 기업들은 대사관을 통해서 들어오고 대사관과 수시로 협조를 합니다. 그리고 저는 아까 박교수님이 얘기한 공론이라는 것은 두 가지가 합쳐져야 한다고 봅니다. 지식인 내지는 이 사회를 끌고 갈 소양이 있는, 말하자면 유교사회에서는 군자라고 불렸던 계층과 그 사안에 대한 전문성을 가진 집단 간의 논의, 그것이 공론이라는 거죠. 전문가들의 의견은 왜곡되게 마련이고 어떤 분야에서는 전문가들의 수준이 아주 떨어질 수가 있거든요. 지금 행정수도 이전에 대해서 제대로 얘기할 수 있는 사람은 그렇게 많지 않다고 봅니다. 제가 행정수도 얘기를 전문가라는 몇사람에게 해보면 관심도 없고 잘 몰라요. 공론이 없는 것, 그것이 문제입니다.

개혁세력을 어떻게 육성할 것인가

박세일 • 우리가 세계화를 배경으로 해서 동북아시대를 열고 국토의 균형발전 문제를 얘기하면서 수도권 문제 및 행정수도 이전문제를 거론할 때 또하나 생각해봐야 할 것이 있어요. 권위주의시대가 끝나면서 민주화시대로 들어오고, 세계화·정보화 시대가 열리면서 중국이 새롭게 대두되고 있고, 국내적으로 실업문제·교육문제·고령화문제 등이 심각해지는 등 여러가지 큰 변화의 와중에서 이를 정확히 읽고 어떻게 대처할 것인가 하는 점은 굉장히 중요한 국가적 과제로 등장하고 있습니다. 그래서 변화, 개혁을 많이들 얘기하는데 개혁정책이 성공하는 경우보다는 실패하는 경우가 많아지고 있습니다. 따라서 모두가 지금 심각하게 생각해보아야 할 것은 왜 우리 사회에는 상대적으로 정책실패가 많은가 하는 겁니다. 변화와 개혁은 국민도 요구하고 시대도 요구하는데 왜 제대로 되지 않을까 하는 문제입니다. 교육개혁을 수없이 이야기하지만 왜 안되는가? 모두가 노사협력이 중요하다고 하면서도 노사개혁은 왜 안되는가? 정부개혁이 시급하다고 하면서 왜 안되는가? 이에 대한 답은 기득권세력의 반대라든가 공론형성이 미흡하다든가 또는 정책책임자가 너무 자주 바뀐다든가 등등 여러가지 있겠습니다만, 제 생각에 가장 중요한 건 올바른 개혁세력이 없다는 것입니다. 우리 사회에 정책 없이 정치를 하는 정치세력은 있습니다. 비전 없는 정치를 하는 정치세력은 있는데, 진정한 개혁세력은 적습니다. 비전을 만들 수 있고 정책을 입안하고 추진할 수 있는 현장감까지 갖춘 세력,

이론과 현실을 결합할 수 있는, 옛날식으로 얘기해서 문무를 겸한 정책세력은 아주 적습니다. 정책이라는 것은 무엇이냐? 이것은 과학(science) 더하기 기술(art)이라고 하지 않습니까? 과학이나 이론만 갖고는 안되고 아트가 필요하다는 겁니다. 아트라는 것은 어떤 의미에서 경륜이라고도 현장경험 내지 지혜라고도 할 수 있겠죠. 이런 정책능력을 가진, 구체적으로 정책을 디자인하고 추진하고 여러 이해당사자를 설득하고 국민도 설득하는, 즉 공공이익에 서서 개별이익을 설득해나가는 세력, 자기 나름의 확고한 지적 확신과 경험적 자기 소신이 있는 이런 정책세력 내지 개혁세력이 우리 사회에 별로 없습니다. 저 자신도 속해 있습니다만 우리나라 학계는 사실 대체적으로 문약합니다. 추상적이고 구체적이지 않습니다. 반면에 관료는 수성(守成)세력입니다. 관료들은 현실을 있는 그대로 잘 유지하고 관리하는 데는 능하지만 위험부담을 안고 개혁에 뛰어들어서 개혁을 추동할 만한 분들은 아닙니다. 그리고 정치가들은 그동안 비전과 정책 없이 정치를 해왔습니다. 나라 전체의 중·장기 문제를 보고 비전과 전략을 만들지는 않았습니다. 따라서 우리나라에는 구체적인 정책을 디자인하고 추진하고 상호 점검하고 수정할 수 있는 세력이 절대적으로 부족해요. 우리나라는 그런 정책세력, 개혁세력을 키우지 않았어요. 학계와 실무계가 따로 놀았습니다. 관료들은 학자들에게 비현실적이라고 하고, 학자들은 관료들에게 안주한다고 하고, 기업가와 학계도 다르고, 학계 안에서도 서로 옆 전공분야에 대해서 공부들을 안합니다.(웃음) 아까 백교수님이 말씀하셨듯이 전인적인 교양과 종합적인 시각을 가진 인재 자체도 부족하고, 실무감각과 비전을 가진 인재는 더 부족합니다. 그래서 시대는 변화하지만 변화를 이끌 인재가 없는 것이 아닌가 합니다. 이것은 하루 이틀에 해결될 문제는 아닙니다만 대단히 중요한 문제입니다. 지금이라도 어떻게 그런 인재들을 양성할 것인가, 그리고 외국에서는 어떻게 하고 있는지 이런 것을 생각해볼 수 있는데요. 저는 외국의 두 가지 제도를 눈여겨보고 있습니다.

하나는 민간부문의 인디펜던트 싱크탱크(independent think tank)입니다. 정치적으로 중립적이고 경제적으로 독립된 민간부문의 두뇌집단들이죠. 워싱턴시에는 국가정책을 연구하고 비판하고 대안을 제시하는 민간 싱크탱크가 1백개 정도 있습니다. 그곳 사람들은 개별이익을 위해서라기보다는 전체이익의 관점에서 국가정책을 다루고 있습니다. 우리가 잘 아는 마셜 플랜의 예를 들어보겠습니다. 마셜 플랜이란 2차대전 후 미국의 세계전략에서 매우 중요한 것인데, 사실 이 안을 처음에 건의한 곳은 브루킹스 연구소(Brookings Institution)라는 민간 싱크탱크였습니다. 모든 사람들이 전쟁에 이겼다고 흥분해 있을 때 이들은 앞으로의 세계를 미국이 어떻게 경영할 것인가를 고민했고, 결국은 유럽에 파트너를 두어야 하고 독일의 재건을 미국이 지원해야 한다는 결론에 이르렀죠. 마셜 플랜 속에는 독일과 미국의 차세대 지도자들의 교환 프로그램이 있는데 이것도 브루킹스의 안이었습니다. 그래서 미국정부는 마셜 플랜의 구체적인 작업을 브루킹스에 맡겼습니다. 그런 예는 한두 가지만 있는 것이 아닙니다. 나라의 미래를 생각하는 사람들이 모인 이런 조직은 정부의 연구소도 기업의 연구소도 아니고, 공적 대의(public cause)를 위해서 기부금을 받아 민간단체에서 운영하는 전문가집단입니다. 국가적 과제를 다루기 때문에 그곳에는 이론가만이 아니라 전직 장관이나 전직 대사도 있습니다. 이론과 실무를 겸비한 이들이 국가의 정책과제에 대하여 아이디어를 공유하고 함께 고민도 합니다. 정권이 바뀌면 전직 고위관료들 대부분은 싱크탱크에 와서 자기가 했던 정책관련 작업을 리뷰하는 책을 냅니다. 그래서 그들의 경험이 차기정부에 들어가서 일할 사람들에게 전수됩니다. 우리 나라에서는 국정운영의 경험이 잘 전수되지 않습니다. 저는 이것도 굉장히 큰 문제라고 생각합니다. 선임자는 후임자에게 정성들여서 가르쳐주지 않고, 또 후임자는 전임자와 차별성을 부각하기에 바빠서 배우지 않으려고 합니다. 조그만 구멍가게를 운영하려 해도 노하우가 필요한데 큰 국가를 운영하는 데 어찌 노하우가 필요없겠습니까? 그런데 국정운영을 노하우 없이 하고 있습니다. 그래서 정권 초기에 유사한 실수를 반복하고 배워서 알 만하면 결국 나가야 할 때가 되는 악순환이 되풀이됩니다. 국가운영은 아무나 할 수 없고 아무렇게 할 수도 없는 것인데 말입니다. 함석헌 선생님의 말씀 중에 "생각하는 백성이라야 산다"는 말이 있는데 뭔가 멀리 보고 나라정책을 생각하는 그룹이 제가 보기에는 별로 없습니다. 미국처럼 국가정책을 다루는 독립된 민간 두뇌집단들이 우리나라에도 빨리 생겨야겠다는 생각입니다.

　두번째로 국가정책대학원이라는 것이 있습니다. 미국에는 국가정책을 가르치고 연구하는 대학원이 있습니다. 국가정책에 대한 이론뿐만 아니라 필요한 노하우, 정책경험과 지혜 등을 같이 가르쳐주는 대학원들이 있습니다. 하바드대학의 케네디 스쿨이라든가 프린스턴대학의 윌슨 스쿨 같은 것이 그 대표적 예입니다. 거기에서는 교수만이 아니라 정책현장에 있던 분들도 가르치는데 이를 통해 국정운영의 노하우가 이론화되고 체계적으로 교환되고 전수됩니다. 우리나라의 행정대학원은 그런 역할을 못합니다. 물론 정치학과도 못합니다. 우리나라 경영학이나 경영대학원에서는 부족하지만 나름대로 기업운영의 노하우가 전수되고 새로운 이론이 도입되는데, 국정운영에 대해서는 그런 곳이 전무한 상태입니다. 시대는 변화하는데 정치인들은 단기적인 것 인기있는 것만 하려고 하고 관료들은 무조건 현재까지 해온 것을 지키려고만 하죠. 그래서 성교수 같은 분이 정부조직에 들어가서 고생하는 겁니다. 엄청나게 고생하는데 고생하는 만큼 잘 안될 거예요.(웃음) 우리 모두가 이 문제를 심각하게 생각하고 어떻게 풀 것인지 같이 고민해야 합니다. 나까소네(中曾根) 전 일본총리는 『21세기 일본의 국가전략』이라는 책에서 미국의 예를 들며 일본에도 국가정책대학원을 세워야 되겠다고 했는데 작년에 토오꾜오(東京)에 가보니까 이미 몇년 전에 국가정책대학원이 세워졌더군요.

성경륭 • 별도 대학원입니까?

박세일 • 네, 별도 대학원입니다. 전문대학원이지요. 벌써 2,3년 됐는데 국가정책을 이론적으로 실무적으로 가르치고 있습니다. 우리의 경우 권력투쟁만 하느라고 과거에 국가운영이라는 개념이 없었습니다. 이런 전문대학원과 민간의 싱크탱크를 통해 정책경험이 전수되고 정책인재들을 육성하며 개혁적 정책세력을 키워야 우리나라도 시대의 과제를 제대로 풀어갈 수 있는데, 아직은 그럴 만한 인재, 옛날식으로 말하면 경장(更張)세력이 없습니다. 아니, 극히 미미합니다. 율곡(栗谷) 이이(李珥) 선생의 글을 보면 우리나라에 수성세력과 창업세력은 있는데 경장세력 즉 개혁세력이 없다는 말이 있습니다. 요새 제가 생각하는 것과 비슷함을 느꼈습니다.

백낙청 • 물론 옛날부터 있어온 문제입니다만, 이 문제가 악화된 계기는 식민지시대와 그후 분단체제하의 독재시대를 거친 것이 아닌가 싶어요. 식민지시대에는 일본사람들이 하는 국정에 참여한다는 것이 식민통치에 협력하는 부역자(附逆者)가 되는 것이니까 양심있고 기개

있는 지식인이라면 바깥에서 비판하고 항거하는 것이 주임무였지 않습니까? 그런데 해방후에 독립국가를 만들었다고는 하지만 그것 역시 분단국가일 뿐 아니라 독재국가였기 때문에 역시 양심적인 지식인들 다수는 비판과 저항에 주력했지 국정운영에 동참하려 하지 않았단 말입니다. 그러다보니까 어느새 지식인세계에 그 나름의 타성이 생긴 것 같아요. 물론 불의에 항거하는 것이야 지식인으로서 바람직한 일이지만 현실을 직접 겪지 않아 잘 모르면서 손가락질만 하는 것은 책임있는 지식인의 태도가 아닌데 자기 나라 국정을 남의 일 보듯이 하는 습성이 생긴 거지요. 조선시대에 선비들이 국정을 주도해서 나라가 문약해졌다고는 하지만 선비들 자체로 보면 글공부 하면 으레 벼슬 살고 국정에 참여하는 것으로 되어 있었거든요. 지금과 같은 학계와 관계의 괴리는 없었다고 봅니다. 아무튼 문제의 큰 원인이 식민통치와 독재정치에 있다고 할 때 지금 우리 사회가 어느정도 민주화되고, 제가 '흔들리는 분단체제'라는 표현도 썼습니다만 분단체제가 급격히 동요하고 변모하는 과정이기 때문에 저는 해결의 기미는 있다고 봅니다. 새로운 인재를 양성할 수 있는 객관적인 여건은 마련되었다고 생각하는데, 그 사이 경제적인 성장을 해낸 것도 중요한 조건 중의 하나죠. 다만 우리 한국사회만 외따로 떨어져 충분한 시간을 갖고 문제를 해결할 수 있는 시대가 아니라 세계화의 험한 파도가 몰아치는 한가운데서 세계와 경쟁하고 중국과 경쟁하면서 내부문제도 풀어야 하니, 경쟁에 급급하다 보면 차근차근 해야 할 일을 뻔히 알면서도 그냥 대세에 휩쓸려갈 위험도 있는 거지요.

박세일 • 하나만 더 말씀드리겠습니다. 전문적인 정책세력이 약하고 없으니까 우리나라는 국가정책에 대한 논의가 구체적이지 못하고 빨리 이념화합니다. 정책논의의 경우 이념의 거품이 많습니다. 사실 구체적인 실무자들이 볼 때는 큰 차이가 없고 답은 하나임에도 불구하고 불필요한 이념적인 갈등이 많이 있어왔어요. 명분과 이념을 내세우는 것도 대부분 전문성에 기초한 정책연구가 부족하거나 정책내용을 구체적으로 모를 때 생기는 경향이 있습니다. 이 문제를 우리 모두가 깊이 생각해보자는 것을 덧붙이고 싶습니다.

동북아시대의 시금석, 새만금

백낙청 • 이제 구체적으로 동북아시대의 한국사회 발전전략을 생각한다고 할 때, 김교수께서는 지금의 세계화는 중국화라고 표현할 수 있다고 하셨지요, 그만큼 중국의 비중을 압도적으로 보셨는데 구체적인 발전전략을 짠다고 할 때 중국의 변화와 연계해서 짠다는 것을 독자들에게 알기 쉽게 설명하신다면 어떤 예가 있을까요?

김석철 • 구체적으로 한반도에 그나마 세계적인 경쟁력을 가진 지방이라면 포항·울산·구미 일원의 산업 클러스터와 부산에서 광양으로 이어지는 물류 클러스터가 있어요. 지금 그렇다고 보기는 어렵지만 가능성이 크죠. 그러나 그 둘의 미래는 모두 중국의 전략에 어떻게 대응하는가에 달려 있습니다. 왜냐하면 철강의 경우 현재 최고기술을 제외한 3분의 2 가까이는 경쟁력이 없다고 할 수 있습니다. 포철은 일본에 밀리고 중국에 따라잡히고 있어요. 일본이 자기네 기술의 상당부분을 한국에 이전했는데 그것은 상대적으로 우리의 규모가 작았을 때 얘기죠. 포철은 중국을 겨냥하지 않으면, 즉 중국에 진출하지 않으면 안돼요. 한국기업의 중국진출이라는 것이 큰 과제 중의 하나이고 어떤 산업에서는 큰 전략 중의 하나입니다. 특히 물류의 경우 현재는 중국과 미대륙 간의 물량이 많아지면서 잠시 이득을 보고 있습니다만, 중국이 시설을 다 완비하면 그냥 우리나라를 지나가버립니다. 지금 상하이에 만드는 물류시설이 2010년이 되면 한국을 압도하게 됩니다. 이런 상황에서 뭐든지 해야 하는 것이죠. 또 한가지 새만금 같은 경우가 좋은 예라고 생각하는데, 각종 보고서를 보아도 2020년까지의 전라북도 전략에 새만금이 없습니다. 새만금 간척사업은 2020년까지를 내다본 전라북도의 전략이기보다는 얼결에 시작한 정치적 사업을 자꾸 합리화시켜나가는 과정입니다. 한반도 안에서 새만금의 역할을 찾으면 길이 없지만 동북아에서 그 역할을 찾으면 있습니다. 광양·부산의 물류 흐름과 동북아 전체를 시야에 넣고 수도권의 분산, 그리고 지역균형발전이라는 각도에서 보면 해답이 있거든요. 그런데 정작 새만금에다 항만을 만들자고 하면 수도권이 더 낫다라고만 생각해요. 전라북도측에서는 당장에 항만건설 예산을 얻어낼 생각으로 간척도 하고 항만도 짓겠다고 해요. 갯벌과 안바다를 다 죽이고 돈 안되는 농토와 오염된 담수호, 아니면 텅 빈 산업단지 앞에다 항만을 지어서 무엇에 쓰겠다는 것인지 모르겠어요. 중앙정부의 정책들도 전부 한반도 안에서 상대적으로 경쟁력이 있는 곳을 보는 것이지 전체를 놓고 보지 않아요. 새만금 일원은 현재 한반도 안에서는 경쟁력이 없지만 시각을 확대해서 보면 엄청난 역할이 있거든요.

백낙청 • 좋은 말씀이신데 다만 '중국진출'이라는 것은 한국기업의 주된 과제이고 국가적으로도 중요하지만, 김교수가 구상하시는 새만금 바다도시만 하더라도 중국으로 진출하는 하나의 통로가 되긴 하겠지만 오히려 중국이나 화교들의 자본을 한반도로 끌어들이는 거점이 되라는 것 아니겠어요? 그렇다면 단순히 '중국진출'이라 하기보다 한·중 상호진출 또는 쌍방향진출이라는 표현이 나올 것 같은데요.

김석철 • 네, 그렇습니다. 지금 제가 계획하고 있는 것은 새만금에 중국 자본이 들어온다는 전제하에 우리 것이 나간다는 겁니다. 우리가 중국 어디에 가서 큰 공단을 만들겠다, 그 대신에 우리 쪽에 중국이나 화교들이 와서 자신들에게 유리한 것을 하라는 거죠. 그들이 한국에 오는 것과 우리가 나가는 것이 동시에 이루어지는 것이 관건이 될 겁니다.

백낙청 • 성교수님, 정부의 대외비사항을 공개하라는 것은 아니지만 하나 여쭤보고 싶은데요. 새만금사업 같은 것은 그야말로 박교수께서 말씀하신 정치적 고려로 추진된 사안 아닙니까? 정치권에 직접 몸담은 분들은 할 수 없다 할지라도 청와대 안에서 정책을 연구하는 분들 사이에 간척사업을 완료해 농지를 만들든 공장이나 물류단지를 만들든 그것은 전라북도를 위해서도 길이 아니다라는 합의가 없습니까?

성경륭 • 그것은 제가 모르기도 하고 답변할 수 있는 사항도 아닌 것 같습니다.(웃음)

백낙청 • 하지만 새만금이야말로 지역균형발전의 핵심일 수 있는 곳이거든요. 지금 김교수께서는 수도권의 경쟁력을 전제하시면서 그 다음으로 그나마 가망이 있는 곳으로 경북 일원의 클러스터, 울산까지 포함한 클러스터를 꼽으셨지요. 울산시는 경남권에 속하기 때문에 대개 부산과 연결시키는데 지금 김교수 발상에서는 울산을 포항·대구·

구미와 함께 보는 거지요. 아까 행정단위에 얽매이지 않는 지방권역을 생각해야 한다고 말씀하신 것과 통하는 것 같은데, 아무튼 울산을 포함하는 경북권의 클러스터가 있고, 다음에 역시 도 경계선을 넘어서 부산에서 마산·창원을 거쳐 광양까지 이어지는 경남 남해안지대의 또다른 클러스터가 있습니다. 그런데 이런 곳들이 다 제대로 산다 하더라도 호남권에 뭐가 없으면 이건 종전의 경부선 축을 따른 불균형발전을 오히려 심화시킬 뿐이지요. 충청권에 신행정수도가 생긴다 해도 그 점은 마찬가지예요. 그렇기 때문에 호남에 뭐가 생겨야 하는데 지금은 수도권은커녕 경북이나 경남의 클러스터에 견줄 것도 전혀 없지 않습니까? 이런 불균형을 시정한다고 할 때 김교수는 새만금이 최적의 입지이고 새만금에 대한 기존의 발상을 완전히 바꿔야 한다고 주장하시는데, 이게 국가균형발전위원회에서 자기 분야 일이 아니라고 말씀하실 성질은 아닌 것 같은데요.

성경륭 • 그렇습니다. 그런데 그것이 워낙 정치적 결정이라는 출발을 가지고 있고, 처음엔 대규모 간척을 해서 농사를 짓는 것으로 이야기 됐었죠. 그런데 시간이 지나면서 전국에 휴경지 보상제도를 실시할 정도로 조건이 많이 달라졌고, 옆에서는 군장공단을 한다고 하는데 그것마저 여의치 않고, 거기에 환경문제도 개입되어 있어요. 새만금 공사가 진행되면서 초기와는 조건 자체가 굉장히 달라졌고, 돈은 계속 투입하는데 투입한 것만큼 효과를 볼 수 있는지도 불확실하고, 엄청난 여러 문제가 있기 때문에 제가 뭐라고 말씀드리기 어렵습니다. 다만 문제제기하신 대로 광주·전남권, 전북권이 과거에 농업지역이었고 대체산업이 뚜렷하지 못한 제일 낙후한 지역으로 됐는데, 전남의 경우 재정자립도가 14%밖에 안돼요. 이것을 어떻게 할 것이냐 하는 문제로 지금 저희들이 고민하고 있어요. 우리가 국가균형발전정책의 내셔널 프레임워크(national framework)라고 할 수 있는 기본구상은 할 수 있겠지만 이 지역은 이것을 하고 저 지역은 저것을 해라 할 수 있는가에 대해서는 의문을 갖고 있습니다. 현재 균형발전 5개년 예비계획을 짜고 있는데 연역적인 계획과 귀납적인 계획이 접목되어야 한다고 생각합니다. "전라북도 지역은 관광과 몇가지 산업을 믹스하면 되겠으니까 이렇게 하십시오"라는 식으로 할 수 있을까요? 현지의 여러 조건을 따져서 그 지역이 어느 측면에서 비교우위가 있고 어떤 것을 할 수 있는가 하는 판단은 결국 지역 스스로가 해야 한다는 생각인데 어려운 점이 있습니다. 지역의 판단을 전국적으로 집결하면 곳곳이 IT(Information technology) 하겠다고 하고 BT(Bio-technology) 하겠다고 합니다. 그래서 관료들과 같이 얘기를 해보면 정부가 더 개입해야 한다고 하나 저는 더 개입해서는 안된다고 하죠. 나중에 올라오면 그것을 가지고 컨설팅을 해서 하나하나 정리하더라도 더이상 개입하는 것은 옳지 않다고 보기 때문에 어려움이 있는데, 국가기관이 더 개입해야 하는 것이 옳은지 아니면 현재의 이런 태도가 옳은지 좀더 많은 고민이 필요합니다.

백낙청 • 지역의 판단에 맡긴다는 것이 큰 원칙으로서는 아름다운데 현실적으로 문제가 좀 있겠어요. 아무래도 판단 주체의 단위가 기존의 광역자치단체 또는 기초자치단체로 가게 되지 않겠습니까? 그러니까 시·도마다, 심지어 군마다 서로 IT 하겠다, BT 하겠다고 지리멸렬하게 나올 우려가 있고, 관청 위주로 가는 문제를 보완하기 위해 국가균형발전위원회에서 생각하는 것이 지역혁신협의회 같은 것일 텐데 위원회의 보고서 자체도 지역에 그만한 역량이 없다는 문제점을 지적하고 있더군요. 이것도 닭이 먼저냐 달걀이 먼저냐 하는 문제이긴 합니다만, 역량이 없는 상태에서 지역협의기구에 맡겨서 자율적으로 올리면 컨설팅만 해주겠다고 해서 과연 될는지 의문이에요. 새만금문제 같은 것이 대표적인 것인데요. 매사에 대통령이 나서서 이래라 저래라 해서는 안되겠지만 적어도 새만금 같은 크고 복잡한 문제에 대해서는 우선 대통령 자신이 어떤 비전과 확신이 있어야 합니다. 물론 그 확신이라는 것은 여러 전문가들과 협의를 거쳐서 도달해야 하는 것이지요. 어쨌든 자기 나름의 확신과 경륜을 가슴에 품은 채 토론을 촉구해야지, 그냥 '여러분이 토론해서 좋은 안을 만들어보라'고 하면 결국은 갈등만 증폭될 뿐이지요. 노무현정권 아래서 토론이 활성화된 것은 분명하고 그것이 역사적으로 평가할 만한 변화이긴 하지만, 토론이 어느정도 진행되고 나면 그걸 바탕으로 좀더 구체적인 대화가 이루어져야 하고 대화의 끝에서는 결단이 나와야 토론의 보람이 있는 것인데, 계속 토론만 하다보면 목청이 점점 높아지고 자칫 멱살잡이로 변질하기 십상이에요. 새만금이 좋은 예인데, 대통령의 확고한 의지가 없는 가운데 토론만 난무하다보니 한쪽에서 머리 깎으니까 도지사도 머리 깎고 하는 식으로 번져가요. 대통령과 청와대의 정책기획자들이 어떤 큰 그림과 원칙에 대한 확신이 있으면 관료들은 대개 금방 알아차리고(웃음) 따라가게 되어 있어요. 대통령의 비전에 맞는 구체적 방안들을 내놓을 사람도 많고요. 전라북도에서 반발하는 다수도, 물론 그중에는 간척사업의 기득권에 얽매여서 끝까지 말 안되는 소리를 고집할 사람들도 있지만, 대다수는 대안적 개발을 해준다면 마다할 것 아닌데도 불안감이 앞서고 있거든요. 더 좋은 걸 찾다가 확보한 현찰마저 놓치는 것이 아닌가 하는 불안감이 있는데, 대통령이 '당신네들이 토의해서 좋은 안을 내봐라' 하면 모두가 불안해서 각자가 본래의 입장에서 물러서지 않으려 하기 쉽지요.

김석철 • 비슷한 문제로 랴오닝성(遼寧省)에 진져우(錦州)라는 도시가 있습니다. 인구가 300만쯤 되는 도시인데, 거기가 원래는 항만도시는 아니었어요. 그런데 뻬이징에서부터 션양(瀋陽)까지 고속철도가 중국에서 처음으로 놓이면서 항만이 된 겁니다. 지금까지 랴오닝성의 주축은 션양에서 따롄(大連), 션양에서 하얼삔으로 이어지는 것이었습니다. 최근 중국의 동부해안에 집중되었던 국가전략이 션젼(深圳)과 푸뚱(浦東)과 서부개발을 거쳐 동북3성의 옛 중공업지역으로 이동하고 있습니다. 한국이 중국에 진출할 수 있는 기회가 열린 것입니다. 이 지역은 한반도와 역사적·지리적으로 가장 가까운 곳이며 한반도와 중국의 공동경제권이 이루어질 수 있는 곳입니다. 이럴 때 중국과의 공동작업을 시작해야 합니다. 그래서 저희가 '진져우와 진져우해안 도시연합'이라는 새로운 계획안을 냈습니다.

백낙청 • 저희라는 것은 아키반입니까?

김석철 • 아키반과 한샘UDM과 명지대 건축도시설계원의 공동연구팀입니다. 동북3성의 공간구조를 볼 때 따롄-션양-하얼삔 라인은 러시아와 일본이 랴오닝성을 강점하면서 만들었던 라인이지 중국의 전체적인 전략구도로 봐서는 뻬이징과 션양을 잇는 라인이 더 중요해요. 그래서 저희가 진져우에 따롄과는 역할이 다른, 인천항·새만금항과 항만을 공유하는 새로운 형식의 복합항만인 일종의 해상공단을 제안했어요. 진져우에 새만금에서와 같은 새로운 산업클러스터를 갖는 바다도시를 창출함으로써 황해로부터의 접근축을 확보하고, 뻬이징-톈진-탕산 메가폴리스와 동북3성을 잇는 대륙의 축에 접속함으로써 황해와 중국대륙 북부를 잇는 흐름의 중심에 랴오닝성과 한반도가 함께 하는 다국적 복합항만을 건설하려는 계획입니다. 그런데 새만금에 들인 노력의 반도 안 들였는데 성장(省長) 이하 모두 그 얘기를 듣고자 하고 사회과학원 등에서 그것을 알고자 합니다. 나라의 모든 인적 자원이 참여해서 하고 있거든요. 거기에는 어떠한 정치적 고려도 없이 오로지 무엇이 최선인가를 보고, 이미 계획이 수립되어 공사가 진행중인데도 더 좋은 안이 나오면 멈추고 다시 하겠다는 겁니다. 그런데 우리 경우엔 아무리 좋은 제안이 있다 하더라도 들으려고 하지 않습니다.

백낙청 • 우리도 박정희정권 때 같으면 그렇게 할 수 있었을지 모르지요. 물론 중국은 사회주의를 한다는 사회이고 토지에 대한 사유재산권 문제가 없으니까 유신체제하의 한국보다 더욱 강력하게 추진할 수 있지요. 한데 이렇게 이야기하다보면 자칫 독재체제에 대한 향수에 빠질 우려가 있어요.(웃음) 그러나 민주화의 대세는 돌이킬 수 없을 뿐만 아니라 그것을 수용하면서 일을 해야 자주적인 세계화, 민주적인 세계화가 가능하고, 현존하는 세계화의 대세에 적응할뿐더러 그걸 이겨내는 대안을 찾는 일도 가능해지겠지요.

민주주의와 공화주의

박세일 • 제가 두 분 말씀 들으면서 민주주의에 대해 얘기할 필요를 느꼈습니다. 저는 우리 사회가 권위주의와 싸우는 데 몰두해 권위주의가 끝난 다음에 어떤 민주주의를 세울 것인가에 대한, 즉 민주주의란 과연 어떤 것이어야 하는가에 대한 전문가나 국민들 사이에 충분한 합의나 성찰이 없었다고 생각합니다. 권위주의적인 질서가 종식되면 민주주의는 자연발생적으로 되는 것이 아니냐 하고 생각했던 거지요. 저는 민주주의가 그렇게 간단히 성공할 수 있는 제도라고 보지 않습니다. 우리나라에서 민주주의의 성공을 위해서는 국민의 입장에서도, 지도자의 입장에서도 반성할 것이 많다고 봅니다.

공익을 어떻게 이해하느냐에 따라서 민주주의를 두 가지로 나눠볼 수 있습니다. 하나는 사익간에 서로 자기 이익을 주장하다가 뭔가 타협이나 조화가 되면 그것을 공익이라고 보는 시각이 있는데 이것을 다원주의적 민주주의(plural democracy)라고 합니다. 또하나는 사익간의 조화와 타협이 아니라 사익을 넘어서 한차원 높은 데 있는 게 공익이라는 시각으로서, 이것을 공화주의적 민주주의(republican democracy)라고 합니다. 공화주의적 민주주의에서는 공익을 찾으려면 각자 사익을 자제해야 합니다. 그리고 같이 앉아서 공익이 무엇인가를 함께 토론하고 함께 찾아나가야 합니다. 공화주의에서는 이렇게 공익은 사익과 차원을 달리하는 것으로 이해합니다. 그런데 우리나라에는 공익이나 국익이 사익간의 조화와 타협이라는 소위 다원주의적인 민주주의만이 들어와 있습니다. 다원주의적 민주주의가 강하면 결국 이익집단들은 자기네 주장만을 극대화하는 것이, 그래서 공익이라는 이름으로 사익을 주장하는 것이 민주주의에 가장 합당한 제도 내지 관행으로 이해하게 됩니다. 이 부분은 일반 국민의 입장에서 반성해야 할 것 같아요.

지도자 쪽에도 책임이 있다고 보는데요. 민주주의가 성공한 나라를 보면 보통 두 가지 민주주의가 긴장관계를 이룹니다. 하나는 대중민주주의(popular democracy)로서 수에 의한 지배, 즉 다수결에 의한 지배입니다. 다른 하나는 지도자 민주주의 내지 전문가 민주주의(elite democracy)라고도 하는데, 전문지식과 리더십에 기초한 질의 지배입니다. 양(量)의 지배와 질(質)의 지배가 균형을 이루어야 합니다. 국가정책 결정을 다수결의 원칙에만 의존해서 할 수는 없습니다. 히틀러의 지배도 다수결에 의해서 이루어진 겁니다. 민주주의라는 것은 권력의 하방 이동이기 때문에 과거보다 국민의 참여가 많아지는 것은 당연합니다. 그리고 그것이 대중민주주의의 올바른 방향이지만 다수의 지배가 놓칠 수 있는 문제를 지식이나 전문성을 가지고 균형을 맞춰주는 것이 필요합니다. 민주주의가 성공하려면 반드시 대중성과 전문성이 조화되어야 합니다. 그래서 전문가가 존중되는 것이고 리더십이 중요한 겁니다. 우리나라에서 지금 대중민주주의는 어떤 의미에서 과도한데 지도자 민주주의는 과소해 인기영합주의가 등장하고 집합적 의사결정을 못하는 현상이 나타나고 있습니다. 그렇게 되니까 모든 정책이 자꾸 표류하는 것입니다.

저는 시장경제 못지않게 민주주의가 어렵다고 생각합니다. 국민적인 차원에서는 공익을 제대로 이해해서 사익의 주장을 자제하고 공동선을 함께 찾아가는 노력 즉 공화주의적 민주주의가 좀더 많이 들어와야 합니다. 지도층에서도 수의 지배를 존중하고 국민의 입장에 다가가야 하지만 국정운영이란 상당히 전문성이 요구되고 동시에 개별이익이 아니라 전체의 이익에서 결정하고 결단하고 헌신하는 문제라는 사실을 잊어서는 안됩니다. 이런 이해가 생기고 균형이 잡히면 지금 애기하는 문제도 좀더 올바르게 풀리지 않을까 생각합니다.

성경륭 • 그런 것들이 우리에겐 아주 부족한 셈인데, 정부가 사회적으로 치열하게 부딪치는 문제들에 대해 정책결정을 할 때는 몇가지 조건이 있습니다. 여소야대냐 여대야소냐 하는 정치세력 분포상의 조건이 하나 있고, 정권과 정권을 지지한 세력 사이의 의견 일치여부가 또 하나 있는데요. 이라크 추가파병이 확정되었는데 이것은 지지그룹의 선호와는 상당히 다른 결정입니다. 과거에 한나라당을 지지하던 그룹이 파병을 찬성하고, 참여정부를 지지했던 그룹은 반대하고 있어요. 화물연대 파업에 대응할 때도 그랬고, 최근 고속철도 천성산터널 공사도 그래요. 부안 핵폐기장 건설문제도 결정이 애매한 상태지만 그렇고 새만금도 마찬가집니다. 저는 대통령이 새만금에 대해 구체적으로 어떤 생각을 하고 있는지 알 수가 없지만, 여소야대 국면에다가 핵심지지그룹과 상이한 의사결정을 계속해야 하니까 굉장히 큰 부담이 되지 않겠습니까?

백낙청 • 새만금의 경우는 그게 '뜨거운 감자'라는 발상 자체를 바꾸자는 거지요. 대통령선거 때 지지세력이었던 전북도민과 시민단체들을 동시에 만족시키면서 21세기 한국사회의 발전에도 획기적인 계기가 될 해법을 찾을 수 있는데 그럴 생각을 못하는 것이 답답하다는 거예요.

성경륭 • 새만금사업은 모든 대안이 고려될 것이고, 저도 김교수님의 구상에 대해 정부 관련부처에 이런 중요한 대안이 나왔으니까 검토를 한번 해보라고 제안한 바 있습니다. 제가 내부 결정과정은 잘 모르겠지만 모든 대안을 검토중인 것으로 알고 있습니다.

백낙청 • 박교수님이 말씀하신 '공화주의적 민주주의'는 참 좋은 화두라고 생각합니다. 우리 헌법에 대한민국이 민주공화국이라고 되어 있습니다만 그때 공화국이라는 말을 군주국이 아니라는 정도로만 생각하지 공화주의 자체에 대해서는 별로 생각하지 않는 것 같아요. 그런데 공화주의와 민주주의는 반드시 일치하는 건 아니지 않습니까? 고대로마 같으면 공화주의였지만 민주주의는 아니었거든요. 따라서 '공화주의적 민주주의'라고 두 단어를 묶어놓으면 답이 쉽게 나오지 않는 것 같아요. 그러니까 화두(話頭)라는 거지요. 공화주의와 민주주의 간의 갈등이나 긴장이 있게 마련인데 박교수님의 말씀에서는 촛점이 공화주의에 가 있고 민주주의와의 갈등에 대해서는 사익을 자제하는 쪽에 치중하시는 느낌이 들었어요. 그것은 지도자의 책무를 말씀하시는 데서도 그런 인상을 받았습니다. 지도자 민주주의라는 것도 그것이 정말 순기능을 하려면 지도자가, 물론 대통령 혼자서 하는 게 아니라 주변의 전문가와 보좌진의 도움을 받아서 하겠지만, 어쨌든 5년 앞, 10년 앞, 심지어는 2, 30년씩을 내다보면서 사회의 올바른 방향을 잡아가는 경륜이 있어야 하는데, 그렇지 못할 경우 그가 공익의 이름으로 시민들의 사익을 짓밟는 것보다는 다양한 사익들이 분출하면서 조정되는 것이 차라리 낫지요. 그래서 박교수께서도 대중성과 전문성이 조화를 이루어야 한다고 하셨지만, 앞서 말씀하셨던 여론과 공론 문제만 하더라도 그 둘을 구별하는 건 중요하지만 결국은 여론이 따라줘야 단순한 '전문가 견해'나 '정부 방침'이 아닌 진정한 공론(公論)이 되는 거지요.

대중민주주의 또는 다원적 민주주의가 문제가 많으면서도 기존의 지도층에만 공론형성을 맡기기 힘든 예의 하나가 세계화에 대응하는 자세입니다. 세계화에 적응하는 국가정책은 매우 정교한 전략을 요구하기 때문에 굳세게 반대를 외치는 여러 목소리들이 난감할 때가 많지요. 그러나 기존의 지도층이 세계화의 본질과 그 장기적 전망에 대해 올바른 인식을 갖고 대응책을 짜고 있느냐 하면, 우선 제가 보더라도 대세를 따라가기에 급급하지 장기적으로 극복해야 할 대세라는 개념은 별로 없는 것 같아요. 똑같이 경쟁력을 중시하더라도 무조건 대세를 따라가면서 우리도 G7에 들어가야 한다는 식으로 나가는 것과, 그런 식으로 너도나도 설치다가는 인류가 다함께 망하게 되어 있을뿐더러 한국경제 자체가 과욕을 부리다가 IMF 때처럼 침몰하기 십상이다. 다만 우리는 세계화의 대세에 승복하는 건 아니지만 당장에 경쟁력을 잃으면 대안을 찾을 여지도 없이 짓밟히고 말 테니까 그걸 피하기 위한 최소한의 경쟁력을 확보해야겠다. 뭐 이런 식의 좀더 수세적인 자세랄까 방어적인 경쟁력 노선을 택하는 것이 정책의 내용면에서도 훨씬 견실하고 실제로 성공률이 높아지리라고 봅니다. 제가 새만금 얘기를 자꾸 하는 것도 새만금문제의 지혜로운 해결이 한편으로 세계화의 대세에 적응하는 길이면서 발전의 새로운 패러다임을 찾는 길이거든요. 현존 세계화의 추세가 무작정 지속될 수 없다고 보는 제일 큰 이유가 환경문제 같아요. 생태계의 위기는 지금도 심각한데 기존의 방식으로 전세계가 계속 성장하려 하고, 더구나 중국 같은 큰 나라가 고도성장을 계속한다면 어떻게 되겠어요? 다 죽는 것 아니겠어요? 그러니까 이 기회에, 성장을 하더라도 세계화의 본질에 대해 다른 인식을 갖고 종전과는 다른 발전의 패러다임을 우리가 동북아에서 창안해야겠다. 그리고 한국이야말로 그런 일을 하기에, 특히 분단체제를 허물어가는 극도로 변수가 많은 과정에서 그런 모델을 개발하기에 좋은 처지에 있고 그것이야말로 우리가 동북아경제중심이 되는 첩경일 것 같다는 거지요.

친환경적인 새 발전패러다임을

박세일 • 저는 공화주의적 민주주의와 환경문제는 깊은 관계가 있다고 봅니다. 공화주의적 민주주의라는 이야기 대신에 저는 공동체자유주의라는 말을 자주 씁니다만, 이는 개인의 자유와 창의를 기초로 하되 공동체 내지 공동선에 대한 적절한 고려가 없으면 자유주의는 본래의 뜻을 상실할 것이라고 보는 생각입니다. 공동체연대나 사랑이 전제될 때 개인의 자유와 창의는 더욱더 빛난다는 것이죠. 왜 그런 생각을 하느냐면 인간의 존재 자체가 관계적(relational)이기 때문입니다. 인간이 개체적이고 독자적인 존재이면서도 생존조건 자체가 관계적이기 때문에 이를 부정하고 개인만 주장해서는 오래갈 수가 없습니다. 저는 관계성 중에 중요한 부분이 환경이라고 생각합니다. 환경과 분리될 수 없는 관계적 존재로 인간이 살아갈 수밖에 없다면 환경문제를 국가발전론 속에서 감안하는 것은 당연한 것이죠. 환경문제에 대하여 어느정도 비중을 둘 것인가는 그 나라의 경제 및 의식 발전수준, 주어진 조건에 달려 있겠죠. 그런데 중요한 것은 균형과 조화입니다. 발전과 환경의 문제, 민주주의와 공화주의의 문제, 혹은 중앙집권화와 지방분권화의 문제도 모두 조화와 균형의 문제지요. 조화와 균형을 이루어야 세계화시대에 공동체도 지킬 수 있고 세계적으로 우리의 힘도 길러낼 수 있습니다.

하나 더 말씀드리겠습니다. 동북아구상 문제도 우리가 한번 정리를 해봐야 하지 않을까 싶은데요. 제가 보기에 중국의 변화는 지금부터 정말 경천동지(驚天動地)할 정도로 일어날 것이라고 생각합니다. 앞으로 수십년간 8억 내지 9억의 인구가 도시로 밀려들 것이고 엄청나게 빠른 속도로 산업화가 될 것입니다. 그 속에 정치적 변동까지 있으면 그 변화는 엄청날 테고요. 한국과의 경제관계도 크게 확대되고 대단히 밀접해질 것인데 이 과정에서 경제협력이냐 경제편입이냐를 걱정하지 않을 수 없습니다. 그런데 이는 한국과 중국 간에 누가 누구를 더 필요로 하느냐에 의해 결정되리라고 생각합니다. 우리의 경제규모와 중국의 경제규모를 비교할 때 양적인 측면에서는 분명 우리가 중국을 더 필요로 하게 될 겁니다. 그런 점에서 우리 경제는 앞으로 중국에 편입되어가겠죠. 그렇지만 질적인 측면에서는 협력으로 갈 수 없는가? 그러려면 어떻게 할 것인가가 동북아구상에서 대단히 중요한 문제라고 봅니다. 결국은 거대한 변화과정 속에서 중국이 필요로 하는 것을 우리가 빨리 읽어내야 합니다. 그들이 당면한 문제에 대한 해결책(solution)을 우리가 제시하여야 합니다. 그들이 현재 인식하지 못해도 앞으로 반드시 필요로 할 것을 찾아야 합니다. 그것이 상품과 써비스일 수도, 지식과 경험일 수도 있고 정보와 정책일 수도 있습니다. 이것을 우리가 중국에 제공할 수 있을 때 적어도 질적 측면에서 우리 경제는 협력관계를 유지할 수 있을 것입니다. 그런데 이러한 대(對)중국, 동북아구상에서 결정적으로 중요한 것이 미국 및 일본과의 관계입니다. 미·일과의 관계가 여기에 들어오지 않으면 대중관계에서 우리가 협력이 아니라 편입으로 끝날 가능성이 대단히 크다고 생각합니다. 일본이나 미국으로부터 새로운 과학기술과 지식정보를 신속히 도입하여 우리의 문화풍토와 결합시킨 후, 이를 자산으로 하고, 우리의 산업화 경험 등을 참고로 하여 중국의 발전과정에서 반드시 필요로 하게 될 물건과 아이디어를 생산, 공급해주어야 합니다. 이 점이 중요한데 이것은 상당부분 우리의 주체적인 노력에 달려 있어요. 미국이나 일본과의 관계를 무시해서는 절대로 올바른 대중국 전략이 나오지 않는다는 것을 말씀드리고 싶습니다.

성경륭 • 저와 참 비슷한 고민을 하시는데, 저는 우리와 중국이 전략적 상호의존관계를 발전시켜야 하지 않겠느냐고 생각하고 있습니다.

마치 우리가 아주 급속한 성장, 근대화와 산업화를 할 때 일본이 옆에서 자본재나 중간재나 금융을 계속 제공한 것처럼 중국이 필요로 하는 것을 우리가 충족시켜줘야 한다고 봐요. 우리가 일단은 한단계 앞서 있으니까 중국이 계속 부상할 때 이런 상호의존관계를 얼마나 잘 형성하느냐 하는 것이 핵심이 아닐까 생각해요.

김석철 • 우리가 중국에 앞서 있고 또 끊임없이 앞서려면 미국·일본과 협력해야 한다고 하셨는데, 그러나 그 단계는 이미 지났다고 생각해요. 미국에 중국 유학생들이 우리보다 훨씬 많이 가 있습니다. 중국은 이미 아주 강력하게 미국의 핵심에 들어가 있어요. 대중국관계는 다른 각도에서 봐야 해요. 제가 동북아라는 말 대신에 황해도시공동체라는 말을 쓰는 이유가 황해도시공동체라고 할 때는 미국과 화교와 러시아가 참여한 어떤 싸이트(site)가 되기 때문이죠. 러시아는 자원국가이고 특히 석유 때문에 어떤 의미에서는 일본보다도 더 중요합니다. 지금은 한국이 상당부분 금융자유화를 이루었고 예전처럼 일본에 예속된 단계는 지났으니까 그런 점에서도 황해도시공동체라는 말이 적절하다고 봐요. 이미 국가의 장벽이라는 것은 서서히 무너져가고 있고, 특히 동북아지역에서 동북아 3국이라는 말은 어떤 면에서 난센스입니다. 샨뚱성(山東省)만 하더라도 남한보다 크고 랴오닝성은 한반도보다 크고 일본의 경제력은 한국과 비교할 수 없이 큰데 중국을 한국이나 일본과 같은 의미로 '국가'라고 부르고 중심국가를 말하는 건 거의 무의미하죠.

지금 성교수님이 하고 계시는 국가균형발전이라든지 지역발전 작업은, 성교수님 자신이 처음부터 지역적인 맥락을 강조하셨지만, 중국과의 관계에서 더 뜻이 있는 거예요. 서울 수도권 일대만 경쟁력이 생기는 한 불균형은 더 가속화되거든요. 지금 중국이라는 강력한 이웃이 없다면 서서히 심화되겠지만 중국으로 인해 불균형은 급격히 심화될 거예요. 제가 새만금을 거론한 것은 새만금 지역만의 문제라기보다는 지금 이런 상황을 의식한 것이죠. 부산-광양 간의 물류 클러스터라든가 경주라는 문화인프라를 중심으로 한 대구-울산-포항-구미 간의 도시연합은 좀 시간이 걸리고 판이 만들어져 있지 않아 어려운데, 새만금은 이미 안바다라는 희귀한 판이 만들어져 있고 적절한 기획에 의해서 아주 빠른 시일 안에 여러가지를 할 수 있는 상태예요.

수도권의 확대란 단순히 면적의 확대를 뜻하는 것은 아닙니다. 나중에는 이북까지도 이어지겠지만 수도권에서부터 서해안으로 이어지는 라인을 생각한 것이에요. 수도권의 문제와 지방분권의 문제, 균형발전이라는 문제는 이 해안링크라는 새로운 키워드를 도입해 풀 수 있어요. 해안링크로 인해 새만금에 대한 우리 전략이 결국 신의주에 대한 전략이 될 수도 있고 해주에 대한 전략이 될 수도 있어요. 어떤 점에서 새만금·호남평야가 울산-포항-구미나 부산-광양보다 산업화와 도시화가 덜 이루어지고 도시경쟁력이 없어 보이지만, 서울 수도권의 확대를 흡수하면서 서해안·해안링크를 이루게 하는 것이 새만금의 역할이 되는 것입니다. 저는 딴뚱(丹東)을 아주 중요하게 생각하는 것이 목포로부터 딴뚱으로 이어지는 지역은 동해안과는 비교가 안될 정도로 조밀합니다. 그만큼 밀집된 지역이기 때문에 경제적인 파급효과나 협력의 밀도는 훨씬 커질 수 있어요. 그럴 때 새만금에서 단절되어버리면 안되죠. 현재 우리의 새만금 구상은 한반도 전략, 즉 균형발전과 동북아시아 또는 황해도시공동체로 나아가기 위한 시금석적인 프로젝트가 아닌가, 그야말로 참여정부가 중점적으로 해볼 만한 프로젝트가 아닌가 생각합니다.

백낙청 • 김교수가 일본이나 미국 것을 빼내서 중국에 전수하는 단계가 지났다고 할 때는 기존의 발전 패러다임 속에서 한국이 설 자리는 이미 없어졌다는 뜻으로 들립니다. 오히려 그 패러다임을 바꾸는 작업에서 한국이 앞장설 때 중국에 줄 것도 생기고, 나아가 일본과 미국에 대해서도 줄 것이 생긴다는 발상이겠군요.

김석철 • 그렇습니다.

백낙청 • 시간이 너무 많이 흘렀으니 이제 마지막으로 한 말씀씩 하시고 마쳐야겠습니다.

성경륭 • 지금까지 경쟁력에 대해 많이 얘기했는데, 한국사회가 안고 있는 여러가지 문제는 경쟁력에 직결되는 부분도 있고 그렇지 않은 부분도 있다고 봐요. 균형발전의 문제, 수도권집중, 지역간의 격차, 지역주의 등은 어쨌든 우리가 풀어야 해요. 세계화라는 맥락, 중국이 급부상하는 맥락, 그리고 끊임없이 변하는 동북아 위계구조에서 한국이 생존조건을 찾는 과정이 서로 연결되어 있다는 것은 인식을 같이하고요. 그런데 과거의 패러다임으로는 더는 뚫고 가기 힘든 단계에 온 것이 아닌가 해요. 중앙집권 국가에 의해 특정산업 중심, 몇몇 특정지역 중심의 성장전략은 한계점에 이르렀고, 또 환경을 도외시하고 오로지 물질주의적인, 그것도 대기업이나 가진 자 중심의 성장방식도 한계에 봉착했다고 봐요. 흔히들 8년 동안 국민소득이 1만 달러에 갇혀 있다는 얘기를 하는데, 여러가지 요인이 있겠지만 성장방식의 문제를 정확히 짚을 필요가 있다고 봅니다. 다음 단계로 가는 경쟁력이나 우리의 생존이라는 측면은 결국 발전의 양식을 바꾸는 문제와 연결되어 있다고 생각하거든요. 그런 점에서 지방에 권한을 더 주고, 어려운 지역에 좀더 활력을 불어넣고 어려운 지역이 스스로 일어설 수 있는 지역체계를 만들고 요소요소에 혁신클러스터를 만들어서 지역이 자립하게 하는 것이 필요하지요. 저는 황해도시공동체도 좋아요. 어쨌든 전국의 요소요소들이 이런저런 활동을 해서 다른 나라와 교류도 하고 지역의 경쟁력을 높이기도 하는 그런 새로운 접근이 필요한데, 그것은 단순히 국내의 문제를 해결하는 데 국한되지 않는 다른 차원이 있지 않겠는가 하는 것입니다.

환경과 발전이 분리될 수 있는 문제는 아니라고 봐요. 먼저 경제를 성장시킨 후 환경문제가 생기면 그때 가서 돈을 투입해 해결할 수 있는 문제는 아닌 것 같습니다. 제가 일반화하기는 힘들지만 과거 산업주의 모드(mode)를 가진 대부분은 중국으로 진출할 텐데 그것은 이미 엄청난 문제를 양산하고 있고 앞으로도 문제가 되지 않겠느냐는 우려가 들어요. 제가 최근 독일에 출장가서 들었는데, 엔진을 생산하는 단계부터 최고급 기술을 적용해 배기가스를 줄이고 있고 공장에서 나오는 폐수를 재활용하거나 밖으로 배출되지 않게 하는 기술들을 적용한다고 해요. 기술을 매개로 하든 뭘 매개로 하든 환경과 발전이라는 것이 분리되지 않도록 하는 새로운 발전 모드가 필요한 것 같아요. 그리고 동시에 새로운 가치, 새로운 문화가 필요한 것이 아닌가 합니다. 소비를 많이 하면 생산도 많이 하고, 생산을 많이 하면 이윤과 투자가 많아지고 임금이 올라가고 하는 끊임없는 팽창의 싸이클 속에서 과연 우리가 GNP가 올라갔다고 좋아할 수 있느냐는 겁니다. 자원 중에는 재생이 되는 것도 있지만 재생이 안되는 것도 있어 끝없이 문제를 남깁니다. 새로운 양식을 얘기할 때 기술을 접목해서 풀어야 할 문제와 우리의 가치와 새로운 문화를 발전시키면서 풀어야 할 문제가 있다는 말씀을 드리고 싶습니다.

김석철•동감입니다. 실제로 저같이 도시계획을 하고 건축설계를 하는 사람은 경쟁력보다 삶의 질을 고려하는 것이 습관화되어 있습니다. 오늘은 한국사회의 발전전략을 이야기하다보니 자연 경쟁력 이야기를 많이 하게 된 것뿐이지요. 제가 보기에 외연의 성장이 한계에 부닥친 우리 사회에는 발전을 지속하기 위해 '내연의 성장'이라고 할까요, 이것이 문화가 될지 철학이 될지 모르지만 그런 것이 필요할 때입니다.

성경륭•내연이요? 내포적 성장 말씀인가요?

김석철•아니 불탈 연(燃)자를 써서, 밖으로만 넓어지는 외연(外延)에 대해 안으로 활력에 넘치는 내연(內燃)을 한번 생각해본 겁니다.

백낙청•아, 좋아요.(웃음)

김석철•어쨌든 그런 게 필요하다고 봐요. 현재 한국사회에서 제일 큰 문제는 인력과 금융자본의 과잉입니다. 4백조가 굴러다니고 있어요. 몇몇 분야의 기술수준은 제가 보기에 최강입니다. 중동에서 가장 제대로 된 도시를 건설한 사람들, 그리고 조선(造船)과 전자 및 자동차에서 한국을 세계 최강으로 만든 사람들이 밀려나 있습니다. 지금 우리가 이렇게 올 때까지 참여했던, 또 그런 과실로 생긴 금융과 인력들이 놀고 있거든요. 잉여금융은 지금 투기자본화해 자본시장·노동시장을 왜곡하고 있어요. 그래서 제가 황해도시공동체를 얘기하는데 우리는 판을 키워야 합니다. 중국은 우리처럼 분당 같은 신도시를 4년 안에 만들어서 40만을 입주시킨 예가 없습니다. 그만한 기획을 할 수도 없고 해본 사람도 없습니다. 조선도 자동차도 전자도 마찬가지입니다. 한국이 가진 인력과 자본의 거대한 잉여를 적극적으로 참여시키자는 겁니다. 중국에 교두보를 확보하면서 동시에 한반도의 판에도 중국을 참여시키는 겁니다. 특히 화교라든가 중국을 벗어나고 싶어하는 자본들, 또 중국의 시장 등 여러가지를 고려한 상징적인, 그리고 그런 것들을 구체적으로 보여줄 수 있는 사업들을 한번 시작해보는 일이 필요하지 않을까 합니다. 그래서 황해도시공동체라든지 중국으로의 진출, 과감한 중국자본의 유입을 이야기한 겁니다. 세계자본이라는 것은 당연히 와야 하는 것이고요. 저는 한국과 중국의 자본이 상호유입하면서 한반도와 중국대륙의 일정영역을 서로 공유할 수 있는 단계까지 나아가야만 추상적인 담론의 범위를 벗어날 수 있다고 봅니다.

백낙청•너무 경쟁력 이야기만 할 것은 아니라는 중요한 지적을 성교수께서 해주셨습니다. 그런데 김교수 말씀대로 오늘은 주제가 그러니까 경쟁력 이야기를 안할 수 없었고 제가 앞장서서 해온 셈인데, 저는 기왕에 이야기를 할 거면 철저히 할 필요가 있다는 생각이었어요. 경쟁력도 중요하지만 환경도 중요하다, 삶의 가치도 돌봐야 된다, 이런 식의 지당한 말씀은 하나마나한 말이 되기 쉽지요. 그래서 발전전략을 이야기하되 단기과제와 중·장기 전략을 구별해가며 말하자고 했던 건데, 아주 길게 보면 삶의 질을 높이는 발전만이 최고의 경쟁력을 갖는 것이고, 중기적 차원에서는 비록 사회체제 전체가 친환경적으로 바뀌지 못하더라도 친환경적 기술의 활용 등 부분적으로 가능한 생태적 전환을 도모하면서 장기적 목표추구를 위해 필요한 최소한의 경쟁력을 유지해야겠지요. 특히 우리나라의 경우는 분단체제극복이라는 극히 유동적인 상황에서 남들보다 더 획기적인 변화의 가능성이 있다고 믿습니다. 단기적으로는 당장에 경쟁에서 밀려나지 않기 위해 잘못된 경쟁의 규칙에도 적응할 건 해야겠지만 그렇다고 대안적인 실천을 중·장기적 미래로 미뤄둔다면 이거야말로 공허한 거대담론을 갖고 현실을 얼버무리는 꼴이 되겠지요. 그래서 제가 들머리 발언에서도 차원이 다른 과제들을 동시에 수행하면서 우리의 이론적·실천적 대응력을 높여보자고 했던 것이지요.

박세일 • 오늘 아주 유익하고 좋은 토론이었습니다. 배운 것이 대단히 많습니다. 이러한 만남의 기회를 만들어주신 창비에 감사드립니다.

백낙청 • 제가 여러분께 드려야 할 감사의 말을 가로채신 것 같군요.(웃음) 저야말로 많이 배웠고, 긴 시간 애써주신 데 대해 거듭 고맙다는 말씀을 드립니다.*

---

* 2003년 10월 18일 한국프레스쎈터 20층에서 진행된 이 좌담은 계간 『창작과비평』 2003년 겨울호에 수록되었으며, 이 책에 싣기 위해 다소 손질했다.

| 필자 소개 |

김석철　金 錫 澈
명지대 건축대학장, 아키반 건축도시연구원 대표 archiban@kornet.net

김왕배　金 王 培
연세대 사회학과 교수 wangbae@yonsei.ac.kr

김원배　金 原 培
국토연구원 선임연구위원 wbkim@krihs.re.kr

김종엽　金 鍾 曄
한신대 사회학과 교수 jykim@hanshin.ac.kr

박명규　朴 明 圭
서울대 사회학과 교수 parkmk@snu.ac.kr

박세일　朴 世 逸
서울대 국제대학원 교수, 전 청와대 정책기획수석비서관 sipark@snu.ac.kr

백낙청　白 樂 晴
서울대 명예교수, 계간 『창작과비평』 편집인 paiknc@snu.ac.kr

백영서　白 永 瑞
연세대 사학과 교수 baik2385@yonsei.ac.kr

성경륭 成 炅 隆
국가균형발전위원회 위원장, 한림대 교수 krseong@hanmail.net

우정은 禹 貞 恩 (Meredith Woo-Cumings)
미시건대학 정치학과 교수 mwoc@umich.edu

이남주 李 南 周
성공회대 중국학과 교수 lee87@mail.skhu.ac.kr

이성훈 李 星 勳
국제가톨릭지식인문화운동(Pax Romana ICMICA) 사무총장
leesh@paxromana.int.ch

이수훈 李 洙 勳
경남대 북한대학원 교수, 사회학 leesh@kyungnam.ac.kr

이필렬 李 必 烈
한국방송통신대 교수, 과학사 prlee@knou.ac.kr

한기욱 韓 基 煜
인제대 영문과 교수 englhkwn@ijnc.inje.ac.kr

홍세화 洪 世 和
사회평론가, 언론인 hongsh@hani.co.kr

21세기의 한반도 구상

초판 1쇄 발행 • 2004년 3월 30일
초판 3쇄 발행 • 2005년 3월 21일

지은이 • 백낙청 외
펴낸이 • 고세현
편집 • 염종선 김태희 김경태
조판 • 신혜원
펴낸곳 • (주)창비
등록 • 1986년 8월 5일 제85호
주소 • 우편번호 413-832 경기도 파주시 교하읍 문발리 513-11
전화 • 031-955-3333
팩시밀리 • 영업 031-955-3399 편집 031-955-3400
홈페이지 • www.changbi.com
전자우편 • human@changbi.com

ⓒ 창비 2004
ISBN 89-364-8522-9 03300

* 이 책 내용의 전부 또는 일부를 재사용하려면
  반드시 저작권자의 동의를 받아야 합니다.
* 책값은 뒤표지에 표시되어 있습니다.